普通高等教育"十二五"规划教材

会计类应用型创新教材系列

财务管理案例教程

杨冬云　主　编

阴丽美　姜德伟　陈首义　副主编

科学出版社

北　京

内 容 简 介

本书围绕财务管理教学大纲，以筹资、投资、资金运营、利润分配等财务活动为主线，构成"案例目标-案例陈述-案例分析-案例小结"的案例教学体系。书中精选典型案例，坚持师生互动与体验式教学的设计理念，有利于培养学生的应用能力。

本书可作为本科院校经济管理专业的教材，也可供企业管理人员在职培训或自学参考。

图书在版编目（CIP）数据

财务管理案例教程/杨冬云主编. —北京：科学出版社，2012
（普通高等教育"十二五"规划教材·会计类应用型创新教材系列）
ISBN 978-7-03-035391-7

Ⅰ. ①财… Ⅱ. ①杨… Ⅲ. ①财务管理-高等学校-教材 Ⅳ. ①F275

中国版本图书馆 CIP 数据核字（2012）第 198659 号

责任编辑：王彦刚／责任校对：马英菊
责任印制：吕春珉／封面设计：海马书装

科 学 出 版 社 出版
北京东黄城根北街 16 号
邮政编码：100717
http://www.sciencep.com

三河市骏杰印刷有限公司印刷
科学出版社发行　各地新华书店经销
*
2012 年 8 月第 一 版　开本：787×1092　1/16
2018 年 12 月第六次印刷　印张：18 1/4
字数：407 000
定价：45.00 元
（如有印装质量问题，我社负责调换〈骏杰〉）
销售部电话 010-62134988　编辑部电话 010-62138978-8305（HF02）

会计类应用型创新教材系列
编 委 会

序

目前，我国高等教育特别是本科层次的教育已经进入一个新的发展时期，面临着新的挑战。分类发展，是满足不断发展的社会对人才多样化的客观需要。对于分类发展，目前根据社会人才结构和中国高等教育进入大众化阶段的实际情况，参照联合国教科文组织《国际教育标准分类》的框架，高等学校分学术性研究型大学、专业性应用型的多科性或单科性的大学或学院、职业性技能型院校。其中，学术型人才培养在精英教育阶段已经积累了一定经验，技能型人才培养在近几年的政策推动下也取得了一定成果，唯有应用型人才的培养方式还显得不够成熟与完善，尤其是应用型教材的开发显得相对落后。

基于应用型本科人才培养目标和培养规格，应用型本科教育应面向行业和区域经济发展的需要设置专业，以适应行业和区域经济发展需要为目标组织教学，以"理论应用"为主旨构建课程和教学内容体系。教材作为教学内容体系的直接体现者，是专业人才培养的蓝本，是实现人才培养目标的载体之一，教材建设已成为应用型本科专业建设的重要组成部分。在应用型人才培养功能导向下，我们结合我国会计改革和会计教育发展变化的要求，在会计学系列教材建设方面做了大量的理论探讨和实践探索，取得了具有创新意义的阶段性成果，本次我们集中了多家优势院校的优势资源，进行了广泛深入的调研，力求摸清应用型本科教育的真实需求，开发了一套面向行业、面向应用、面向实际的应用型会计系列教材，以能力培养的系统化取代知识培养的系统化，以求全面提升人才培养质量。在编写过程中我们突出以下几方面特点：

第一，体现时代精神和社会发展的需要。

经济管理类学科的一个显著特点是知识更新快。面对时代进步与社会发展，本套教材力求体现新形势下社会对会计专业人才的新要求；面向行业需求构建知识体系、能力体系，注重内容更新。因而，本套教材能促进具有较强社会适应能力和竞争能力的高素质应用型人才的培养。

第二，突出与办学定位的一致性和适应性。

本系列教材的编写既严格遵照教材编写的一般规律，体现学科的理论知识体系，同时满足应用型本科人才培养目标的教学特点，科学安排内容，精心设计能力应用类题型，通过案例分析、实务展示，满足教师、学生对应用型教学资料的需要。

第三，强化理论基础，突出应用能力。

针对应用型本科教学的特点，基础理论阐述深入浅出、循序渐进；对实践教学注重培养学生的应用能力。本套教材在章前均设有知识目标与能力目标，帮助学生在学习开始就明确知识点与能力点；章尾安排了练习帮助学生提高综合分析问题和解决问题的能力。

第四，突出案例教学与实务展示。

本套教材突出案例教学与实务展示，通过适当的案例和相应的问题，以激发学生的学习兴趣，引导学生在"角色"、"情景"中思考和分析，既深化对理论知识的理解，又开阔学生的视野。

本套教材能够顺利出版，要感谢来自十余所高校的领导和教师们的辛勤付出，感谢科学出版社的大力配合，感谢所有参与编写、搜集整理资料人员的通力协作。

我们希望通过这套教材的编写，为应用型本科会计专业的教材建设做一次探索，起到抛砖引玉的作用。尽管编写人员在编写过程中付出大量艰辛的劳动，但教材中难免有疏漏甚至差错之处，恳请读者批评指正。

会计类应用型创新教材系列编委会

2012 年 5 月

前　言

与国外高校相比，在财务管理教学中，国内高校的案例教学所占的比重还很小，远远不能满足财务管理专业人才培养的需要。应用型本科院校财务管理课程强调培养面向实务界的、具有较强实践能力的应用型人才，而案例教学的实践教学环节在应用型人才的培养上发挥着重要作用。本书作为一本案例教程，正是为了突出应用型本科院校重视实践教学环节的特点，满足财务管理的实践教学需要而组织编写的。

本书在编写过程中，主要遵循以下几个原则。

1. 实际决策的原则

教学案例是在调研基础上编写出来的实际案例，这种实际案例具有典型性、代表性、非偶发性，这是案例的关键特征。案例通过模拟现实企业财务管理中的复杂问题，使学生通过对信息的搜集、加工、整理，最终获得切合实际的决策和分析。

2. 符合启发式教学的原则

教学案例必须设计思考题。案例中设计的问题要能启发学生进行思考。案例的内容要能引起学生的兴趣，从而给学生留下充分的思考空间，以达到最佳的学习效果。

3. 财务管理教学目标的原则

案例是为教学服务的，案例的选择必须符合财务管理教学目标的需要。应用型本科院校的财务管理课程教学目标总的来说是要提高学生分析问题和解决问题的能力，因此案例教学不仅是寻找正确答案的教学过程，而且是重视得出结论的思考过程，这一过程是实现应用型人才培养目标的重要手段。

4. 不同阶段、不同层次的学生学习要求原则

不同阶段、不同层次的学生学习内容具有不同的深度，所以案例编写的个案的理论深度和实践要求要与不同阶段学生学习的需求相适宜，要适合相应层次的学生使用。

5. 知识的系统性和整合性原则

案例可分为专题案例和综合案例。专题案例应富有针对性，体现不同的知识重点，而综合案例则应注重知识点的横向和纵向联系，通过一个案例往往可涉及多个章节的知识点。

本书由哈尔滨学院杨冬云负责拟定编写大纲、协调组织及最后统稿。各章编写分工如下：第 1、2 章由哈尔滨学院陈首义编写；第 3、10 章由黑龙江科技学院姜德伟编写；第 4、5、6、7 章由杨冬云编写；第 8、9、11 章由哈尔滨学院阴丽美编写。

本书在编写过程中参考了大量相关文献，在此对这些文献的作者表示感谢。由于编者的水平和时间有限，不足之处在所难免，恳请广大读者批评指正。

目　　录

第1章

总 论

学习目标

通过本章的学习，理解和掌握财务管理的概念、财务管理目标的主要观点；了解企业的组织形式和财务管理的环境，了解利息率的构成及计算。在掌握理论的同时，注重实际能力的提高，主要是运用委托-代理理论分析财务管理目标实现的程度。

理 论 概 要

1.1 财务管理的内涵

财务管理是组织企业财务活动、处理财务关系的一项经济管理工作。

1. 企业财务活动

企业财务活动是以现金收支为主的企业资金收支活动的总称，企业财务活动可分为以下 4 个方面。

（1）企业筹资引起的财务活动

企业通过发行股票、发行债券、吸收直接投资等方式筹集资金，表现为企业资金的收入；而企业偿还借款，支付利息、股利以及付出各种筹资费用等，则表现为企业资金的支出。这种因为资金筹集而产生的资金收支，便是由企业筹资引起的财务活动。

（2）企业投资引起的财务活动

企业无论购买内部所需各种资产，还是购买各种证券，都需要支出资金。当企业变卖其对内投资的各种资产或收回其对外投资时，会产生资金的收入。这种因企业投资而产生的资金的收支，便是由投资引起的财务活动。

（3）企业经营引起的财务活动

企业在供应、生产、销售过程中，会发生一系列的资金收支，由此产生资金的收支，属于企业经营引起的财务活动。

（4）企业分配引起的财务活动

企业在日常生产经营和投资过程中会实现利润，企业的利润要按规定的程序进行分配。因利润分配而产生的资金收支便属于企业分配引起的财务活动。

上述财务活动的 4 个方面是互相联系、互相依存的，构成了完整的企业财务活动。这 4 个方面也正是财务管理的基本内容：企业筹资管理、企业投资管理、营运资金管理、利润及其分配的管理。

2. 企业财务关系

企业财务关系是指企业在组织财务活动过程中与各有关方面发生的经济关系。企业的财务关系可概括为以下几个方面。

1）企业同其所有者之间的财务关系。这主要指企业的所有者向企业投入资金，企业向其所有者支付投资报酬所形成的经济关系。

2）企业同其债权人之间的财务关系。这主要指企业向债权人借入资金，并按借款合同的规定按时支付利息和归还本金所形成的经济关系。

3）企业同其被投资单位之间的财务关系。这主要是指企业将其闲置资金以购买股票或直接投资的形式向其他企业投资所形成的经济关系。

4）企业同其债务人之间的财务关系。这主要是指企业将其资金以购买债券、提供借款或商业信用等形式出借给其他单位所形成的经济关系。

5）企业内部各单位之间的财务关系。这主要是指企业内部各单位之间在生产经营各环节相互提供产品或劳务所形成的经济关系。

6）企业与职工之间的财务关系。这主要是指企业向职工支付劳动报酬的过程中所形成的经济关系。

7）企业与税务机关之间的财务关系。这主要是指企业要按税法的规定依法纳税而与国家税务机关所形成的经济关系。

3. 企业财务管理的特点

1）财务管理是一项综合性管理工作。

2）财务管理与企业各方面具有广泛联系。

3）财务管理能迅速反映企业生产经营状况。

1.2　财务管理的目标

财务管理的目标是企业理财活动所希望实现的结果，是评价企业理财活动是否合理的基本标准。

1. 以利润最大化为目标

这种观点认为，利润代表了企业新创造的财富，利润越多则企业的财富增加得越多，越接近企业的目标。

利润最大化目标具有以下缺点。

1）利润最大化没有考虑利润实现的时间，没有考虑项目收益的时间价值。

2）利润最大化没能有效地考虑风险问题。

3）利润最大化没有考虑利润和投入资本的关系。

4）利润最大化是基于历史的角度，反映的是企业过去某一期间的赢利水平，并不能反映企业未来的赢利能力。

5）利润最大化往往会使企业财务决策带有短期行为的倾向。

6）利润是企业经营成果的会计度量，而对同一经济问题的会计处理方法的多样性和灵活性可以使利润并不反映企业的真实情况。

2. 以股东财富最大化为目标

股东财富最大化是指通过财务上的合理运营，为股东带来最多的财富。在股份公司中，股东财富由其所拥有的股票数量和股票市场价格两方面来决定。在股票数量一定时，当股票价格达到最高时，股东财富也达到最大。与利润最大化目标相比，股东财富最大化目标体现出以下优点。

1）股东财富最大化目标考虑了现金流量的时间价值和风险因素。

2）股东财富最大化在一定程度上能够克服企业在追求利润上的短期行为。

3）股东财富最大化反映了资本与收益之间的关系。此外，股东财富最大化目标也是判断企业财务决策是否正确的标准。

3. 财务管理目标与利益冲突

（1）委托-代理问题与利益冲突

1）股东与管理层。管理层希望在提高股东财富的同时，能够享有更多的额外补贴（如增加报酬、休闲时间和在职消费），而所有者则希望以最小的管理成本获得最大的股东财富收益。因此，产生了管理层个人目标与股东目标的冲突。这种冲突可以通过一套激励、约束和惩罚机制来协调解决。

① 激励。激励是把管理层的报酬同其绩效挂钩，以使管理层更加自觉地采取满足股东财富最大化的措施。

② 股东直接干预。

③ 被解聘的威胁。如果管理层的工作出现严重失误，或有严重违反法律、法规的情况，可能会遭到股东的解聘。

④ 被收购的威胁。这是一种通过市场来约束管理层的措施。当管理不善导致企业股票的内在价值被市场低估时，企业便极有可能被敌意收购。被并购公司的管理层通常被解雇，即使允许留下，也会丧失原有的地位和权力。因此，管理层具有很强的动机采取措施以使股票价格最大化。

2）股东与债权人。股东在获得债权人的资金后，在实施其财富最大化目标时，会在一定程度上损害债权人的利益。但是债权人可以采取一定措施保护自身利益：第一，债权人会在债务协议中设定限定性条款来保护其利益免受侵害；第二，债权人一旦发觉企业管理层企图利用他们，便会拒绝与该公司有进一步的业务往来，或者要求较高的利率以补偿可能遭受的损失。

3）大股东与中小股东。大股东通常是指控股股东，大股东持有企业大多数股份，能够左右股东大会和董事会的决议，往往还委派企业的最高管理者，从而掌握企业的重大经营决策，拥有对企业的控制权。人数众多但持有股份数量很少的中小股东基本没有机会接触企业的经营管理，尽管他们按照各自的持股比例对企业的利润具有索取权，但由于与控股股东之间存在严重的信息不对称，使得其权利很容易被控股股东以各种形式侵害。在这种情况下，所有者和经营者之间的委托-代理问题实际上就演变成中小股东和大股东之间的代理冲突。

（2）社会责任与利益冲突

企业实现股东财富最大化与其承担的社会责任是息息相关的。这里的社会责任是指企业对于超出法律和公司治理规定的利益相关者最低限度义务之外的，属于道义范畴责任。

1.3 企业组织形式与财务经理

1. 企业组织形式

企业组织的形式有很多，按照不同标准可以进行不同的分类。这里主要介绍按照国际惯例划分的 3 种企业组织形式。

（1）个人独资企业

个人独资企业是指由一个自然人投资并兴办的企业，其业主享有全部的经营所得，同时对债务负有完全责任。

（2）合伙企业

合伙企业是指由两个以上的自然人订立合伙协议，共同出资、合伙经营、共享收益、共担风险，并对合伙企业债务承担无限连带责任的企业。

（3）公司制企业

公司制企业是指依照国家相关法律集资创建的，实行自主经营、自负盈亏，由法定出资人（股东）所组成的，具有法人资格的独立经济组织。

2. 财务经理

在大型公司中，理财活动通常与公司高层领导人有关。首先，总裁是公司的首席执行官，直接负责管理企业的生产经营。总裁下面设副总裁，负责不同部门的经营与管理。负责向财务总监报告的是财务经理和会计经理。财务经理负责投资、筹资、分配和营运资金的管理，并且通过这些工作为公司创造价值。一般来说，财务经理通过以下方式创造价值。

1）通过投资活动创造超过成本的现金收入。

2）通过发行债券、股票以及其他方式筹集能够带来现金增量的资金。

财务经理的一部分工作就是在企业与金融市场之间进行资金运作。财务经理的另一些工作是配合公司经营活动，安排资金收支。

1.4　财务管理的环境

财务管理的环境又称理财环境，是指对企业财务活动和财务管理产生影响的企业外部条件的总和。主要包括经济环境、法律环境、金融市场环境和社会文化环境。

1. 经济环境

财务管理的经济环境是影响企业财务管理的各种经济因素，如经济周期、经济发展水平、通货膨胀状况、政府的经济政策等。

2. 法律环境

财务管理的法律环境是指影响企业财务活动的各种法律、法规和规章。影响企业财务管理的法律环境主要有企业组织法规、税法及财务法规等。

3. 金融市场环境

金融市场是资金融通的场所。企业资金的取得与投放都与金融市场密不可分，金融市场发挥着金融中介、调节资金余缺的功能。

（1）金融市场与企业理财

金融市场对公司财务活动的影响主要体现在以下几个方面：①为公司筹资和投资提供场所；②公司可通过金融市场实现长短期资金的互相转化；③金融市场为企业理财提供相关信息。

（2）金融市场的构成

金融市场由主体、客体和参加人组成。主体是指银行和非银行金融机构，它是连接投资人和筹资人的桥梁。客体是指金融市场上的交易对象，如股票、债券、商业票据等。参加人是指客体的供应者和需求者，如企业等。

（3）金融工具

金融工具又称信用工具、金融资产，是在信用活动中产生，能够证明金融交易金额、期限、价格的书面文件。

金融工具按发行和流通的场所可以划分为货币市场证券和资本市场证券。

（4）利息率及其测算

利息率简称利率，是衡量资金增值量的基本单位，即资金的增值同投入资金的价值之比。资金作为一种特殊商品，其在资金市场上的买卖，是以利率作为价格标准的。一般而言，资金的利率由 3 部分构成：①纯利率；②通货膨胀补偿；③风险报酬。其中，风险报酬又分为违约风险报酬、流动性风险报酬和期限风险报酬 3 种。

4. 社会文化环境

社会文化环境包括教育、科学、文学、艺术、新闻出版、广播电视、卫生体育、理想、信念、道德、习俗，以及同社会制度相适应的权利义务观念、道德观念、组织纪律观念、价值观念、劳动态度等。

案例学习

案例 1.1　财务管理目标案例——委托-代理理论

■　**案例目标**

通过本案例的学习，学生应更深入地理解财务管理目标和委托-代理理论，培养实际分析问题、解决问题的能力。

■　**案例陈述**

宏伟公司是一家从事 IT 产品开发的企业。由 3 位志同道合的朋友共同出资 100 万元，3 人平分股权比例共同创立。企业发展初期，创始股东都以企业的长远发展为目标，关注企业的持续增长能力。因此，他们注重加大研发投入，不断开发新产品，这些措施有力地提高了企业的竞争力，使企业实现了营业收入的高速增长。在开始的几年间，销售业绩以每年 60% 的递增速度提升。然而，随着利润的不断快速增长，3 位创始股东开始在收益分配上产生了分歧。股东王力、张伟倾向于分红，而股东赵勇则认为应将企业取得的收益用于扩大再生产，以提高企业的持续发展能力，实现长远利益的最大化。由此产生的矛盾不断升级，最终导致坚持企业长期发展的赵勇被迫出让持有的 1/3 股份而离开企业。但是，此结果引起了与企业有密切联系的广大供应商和分销商的不满，因为其中许多人的业务发展壮大都与宏伟公司密切相关，他们深信宏伟公司的持续增长将为其带来更多的机会。于是，他们威胁如果赵勇离开企业，将断绝与企业的业务往来。而对这一情况，其他两位股东提出他们可以离开，条件是赵勇必须收购他们的股份。赵勇的长期发展战略需要较多投资，这样做将导致企业陷入没有资金维持生产的境地。这时，众多供应商和分销商伸出了援助之手，他们或者主动延长应收账款的期限，或者预付货款，最终使赵勇又重新回到了企业，成为公司的掌门人。

经历了股权变更的风波后，宏伟公司在赵勇的领导下，不断加大投入，实现了企业规模化发展，在同行业中处于领先地位，企业的竞争力和价值不断提升。

[问题]

1) 赵勇坚持企业长远发展，而其他股东要求更多分红，你认为赵勇的目标是否与股东财富最大化的目标相矛盾？

2) 拥有控制权的大股东与供应商和客户等利益相关者之间的利益是否矛盾？应如何协调？

3) 像宏伟这样的公司，其所有权与经营权是合二为一的，这对企业的发展有什么利弊？

4) 重要利益相关者能否对企业的控制权产生影响？

■　**案例分析**

1) 不矛盾。赵勇坚持企业长远发展目标，恰是股东财富最大化目标的具体体现。

2）拥有控制权的股东王力、张伟与供应商和分销商等利益相关者之间的利益取向不同，可以通过股权转让或协商的方式解决。

3）所有权与经营权合二为一，虽然在一定程度上可以避免股东与管理层之间的委托-代理冲突，但从企业的长远发展来看，不利于公司治理结构的完善，制约公司规模的扩大。

4）重要的利益相关者可能会对企业的控制权产生一定影响，只有企业以股东财富最大化为目标，增加企业的整体财富，利益相关者的利益才会得到有效满足；反之，利益相关者则会为维护自身利益而对控股股东施加影响，从而可能导致企业的控制权发生变更。

▨ 案例小结

在财务管理的实际工作中，企业应当根据自身的具体情况和环境条件，选择适合自身的组织形式。在理财目标实现的过程中，不仅要考虑股东财富的最大化，还要考虑供应商、分销商等重要利益相关者的利益，才能实现企业的长远目标。

本案例体现了财务管理目标、委托-代理理论、企业组织形式等知识点，提高了学生对财务管理目标问题的实际应用能力。

案例 1.2　企业组织形式案例——瓦伦汀商店企业组织形式的选择

▨ 案例目标

通过本案例的学习，能够结合相关资料，比较企业的不同组织形式的优缺点，选择有利于企业理财目标实现的组织形式。

▨ 案例陈述

马里奥·瓦伦汀拥有一家经营十分成功的汽车经销商店——瓦伦汀商店。25 年来，瓦伦汀一直坚持独资经营，身兼所有者和管理者两职。现在他已经 70 岁了，打算退下管理岗位，但是他希望汽车经销商店仍能掌握在自己家族手中，将这份产业留给自己的后代。

瓦伦汀在考虑是否应该将他的商店转为公司制经营。如果他将商店改组为股份公司，那么他就可以给自己的每一位儿孙留下数目合适的股份。另外，他还可以将商店整个留给儿孙们，让他们进行合伙经营。为了能够选择正确的企业组织形式，瓦伦汀制定了下列目标。

1）所有权。瓦伦汀希望他的两个儿子各拥有 25% 的股份，5 个孙子各拥有 10% 的股份。

2）存续能力。瓦伦汀希望即使发生儿孙死亡或放弃所有权的情况也不会影响经营的存续性。

3）管理。当瓦伦汀退休后，他希望将产业交给一位长期服务于商店的雇员——乔·汉兹来管理。虽然瓦伦汀希望家族保持产业的所有权，但他并不相信他的家族成员有足够的时间和经验来完成日常的管理工作。事实上，瓦伦汀认为他的两个孙子根本不具备经济头脑，所以他并不希望他们参与管理工作。

4）所得税。瓦伦汀希望产业采取的组织形式可以尽可能地减少他的儿孙应交纳的所得税。他希望每年的经营所得都可以尽可能多地分配给商店的所有人。

5）所有者的债务。瓦伦汀知道经营汽车会出现诸如对顾客汽车修理不当而发生车祸之类的意外事故，这要求商店有大量的资金。虽然商店已投了保，但瓦伦汀还是希望确保在商店发生损失时他儿孙的个人财产不受任何影响。

[问题]

1）根据你掌握的知识，结合瓦伦汀制定的目标，你认为该企业采用的是公司制还是合伙制？

2）公司制或合伙制对企业财务管理会产生哪些影响？

案例分析

1）公司制，因为从所有者的债务来看，瓦伦汀还是希望确保在商店发生损失时他儿孙的个人财产不受任何影响，说明股东承担有限责任，这是公司制的特点之一，而合伙企业的合伙人对合伙企业债务承担无限连带责任。

2）结合公司制或合伙制企业的特点对企业财务管理产生的影响作具体分析。

案例小结

企业的组织形式有不同的分类，包括个人独资企业、合伙企业和公司制企业。这些形式各有其优缺点，对企业财务管理会产生不同的影响。企业所有者应当根据自身的具体情况和环境条件，选择适合的组织形式，从而更好地实现企业的财务管理目标。

本案例体现了企业组织形式的知识点，提高了学生关于不同企业组织形式对理财活动的影响问题的综合应用能力。

案例 1.3　理财环境案例——珠三角"钱荒"调查

案例目标

通过本案例的学习，学生应能够结合相关资料分析金融环境对企业理财活动的影响。

案例陈述

2011 年 1～7 月，央行 6 次上调存款准备金率、3 次加息，银根收紧的信号显露无遗。在这样的调整之下，银行贷出的资金减少了近 1/3，不少银行对于对外贷款十分谨慎，没有最好的回报，就不会将贷款发放给贷款人。在珠三角地区，人们发现各家银行开始相继上调贷款利率，一些中小企业望贷兴叹。

在东莞经营实木橱柜家具厂的曾先生，一个月前向几家银行递交了房屋抵押贷款材料，后来他到银行询问贷款是否已审批下来，却得到了另外一个让他吃惊的消息：银行贷款利率又要上调了。

据农业银行工作人员透露：利率在这个月之前我们是上调 30%，听说要上浮 40%，现在有些银行上调 50% 的都有。

贷款还没有审批下来，利率却不停上调，这让曾先生感到心里发慌。他告诉记者，3 个月前他就在关注贷款的事，那时候，各家银行的贷款利率基本上是在央行规定的基准利率基础上上调了 10%～20%，现在竟上调到了 50%，平均每月上调 10%。

曾先生告诉记者，如果这样的话，他一年的贷款利息会在原基础上增加 3 万～4 万元，如果贷 200 万元，则在原基础上要增加 10 万元左右。

10 万元相当于他们企业一个月的利润，曾先生感到压力很大。他和记者一起又去了另外 3 家大型商业银行，希望利率能够低一点，但是得到的回答基本一样。

建设银行工作人员告诉记者，没有额度的时候，各个银行都会上调。这跟市场的物价差不多。

这位银行的工作人员用目前不断上涨的物价来比喻现在银行贷款利率的上浮状况。而实际上，在珠三角地区，贷款利率的上调速度比物价上涨更快。

深发展工作人员告诉记者：如果贷款七成，就上调 30%～40%。如果贷款七成到十成，那就上调 50%～60%。也就是说，抵押贷款的额度越高，上调利率的幅度就越大。记者试图询问是否可以降低一点利率，结果无功而返。这位工作人员告诉记者，以后的利率可能会比现在更高。现在贷款利率每个月都在往上调。

按照中国人民银行公布的基准利率相关规定，贷款利率可以在基准利率基础上，下调 10% 至上调 70%，一个星期前记者调查了十几家银行发现，大部分银行都在争先恐后地上调贷款利率，没有一家是下调利率的，最低的是东莞银行，在基准利率的基础上上调了 15%，但是现在无款可贷，最高的是深圳发展银行上调了 60%，其他银行上调幅度都在 30%～50%，有些银行都已经将年利率上调到接近 70% 的最高红线。

在楼市火暴的时候，几乎每家银行都在开展第二套房贷款业务，然而，在珠三角地区，火热的第二套房贷款却十分平静，银行都不约而同地停掉了第二套房贷业务。

平安银行工作人员讲："我们银行不接手第二套房贷了。金额不大，就不会放款。现在额度都少，做一笔业务小的话，很不划算"。

而交通银行工作人员介绍：银行控制得比较严，很多银行都不做了。

民生银行工作人员介绍：我们现在已经暂停二套房贷款，我们优先保证生产经营用途的那种贷款。

停掉第二套房贷业务是因为这项业务不能收取过多的手续费，贷款额度相对较少，相对大额的贷款，一样的程序所获取的利益没有大额贷款的多，而这仅仅只是银行停掉的利润低的贷款项目之一。记者调查了解到，有至少 50% 的银行停止了小额贷款和抵押贷款等利润低的贷款项目，争相进入收益高的贷款项目，来博取利润的最大化。

不仅如此，在调查中记者还发现，一些银行好像形成了一种默契，那就是"价格优先原则"，谁出的价钱高，谁就能最早贷到款。银行让贷款人多出钱快贷款。

招商银行工作人员介绍：最普遍使用的方式就是强行向贷款人收取各种名目的管理费，还有一个融资顾问费。

建设银行负责人介绍：因为准备金提高了，现在根本没有钱再投放在市场上，很多人想贷款，银行只有那一点，所以只能收管理费，一年以下是一个点，一年以上是两个点。

作为商业银行，追求利润最大化可以说是企业本能，面对奇货可居的贷款额度，银行盯准了高端和高利润客户，同时还要收取名目繁多的手续费，这直接将珠三角地区的中小企业主挡在了银行大门之外。但是企业总是要生存发展，面对资金链的危机，本来就利润微薄的中小企业该何去何从？

金融政策的骤冷骤热让很多企业在短时间内经历了冰火两重天的考验。很多企业还处在上一轮宽松货币政策下的扩张期，正需要资金的时候没想到贷款利率调控了。中小企业要么咬牙坚持，要么另外寻找贷款的途径。在这样强大的资金需求刺激下，一些民间借贷公司风生水起。记者了解到，在珠三角地区，一些房屋中介和担保公司摇身变为贷款公司，而银行的部分资金也流向了这里。

在东莞南城的这条街上，大大小小的房屋买卖租赁公司有近 10 家，在这里记者发现，来办理业务的客户大多数不是买卖房，而是在做贷款。

中原地产工作人员告诉记者，几个月前他们只做二手房和房屋租赁服务，随着房地产市场调控的力度加大，现在二手房买卖成交惨淡，而贷款市场却十分红火，他们利用长期和银行建立的关系，开始介入贷款中介业务。

东莞金信联行表示："在同行与银行的关系之中，我们是最有优势的，金信在东莞、在本土是最有实力的。"这里的工作人员告诉记者，客户在银行贷不到的小额贷款，通过他们去找银行就能贷下来，原因是银行不能直接向客户收取费用，他们可以帮银行代收。

也就是说，通过贷款公司放贷获取的收益，银行与公司各得一半，银行除了减去业务上的人力等成本支出外，还能获取比银行目前最高利率还高的收益。中山大学财政税务系主任向记者介绍：银行的利率没有按照高利贷来放，但加成的那一部分加上去，再加上手续费的问题，其实和放高利贷没有太大区别了。

一方面中小企业贷款不容易，另一方面只要有关系，贷款公司就能从银行得到资金，这个事实确实让人非常吃惊。虽然近期中国银行业监督管理委员会发布了《关于支持商业银行进一步改进小企业金融服务的通知》，中华人民共和国工业和信息化部、中华人民共和国国家统计局、中华人民共和国国家发展和改革委员会（以下简称国家发改委）、中华人民共和国财政部等四部委联合发布了《中小企业划型标准规定》，都是针对改善中小企业贷款难所采取的一系列措施，但是人们希望这些措施能够更有效，监管更到位，真正让银行贷款走到阳光下，帮助中小企业健康成长。

［问题］

1）结合 2011 年上半年国家经济形势及宏观调控措施，谈谈你对珠三角"钱荒"的认识。贷款利率走高的原因有哪些？

2）通货膨胀对企业资金的需求量和资金供应量的影响有哪些？

3）通货膨胀时期，企业在现金管理、存货管理、应收账款管理、投资管理方面应采取什么对策?

案例分析

1) 贷款利率走高的重要原因与提高准备金率和当前高涨的房价有很大关系,如果一线城市房价降不下来,再提高存款准备金率,贷款利率还会走高。银行资金的蛋糕越来越小,但贷款需求并没有减少,为了让紧张的资金变得更有价值,银行在贷款项目和放贷方式上做起了文章。

2) 通货膨胀对企业资金的影响分析。通货膨胀的发生,使得资金需求量增加。一方面,由于物价的上涨,使采购同等数量的物资将需要占用更多的资金,企业为了减少原材料不断涨价所产生的损失,或想在囤积原材料中获得利益,就会提前进货,进行超额储备,造成了对资金的大量需求;另一方面,在严重的通货膨胀时期,按历史成本原则进行核算,会导致少计成本和虚计利润,使得资金补偿不足,企业必须通过追加资金来维持正常的生产经营。与之相反的是,当通货膨胀发生时,企业资金的供应量将会大大减少。在通货膨胀期间,绝大部分企业都会发生资金紧张,企业间相互拖欠货款的现象会更加严重,应收账款的回收率降低,从而引起经营资金供应量的减少;在物价波动剧烈时,投机利润大大高于正常的生产利润,这时,越来越多的资金用于囤积商品、抢购黄金等投机活动,使闲置资金转化成信贷资金的过程受到严重阻碍,大大减少了民间信贷资金的来源;当发生通货膨胀时,国家会采取货币紧缩政策,提高存款准备金率、提高利率水平。提高存款准备金率将使银行的信贷规模大大减少,这也迫使银行在进行贷款时特别谨慎,贷款的条件也会更加苛刻;提高利率则使得企业的资金成本不断升高。物价上涨,引起利息率上涨,使股票、债券价格暴跌,增加了企业在资本市场上筹资的困难。因此,在通货膨胀时期企业财务管理资金的供应量受到多方限制,使得企业资金供需矛盾日益尖锐。

3) 可以采取以下对策。

① 现金管理的对策。企业持有一定数量的现金,主要是为了满足3个方面的需要:交易性需要、预防性需要和投机性需要。由于现金属于非收益性资产,尤其是在通货膨胀期,持有的现金会遭受购买力损失,若现金持有量过多,势必使企业遭受损失。然而,由于通货膨胀期货币的供应量减少了,而货币的需求量却增加了,如果企业缺现金,不仅难以应付日常的业务开支、错失良好的购买机会,还会对企业的信誉造成一定的影响。在通货膨胀期,企业面临着更多不确定的因素,企业临时短缺现金可能会影响企业的持续经营能力,企业必须拥有足够的现金来应付燃眉之急。因此,在通货膨胀期,企业现金的管理目标首先要考虑是否有足够的现金维持正常生产经营,而后再考虑持有现金所遭受的购买力损失。

② 存货管理的对策。存货是企业日常运营中的重要组成部分,企业存货管理的主要目的是及时供应公司经营中所需要的存货。持有存货会发生储存成本、存货所占用资金的机会成本、存货的损耗等相关的成本,一般情况下,企业希望尽量减少存货。在通货膨胀情况下,一方面,企业要充分考虑物价上涨对存货的影响;另一方面,企业要考虑由于国家实施通货紧缩政策,社会投资、消费、出口等方面对企业产品的需

求会减少。因此，企业应根据自身情况权衡利弊，需要储备适当数量的存货。除此之外，企业应与客户签订长期购货合同，以减少物价上涨造成的损失。

③ 应收账款管理的对策。通货膨胀期，应收账款属于货币性资产，会遭受购买力的损失，而且由于企业间的资金紧张，应收账款发生坏账的可能性增大。因此，企业应该制定更严格的信用标准和缩短信用期间，要设立专人催收账款，让应收账款尽快转换为现金，以避免遭受不必要的损失。

④ 投资管理的对策。投资分为短期投资和长期投资。短期投资无需考虑通货膨胀的影响。短期投资是指能够随时变现，并且持有时间不准备超过 1 年（含 1 年）的投资，一般包括股票、债券、基金等。因此，短期投资是现金的暂时存放形式，其流动性仅次于现金，具有很强的变现能力。在国家经济结构稳定时，通货膨胀率的变化还不足以影响投资的赢利，短期投资不必考虑通货膨胀。长期投资需要充分考虑通货膨胀。长期投资是指不准备或不能随时变现，并且持有时间拟超过 1 年的投资。一般包括长期债券投资、其他长期债权投资和长期股权投资等。通货膨胀率的波动具有较强的突发性和随机性，必将影响企业的投资决策，精确地预测通货膨胀率对投资分析具有重大的意义。因此，在进行长期投资决策中，都必须充分考虑通货膨胀的因素，并对其影响加以调整，以免导致错误的投资。

■ 案例小结

财务管理的环境主要包括经济环境、法律环境、金融市场环境和社会文化环境，通过本案例的教学，应能使学生结合国家经济形势及宏观调控措施，分析金融环境的变化对企业理财活动产生的影响。

本案例体现了财务管理环境的知识点，提高了学生关于金融环境的变化对企业理财活动产生影响问题的实际应用能力。

案例 1.4　财务管理目标案例——青鸟天桥财务管理目标

■ 案例目标

通过本案例的学习，学生应更深入地理解财务管理目标的几种观点的含义、优缺点及其对上市公司理财活动的影响，培养实际分析问题、解决问题的能力。

■ 案例陈述

2000 年 12 月，北京天桥百货商场与北大青鸟高科技公司进行资产重组，后者借壳上市，成为前者的第一大股东，同时更名为"北京天桥北大青鸟科技股份有限公司"（简称青鸟天桥），天桥员工欢欣鼓舞，盼望高科技给他们带来新转机。然而，天桥商场的经营并不令人放心，几个月后，滑落到了盈亏临界点，并从此疲态不改。面对严峻的经营形势，2001 年 11 月 2 日，公司董事会下决心实行减员增效，谋求商场的长远发展。

为确保这一行动的顺利实施，公司采取了两项措施：一方面，舆论先行，在天桥商场通过板报、咨询等形式，加紧宣传《中华人民共和国劳动法》（以下简称《劳动法》》等有关政策法规：另一方面，与有关部门和企业联系，把需要招工的企业直接引进商场，方便员工再就业。经过两周的紧张准备后，2001 年 11 月 18 日，商场广播正式传播了董事会的决定：2001 年 12 月 26 日，有 664 名员工合同到期，其中的 283 人商场决定不再续签合同，请全体员工到各部门经理处查阅自己的合同；到期的员工到会计室领取 12 月份工资、奖金；档案关系商场近期给予转出；目前有 8 家企业正在楼上招工，有 200 个就业机会。

决定刚一播完，商场员工哗然。数百名合同到期的员工不约而同地涌向商场领导办公室。商场工作顿时陷于瘫痪，挂出了停业招牌。备受关注的天桥商场裁员风波由此开始。

当晚，未能续签合同的 283 名员工在一层营业大厅静坐，要求与企业法人对话，其理由是他们没有一点思想准备，不理解企业为什么要这样做。他们有一种被出卖、被抛弃的感觉。

一边是焦头烂额的上市公司代表，一边是伤心、愤懑的静坐员工，缓和的谈话、激烈的辩论，最初的现场气氛让人深感不安。但好在双方都把对方的意图、处境弄清楚之后，思想开始拉近。前者更深地体会到了员工生活的困难情况，后者对管理层的决策也多了些理解。到 11 月 25 日，也就是静坐的第 8 天晚上，公司管理层答应考虑员工提出的给予经济补助的要求，但反复说明青鸟天桥是上市公司，公司每支付一笔钱都必须经董事会和股东大会投票通过，必须按照法律程序办事。对峙气氛明显有了缓和。

在目前的改革形式下，国有企业面临新的体制改革，青鸟天桥董事会做出了减员增效的决策，这些人必然将面临一个更严峻的问题，就是重新被社会选择。而这些人基本不具备高学历、高技能，让他们走向市场，谁要他们！因此，员工提出作为工龄补助、养老保险、再就业劳动技能培训、精神伤害等项补助，公司应补助每人总计 47 500 元。

董事会在 7 楼会议室宣布，原则同意员工提出的关于工龄补助的要求，但关于养老保险补助的要求，董事会有不同意见，其他补助不予考虑。另外，劳动技能培训今后由北大青鸟免费负责，不再另给经济补助。并说，如不同意这个方案，可派两名职工代表参加 12 月 2 日的董事会，详细说明要求。

董事会的这一补助方案被认为与员工提出的要求相差甚远，再加上听说还要再等，紧张的气氛立即升温。

面对这种状况，公司管理层代表沉重地说，我们实在不愿意看到情况继续恶化下去。我们只有两个选择：要么退步，与这些员工续签合同或采取其他退让措施，这将意味着改革的失败；要么坚持往前走，实行减员增效的改革，但这可能会付出血的代价。

公司董事会开会决定，同意给予终止合同职工适当的经济补助，并同意参加解除劳动合同的相关规定，对 283 名终止劳动合同的职工给予人均 1 万元，共计 300 万元左右的一次性经济补助。这次董事会同时决定，在未经股东大会批准之前，鉴于实际情况，决定由公司先行预支，并责成天桥百货商场执行。据悉，这次经济补助方案将在下次召开的股东大会上再行表决。

由不满于下岗解聘的部分员工占据商场楼面而引发的这场劳资纠纷，终于找到了一个较为可行的解决方案。

在这次董事会上，公司决策层再次对天桥百货商场领导班子在终止（续签）劳动合同工作中制定的减员增效实施方案做了肯定，并称此举符合《劳动法》及相关法律法规的规定。公司董事会同时责成商场领导班子，要求他们做好职工的思想工作及劝导工作。原先占据天桥百货商场的部分职工早已全部撤离了现场，商场全面恢复营业，停业期间没有任何设施受到破坏。董事会当即表示，这场争执不会对青鸟天桥业绩造成大的影响。

［问题］

1）财务管理目标有几种观点？它们的含义及优点、缺点是什么？

2）青鸟天桥在这场风波中财务管理目标发生了怎样的转变？

3）你认为青鸟天桥的最初决策是合理的吗？以后的让步是否合适？

4）青鸟天桥案例给你什么启示？

案例分析

1）利润最大化、股东财富最大化、企业价值最大化。

2）从利润最大化到股东财富最大化，最后到企业价值最大化的转变。

3）合理；合适。

4）结合案例具体发生背景，阐述财务管理目标对企业理财活动的影响。

案例小结

通过本案例的学习，学生可以结合企业发展所处的不同阶段的实际背景，分析企业应采取的不同财务管理目标，以及在企业理财目标实现的过程中如何处理好股东与员工、经营者等利益相关者之间的关系。

本案例体现了关于财务管理目标不同观点的知识点，提高了学生关于在企业发展不同阶段应采取不同的财务管理目标问题的综合决策能力。

案例 1.5　财务管理目标案例——天宇上市公司高管持股

案例目标

通过本案例的学习，学生应更深入地理解高级管理人员持股对公司财务管理目标的影响，培养实际分析问题、解决问题的能力。

案例陈述

2011 年 9 月，天宇上市公司发布公告称，公司的高级管理人员已于近日陆续从二级市场上购入该公司的社会公众股，平均每股购入价格为 10.40 元左右。公告还显示，购入股份最多的是该公司总经理王学超，持股数量达 28 600 股，而购入股份最少的高级管理人员也有 19 000 股。按照有关规定，上述人员只有在离职 6 个月后，才可将所购入的股份抛出。资料显示，天宇上市公司自 2006 年 3 月上市以来已经两度易主，股权几经变更。2010 年 11 月，该公司第二大股东宁波嘉实实业发展有限公司通过受让原第一大股东的股权，成为天宇上市公司的现任第一大股东，嘉实公司承诺所持股份在 3 年之内不转让。

由于种种历史原因，上市公司中"零股董事"的现象比较普遍，而高级管理人员主动从二级市场上购入本公司的股份却并不多见，而且天宇上市公司高级管理人员所购股份都不在少数，最少都得花费 20 万元。据天宇上市公司总经理王学超介绍，此次高级管理人员持股，可以说是公司董事会的一种强制行为。2010 年底嘉源公司入主天宇上市公司之后，经过半年多的清产核算，天宇上市公司的不良资产基本上得到剥离，留下的都是比较扎实的优良资产，在此基础上，2011 年 6 月 3 日，公司董事会提出，公司的总经理、副总经理、财会负责人和董事会秘书等在 6 个月之内，必须持有一定数量的公司发行在外的社会公众股，并且如果在规定的期限内，高级管理人员没有完成上述持股要求，公司董事会将解除对其的聘任。

王学超说，董事会这样做的目的是为了增强高级管理人员对公司发展的使命感和责任感，让他们也来投资自己所管理的公司，公司做好了，其资产就会增值，公司做得不好也就直接影响其切身利益，把个人的利益与公司的利益紧密地结合起来，有利于企业的快速健康发展。

董事、高级管理人员持股是投资者老生常谈的话题，尽管业内人士多次就此事展开讨论，但是因为种种客观原因，这一问题一直没有得到很好的解决。目前上市公司中"零股董事"、"零股高级管理人员"的现象还较为普遍。虽然有关部门并没有规定上市公司的高级管理人员必须持有公司的股票，但是按现代企业制度的精神，从对企业的发展及增强高级管理人员的责任心等方面来说，高级管理人员持股比不持股更有动力。正如天宇上市公司总经理王学超所说的那样，如果高级管理人员对公司的发展都没有信心，都不愿持有公司的股票，那么又如何让投资者放心地投资该公司呢？

应该说，在如何把高级管理人员的利益与其所管理公司的利益紧密地结合起来，增强高级管理人员的责任心方面，天宇上市公司的这种强制持股的做法显然有一定的积极意义。君安证券的王维纲说，让上市公司的高级管理人员自己的切身利益与公司的股票价格（最终归结到公司业绩的提升上）紧密联系起来，国际上通行的做法是采用股票期权的形式，来鼓励高级管理人员提高上市公司的业绩，提高对股东的回报。由于国情不同，国内的企业特别是国有企业目前还做不到这一点，但这是改革的趋势，因而上市公司高级管理人员能主动购入公司的流通股，是比较好的现象，是一种进步。王维纲认为，这种做法可以使上市的高级管理人员在做出决策时更加注重公司的利益而不是大股东的利益，对高级管理人员提高公司的业绩也能产生较大的动力。

[问题]

1）你认为公司高级管理人员持股对公司财务管理目标有何影响？

2）你如何评价天宇上市公司的高级管理人员持股？

案例分析

1）公司高级管理人员持股对企业理财目标的影响，主要是可以增强高级管理人员对公司发展的使命感和责任感，可以使上市公司高级管理人员在做出决策时更加注重公司的利益而不是大股东的利益，有利于企业的快速健康发展。

2）通过高级管理人员持股，可以避免高层人才流动带来的损失，培养高度的凝聚力，打造稳定可靠的管理层；能够更广泛地实现股东、公司和激励对象利益的一致，更长远地调动优秀管理人员、一线经理的积极性，使激励对象的行为与公司发展战略保持一致；有利于公司进一步改善治理结构，使大股东、管理层、小股东的利益更趋一致。

■ 案例小结

通过本案例的学习，学生可以结合企业发展所处的实际背景，运用委托-代理问题与利益冲突的相关知识，通过一套激励、约束和惩罚机制来协调解决管理层个人目标与股东目标的冲突，更好地实现企业的理财目标。

本案例体现了公司高级管理人员持股对公司财务管理目标产生影响的知识点，提高了学生对高管持股问题的实际应用能力。

案例 1.6 财务管理目标案例——天津泰达第一部股权激励成文法

■ 案例目标

通过本案例的学习，学生应更深入地理解企业的高级管理者对实现企业的理财目标起着至关重要的作用，以及第一部《激励机制实施细则》在我国资本市场上的创新意义。

■ 案例陈述

1999 年 9 月，泰达股份正式推出了《激励机制实施细则》，这是我国 A 股上市公司实施股权激励措施的第一部"成文法"。早在 1998 年底，作为大股东的泰达集团，就和天津市政府、开发区有关领导就怎样在企业激发管理层及员工的积极性进行过探讨，并得到开发区领导的鼓励和支持。根据《激励机制实施细则》，泰达股份将在每年年度财务报告公布后，根据年度业绩考核结果对有关人士实施奖惩。公司将提取年度净利润的 2％，作为公司董事会成员、高级管理人员，以及有重大贡献的业务骨干的激励基金。基金只能用于为激励对象购买泰达股份的流通股票并做相应冻结；而处罚所形成的资金，则要求受罚人员以现金在 6 个月之内清偿。由公司监事会、财务顾问、法律顾问组成的、相对独立的激励管理委员会负责奖罚。这种奖罚方式，能够最大限度地将激励对象的利益和公司的稳步增长长期紧密地结合在一起；而保持激励管理委员会工作的独立性和成员的广泛性，可以保证奖罚的严肃、公正、公开。

泰达股份每年根据经营业绩考核激励对象，达到考核标准的给予相应的激励，达不到考核标准的要给予相应的处罚。最重要的考核指标之一是公司每年业绩 15％的增长率。泰达股份认为，公司奖励给个人的是奖金，而购买公司流通股票的行为属于个人性质，这种股权激励机制与《中华人民共和国公司法》（以下简称《公司法》）对回购条款的限制不相抵触。按 1998 年度净利润 13 336.8 万元的 2％计提，公司可提取 260 万元的激励基金（含税）。

1999～2004 年，经过 6 年的时间，泰达股份的高管手中的股票越来越多。表 1.1 是公司自 1999 年以来的总股本和高管股资料。

表 1.1　公司自 1999 年以来的总股本和高管股资料　　　　　（单位：万股）

项目 ＼ 日期	1999 年 11 月 29 日	2011 年 3 月 26 日	2002 年 6 月 26 日	2003 年 4 月 28 日	2004 年 7 月 6 日
总股本	26 515.49	30 027.96	45 041.94	81 075.49	105 398.13
高管股	5.53	0.00	68.30	95.84	103.61

泰达股份每年根据经营业绩考核激励对象，最重要的考核指标之一是公司每年业绩 15％的增长率。表 1.2 是公司自 1997 年以来每年业绩资料。

表 1.2　公司自 1997 年以来每年业绩资料

项目 ＼ 年份	1997	1998	1999	2000	2001	2002	2003
主营业务收入/万元	15 003.52	21 405.91	21 752.72	38 220.77	37 405.64	38 719.50	44 816.96
主营业务利润/万元	3 821.65	11 535.12	13 113.78	16 159.14	17 611.60	15 824.48	19 656.93
营业利润/万元	3 875.51	10 103.06	13 017.86	13 001.17	11 712.14	8 236.97	9 760.63
利润总额/万元	8 360.70	14 796.87	18 690.21	15 571.28	13 224.92	13 934.36	13 082.05
净利润/万元	7 139.94	13 050.39	16 720.53	14 020.05	11 952.22	9 848.86	9 355.42
净资产收益率/%	28.68	34.38	30.15	21.49	9.22	7.13	6.39
每股收益/元	0.53	0.70	0.63	0.53	0.40	0.22	0.12

［问题］

1）分析天津泰达的《激励机制实施细则》在我国资本市场上的创新意义。

2）天津泰达的《激励机制实施细则》有什么特点？

3）结合天津泰达近几年的主要业绩指标，评价实施股权激励措施的效果。

▓▓ **案例分析**

1）天津泰达是我国资本市场上具有创新意义的实施股权激励的上市公司。它创下了 3 个第一：第一家规范、透明地公布股权激励做法的上市公司；第一家提取激励基金的上市公司；第一家将激励和约束相结合，规定激励基金的同时又规定了惩罚基金的公司，在提取时规定了对激励对象的考核办法。

天津泰达的模式在证券市场上披露以后，引起了很大的反响，仿效的上市公司逐渐增多。这种提取激励基金、购股奖励高管人员的模式，成为上市公司股权激励的主要做法。大量的案例在 2000 年、2001 年纷纷产生，并有一些规律性的变化。这里再简单举两个案例：一个是在 1999 年在天津泰达公布方案后不久出现的一个仿效案例福建三木（000632）；一个是在 2000 年实施了股权激励方案的广东福地（000828）。

2）除了 3 个第一之外，天津泰达的案例还有许多值得总结之处。

① 激励基金做法得到了大股东的有力支持。作为大股东的泰达集团，自 1998 年底就和天津市政府、开发区有关领导就怎样在企业激发管理层及员工的积极性进行过探讨，并得到开发区领导的鼓励和支持，泰达股份之所以能率先出台激励细则，应该说，与天津市政府和开发区的支持是分不开的。

② 建立了具有相对独立性的激励管理委员会。公司的激励管理委员会伴随着《激励机制实施细则》而成立。其成员构成由监事会、公司财务顾问和公司法律顾问组成，保证了这项工作的独立性、公正性、严肃性。这也是我国上市公司中第一家由监事会成员和外部顾问为主组成的激励委员会。

3）天津泰达实施股权激励措施，到 2003 年已经经历了 5 个年头，在这期间从公司的主营业务收入、主营业务利润两项指标来看总的趋势实现了增长；营业利润、利润总额、净利润、净资产收益率、每股收益这几项指标都是以 1998 或 1999 年为最高水平，以后出现了 4 年或 5 年的连续下滑。

■ 案例小结

通过本案例的学习，学生应能理解对管理层给予奖励是实现企业理财目标的重要内容。每个公司都在努力探索激励高管层的实施办法。泰达股份的股权激励措施对人们认识激励制度、股东和管理层之间的委托-代理关系、企业理财目标，以及 3 者之间的关系会有一些启示。

本案例体现了股权激励、财务管理目标的知识点，提高了学生关于如何协调股东与管理层之间的利益冲突问题的综合应用能力。

案例 1.7　财务管理投资环境案例——飞龙稀铝后期项目叫停

■ 案例目标

通过本案例的学习，学生应更深入地理解财务管理环境对企业发展的重要性。

■ 案例陈述

在一期工程于去年（2003 年）10 月正式投产后，飞龙发展集团包头稀土铝业有限公司（以下简称飞龙稀铝）的大多数项目却因为资金链的收紧而暂时停止运作。这个工程的主持人是李远征，曾被《福布斯》评为"中国首富"的飞龙发展集团董事长。仅仅用了两年半时间，李远征就把电解铝业树立为飞龙发展集团的"第二主业"，但现在他被迫减缓了他在这个领域内急速前进的脚步。

就在上个月（2004 年 6 月），中国有色金属工业协会会长康义表示，在政府宏观调控政策和市场调节的双重作用下，中国电解铝行业的过度投资势头已经得到基本控制，飞龙发展集团包头稀土铝业有限公司已经决定将电解铝的设计生产规模从 100 万吨压缩到 50 万吨。

飞龙稀铝动工至今尚未拿到国家发改委的批文。根据目前的投资审批体制，投资3 000万元以上的项目需要国家审批，飞龙稀铝项目截至去年底就已经投进去20亿元，远远超过了这个数字。另一个原因是飞龙稀铝项目很难再获得贷款。国家对贸然上马的民营资本投资重工业项目普遍紧缩银根，这在相当大的程度上导致了飞龙稀铝的融资进程受阻。相关人士透露，飞龙发展集团在飞龙稀铝项目上的第一期投资就达到37亿元之多，而计划总投资为150亿元。现在飞龙发展集团已经自筹了20亿元，银行原本要提供17亿元的贷款，但现在这17亿元也很难贷到了。

兴业证券的分析师认为，受到中国高速成长预期和国际铝价上涨的刺激，许多企业近些年纷纷投资铝业，虽然国家发改委多次发文，要求制止电解铝行业的重复建设，但投资热潮仍然难以退去，铝业的竞争日趋白热化。有统计数据称，到2010年中国铝业将吸纳近1 100亿元资金。而包头市则把这看作绝佳的发展经济的机会。有政府官员乐观地预计，飞龙稀铝完全建成后销售收入将达到包头钢铁（集团）有限责任公司的3倍，而包钢的产值现在占了包头市工业总产值的1/3。在一本宣传材料上，飞龙稀铝项目被称作"内蒙古自治区50年来整体被引进建设的最大项目"，即"钢铁之城"和"稀土之城"之后，包头市政府要借此将包头打造成"草原铝都"。但如今这一切似乎都成了一厢情愿的美好愿望。

除了程序和贷款方面的问题之外，飞龙发展集团还碰上了中国铝业股份有限公司对氧化铝的垄断，而当飞龙发展集团试图改变这一局面的时候，他们的尝试也遭到挫折。在铝产业里，从上游至下游的生产链条如下：铝矿开采—氧化铝—电解铝—各种铝制品。从制铝工业的流程上来看，必须先从铝土矿中提取氧化铝，才能将氧化铝经电解铝得到金属铝，所以氧化铝行业是最关键的，"得氧化铝者得天下"，这已经成为电解铝行业中的一句行话。

由于中国电解铝产能飞速增长，氧化铝的需求也随之剧增，这自然引起了价格的疯涨。到去年底，国产氧化铝的价格达到每吨3 700元，于2002年底的每吨1830元相比，涨幅高达102%。进口氧化铝的价格上涨的更是惊人，从2003年初每吨2 500元升到2003年底每吨4 800元。氧化铝在铝产业链中成为暴利的代名词。但现实情况是，中国铝业股份有限公司是中国唯一的氧化铝生产商，氧化铝在中国的生产由中国铝业股份公司控制，进口则由中国铝业股份有限公司、中国五矿集团公司双双控制。飞龙稀铝一期年产量8万吨项目所需的氧化铝正是每天从中国五矿的天津码头购得。为了突破这一致命的瓶颈，解决氧化铝的供应，2003年6月，飞龙发展集团使出大动作与河南黄河铝电集团、美国杰德金属公司、先锋全球投资有限公司等签署合资合同，在河南三门峡渑池投入45亿元人民币建设一个年产105万吨的氧化铝项目，其中飞龙发展集团占有51%的股权。很显然，李远征花费巨资建设氧化铝项目的目的就是借氧化铝来打通东方集团的铝业产业链，降低电解铝的生产成本。但实际上，就在飞龙稀铝陷入低潮之前，三门峡渑池氧化铝项目这个来自产业链最上游的环节也断裂了。三门峡渑池氧化铝项目一直处于搁浅的状态之中，据黄河铝电集团办公室的人士透露，至今飞龙发展集团在三门峡项目上只投资了几千万元，设计图还没到位。有关传媒报道，飞龙发展集团在三门峡渑池的氧化铝项目不能按期投资的原因是"触了国家禁区"，李远征在铝业产业链上游的突进很快引起垄断者中国铝业股份有限公司的反应。据说飞龙发展集团也曾经打算安抚中国铝业股份有限公司，给其三门峡项目30%的股权，但中国铝业股份有限公司打算取得控制权，于是双方没有谈成。

三门峡渑池氧化铝项目的搁浅，导致了李远征的腹背受敌。包头的飞龙稀铝电解铝生产将长期受制于人，原来盘算得好好的"一揽子"产业链计划被切断。

国家发改委工业司冶金处一位负责人在谈到对飞龙稀铝的评价时说，飞龙发展集团"造铝"战略遭受的重大挫折，凸显了中国民营企业进行重型化转型的艰难。他认为，李远征在两年前打造的"氧化铝—电能—赖氨酸—饲料"一揽子方案也许到了认真反思是否可行的时候。

2001年，李远征曾对媒体表示，国家应该包容与鼓励有挑战精神的民营企业家去尝试。他指的是进入汽车领域时碰到许多限制的李书福。没想到两年后，李远征也遇到了与李书福类似的境地。

事情发展下去，是维持现状还是等待被中铝"诏安"？也许这都不是李远征所要的答案。当然，飞龙发展集团一场深刻的自我调整将在所难免，对待飞龙稀铝，李远征要么暂时收敛宏图，保存实力，要么重新安排融资方式。有知情人士透露，李远征正在与一家对外投资能力在30亿元以上的国内投资机构紧密接触，据说到2004年年底，一项名为"能源资源产业基金"的资金将打入飞龙发展集团的银行账号。但这家投资机构是否与飞龙发展集团合作，目前还未知。

[问题]

1）分析飞龙稀铝后期项目叫停的主要原因。

2）飞龙稀铝项目在上马之初，存在哪些危机？

3）总结飞龙稀铝项目所涉及的理财环境，哪些是有利的？哪些是不利的？

4）国家的投资管理体制对电解铝项目和氧化铝项目有哪些限制？这一点飞龙集团是如何考虑的？

案例分析

1）一个计划总投资150亿元的"巨无霸"工程碰到了障碍，主要原因是近年来国家对电解铝行业的宏观调控举措。

2）飞龙稀铝项目在开始的时候，由于急于上马，在审批和环保等环节都存在着问题。

3）民营企业投资于这样一个巨大项目，所涉及的环境因素是多种多样的，如国家产业政策、国家的经济发展情况、国际环境、产业环境、自然资源环境等。

4）对电解铝项目和氧化铝项目国家一直是严格控制的。2004年国家对原有的投资体制进行了进一步的改革，发布了《国务院关于投资体制改革的决定》，并确定了《政府核准的投资项目目录（2004年本）》。结合本案例进行具体分析。

案例小结

通过本案例的学习，学生应能理解理财环境包括经济环境、法律环境和金融环境等内容，以及这些环境对企业的理财活动产生的重要影响。企业在进行投资时，首先要分析国家对此行业的宏观调控举措，有哪些有利的影响、有哪些不利的影响，然后才能决策项目在技术上、经济上是否可行。

本案例体现了财务管理环境的知识点，提高了学生关于财务管理环境对企业理财活动具有重要意义问题的实际应用能力。

案例 1.8　财务管理实践案例——星星集团的财务管理实践

案例目标

通过本案例的学习，学生应更深入地理解和掌握财务管理的特点、财务集中统一管理的措施和确立财务管理目标的意义。

案例陈述

中国星星集团创立于 1988 年，是一家跨行业、多元化经营的现代化大型民营企业集团。集团目前占地 60 万平方米，总资产达 17 亿元，年销售额逾 40 亿元，系全国最大的冷柜和便洁宝生产基地，销售网络遍布国内，在全国各地均设有销售分公司。按照"一个中心，两翼展开"的产品发展思路，新产品发展速度不断加快，技术含量不断提高，品牌附加值不断增加。在目前市场竞争日趋激烈，行业平均利润走低的环境下，公司提出"优化结构、强化机制、提速增效、全面发展"的工作方针，先后在全公司推行目标成本管理，推行内部管理市场化，实现管理手段价值化，健全监督保障体系。一方面动员全体员工积极参与管理，另一方面充分发挥职能部门的作用，即财务部门负责成本核算和控制，管理部门负责相关制度的制定和考核。

集团总裁提出"在发展中调整，在调整中提升"的管理思想，为进一步理顺母子公司关系、确立集团框架，形成统分结合的决策中心、成本中心和利润中心，明确了思路，指明了方向。实行财务集中统一管理，特别是对集团所属的各子公司实行收支两条线管理，突出了企业管理以财务管理为中心，财务管理以资金管理为中心的理念，以推进集团管理登上新台阶。

财务管理是一项综合性的管理工作，牵涉范围广泛，综合程度高，有利于企业的集中管理。财务管理侧重于价值的管理，它对企业的资金活动及其形成的财务关系进行组织监督和调节，促进企业全面改善生产经营。为确保企业持续、稳定、协调的发展，财务部门必须研究合理的筹资组合和最佳的资本结构，提高资金效益，优化资源配置；同时，必须组织企业资金合理有效地投放和运用，使财务工作成为提高企业创利能力的有效动力。市场经济的客观要求和企业追求效益和资本增值的目标，决定了企业管理应以财务管理为中心，而财务管理应以资金管理为中心。

（1）设立内部"结算中心"，实行"一个漏斗进出"管理

结算中心的设立对集团的财务管理和资金的统筹调剂、监督管理等工作发挥了重要作用。首先，结算中心统一管理各子公司资金，有利于集团集中调配资金，缓解资金紧张的矛盾。结算中心全面掌握资金运营情况，能及时调剂余缺，大大提高资金的

利用率和收益率，发挥好"蓄水池"的作用；其次，设立结算中心，加大了集团对子公司的监督力度，消除各子公司费用开支的随意性，解决子公司在各银行开户带来的弊端，根治资金管理中的"跑、冒、滴、漏"现象；最后，在"内部银行"引入信贷管理机制，设定利率，统一信贷，实行资金限额控制，同时制定有关管理制度。这样，也打通了子公司之间互为堡垒的形式，确立了企业的整体概念。

总之，结算中心的运作，对集团资金运行实施了事前、事中、事后的动态监督，强化了财务管理的监督控制功能，不仅使内部结算工作更加便捷高效，而且能够及时为领导决策提供资金运营方面的信息，把"以财务管理为中心"的经营思想落到实处。

（2）实施"收支两条线"管理，推行月度全额资金预算管理制度

集团根据年度预算和当月生产经营的实际情况，采取自上而下综合平衡的方法，按月编制全额资金预算，将全部资金收支纳入预算管理。经批准后，按当月生产经营计划切块下达。明确各个环节的资金收支指标和资金流向，减少资金盲目使用和沉淀，各个部门都有责任和压力，把企业的产、供、销紧密捆在一起，保证每月生产任务和目标的完成。另外，要求财务人员严格执行月度资金预算，对各单位每月申报的资金使用计划严格审查，资金使用用途做到：重点保留、次要削减、逐项压缩、杜绝非生产性开支。同时对资金使用加强跟踪检查，避免资金东借西用，保证资金使用的效率和安全。

（3）实行"5个统一"，强化财务管理的监控职能

财务集中管理主要通过"5个统一"来实行。"5个统一"包括机构、人员、制度、资金、核算等五大方面的统一。"机构统一"是指集团下属控股企业财务部门的设立全部由集团财务部统一决定；"人员统一"是指集团所有的财务人员由集团财务部派驻和管理，实行垂直领导；"制度统一"是指财务方面的制度由集团财务部统一制定；"资金统一"是指集团所有的资金由集团财务部一个账户统一进行管理；"核算统一"是指分配核算统一监督。"5个统一"形成财务统管网络，对强化财务管理职能、规范子公司的运营和推动总部的管理产生了积极的作用，使集团的财务管理做到3个一致：财务制度上下贯彻一致、资金收支调配一致、分解下达的费用指标执行一致。

实行"5个统一"，一是为各子公司发挥产、供、销全方位经营拓展了广阔空间，同时加强了集团对子公司的有效监控，既照顾了各子公司局部经营效益，又保证了集团目标的实现；二是能确切、及时掌握各子公司的经营业绩，有利于对集团总体经营目标从制定、分解、落实到评价的全方位核算监督。这一体系措施进一步从根本上确立了财务管理在企业管理中的中心地位，达到降低成本、杜绝漏洞、提高资金收益率的目的，使会计人员从整天围着凭证、账簿、报表等事务性工作转变到参与企业综合管理并发挥作用，这对会计人员的综合素质提出了更新更高的要求。坚持以财务管理为中心，是强化企业经营管理工作，促进企业发展的前提和保证。只有抓住财务管理这个企业管理的"牛鼻子"，才能适应市场经济的发展要求，在激烈的市场竞争中站稳脚跟。

［问题］

1）星星集团为什么如此看重财务管理？你对该集团的财务管理做何评价？

2) 如何理解财务管理是以资金管理为中心的经济管理工作？

3) 星星集团实行财务集中统一管理的措施有哪些？对其他企业有什么启示？

4) 试分析星星集团公司的理财目标。

案例分析

1) 财务管理是组织企业财务活动、处理财务关系的一项重要的经济管理工作，牵涉范围广泛，综合程度高。财务管理侧重于价值管理，它是对企业的资金活动及其形成的财务关系进行组织监督和调节，为确保企业持续、稳定、协调的发展，财务部门必须研究合理的筹资组合和最佳的资本结构，提高资金效益，优化资源配置；同时，必须组织企业资金合理有效地投放和运用，使财务工作成为提高企业获利能力的有效动力。企业追求效益和资本增值的目标决定了企业管理应以财务管理为中心。

2) 企业的财务活动是以现金收支为主的企业资金收支活动的总称，包括：①企业筹资引起的财务活动；②企业投资引起的财务活动；③企业经营引起的财务活动；④企业分配引起的财务活动。上述财务活动的 4 个方面，是互相联系、互相依存的。这 4 个方面正是财务管理的基本内容：企业筹资管理、企业投资管理、营运资金管理、利润及其分配管理。因此，财务管理是以资金管理为中心的经济管理工作。

3) 星星集团实行财务集中统一管理的措施包括：①设立内部"结算中心"，实行"一个漏斗进出"管理；②实施"收支两条线"管理，推行月度全额资金预算管理制度；③实行"5 个统一"，强化财务管理的监控职能。财务的集中管理还包括以下措施：①完善企业集团组织机构；②实行资金的集中管理；③实行全面预算管理；④实行财务总监委派制；⑤统一主要的财务管理制度；⑥利用互联网技术进行财务集中管理；⑦建立财务绩效考核与奖惩制度；⑧加强对财会人员的培训和管理。

4) 公司提出"优化结构、强化机制、提速增效、全面发展"的工作方针和"在发展中调整，在调整中提升"的管理思想，先后在全公司推行目标成本管理，推行内部管理市场化，实现管理手段价值化，确立集团框架，形成统分结合的决策中心、成本中心和利润中心。实行财务集中统一管理，特别是对集团所属的各子公司实行收支两条线管理，突出了企业管理以财务管理为中心，财务管理以资金管理为中心的理念，以推进集团管理登上新台阶，最终实现企业价值最大化的理财目标。

案例小结

企业管理应以财务管理为中心，注意做好以下工作：①建立健全以财务管理为核心的管理体系；②建立健全会计信息和统计信息相结合的电算化管理；③各项决策包括筹资决策、投资决策、经营决策等要在保证企业持续经营和发展的基础上进行；④加强成本管理；⑤加强风险管理。

本案例体现了财务管理是以资金管理为中心的知识点，能够提高学生对财务集中管理问题的实际应用能力。

第2章

财务管理价值观念

学习目标

通过本章案例的学习，理解资金时间价值的概念及其计算、年金含义及其计算，掌握风险与报酬的概念、单项资产与资产组合收益与风险的计量、债券及股票价值的计算。要求学生在掌握理论的同时，注重实际能力的提高，主要是资金时间价值及年金计算方法、投资风险价值、证券估价方法的具体运用。

理 论 概 要

2.1　货币时间价值的概念

通常情况下，资金时间价值被认为是在没有风险和没有通货膨胀条件下的社会平均资金利润率。时间价值有两种表现形式：相对数和绝对数。相对数是指时间价值率，即扣除风险报酬率和通货膨胀率后的平均资金利润率；绝对数是指时间价值额，即资金在生产经营过程中产生的增值额。

2.2　货币时间价值的计算

1. 单利

我国现行银行存贷利率都是按单利计算的。在单利方式下，本金能生利，利息不能生利。

1）终值。又称将来值，是现在一定量现金在未来某一时点上的价值，俗称本利和。

2）现值。又称现在值，是指未来某一时点上的一定量现金折合到现在的价值，俗称本金。

3）单利。按单利的计算法则，利息的计算公式为

$$I = P \times i \times n \tag{2.1}$$

4) 单利的终值。单利的终值计算公式为

$$F = P(1 + i \times n) \tag{2.2}$$

5) 单利现值。单利现值的计算与单利终值的计算是互逆的，由终值计算现值，称为折现。将终值计算公式变形，即得到单利现值计算公式

$$P = F/(1 + i \times n) \tag{2.3}$$

式中，I——利息；

　　　P——现值；

　　　F——终值；

　　　i——每期的利率（折现率）；

　　　n——期数。

2. 复利

资金时间价值的计算一般都按复利方式进行。在复利方式下，本能生利，利息在下期则转为本金，与原来的本金一起计算，即俗称的"利滚利"。

（1）复利终值

复利终值的计算公式为

$$F = P \times (1 + i)^n = P \times (F/P, i, n) \tag{2.4}$$

（2）复利现值

复利现值是复利终值的逆运算，是指未来一定时间内特定资金按复利计算的现在价值，或者说为了得到将来特定本利和现在所需的本金。

复利现值的计算公式为

$$P = F/(1 + i)^n = F \times (P/F, i, n) \tag{2.5}$$

3. 年金

所谓年金，是指一定时期内每次等额收付的系列款项，通常记作 A。年金按每次收付时间不同，分为普通年金（或后付年金）、即付年金（或先付年金）、递延年金和永续年金。

（1）普通年金

1) 普通年金终值。它是一定时期内每期期末等额收付款项的复利终值之和，如零存整取的本利和。

普通年金终值的计算公式为

$$F = A \times \frac{(1 + i)^n - 1}{i} = A \times (F/A, i, n) \tag{2.6}$$

如果已知 F，求 A，则

$$A = F/(F/A, i, n) \tag{2.7}$$

在这里，给 A 一个新名称——偿债基金，它是指为了在约定的未来某一时点清偿某笔债务或积聚一定数额的资金而必须分次等额提取的准备金。

2) 普通年金现值。它是指一定时期每期期末收付款项的复利现值之和。

年金现值的计算公式为

$$P = A \times \frac{1-(1+i)^{-n}}{i} = A \times (P/A,i,n) \tag{2.8}$$

如果已知 P，求 A，则

$$A = P/(P/A,i,n) \tag{2.9}$$

给 A 取个新名词——资本回收额，它是指在给定的年限内等额回收初始投入的资本或清偿所欠的债务所需的资金。

（2）即付年金

即付年金是指一定时期内每期期初等额收付的系列款项，又称先付年金。它与普通年金的区别仅在于收付款时间不同。

1）即付年金的终值。即付年金终值是各期期初收付款项的复利终值之和。其计算公式为

$$F = A \times \frac{(1+i)^n-1}{i} \times (1+i) = A \times (F/A,i,n) \times (1+i) \tag{2.10}$$

2）即付年金的现值。即付年金现值是各期期初收付款项的复利现值之和。其计算公式为

$$P = A \times \frac{1-(1+i)^{-n}}{i} \times (1+i) = A \times (P/A,i,n) \times (1+i) \tag{2.11}$$

（3）递延年金

递延年金是指第一次收付款发生时间不在第一期期末，而是隔若干期后才开始发生的系列等额收付款项。它是普通年金的特殊形式，凡不是从第一期开始的普通年金都是递延年金。递延年金的终值大小与递延期无关，故其计算方法与普通年金相同。

递延年金现值是自若干期后开始每期期末收付款项的现值之和。递延年金现值的计算方法有两种。假设最初有 m 期没有发生收付事项，而后的 n 期每年有等额的系列收付事项。

第一种方法：将后 n 期年金先贴现到 m 期期初，再贴现至第一期期初的现值，计算公式为

$$P = A \times (P/A,i,n) \times (P/F,i,m) \tag{2.12}$$

第二种方法：先求出 $m+n$ 期普通年金现值，减去没有收付事项的前 m 期普通年金现值，两者之差便是延期 m 期之后的 n 期年金现值，计算公式为

$$P = A \times (P/A,i,m+n) - A \times (P/A,i,m) \tag{2.13}$$

或

$$P = A \times [(P/A,i,m+n) - (P/A,i,m)] \tag{2.14}$$

（4）永续年金

永续年金是无期限等额收付的特种年金。由于永续年金持续期无限，因此没有终值，只有现值。永续年金现值的计算公式为

$$P = A/i \tag{2.15}$$

2.3 风险与收益的概念

1. 风险报酬的含义

风险报酬是指投资者因冒风险进行投资而获得的超过资金时间价值的那部分额外报酬。可以用绝对数风险报酬额和相对数风险报酬率表示。

2. 单项资产的风险与收益

（1）资产的含义

任何产生现金流的东西，如一项生产性实物资产、一条生产线或一个企业，以及有价证券，如股票或债券都属于资产。

（2）单项资产的预期收益的计量

$$E = \sum_{i=1}^{n} X_i P_i \qquad (2.16)$$

式中，X_i——随机事件的第 i 种结果；

$\quad P_i$——出现第 i 种事件的概率；

$\quad E$——期望值，表示投资者的预期收益平均值。

（3）单项资产的风险的计量

1）风险。从财务管理的角度看，风险就是企业在各项财务活动中，由于各种难以预料或无法控制的因素，使企业的实际收益与预计收益发生背离，从而蒙受经济损失的可能性。

2）资产的风险。资产的风险是指资产收益率的不确定性，其大小可用资产收益率的离散程度来衡量。离散程度是指资产收益率的各种可能结果与预期收益率的偏差。

3）衡量资产风险的指标。衡量资产风险的指标有收益率的方差、标准差、变异系数（离散系数）。

标准差也叫标准离差或均方差，是方差的平方根，其计算公式为

$$\sigma = \sqrt{\sum_{i=1}^{n} (X_i - E)^2 P_i} \qquad (2.17)$$

标准差以绝对数衡量决策方案的风险。标准差越大，风险越大；反之，标准差越小，风险越小。

标准离差率是标准差同期望值之比，通常用符号 q 表示，其计算公式为

$$q = \frac{\sigma}{E} \qquad (2.18)$$

标准离差率是一个相对指标，它以相对数反映决策方案的风险程度。方差和标准差作为绝对数，只适用于期望值相同的决策方案风险程度的比较，对于期望值不同的决策方案，评价和比较其各自的风险程度只能借助于标准离差率这一相对数值。在期望值不同的情况下，标准离差率越大，风险越大；反之，标准离差率越小，风险越小。

3. 资产组合的风险与收益

（1）资产组合的收益

证券组合的预期收益，是指组合中单项证券预期收益的加权平均值，权重为整个组合中投入各项证券的资金占总投资额的比重，其计算公式为

$$\dot{r}_p = \sum_{i=1}^{n} w_i \dot{r}_i \tag{2.19}$$

式中，$\dot{r}_p$——投资组合的预期收益；

　　　$\dot{r}_i$——单只证券的预期收益率，证券组合中有 n 只证券；

　　　w_i——第 i 只证券所占的比重。

（2）资产组合的风险

1）非系统风险又称可分散风险、公司特有风险，是指某些因素对单个资产造成经济损失的可能性。

2）系统风险。

① 含义。系统风险又称不可分散风险、贝塔风险，是指某些因素对市场上所有资产造成经济损失的可能性。

② 单项资产的 β 系数。它表示单项资产收益率的变动受市场平均收益率变动的影响程度，亦即，相对于市场组合的平均风险而言，单项资产所包含的系统风险的大小。市场风险的程度通常用 β 系数来衡量。股票 i 的 β 系数的计算公式为

$$\beta_i = \left(\frac{\sigma_i}{\sigma_M}\right)\rho_{iM} \tag{2.20}$$

式中，ρ_{iM}——第 i 只股票的收益与市场组合收益的相关系数；

　　　σ_i——第 i 只股票收益的标准差；

　　　σ_M——市场组合收益的标准差。

对于标准差 σ_i 较高的股票而言，其 β 系数也较大。因为在所有其他条件都相同的情况下，高风险的股票将为投资组合贡献更多的风险。同时，与市场组合间相关系数 ρ_{iM} 较高的股票也具有较大的 β 系数，从而风险也更高。此时意味着分散化的作用将不大，股票将向投资组合贡献较多风险。

③ 资产组合的 β 系数。证券组合的 β 系数是单个证券 β 系数的加权平均，权数为各种股票在证券组合中所占的比重，其计算公式为

$$\beta_p = \sum_{i=1}^{n} W_i \beta_i \tag{2.21}$$

式中，β_p——证券组合的 β 系数；

　　　W_i——证券组合中第 i 种股票所占的比重；

　　　β_i——第 i 种股票的 β 系数；

　　　n——证券组合中包含的股票数量。

（3）证券组合的风险收益

证券组合的风险收益是投资者因承担不可分散风险而要求的，超过时间价值的那

部分额外收益，计算公式为

$$R_p = \beta_p(R_M - R_F) \tag{2.22}$$

式中，R_p——证券组合的风险收益率；

β_p——证券组合的 β 系数；

R_M——所有股票的平均收益率（简称市场收益率）；

R_F——无风险收益率，一般用政府公债的利息率来衡量。

4. 资本资产定价模型

资本资产定价模型建立在一系列严格假设基础之上的，资本资产定价模型的一般形式为

$$R_i = R_F + \beta_i(R_M - R_F) \tag{2.23}$$

式中，R_i——第 i 种股票或第 i 种证券组合的必要收益率；

R_F——无风险收益率；

β_i——第 i 种股票或第 i 种证券组合的 β 系数；

R_M——所有股票或所有证券的平均收益率。

2.4　证券估价

1. 债券的估价

（1）债券的含义

债券是由公司、金融机构或政府发行的，表明发行人对其承担还本付息义务的一种债务性证券，是公司对外进行债务融资的主要方式之一。

（2）债券的主要特征

典型的债券契约至少包括以下条款。

1）票面价值。债券票面价值又称面值，是指债券发行人借入并且承诺于债券到期时偿付持有人的金额。

2）票面利率。债券的票面利率是债券持有人定期获取的利息与债券面值的比率。

3）到期日。债券一般都有固定的偿还期限，到期日指期限终止之时。

（3）债券的估价方法

任何金融资产的估价都是资产预期创造现金流的现值。债券的现金流依赖于债券的主要特征。

若债券每年付息一次，到期还本，则债券价值的计算公式为

$$V_n = I \times (P/A, i, n) + M(P/F, i, n) \tag{2.24}$$

若债券到期一次还本付息，则债券价值的计算公式为

$$V_n = (M + I \times n) \times (P/F, i, n) \tag{2.25}$$

式中，i——债券的市场利率，亦即投资者投资债券所要求的报酬率；

n——债券的到期期限；

I——每年的利息额；

M——面值。

（4）债券投资的优缺点

1）债券投资的优点：①本金安全性高；②收入比较稳定；③许多债券都具有较好的流动性。

2）债券投资的缺点：①购买力风险比较大；②没有经营管理权，投资于债券只是获得收益的一种手段，无权对债券发行单位施以影响和控制；③需要承受利率风险。

2. 股票的估价

股票有两种基本类别：普通股和优先股。

普通股股东是公司的所有者，可以参与选举公司的董事。普通股股东与公司债权人相比，要承担更大的风险，其收益也具有更大的不确定性。

优先股相对于普通股的优先权是指清算时的优先求偿权，但是限制了优先股股东参与公司事务的能力。优先股的现金股利是固定的，且先于普通股股利发放。

（1）优先股的估值

如果优先股每年支付股利分别为 D，n 年后被公司以每股 P 元的价格回购，股东要求的必要收益率为 i，则优先股的价值为

$$V = D \times (P/A, i, n) + P \times (P/F, i, n) \qquad (2.26)$$

式中，D——每年支付股利；

P——n 年后被公司以每股 P 元的价格回购；

i——股东要求的必要收益率。

多数优先股永远不会到期，除非企业破产，这样的优先股估值可进一步简化为永续年金的估值，即

$$V = D/i \qquad (2.27)$$

（2）普通股的估值

普通股股票持有者的现金收入由两部分构成：一部分是在股票持有期间收到的现金股利；另一部分是出售股票时得到的变现收入，则股票当时的价值为

$$P_0 = \frac{D_1}{1+r} + \frac{D_2}{(1+r)^2} + \cdots + \frac{D_n}{(1+r)^n} + \frac{P_n}{(1+r)^n} = \sum_{n=1}^{n} \frac{D_n}{(1+r)^n} + \frac{P_n}{(1+r)^n}$$

$$(2.28)$$

式中，D_1，D_2，$\cdots$，D_n——各期股利收入；

P_n——出售股票时得到的变现收入，即变现时的股票价格；

r——必要收益率。

1）股利稳定不变。在每年股利稳定不变，投资人持有期间很长的情况下，股票的估价模型可简化为

$$P_0 = D/r \qquad (2.29)$$

2）股利固定增长。如果一只股票的现金股利在基期 D_0 的基础上以增长速度 g 不断增长，则

$$P_0 = D_0(1+g)/(r-g) \qquad (2.30)$$

式中，g——股利年增长率。

（3）股票投资的优缺点

1）股票投资的优点：①能获得比较高的报酬；②能适当降低购买力风险；③拥有一定的经营控制权。

2）股票投资的缺点：①普通股对公司资产和盈利的求偿权均居最后；②普通股的价格受众多因素影响，很不稳定；③普通股的收入不稳定。

案例学习

案例2.1 货币时间价值案例——田纳西镇的巨额账单

案例目标

通过本案例的学习，学生应树立货币的时间价值观念，了解复利的含义及利率的计算。

案例陈述

如果你突然收到一张事先不知道的1 267亿美元的账单，你一定会大吃一惊，而这样的事件却发生在瑞士田纳西镇的居民身上。纽约布鲁克林法院判决田纳西镇应向某一美国投资者支付这笔钱。最初，田纳西镇的居民以为这是一件小事，但当他们收到账单时，被这张巨额账单吓呆了。他们的律师指出，若高级法院支持这一判决，为偿还债务，所有田纳西镇的居民在其余生中不得不靠吃麦当劳等廉价快餐度日。

田纳西镇的问题源于1966年的一笔存款。斯兰黑不动产公司在内部交换银行（田纳西镇的一家银行）存入一笔6亿美元的存款。存款协议要求银行按每周1％的利率（复利）付息（难怪该银行第二年破产！）。1994年，纽约布鲁克林法院做出判决：从存款日到田纳西镇对该银行进行清算的7年中，这笔存款应按每周1％的复利计算，而在银行清算后的21年中，每年按8.54％的复利计息。

［问题］

1）你知道1 267亿美元是如何计算出来的吗？

2）如果利率为每周1％，按复利计算，6亿美元增加到24亿美元需多长时间？

3）本案例对你有何启示？

案例分析

1）应用复利终值的计算公式，本金为6亿美元，前7年按每周1％的复利计算，接下来的21年，按每年8.54％的复利计息，求出本利和。

2）$24 = 6 (F/P, 1\%, n)$，n代表周数，求n。

3）通过本案例的学习，我们应该理解资金时间价值和复利的含义。

案例小结

爱因斯坦说："复利是人类第八大奇迹。世界上最伟大的力量不是原子弹，而是复利！"

时间的运用在复利率的概念中会产生出惊人的财富效应，长期投资成功在很大程度上依赖的是复利率的作用，越早懂得运用的人就越富有。然而，复利是把双刃剑，它同样也发生在通货膨胀里，对财富的侵蚀同样也是可怕的。

本案例体现了对复利含义、资金时间价值含义及计算相关知识点的运用与理解，提高了学生对资金时间价值相关问题的认知能力。

案例 2.2　货币时间价值案例——李博士是否要住房补贴

案例目标

通过本案例的学习，学生可以更深入地理解货币时间价值的含义及年金现值的计算公式，培养学生的货币时间价值观念。

案例陈述

李博士是国内某领域的知名专家，某日接到一家上市公司的邀请函，邀请他作为公司的技术顾问，指导开发新产品。邀请函的具体条件如下：①每个月来公司指导工作一天；②每年聘金 10 万元；③提供公司所在 A 市住房一套，价值 80 万元；④在公司至少工作 5 年。

李博士对以上工作待遇很感兴趣，对公司开发的新产品也很有研究，决定应聘。但他不想接受住房，因为每周工作一天，只需要住公司招待所就可以了，这样住房没有专人照顾，所以他向公司提出，能否将住房改为住房补贴。公司研究了李博士的请求，决定可以在今后 5 年里每年年初给李博士支付 20 万元住房补贴。

收到公司的通知后，李博士又犹豫起来，因为如果向公司要住房，可以将其出售，扣除售价 5% 的契税和手续费，他可以获得 76 万元，而接受住房补贴，则每年年初可获得 20 万元。

［问题］

1）假设每年存款利率为 2%，则李博士应该如何选择？

2）如果李博士本身是一个企业的业主，其资金的投资回报率为 32%，则他应如何选择呢？

案例分析

1）$A = 20$ 万元，先计算先付年金现值，然后与 76 万元相比。如果先付年金现值大于 76 万元，选择住房补贴；反之，则直接接受房子（$I = 2\%$）。

2）$A = 20$ 万元，先计算先付年金现值，然后与 76 万元相比。决策原理同第一问（$I = 32\%$）。

案例小结

在货币经济条件下，货币是商品的价值体现，现在的货币用于支配现在的商品，将来的货币用于支配将来的商品，所以现在货币的价值自然高于未来货币的价值。市场利息率是对平均经济增长和社会资源稀缺性的反映，也是衡量货币时间价值的标准。

本案例体现了对年金含义、年金种类、年金计算知识点的运用与理解，提高了学生关于年金相关问题综合决策的能力。

案例 2.3　投资的风险价值案例——华特电子公司投资选择

案例目标

通过本案例的学习，学生应树立投资的风险价值理念，了解投资的风险性与收益性之间的关系。

案例陈述

华特电子公司的财务分析员目前正在进行一项包括 4 个备选方案的投资分析工作。各方案的投资期都是一年，对应于 3 种不同经济状况的估计报酬，如表 2.1 所示。

表 2.1　华特电子公司 3 种不同经济状况的估计报酬

经济状态	概率	备选方案			
		A	B	C	D
衰退	0.20	9%	6%	22%	5%
一般	0.60	9%	11%	14%	15%
繁荣	0.20	9%	31%	-4%	25%

[问题]

请根据各方案的标准离差和期望报酬率来确定应选择哪种方案。

案例分析

A 方案的期望报酬率 = $0.2 \times 9\% + 0.6 \times 9\% + 0.2 \times 9\% = 9\%$

B 方案的期望报酬率 = $0.2 \times 6\% + 0.6 \times 11\% + 0.2 \times 31\% = 14\%$

C 方案的期望报酬率 = $0.2 \times 22\% + 0.6 \times 14\% + 0.2 \times (-4\%) = 12\%$

D 方案的期望报酬率 = $0.2 \times 5\% + 0.6 \times 15\% + 0.2 \times 25\% = 15\%$

A 方案的标准差：$\sigma_A = 0$

B 方案的标准差：

$$\sigma_B = \sqrt{(6\% - 14\%)^2 \times 0.2 + (11\% - 14\%)^2 \times 0.6 + (31\% - 14\%)^2 \times 0.2} = 8.7\%$$

C 方案的标准差：

$$\sigma_C = \sqrt{(22\% - 13\%)^2 \times 0.2 + (14\% - 12\%)^2 \times 0.6 + (-4\% - 12\%)^2 \times 0.2} = 7.2\%$$

D 方案的标准差：

$$\sigma_D = \sqrt{(5\% - 15\%)^2 \times 0.2 + (15\% - 15\%)^2 \times 0.6 + (25\% - 15\%)^2 \times 0.2} = 6.3\%$$

A 方案的标准差率＝0

B 方案的标准差率＝8.7%/14%＝62.1%

C 方案的标准差率＝7.2%/12%＝60%

D 方案的标准差率＝6.3%/15%＝42%

显然，应选择 D 方案。因为 D 方案的期望报酬率最高，为 15%，而标准差率为 42%，风险比较低。

■　案例小结

对于一个愿冒风险的投资者而言，风险高是好的，因为风险高意味着报酬高；对于一个不愿冒风险的投资者而言，风险越小越好，因为风险低意味着报酬稳定。

本案例体现了对单项资产的风险与收益知识点的运用与理解，提高了学生对风险与收益相关问题综合决策的能力。

案例 2.4　投资的风险价值案例——中华公司投资选择

■　案例目标

通过本案例的学习，学生应树立投资的风险价值理念，了解投资的风险性与收益性之间的关系，加深对资本资产定价模型的理解。

■　案例陈述

假设你是中华公司的财务顾问，目前正在进行一项包括 4 个备选方案的投资分析工作。各方案的投资期都是一年，对应于 3 种不同经济状况的估计收益率，如表 2.2 所示。

表 2.2　中华公司各方案的预期收益率和发生的概率

经济状况	概率	A 方案	B 方案	C 方案	D 方案
衰退	0.2	9%	8%	15%	10%
一般	0.6	9%	16%	4%	17%
繁荣	0.2	9%	29%	−1%	26%

［问题］

1）计算各方案的预期收益率、标准差、标准离差率。

2）根据 4 项待选方案各自的标准差和预期收益率来确定是否可以淘汰其中某一方案。

3）假设投资方案 D 是一种经过高度分散的基金性资产投资，可用以代表市场投资，而方案 A 代表无风险投资，计算方案 B 和方案 C 的 β 系数，并应用资本资产定价模型来评价各方案。

■　案例分析

1）计算各方案的预期收益率、标准差、标准离差率。

A 方案：

$$E(r_A) = 0.2 \times 9\% + 0.6 \times 9\% + 0.2 \times 9\% = 9\%$$

$$\sigma_A = 0$$

$$\sigma_A = \frac{0}{9\%} = 0$$

B 方案：

$$E(r_B) = 0.2 \times 8\% + 0.6 \times 16\% + 0.2 \times 29\% = 17\%$$

$$\sigma_B = \sqrt{(8\%-17\%)^2 \times 0.2 + (16\%-17\%)^2 \times 0.6 + (30\%-17\%)^2 \times 0.2} = 7.11\%$$

$$\sigma_B = \frac{7.11\%}{17\%} = 41.82\%$$

C 方案：

$$E(r_C) = 0.2 \times 15\% + 0.6 \times 4\% + 0.2 \times (-1\%) = 5.2\%$$

$$\sigma_C = \sqrt{(15\%-5.2\%)^2 \times 0.2 + (4\%-5.2\%)^2 \times 0.6 + (-2\%-5.2\%)^2 \times 0.2} = 5.52\%$$

$$\sigma_C = \frac{5.52\%}{5.2\%} = 106.15\%$$

D 方案：

$$E(r_D) = 0.2 \times 10\% + 0.6 \times 17\% + 0.2 \times 26\% = 17.4\%$$

$$\sigma_D = \sqrt{(10\%-17.4\%)^2 \times 0.2 + (17\%-17.4\%)^2 \times 0.6 + (26\%-17.4\%)^2 \times 0.2} = 5.08\%$$

$$\sigma_D = \frac{5.08\%}{17.4\%} = 29.21\%$$

2）方案 A 无风险，方案 D 的预期收益率较高，且风险较小，所以方案 A 和方案 D 一般来说是不能淘汰；对方案 B 和方案 C 来说，由于方案 C 的相对风险很大，若淘汰一个方案，则应淘汰方案 C。

3）协方差。

$$COV(r_B, r_D) = 0.2 \times (8\%-17\%) \times (10\%-17.4\%) + 0.6 \times (16\%-17\%)$$
$$\times (17\%-17.4\%) + 0.2 \times (29\%-17\%) \times (26\%-17\%) = 0.34\%$$

$$COV(r_C, r_D) = 0.2 \times (15\%-5.2\%) \times (10\%-17.4\%) + 0.6 \times (4\%-5.2\%)$$
$$\times (17\%-17.4\%) + 0.2 \times (-1\%-5.2\%) \times (26\%-17\%) = 0.25\%$$

各方案的 β 系数：

$$\beta_B = \frac{COV(r_B, r_D)}{\sigma_D^2} = 1.32$$

$$\beta_C = \frac{COV(r_C, r_D)}{\sigma_D^2} = -0.97$$

根据资本资产定价模型确定各方案投资必要收益率：

$R_B = 9\% + 1.32 \times (17.4\% - 9\%) = 20.09\%$

$R_C = 9\% + (-0.97) \times (17.4\% - 9\%) = 0.852\%$

评价：A、D 方案的预期收益率等于必要收益率；B 方案的预期收益率 17%低于必要收益率 20.09%；C 方案的预期收益率 5.2%高于必要收益率 0.852%。从市场分析的角度看，应选择方案 C，尽管方案 C 是风险最大的方案，但是因为它是一项相对市场呈负相关的投资，具有减少投资组合风险的作用。

案例小结

资本资产定价模型不是一个完美的模型，但是其分析问题的角度是正确的。它提供了一个可以衡量风险大小的模型，来帮助投资者决定所得到的额外回报是否与当中的风险相匹配。

本案例体现了对资本资产定价模型的知识点的运用与理解，提高了学生对风险与收益的认知能力。

案例 2.5 投资方案的讨论案例——东方公司投资选择

案例目标

通过本案例的学习，学生应树立投资的风险价值等理财观念，理解投资的风险与收益之间的关系。

案例陈述

东方公司现有 1 000 万元的暂时闲置资金，投资部甲、乙、丙 3 个工作小组分别提出了 3 个投资方案。

甲方案：将三分厂（已出租，每年租金 30 万元）收回拆迁，进行房地产投资，投资期限 2 年。预计投资收益率为 30%，预计标准离差率为 80%。

乙方案：投资股票，设定投资期限为 2 年，预计投资收益率为 50%，预计标准离差率为 250%。

丙方案：将二分厂进行技术改造，扩大原有产品生产的规模和产品的技术含量，预计投资收益率为 15%（二分厂原有投资收益率为 10%），预计标准离差率为 30%。

在东方公司投资方案分析会上，甲小组认为，甲方案的主要特点是风险不大，收益高；乙方案虽然收益高，但风险太大；丙方案则收益率太低，故建议选择甲方案。

乙小组认为，乙方案的主要特点是风险虽大，但报酬率很高，一旦遇到特殊风险，可及时收回，投资弹性很大，流动性强，故既可作为长期投资，还可作为公司的预备现金，以备不时之需；甲方案虽然风险不大，收益也较高，但企业为之每年将损失 30 万元的租金收入，而且放弃了三分厂原土地使用权，如果未来土地升值 100%，企业还将损失巨大的土地增值收益，所以甲方案从短期看是赢利，但从长期看却是亏本的投资；至于丙方案虽然风险较小，但收益也不高，故建议选择乙方案。

丙小组认为，丙方案虽然报酬率低，但安全性高，不仅可以提高公司的收益水平，产生投资规模效益，提升公司的边际收益率，从长远看，选择丙方案还能提升公司的主营业务竞争力，使企业获得长远的发展基础。

[问题]

1) 根据上面的讨论，请分析讨论者运用了哪些理财观念。

2）假定不考虑其他因素，仅从收益与风险的角度分析，你认为公司应该选择哪个方案？并给出你的理由。

案例分析

1）①机会成本；②风险与收益之间的关系，两者通常成正比例，风险越高，收益越大。

2）标准离差率：甲方案——80%，乙方案——250%，丙方案——30%。

预计投资收益率：甲方案——30%，乙方案——50%，丙方案——15%。

选择丙方案，因为乙方案风险最高，甲风险次之，而且股票和房地产受国家政治和经济环境影响较大，所以选择丙方案。

案例小结

投资的过程就是寻找风险与收益最佳结合点的过程，过滤风险，留住收益，是人们的终极目标。

本案例体现了对机会成本等理财观念、资产的风险与收益的计量及其之间的关系知识点的运用与理解，提高了学生寻找风险与收益最佳结合点的决策能力。

案例 2.6　货币时间价值案例——普斯理赔案

案例目标

通过本案例的学习，学生应能理解与掌握货币时间价值的概念及复利的计算方法。

案例陈述

普斯于 1986 年 1 月 1 日在一次汽车事故中死亡，享年 53 岁。他的家属起诉另一辆车的驾驶员行为疏忽，家属要求的赔偿额是 85 000×8＝680 000 美元，85 000 美元是普斯 1986 年的年工资收入。家属咨询了相关律师和理财师的建议，有如下资料可供参考：如果普斯先生在 1986 年继续工作，他的年工资收入是 85 000 美元，而航空公司飞行员的正常退休年龄是 60 岁，为正确计算普斯先生失去的收入现值，我们需要将两件事考虑在内，第一，在以后几年中，普斯的工资可能增加；第二，我们不能确信，如果事故没有发生，普斯就一定能活到退休，或许可能由于其他原因而死亡。

如果考虑上述因素，普斯到 1993 年底退休时，普斯失去收入的贴现值为 $PV＝WO＋WO(1＋g)(1－m_1)/(1＋R)＋WO(1＋g)^2(1－m_2)/(1＋R)^2＋\cdots＋WO(1＋g)^7(1－m_7)/(1＋R)^7$，其中，WO 是他 1986 年的工资，$g$ 是工资增长的年百分率（因此，WO $(1＋g)$ 是他 1987 年的工资，WO $(1＋g)^2$ 是他 1988 年的工资），而 m_1，m_2，$\cdots$，m_7 是他的死亡率，即他在 1987 年，1988 年，$\cdots$，1993 年由于其他原因而死亡的可能性。死亡率资料可以从相同年龄和种族的男性死亡保险表中得到。至于 g，我们采用过去 10 年航空公司飞行员工资的平均增长率 8%，对于利息率 R，可以采用政府债券的利率，在 1986 年大约是 9%。

[问题]

1）家属要求的赔偿额是否合理？为什么？

2）根据资料中的相关数据，普斯的家人应该得到的赔偿额是多少（计算结果保留整数）？

案例分析

1）不合理。因为没有考虑货币时间价值、工资逐年增长的情况和普斯发生意外死亡的可能性。

2）普斯工资收入的现值合计如表 2.3 所示。

表 2.3　普斯工资收入的现值合计

年份 项目	工资收入/美元	$1-m_t$	折现率	工资收入的现值/美元
1986	85 000	0.991	1	84 235
1987	91 800	0.990	0.917	83 339
1988	99 144	0.989	0.842	82 561
1989	107 076	0.988	0.772	81 671
1990	115 642	0.987	0.708	80 810
1991	124 893	0.986	0.650	80 044
1992	134 884	0.985	0.596	79 185
1993	145 675	0.984	0.547	78 409
合计				650 254

由表 2.3 可知，可以得到用复利现值公式计算的失去的工资的现值为 650 254 美元，所以普斯的家人所应得到的赔偿额是 650 254 美元。

案例小结

由于人们在认识上的局限性，人们总是对现存事物的感知能力较强，而对未来事物的认识较模糊，结果人们存在一种普遍的心理就是比较重视现在而忽视未来，现在的货币能够支配现在商品满足人们的现实需要，而将来货币只能支配将来商品满足人们将来的不确定需要，因此，现在单位货币价值要高于未来单位货币的价值，为使人们放弃现在货币及其价值，必须付出一定代价，利息率便是这一代价。

本案例体现了对货币时间价值、复利等概念知识点的运用与理解，提高了学生实际运用货币时间价值观念的理财能力。

案例 2.7　理财案例——家庭如何降风险、增收益

案例目标

通过本案例的学习，学生应能理解房地产投资与金融产品投资的流动性、收益性与风险大小之间的关系，能够根据实际资料做出恰当的投资组合策略。

■ 案例陈述

张女士一家生活在某省会城市，今年46岁的她希望在近两三年，也就是50岁左右退休或转到较为轻松的工作上（但收入可能会大幅下降）。她告诉记者，尽管IT公司经理的职位给了她丰厚的年薪和较高的社会地位，但是工作的压力和自身健康状况都让她做出提前退休的决定。

（1）收入较高，贷款归还有压力

张女士一家目前的经济状况不错，她本人是IT公司部门经理，月收入2万元，先生47岁，任职建材公司副经理，月收入12 000元。除去生活基本开支2 000元、衣食行及娱乐2 000元、医疗费用300元外，剩余部分需支付每月21 000元贷款，最后可结余6 700元。

最近几年，张女士和先生的年终奖金合计基本稳定在20万元左右，在缴纳了8.3万元保险保费后，其余的可以留存下来。据张女士介绍，保费中6.3万元投保了储蓄型产品，2万元投保了消费型产品，主要是寿险、重疾和养老保险。

（2）投资性房产较多

张女士一家最突出的资产当属房产。

自住房一套，精装多层住宅（150平方米），价值250万元，还有100万元贷款余额，贷款利率享受7折。

海南某养老社区一套精装小高层（100平方米），现价80万元，无贷款。今年初已经收房，未出租。预计租金1 500元。

海口CBD附近高层住宅一套（190平方米），现价值270万元，有贷款余额95万元，贷款利率8.5折。今年底收房，如果出租还需要30万元左右进行装修。预计租金4 000元。

所居城市新区精装高层住宅一套（130平方米），现价值100万元，49万元公积金贷款。明年6月收房。每月租金估计1 500元。

某小区商铺一套，现价值100万元，有30万元贷款，利率上浮10%。今年8月底收房，预计年租金4万元。

张女士说，为了购买下这些房产，她动用了不少金融工具，首先当然是她和先生的公积金贷款，目前月缴费可以冲抵还款额，其次是住房商业贷款尚欠280万元，此外还有消费贷款20万元。

（3）儿子将去海外深造

对儿子的投资也是一笔不小的花费，就在不久前，儿子收到了英国大学的录取通知书，8月即将踏上异国求学之路。预计今后几年每年的学习、生活费用在25万元左右，而张女士已经为他预留了60万元活期存款。

张女士的投资还分布于股票及货币基金中，其中股票市值90万元，货币基金市值60万元。家庭另有黄金及收藏品价值30万元、自用汽车价值18万元。为防不时之需，张女士还准备了10万元活期存款。

除了房贷、消费贷款外，张女士购车贷款10万元，而信用卡尚未支付的欠款也有

10 万元。因此，家庭净资产为 748 万元。

（4）如何加强投资，规划退休

尽管目前的房贷压力较大，但张女士相信，随着几套投资房产的逐步出租，她的经济状况会更好一些。

现在让她比较担心的是，自己除了房产投资比较在行外，对股票、基金的投资并没有太多关注，几年来的成绩也并不理想。因此，她希望未来几年在金融投资方面能有所加强。这样，当建材行业不景气，先生的收入受到影响的时候也不必为是否有能力偿还贷款担忧，而且，到了退休后收入大幅缩水时，也能有一项额外的经济来源。

为工作奔波操劳多年的张女士还提出了一个愿望，她希望将来能够每年旅行度假一两次，国内、国外均可，一年的费用为 5 万～8 万元，不知是否可以实现。家庭月度、年度收支表，资产负债表如表 2.4～表 2.6 所示。

表 2.4 张女士家庭月度收支表 （单位：元）

每月收入		每月支出	
本人收入	20 000	基本生活开销	2 000
配偶收入	12 000	衣、食、行、娱乐	2 000
其他家人收入	0	医疗费	300
其他收入		各类贷款	21 000
合计	32 000	合计	25 300
每月结余（收入－支出）		6 700	

表 2.5 张女士家庭年度收支表 （单位：万元）

收　　入		支　　出	
年终奖金	20	保险费	8.3（6.3 为储蓄型，2 为消费型）
存款、债券利息	忽略	财产险	
股利、股息	不确定	其他	0
其他	0		
合计	20	合计	8.3
每年结余（收入－支出）		11.7	

表 2.6 张女士家庭资产负债表 （单位：万元）

家庭资产		家庭负债	
现金及活存	70（冻结60）	房屋贷款（余额）	280
货币基金	60	汽车贷款（余额）	10
股票	90	消费贷款（余额）	20
债券	0	信用卡未付款	10
房地产（自用）	250	其他	0
房地产（投资）	550		

续表

家庭资产		家庭负债	
黄金及收藏品	30		
其他（汽车）	18		
资产总计	1 068	负债总计	320
净值（资产—负债）	748		

[问题]

张女士和先生有着较为稳定的高收入，拥有多套投资性房产，但房贷压力较大。现在，为提前退休做准备的她该如何平衡家庭各类资产负债之间的关系，应如何做好投资组合策略呢？

▌▌▌ **案例分析**

（1）活用房产，减少负债、增加收入

仔细分析张女士家庭收入和负债，其中主要结余近半数来自于从事建材事业的丈夫，该行业的市场相关性极大，行业周期起伏明显。同时，家庭负债每月集中在房贷支出，投资主要方向为二、三线城市且具有显著特点的房型，涵盖了适宜居住的养老型社区、高档住宅和小区商铺，该类房产具有不可复制性及较大的溢价空间，且根据目前国家政策来说，进行跨省市的房产交易已是难上加难。同时，张女士房贷基本都享受到了有折扣的贷款利率，在贷款额度日益趋紧的今天，尤其不建议张女士进行提前还款操作。

另外还可以看到，张女士作为投资的几套房产目前基本处在一个空置的状态，简单计算一下，如果这些房屋都能够进行租赁的话，每年可以增加 12 万元左右的收入，大致可以覆盖张女士一半以上的贷款支出。因此，如何尽快将这些房屋出租出去取得一定量的现金流，可以说是当务之急。建议张女士把已经拿到钥匙的两套房产尽快先租出去，另外两套房产将来收房后建议简单装修即可，不要投入太高的装修成本。此外，考虑到房产的管理成本，将来如果该家庭需要进行较大的调整，如出售一套房产以改善家庭现金流及资产负债情况，那么建议海南两套房产中保留一套即可，即优先出售海南的其中一套。

（2）进行恰当的投资组合，降风险、增收益

首先，作为一个高收入的家庭，货币基金的持有数量达到 60 万元，现金流过高，建议可以拿出其中 20 万元左右作为海口高档住宅的装修费用。其次，结合儿子即将赴英留学 2 年的计划，建议张女士在预留儿子首年学费和基本生活费后，可以将剩余的部分资金，结合股票中的部分资金转换为年化收益率为 5％ 左右的较低风险银行理财产品，每年可获得 3 万～4 万元的稳定收益。同时，结合儿子的学费给付时间要求，可分时段低吸美元来供给儿子的留学费用。而针对手头的货币基金可以进行一个较为完整的 2～3 年的债券产品或者保本基金的投资，来弥补张女士退休前的无暇进行投资、又期望有稳定收益的预期，保守年化收益为 5％～8％。这样，张女士基本可以形成较为

完善的投资组合，以取得更大的投资收益。

（3）保障先行，生活理财两不误

作为高压行业，张女士当然应该重视自身的保障，特别是重疾、医疗等险种，作为家庭主要经济来源，她当然也应该投保一定的寿险，来保障家庭收入的稳定性。但通过对张女士已投保单的分析可以看到，张女士大部分保费花费在了储蓄类两全保险上，但有效保额并不高。张女士为丈夫、儿子安排的保险中也存在类似的问题，大部分都是侧重储蓄功能的保险。

为此，建议张女士请专业人士重新检视全家人的保险，调整保险计划，重点安排前述几类保障型险种，同时减少家庭的总保费支出。通常，一个家庭的保费年支出占家庭全年总收入的比例应控制在 7%～15%。目前张女士一家的人身险保费支出（8.3万元）占全年总收入（55 万元）的比例有些过高了，应加以妥善调整，这也有利于改善该家庭的现金流状况。

另外，建议张女士再适当增加高额的旅游意外险种，为自己和家庭的旅游计划保驾护航。

▇　案例小结

人们进行投资本质上是在不确定性的收益和风险中进行选择。对家庭而言，消费和风险偏好是已知的。偏好会随着时间而改变，但这些变化的机制和原因并非投资组合理论阐述的内容。投资组合理论阐述了如何在金融工具中进行选择，以使其特定的偏好最大化。通常，最佳选择包括对获取较高预期回报和承担较大风险之间权衡的评估。

本案例体现了对投资组合策略知识点的运用与理解，提高了学生对投资组合理论的应用能力。

案例 2.8　理财案例——退休金管理计划

▇　案例目标

通过本案例的学习，学生应能理解货币时间价值的原理及应用，重点是掌握年金的计算与实际应用。

▇　案例陈述

"放在桌上的现金"是西方经济学家最常使用的隐喻，它喻指人们错过获得的机会。

用中国人的话讲，放在桌上的现金就是压在床板下的钱，之所以说它错过了获得机会，是因为货币有时间价值。

货币的时间价值，是指当前所持有的一定量货币，比未来获得的等量货币有更高的价值。也就是说，今天的 100 000 元比 10 年后的 100 000 元值钱。

到底值多少钱呢？如果这笔钱压在床板下，10 年来，平均每年的通货膨胀率为

3%，相当于目前的购买力水平，你 10 年后只能购买到相当于目前价值 70 000 多元的物品，相当于白白损失了 20 000 多元。

如果这笔钱放在银行，假定每年的利率为 1.98%，则 10 年后总值为 121 660 元；如果存 5 年定期，年利率为 2.79%，5 年后本利再存 5 年，年利率不变，则总值为 131 676.6 元。

如果这笔钱投资某基金，如股票类价值成长型基金，年平均回报率为 8%（在过去 20 年，美国基金的年平均回报率为 8%，以中国国内生产总值最近几年增长一般在 8% 左右计算，该类基金年平均回报率有望达到 8%），则 10 年后你的 100 000 元总价值达 215 892 元，所以货币具有时间价值至少有 3 个方面的原因。

1）货币可以用于投资，获得红利、利息，从而在将来拥有更多的货币量。

2）货币的购买力会因通货膨胀的影响而随时间改变。

3）一般来说，未来的预期收入具有不确定性。中国老百姓其实很明白这个道理。近年来，我国城乡居民储蓄存款增长势头有所放缓，一方面是因为目前基金、信托等理财产品热销，另一方面是由于负利率直接导致储蓄存款分流。"放在桌上的现金"越来越少，人们正在寻求更高的投资价值。

然而，不可忽视的是，在日常生活中，人们又不得不错过一些获利的机会，放弃获得更高收益的投资，而放一笔钱在桌子上。这是因为上述的第三条原因，即预期收入的不确定性。不确定性会使人们丧失抵御生活中闪失的能力，所以必须要准备一些应急现金，以比较小的机会成本，来防止因中断投资或无法收回现金而带来的损失。

中外理财专家普遍认为，一个人或家庭应放在桌上的现金额，相当于 3～6 个月的收入。拿在手里的钱、存在活期账户上可以用卡支取的钱、信用卡中储备的钱、授信可以随时支取的钱，都可以作为应急现金而存在，这些钱的特性就是可以随时支取，可以通称为"放在桌上的现金"。至于定期存款，则与债券、股票、基金等一起归属于理财规划中的投资，需要获得时间价值，以满足一生的财务需求。

李某身体健康，有长期稳定的工资收入来源。2009 年 1 月 1 日是他 25 周岁的生日，他打算从 2009 年起于每年年末支付一定数额的现金，购买一份养老保险，连续交 35 年，以便在他 60 周岁退休后连续 20 年每年年末能从保险公司取得 10 000 元的退休金。假定李某退休后可取得的退休金折合为其退休日的现值合计等于截至李某退休日其每年年末支付的各年养老保险金的终值合计。每年利息按固定利率 6% 计算。

[问题]

李某希望了解如下信息，并希望个人理财顾问小刘能够予以解决（计算结果保留整数）。

1）李某退休前每年年末支付的养老保险金和退休后每年年末取得的退休金的性质，及其之间的区别。

2）李某退休后可取得的退休金合计和这些退休金折合为截至退休时的现值合计。

3）截至李某退休日其每年年末支付的各年养老保险金的终值合计。

4) 李某退休前每年年末应支付的各年养老保险金数额和截至李某退休时他所支付的养老保险金合计。

5) 假定李某打算将退休前每年支付的养老保险金由年末支付改为由年初支付，其数额是多少？附货币时间价值系数表，如表2.7所示。

表 2.7　货币时间价值系数

N	(F/A, 6%, N)	(A/F, 6%, N)	(P/A, 6%, N)	(A/P, 6%, N)
19	33.76	0.029 62	11.158 1	0.089 62
20	36.785 6	0.027 19	11.469 9	0.087 2
35	111.434 8	0.008 97	14.498 2	0.068 97
36	119.121	0.008 39	14.621	0.068 39

案例分析

1) 都属于普通年金。区别是一个是连续等额付款，一个是连续等额收款，而且两者发生的数额不同。

2) ①李某退休后可取得的退休金合计＝$10\,000 \times 20 = 200\,000$（元）。

②$P = 10\,000 \times (P/A, 6\%, 20) = 114\,699$（元）。

3) 114 699 元。

4) ①$A = 114\,699/(F/A, 6\%, 35) = 1\,029$（元）。

②$1\,029 \times 35 = 36\,015$（元）。

5) $A = 114\,699/(119.121 - 1) = 971$（元）。

案例小结

家庭理财是利用企业理财的方法对家庭收入和支出进行计划和管理，增强家庭经济实力，提高抗风险能力，增大家庭效用。其中货币时间价值和年金的意义不可忽视。

本案例体现了对年金终值与现值知识点的运用与理解，提高了学生的实际理财能力。

第3章 长期筹资管理

学习目标

通过本章案例的学习，了解长期筹资的动机、原则、渠道和类型，掌握普通股的分类、理解普通股筹资的优缺点；掌握债券发行定价的方法、理解债券筹资的优缺点；掌握长期借款的种类、银行借款的信用条件、理解长期借款筹资的优缺点；掌握融资租赁租金的确定、融资租赁筹资的优缺点；掌握优先股的特征，理解优先股筹资的优缺点；掌握可转换债券的特性、转换期限、转换价格和转换比率，理解可转换债券筹资的优缺点。

理论概要

3.1 长期筹资概述

1. 长期筹资的含义

长期筹资是指企业作为筹资主体，根据经营活动、投资活动和资本结构调整等需要，通过一定的金融市场和筹资渠道，采用一定的筹资方式，经济有效地筹措和集中资本的活动。

2. 长期筹资的动机

筹资动机有3种基本类型，即扩张性筹资动机、调整性筹资动机和混合性筹资动机。

3. 长期筹资的类型

由于筹资范围、筹资机制和资本属性不同，企业的长期筹资区分为各种不同类型。

1）企业的长期筹资按资本来源的范围不同，可分为内部筹资与外部筹资。

2）企业的筹资活动按其是否借助银行等金融机构，可分为直接筹资和间接筹资两种类型。

3）按照资本属性的不同，企业的长期筹资可以分为股权性筹资、债务性筹资和混合性筹资。

3.2　股权性筹资

企业的股权性筹资一般包括投入资本筹资和发行普通股筹资。

1. 投入资本筹资

（1）投入资本筹资的含义

投入资本筹资是指非股份制企业以协议等形式吸收国家、其他企业、个人和外商等直接投入的资本，形成企业投入资本的一种长期筹资方式。

（2）投入资本筹资的优缺点

1）投入资本筹资的优点：①投入资本筹资所筹集的资本属于企业的股权资本，与债务资本相比较，它能提高企业的资信和借款能力；②投入资本筹资不仅可以筹集现金，而且能够直接获得所需的先进设备和技术；③投入资本筹资的财务风险较低。

2）投入资本筹资的缺点：①投入资本筹资通常资本成本较高；②投入资本筹资未能以股票为媒介，产权关系有时不够明晰，也不便于产权的交易。

2. 发行普通股筹资

发行股票筹资是股份有限公司筹集股权资本的基本方式。

（1）股票的含义

股票是股份有限公司为筹措股权资本而发行的有价证券，是持股人拥有公司股份的凭证。

（2）普通股筹资的优缺点

股份有限公司运用普通股筹集股权资本，与优先股、公司债券、长期借款等筹资方式相比，有其优点和缺点。

1）普通股筹资的优点：①普通股筹资没有固定的股利负担；②普通股股本没有规定的到期日，无须偿还；③利用普通股筹资的风险小；④ 能提升公司的信誉。

2）普通股筹资的缺点：①资本成本较高；②利用普通股筹资，可能会分散公司的控制权，还会降低普通股的每股收益，从而可能引起普通股股价的下跌；③如果以后增发普通股，可能引起股票价格的波动。

3.3　债务性筹资

债务性筹资是指企业通过借款、发行债券和融资租赁等方式筹集的长期债务资本。

1. 长期借款筹资

（1）长期借款的含义

长期借款是指企业向银行等金融机构，以及向其他单位借入的、期限在一年以上的各种借款。

（2）长期借款筹资的优缺点

1）长期借款的优点：①借款筹资速度较快；②借款资本成本较低；③借款筹资弹

性较大；④发挥财务杠杆的作用。

2）长期借款的缺点：①筹资风险较高；②借款筹资限制条件较多；③借款筹资数量有限。

2. 发行普通债券筹资

（1）债券的含义

债券是债务人为筹集债务资本而发行的，约定在一定期限内向债权人还本付息的有价证券。发行债券是企业筹集债务资本的重要方式。

（2）债券筹资的优缺点

1）债券筹资的优点：①债券筹资成本较低；②债券筹资能够发挥财务杠杆的作用；③债券筹资能够保障股东的控制权；④债券筹资便于调整公司资本结构。

2）债券筹资的缺点：①债券筹资的财务风险较高；②债券筹资的限制条件较多；③债券筹资的数量有限。

3. 融资租赁筹资

（1）租赁的含义

租赁是出租人以收取租金为条件，在契约或合同规定的期限内，将资产租借给承租人使用的一种经济行为。

（2）融资租赁的优缺点

1）融资租赁筹资的优点：①融资租赁能够迅速获得所需资产；②融资租赁的限制条件较少；③融资租赁可以免遭设备陈旧过时的风险；④融资租赁的全部租金通常在整个租期内分期支付，可以适当降低不能偿付的危险；⑤融资租赁的租金费用允许在所得税前扣除，承租企业能够享受抵减所得税的利益。

2）融资租赁筹资的缺点：①租赁筹资的成本较高；②在财务困难时期，支付固定的租金可能成为承租企业的财务负担。

3.4　混合性筹资

1. 发行优先股筹资

（1）优先股的含义

优先股是相对普通股而言的，是较普通股具有某些优先权利，同时也受到一定限制的股票。

（2）优先股筹资的优缺点

1）优先股筹资的优点：①优先股一般没有固定的到期日，不用偿付本金；②优先股的股利既有固定性，又有一定的灵活性；③保持普通股股东对公司的控制权；④发行优先股筹资能够增强公司的股权资本基础，提高公司的借款举债能力。

2）优先股筹资的缺点：①优先股的资本成本虽然低于普通股，但一般高于债券；②优先股筹资的制约因素较多；③可能形成较重的财务负担。

2. 发行可转换债券筹资

（1）可转换债券的含义

可转换债券有时简称为可转债，是指由公司发行并规定债券持有人在一定期限内按约定的条件可将其转换为发行公司普通股的债券。

（2）可转换债券筹资的优缺点

1）可转换债券筹资的优点：①有利于降低资本成本；②有利于筹集更多资本；③有利于调整资本结构；④有利于避免筹资损失。

2）可转换债券筹资的缺点：①转股后可转换债券筹资将失去利率较低的好处；②若确需股票筹资，但股价并未上升，可转换债券持有人不愿转股时，发行公司将承受偿债压力；③若可转换债券转股时股价高于转换价格，则发行公司将遭受筹资损失；④回售条款的规定可能使发行公司遭致损失。

3. 发行认股权证筹资

认股权证是由股份有限公司发行的可认购其股票的一种买入期权。它赋予持有者在一定期限内以事先约定的价格购买发行公司一定股份的权利。

案例学习

案例 3.1 融资租赁案例——汽车融资租赁

案例目标

通过本案例的学习，学生应更深入地理解融资租赁的特点、融资租赁与贷款的区别，以及相对于贷款而言，融资租赁具有的优势和我国融资租赁的现状。

案例陈述

在国内汽车租赁市场，最不缺门店，但以"实体"门店开展"虚拟"的融资租赁业务，却是一个全新的概念。

不过，"新概念"不是没有实施者。"安吉租赁就是国内第一家吃螃蟹的企业。"在上海虹桥路 550 号新开张的汽车融资门店里，安吉租赁有限公司总经理助理朱咏凯对记者说，"在我们看来，进入这个领域不仅能给公司带来收益，更能带动全行业的进步。"

融资租赁最早起源于欧美金融交易，后来"进化"成国外汽车购买的主要方式。所谓汽车融资租赁，是指客户在缴纳一定保证金后，每月只需支付约定租费，期满后就可获得车辆所有权。

"融资租赁就是方便顾客以融物的形式达到融资目的，这能最大化节约资金和时间成本。"朱咏凯说。

"而我们的业务则兼顾企业和个人用户。"朱咏凯介绍，对企业客户来说，汽车融资服务能为企业增加一种融资方式，有效减轻企业资金压力，保持良好的资金流动性。对个人客户而言，融资租赁审批门槛适中，贷款额度没有限制，手续简单，一步到位，能为其最大化节约资金和时间成本。数据显示，安吉租赁有限公司自 2010 年涉足汽车融资业务以来，已累计投放超过 10 亿元资金总量，最近几年来一直保持 30%～50%的高速年增长率。

尽管"新概念"逐渐被人接受，但记者发现，在资金不足的条件下，很多个人或企业在买车时还是选择银行贷款。

"与银行相比，我们不必一次性支付大笔费用。这就意味着，汽车融资租赁能为顾客赢得更多的流动资金。"朱咏凯表示，"对企业用户来说，它不占用企业授信额度，不进入企业的固定资产、负债科目，让企业在保持良好的信用等级的同时不耽误生产和消费。这等于为企业又增加了一种融资方式。"

朱咏凯说，采用企业融资租赁，车价、汽车牌照、购置税、上牌杂费、商检费、保险费等各种费用均可以计入融资租赁的成本中进行分期支付，用户只需每月支付租金即可。

另外，在安吉租赁买车的企业还能享受到零利率、低月供、低首付、全额融资等不同融资租赁方式组合的特色化服务，为用户用车提供了便利，降低了车辆管理成本。"由于车辆相关租赁费用金额较为固定，更便于企业的预算管理和费用控制。"朱咏凯说。

汽车融资租赁在中国汽车行业属于后起之秀，在高速发展的道路上难免会遇到挑战。

朱咏凯告诉记者，目前的挑战主要是公众对融资租赁认知不够。很多人认为，融资租赁就是租赁，政策限制、法律空白、准入监管不严等也是难题。

但在朱咏凯看来，这些"坎"能迈过去，"此次安吉租赁新开设的安吉汽车融资门店就是为了培养消费者对汽车融资租赁的认识。我们也将借此积极寻求与汽车厂商及银行合作。"

此外，朱咏凯透露，安吉租赁正考虑逐步向全国铺设网点，争取让更多的消费者感受汽车融资租赁带来的方便与实惠。

[问题]

1）汽车融资租赁对于企业而言，是权益融资还是债权融资？

2）汽车融资租赁对于企业而言，相对于银行借款，优势在哪里？

3）融资租赁与贷款有何区别？

4）简述我国融资租赁业的发展现状及存在的问题。

■■■■ **案例分析**

1）债权融资。

2）对于企业用户来说，融资租赁不占用企业授信额度，不进入企业的固定资产、负债科目，让企业在保持良好的信用等级的同时不耽误生产和消费；有利于减轻企业资金压力，保持良好的资金流动性。

3）两者在融资目的上是相似的，但融资方式和形式是不同的。从信用范畴上讲，贷款是银行信用，而租赁是租赁信用，两者性质不同。

融资租赁的还款方式较贷款灵活且还款压力小。融资租赁的租金一般是每月或每季度支付，而银行贷款的归还通常是一次性的。

4）融资租赁业的门槛较高；缺乏相关税收优惠；相关法律法规不健全；缺乏租赁管理专业人才；国内融资租赁的认识不足；融资产品创新不足。

案例小结

本案例体现了融资租赁知识点的动用与理解，提高了关于融资租赁问题的决策能力。

案例3.2　长期筹资案例——两家股份有限公司的筹资方案

案例目标

通过本案例的学习，学生可以更深入地理解股权性筹资和债务性筹资性质的不同、股权性筹资和债务性筹资对应的具体筹资方式、具体的筹资渠道，以及股权性筹资、债务性筹资与资本结构、财务风险之间的关系。

案例陈述

甲股份有限公司是一个小型的产品生产企业。公司发展很快，市场前景也很好，资本利润率处于同行业的前列。公司为实现经营目标肯担风险。目前的问题是如何筹集资金购买机器设备以便扩大生产满足市场需求。公司大体状况如下：股票全部为公司内部几个高级管理人员所持有，还没有公开上市，到目前为止公司已经从银行借了大笔资金，平均债务利率6%，本年1～6月份销售收入为2 000万元，息税前利润为180万元。

乙股份有限公司是一家中型公司，与甲公司同属一个行业。该公司供应各种生产资料，生产发展稳定而谨慎，公司的扩张与发展主要靠留存收益，股票通过证券交易所买卖，但大多数股票由其家族控制，借款只用于专项，平均债务利率4%，该企业的资本利润率只是同行业的平均水平，与甲公司相比，在资产上有自己的优势，那就是拥有属于自己的房地产，生产规模大。1～6月的销售收入为4 000万元，息税前利润480万元。甲、乙两公司6月底的资产负债表见表3.1所示。

表3.1　甲、乙两公司6月底的资产负债表　　　　　　（单位：万元）

项　目	甲公司	乙公司
流动资产		
货币资金	50	120
应收账款	400	1 050
存货	280	2 000
流动资产合计	730	3 170
固定资产		
房屋	—	1 390
机器设备	420	940
减：累计折旧	42	300

续表

项　目	甲公司	乙公司
资产总计	1 108	5 200
流动负债 短期借款 应付账款 流动负债合计 长期借款	 352 128 480 288	 770 530 1 300 —
负债合计 所有者权益 股本 留存收益 所有者权益合计	768 280 60 340	 1 300 3 750 150 3 900
负债与所有者权益总计	1 108	5 200

[问题]

1）现在两家公司各需筹集资金 400 万元购置机器设备，他们应该如何筹资？为什么？

2）两个公司的筹资渠道是否相同？为什么？

3）谁更在乎成本问题？原因是什么？

案例分析

1）甲公司的资产负债率为 768 万元/1 108 万元＝69％；乙公司的资产负债率为1 300万元/5 200 万元＝25％。

因为甲的资产负债率较高，财务风险较大，所以应采取权益资金筹资。而乙公司在经营状况良好的情况下，为了给投资人带来更多的财务杠杆利益，可以采取债权融资方式。

2）甲公司采取权益资金融资方式，筹资渠道有发行股票、发行优先股、留存收益等。

乙公司采取债权融资方式，筹资渠道有银行借款、发行债券、融资租赁等。

3）甲公司应更在乎成本问题。因为资产负债率较高，财务风险较大，如果筹资成本过高，一旦经营不善，可能导致企业破产。（销售息税前利润率：甲公司＝9％，乙公司＝12％；债务利率：甲公司＝6％，乙公司＝4％）

案例小结

通过本案例的学习，学生可以掌握股权性筹资与债务性筹资性质的不同，两者所对应的筹资方式的不同，在筹资过程应考虑债务性筹资的财务风险与财务杠杆效应的双重作用，应具备分析在特定情况下负债比例为多少能实现最佳资本结构、实现企业价值最大化目标的能力。

案例 3.3　长期借款案例——众联有限公司

案例目标

通过本案例的学习，学生可以更深入地理解贷款申请人应具备哪些信用主体资格的条件，贷款申请人向银行申请贷款时应提供哪些资料、如何写贷款申请报告。

▓▓▓ 案例陈述

众联有限公司成立于 2004 年 4 月，是雨雨食品产业集团所属子公司，企业主要从事肉牛、生猪屠宰及肉类制品的深加工，坐落在黑龙江省经济开发区，占地面积43 000 平方米。该公司设计生产能力为年生产 80 万头，实际生产能力为 60 万头，主要产品有肉牛及其分割产品、生猪及其分割产品、牛猪副产品。该企业是黑龙江省肉牛、生猪定点屠宰加工企业；获国家绿色食品发展中心颁发的绿色食品证书；获得省级龙头企业称号，具有进出口企业资格。

近年，借款人众联有限公司由于进一步开拓市场，产销量逐年扩大，原有生产规模已不能满足市场的需求，2007 年企业经对未来市场进行论证后决定投资 9 974 万元进行扩建。该公司以自有资金和总部拨款完成扩建项目，由于企业自有资金全部用于项目建设，因此，导致企业流动资金短缺，该公司特向我行申请 5 000 万元流动资金贷款，用于采购生猪，期限一年，执行人民银行规定的基准利率下调 10％的利率，由雨雨食品产业集团有限公司、众众集团提供连带责任保证。

（1）众联有限公司利润

众联有限公司利润如表 3.2 所示。

表 3.2　众联有限公司利润　　　　　　　　　　　　　　　（单位：万元）

年份 项目	2005	2006	2007	2008.1～9
主营业务收入	23 842	27 928	55 264	46 191
主营业务成本	21 826	25 264	50 178	41 884
主营业务利润	2 016	2 664	5 086	4 307
营业利润	2 016	2 664	5 086	2 856
利润总额	1 000	1 379	3 370	2 892
净利润	1 000	1 379	3 370	2 169

（2）众联有限公司财务比率

众联有限公司财务比率如表 3.3 所示。

表 3.3　众联有限公司财务比率　　　　　　　　　　　　　　（单位:%）

年份 项目	2005	2006	2007	2008.1～9
偿债能力指标：				
资产负债率	80.24	70.39	57.87	54.36
流动比率	463.68	484.39	411.67	240.28
速动比率	332.69	323.62	294.29	134.52
现金比率	124.00	128.35	97.91	11.18

续表

年份 项目	2005	2006	2007	2008.1~9
营运能力指标:				
总资产周转率	375.17	254.71	398.83	258.17
存货周转率	3 546.06	2 507.72	3 033.36	1 400.68
应收账款周转率	183.40	4 903.62	3 135.27	2 805.76
赢利能力指标:				
资产利润率	15.73	12.56	24.29	16.16
销售利润率	8.45	9.54	9.20	6.26
净利润率	4.19	4.94	6.10	4.70

（3）众联有限公司现金流量

众联有限公司现金流量如表 3.4 所示。

表 3.4　众联有限公司现金流量　　　　　　　　（单位：万元）

年份 项目	2005	2006	2007	2008.1~9
经营活动产生的现金流量:				
现金流入	28 323	32 554	61 856	51 869
现金流出	27 753	32 534	58 653	52 172
经营活动产生的现金流量净额	570	20	3 203	−303
投资活动产生的现金流量:				
现金流入			0.8	
现金流出	21	207	2 028	885
投资活动产生的现金流量净额	−21	−207	−2 027	−885
筹资活动产生的现金流量:				
现金流入	0.8	2.8	5	1.5
现金流出				
筹资活动产生的现金流量净额	0.8	2.8	5	1.5
现金及现金等价物净增加额	550	−184	1 181	−1 186.5

该企业投资活动产生的现金流量为负数主要是因为购置固定资产和在建的投入所致。

［问题］

1）申请人是否具备信用主体资格？

2）借款申请人应向银行提供哪些资料？

3）写出贷款申请报告。

■■■ **案例分析**

1）申请人应当符合现行法律和银行信贷管理制度的基本要求。首先，借款人应当是经工商行政管理机关（或主管机关）核准登记的企（事）业法人、其他经济组织、个体工商户或具有中华人民共和国国籍的具有完全民事行为能力的自然人。其次，申请人应当符合《贷款通则》的相关规定。借款人申请贷款，应当具备产品有市场、生产经营有效益、不挤占挪用贷款资金、恪守信用等基本条件，并且应当符合以下要求：①有按期还本付息的能力，原应付贷款利息和到期贷款已清偿，没有清偿的，已经制定了贷款人认可的偿还计划；②除自然人和不需要经工商部门核准登记的事业法人外，应当经过工商部门办理年检手续；③已开立基本账户或一般存款账户；④除国务院规定外，有限责任公司和股份有限公司对外股本权益性投资累计额未超过其净资产总额的50％；⑤借款人的资产负债率符合贷款人的要求；⑥申请中期、长期贷款的，新建项目的企业法人所有者权益与项目所需总投资的比例不低于国家规定的投资项目的资本金比例。不符合上述《贷款通则》规定要求的申请人不能作为信用申请主体。

2）申请人必须向银行提供的资料。借款人应当填写包括借款金额、借款用途、偿还能力及还款方式等主要内容的《借款申请书》并提供以下资料：①借款人及保证人基本情况；②财政部门或会计（审计）事务所核准的上年度财务报告，以及申请借款前一期的财务报告；③原有不合理占用的贷款的纠正情况；④抵押物、质押物清单和有处分权人的同意抵押、质押的证明及保证人拟同意保证的有关证明文件；⑤项目建议书和可行性报告；⑥贷款人认为需要提供的其他有关资料。

3）贷款申请报告。

众联有限公司申请流动资金贷款报告

中国龙腾银行黑龙江支行：

一、借款金额及期限

我公司以雨雨食品产业集团有限公司和众众集团为担保人，向贵银行黑龙江支行申请 5000 万元流动资金贷款，用于采购生猪，期限一年。

二、借款用途：采购生猪

三、公司概况

（一）情况介绍

（二）公司经营业绩及财务状况

该公司成立后，形成了一个集屠宰、分割、副产、精加工、冷藏、运输为一体的肉类综合加工企业，经营情况一直较为稳定，经济效益良好，其生产的众联无公害放心鲜肉销往东三省各大超市和大市场，形成了良好的品牌效应。

从销售利润率来看，2006 年为 9.54％，2007 年为 9.20％；从净利润率看，分别为 4.94％、6.10％。屠宰行业的利润率较低，该公司赢利能力比较稳定，随着2008 年屠宰数量的增加，其赢利能力也将不断增强，公司现正处于快速成长阶段。该公司财务状况逐渐趋于好转，赢利能力不断得到增强。该公司近 3 年的资产负债率逐年下降，流动比率与速动比率略高于正常标准值，企业短期偿债能力较强，流动资产变现能力较强，经营稳健，有较好的履约能力。

（三）发展前景

该公司作为黑龙江地区最大的肉类食品加工基地，2007 年 5 月开始扩建生产规模，2009 年将扩建成年屠宰 200 万头的生猪屠宰基地，同时进一步占领市场。根据 2008 年公司发展规划，重点做好东北、华北、华东、华南及绥芬河、黑河、满洲里等口岸城市的开发，并根据市场需要改善产品结构，提高产品研发水平和效率，提高部位产品档次，基本实现订单销售，从而加快库存产品的周转速度。该公司还将根据市场需求，把大包装产品改为中包装或小包装产品，加大订单产品的份额，努力开发长三角、珠三角及京津唐地区的冻品市场，扩大对俄罗斯、朝鲜、蒙古的肥膘出口。预计新增长效客户 30 家，外埠销售量递增 30％。2007 年冻品占总收入的 44.35％，2008 年上半年就达到 38.32％。

（四）还款能力

2008 年 1～9 月共屠宰生猪 340 626 头，2007 年 1～9 月 351 573 头，同比下降 3.11％。2008 年该公司预计屠宰量 80 万头，比 2007 年增长 19.78％，预计实现收入 7 亿元，比 2007 年增长 26.67％，预计利润 4 000 万元，比 2007 年增长 30％。从净利润率看，分别为 4.94％、6.10％。屠宰行业的利润率较低，该公司赢利能力比较稳定，随着 2008 年屠宰数量的增加，其赢利能力也将不断增强。

中国龙腾银行黑龙江支行

2008 年 10 月 10 日

■ 案例小结

本案例体现了贷款程序知识点的运用和理解了学生贷款筹资的决策能力。

案例 3.4　股票融资案例——南京焦点科技开发有限公司

■ 案例目标

通过本案例的学习，学生可以更深入地理解上市公司发行股票的条件、股票筹资规模决策、股票发行价格决策等内容，培养实际股票筹资决策能力。

■ 案例陈述

（1）公司概况

本公司前身为南京焦点科技开发有限公司，成立于 1996 年 1 月 9 日。经 2007 年 9 月 2 日南京焦点科技开发有限公司股东会决议批准，由南京焦点科技开发有限公司原股东作为发起人，以经上海众华沪银会计师事务所有限公司审计的截至 2007 年 8 月 31 日净资产 88 125 183.42 元为基数，折合注册资本 8 812 万元人民币，南京焦点科技开发有限公司整体变更为股份有限公司。2007 年 9 月 20 日，本公司在南京市工商行政管理局办理了变更登记，取得了企业法人营业执照。焦点科技是本土领先的综合型第三方 B2B（business to business，企业对企业）电子商务平台运营商，专注服务于全球贸易领域，在帮助中国中小企业应用互联网络开展国际营销，产品推广方面拥有超过 10

年的成功经验。

（2）公司主要财务数据及主要财务指标

根据上海众华沪银会计师事务所有限公司出具的沪众会字（2009）第 3549 审计报告，本公司报告期内主要财务数据及主要财务指标如下。

1）合并资产负债表主要财务数据如表 3.5 所示。

表 3.5　南京焦点科技开发有限公司合并资产负债表　　（单位：元）

年份 项目	2006 年 12 月 31 日	2007 年 12 月 31 日	2008 年 12 月 31 日	2009 年 6 月 30 日
资产总额	52 766 948.18	196 526 300.25	281 313 034.28	331 646 263.51
负债总额	34 261 149.02	75 852 732.93	85 390 149.73	101 663 611.81
股东权益	18 505 799.16	120 673 567.32	195 922 884.55	229 982 651.70

2）合并利润表主要财务数据如表 3.6 所示。

表 3.6　南京焦点科技开发有限公司合并利润　　（单位：元）

年份 项目	2006	2007	2008	2009.1～6
营业收入	43 626 375.53	25 922 899.67	71 663 456.70	98 907 118.77
营业利润	12 744 906.66	75 502 059.57	82 590 600.96	40 101 088.95
利润总额	12 767 987.35	75 514 400.92	83 626 487.10	40 103 612.78
净利润	10 852 789.25	64 167 768.16	75 248 435.34	34 060 391.25

3）合并现金流量表主要财务数据如表 3.7 所示。

表 3.7　南京焦点科技开发有限公司合并现金流量　　（单位：元）

年份 项目	2006	2007	2008	2009.1～6
经营活动产生的现金流量净额	27 869 294.45	95 890 588.78	94 528 180.22	58 261 469.18
投资活动产生的现金流量净额	−2 754 707.67	−29 671 664.75	−28 368 390.53	−7 054 193.45
筹资活动产生的现金流量净额	0.00	38 000 000.00	881.89	0.00
汇率变动对现金的影响额	−17 132.49	−33 985.54	−81 726.85	−1 363.99
现金及现金等价物净增加额	25 097 454.30	104 184 938.49	66 078 944.73	51 205 911.74

4）最近一期末无形资产情况如表 3.8 所示。

表 3.8 　南京焦点科技开发有限公司无形资产情况 （单位：元）

无形资产分类	2008 年 12 月 31 日	本期增加	本期减少	2009 年 6 月 30 日
一、原价合计	26 913 565.91	0.00	0.00	26 913 565.91
其中：土地使用权	2 253 527.00	0.00	0.00	2 253 527.00
外购软件	1 936 028.00	0.00	0.00	1 936 028.00
软件著作权	6 124 010.91	0.00	0.00	6 124 010.91
收购销售网络	16 600 000.00	0.00	0.00	16 600 000.00
二、累计摊销合计	3 502 409.16	4 003 933.08	0.00	7 506 342.24
其中：土地使用权	49 746.22	22 995.18	0.00	72 741.40
外购软件	417 438.64	193 602.84	0.00	611 041.48
软件著作权	1 190 779.90	1 020 668.46	0.00	2 211 448.36
收购销售网络	1 844 444.40	2 766 666.60	0.00	4 611 111.00
三、无形资产账面价值合计	23 411 156.75	—	—	19 407 223.67

上述土地使用权系指本公司购买的南京高新技术产业开发区用地编号为 1～13 的土地使用，已取得南京市土地管理局颁发的土地使用权证（宁浦国用（2008）第 01442P 号），本公司按土地尚可使用期限 49 年进行摊销。软件著作权是 2008 年自开发支出科目转入的"领动"项目和"招聘网站"项目，上述项目已于 2008 年 6 月完成，并于 2008 年 9 月取得国家版权局颁发的计算机软件著作权登记证书，编号分别为软著登字第 107517 号和软著登字第 107518 号，本公司分 3 年进行摊销。经本公司董事会批准，本公司于 2008 年 7 月出资 1 500 万元收购浙江 6 家代理商的销售网络，2008 年 8 月出资 160 万元收购浙江一家代理商的销售网络，上述销售网络也于 2008 年 9 月整体移交给本公司，根据江苏天仁资产评估事务所的评估，上述销售网络作为无形资产被评估，评估价值为 2 287 万元，本公司分 3 年进行摊销。报告期各期末本公司的无形资产未发生可收回金额低于其账面价值的情况，故无需计提无形资产减值准备。

（3）本次发行概况

本次发行的基本情况。

① 发行股票类型：人民币普通股（A 股）。

② 每股面值：1.00 元。

③ 发行股数：2 938 万股，占发行后总股本的比例为 25.004 3%。

④ 每股发行价格：42.00 元。

⑤ 发行市盈率：66.67 倍（每股收益按照 2008 年度经审计的扣除非经常性损益前后孰低的净利润除以本次发行后总股本计算）。

⑥ 发行前后每股净资产：发行前每股净资产为 2.61 元（根据 2009 年 6 月 30 日经审计的净资产和本次发行前总股份全面摊薄计算），发行后每股净资产为 12.05 元。

⑦ 发行市净率：3.49 倍（按发行价格除以发行后每股净资产计算）。

⑧ 发行方式：采用网下向询价对象配售与网上向社会投资者定价发行相结合的

方式。

⑨ 发行对象：符合资格的询价对象和在深圳证券交易所开户的境内自然人、法人等投资者（国家法律、法规禁止的购买者除外）。

⑩ 承销方式：主承销商余额包销。

⑪ 预计募集资金总额：123 396 万元。

⑫ 预计募集资金净额：118 538 万元。

⑬ 发行费用概算：承销费用 3 702 万元，保荐费用 200 万元，审计费用 191 万元，律师费用 106 万元，信息披露及路演推介费用等 659 万元。

⑭ 保荐人（主承销商）：国信证券股份有限公司。

⑮ 发行人：焦点科技股份有限公司。

⑯ 法定代表人：沈锦华。

⑰ 发行人律师：北京市竞天公诚律师事务所。

⑱ 审计机构：上海众华沪银会计师事务所有限公司。

⑲ 股票登记机构：中国证券登记结算有限责任公司深圳分公司。

⑳ 上市证券交易所：深圳证券交易所。

㉑ 预计发行日期：2009 年 11 月 27 日。

㉒ 发行后总股本：11 750 万股。

㉓ 本次发行前股东所持股份的流通限制和自愿锁定股份的承诺：

公司控股股东沈锦华及除姚瑞波之外的其余 35 名股东承诺自公司股票上市之日起 36 个月内，不转让或者委托他人管理其持有的发行人股份，也不由发行人回购其持有的股份。根据《中华人民共和国公司法》（以下简称《公司法》）第 142 条的规定，公司股东姚瑞波承诺自公司股票上市之日起一年内，不转让或者委托他人管理其持有的发行人股份，也不由发行人回购其持有的股份。

担任公司董事、监事、高级管理人员的沈锦华、姚瑞波、许剑峰、丁光宇、谢永忠、李丽洁、王静宁承诺在其任职期间每年转让的股份不得超过其所持有本公司股份总数的 25%，在离职后半年内不转让其所持有的本公司股份。

㉔ 签署日期：2009 年 11 月 26 日。

本公司同与本次发行有关的中介机构及其负责人、高级管理人员及经办人员之间不存在任何直接或间接的股权关系或其他权益关系。

（4）本次发行前后公司股本情况

总股本、本次发行的股份、股份流通限制和锁定安排：本次发行前总股本为 8 812 万股，本次发行 2 938 万股流通股，发行后总股本为 11 750 万股，本次发行占发行后总股本的比例为 25.004 3%。

（5）募集资金运用

根据 2008 年 12 月 26 日召开的公司 2008 年第二次临时股东大会通过的决议，结合本公司长远发展战略，本次发行募集资金将用于以下 4 个项目。

1）投资 7 817.9 万元用于建设"中国制造网电子商务平台升级"项目。

2）投资 9 218.4 万元用于建设"中国制造网销售渠道"项目。

3）投资 6 322.9 万元用于建设"中国制造网客户服务支持中心"项目。

4）投资 7 877.8 万元用于建设"焦点科技研究中心"项目。

（6）投资项目的效益估算

1）中国制造网电子商务平台升级。

焦点科技拟实施的中国制造网电子商务平台升级、中国制造网销售渠道、中国制造网客户服务支持中心等 3 个项目的建设将使中国制造网电子商务平台可以满足更多的对注册收费会员服务及相关增值服务的需求。计算期第 5 年，预计上述 3 个项目支持的注册收费会员服务及相关增值服务带来的收入总计 73 263.6 万元。预计本项目对这一收入的贡献率为 30%，即在计算期第 5 年本项目的营业收入为 21 979.1 万元，实现净利润 3 876.0 万元。根据预测，该项目所得税后内部收益率为 36.2%，所得税后净现值为 6 664.7 万元，所得税后投资回收期为 4.3 年（贴现率为 10%）。

2）中国制造网销售渠道。

计算期第 5 年，预计上述 3 个项目支持的注册收费会员服务及相关增值服务带来的收入总计 73 263.6 万元。预计本项目对这一收入的贡献率为 40%，即在计算期第五年本项目的营业收入为 29 305.4 万元，并实现净利润 8 033.0 万元。根据预测，该项目所得税后内部收益率为 42.4%，所得税后净现值为 12 853.3 万元，所得税后投资回收期为 4.4 年（贴现率为 10%）。

3）中国制造网客户服务支持中心。

计算期第 5 年，预计上述 3 个项目支持的注册收费会员服务及相关增值服务带来的收入总计 73 263.6 万元。预计本项目对这一收入的贡献率为 30%，即在计算期第五年本项目的营业收入为 21 979.1 万元，并实现净利润 3 979.5 万元。根据预测，该项目所得税后内部收益率为 34.9%，所得税后净现值为 6 147.7 万元，所得税后投资回收期为 4.7 年（贴现率为 10%）。

4）焦点科技研究中心。

本项目不单独核算投资效益，建成后将为公司现有服务及其他 3 个募集资金投资项目提供全面技术支持。

（7）业务发展目标

1）公司发展总体目标。

本公司发展的总体目标是以弘扬中国制造，服务中小企业，促进全球贸易为主要经营理念，以信息技术为核心，以互联网络为依托，继续做强做大第三方 B2B 电子商务平台业务，为中国中小企业对外出口贸易提供最优质的服务。同时，本公司将有计划地开展中小企业客户关系管理、人力资源管理、信息化建设等相关业务，提高中小企业的信息技术水平和管理水平，为中小企业的信息化转型提供专业、实用的整体解决方案，以降低其运营成本、增强其市场竞争力。

2）公司当年及未来两年的发展计划。

本公司坚信：只有专注，才能专业。本公司将继续专注于第三方 B2B 电子商务平台业务，努力吸引更多全球采购商的关注，扩大注册收费会员数量。同时，本公司将开展以 SaaS（software-as-a-service，软件即服务）的方式向中小企业提供客户关系管理、订单管理、网络协同工作等业务流程外包服务；开发面向中小企业的外贸行业招聘网站，提供人才测评、员工培训、员工管理等人力资源外包服务。

3）公司财务状况和盈利能力的未来趋势分析。

报告期内，公司抓住国内第三方 B2B 电子商务行业市场规模不断扩大的机遇，发挥自身优势，稳健经营，取得了良好的经营业绩。公司财务状况稳定，资产质量良好，保持了较强的赢利能力。本公司认为，在可预见的将来，公司仍将保持良好的财务状况和较强赢利能力。

[问题]

1）焦点科技股份有限公司应做出怎样的股票筹资规模决策？

2）焦点科技股份有限公司应做出怎样的股票发行价格决策。

案例分析

1）焦点科技股份有限公司股票筹资规模决策。

公司本次拟公开发行 2 938 万股，发行募集资金 123 396 万元（即 2 938 万股×42.00 元），扣除发行费用后，实际募集资金 118 538 万元超出 31 237 万元。

根据 2008 年 12 月 26 日召开的公司 2008 年第二次临时股东大会决议，结合本公司长远发展战略，本次发行募集资金将用于以下 4 个项目：① 投资 7 817.9 万元用于建设"中国制造网电子商务平台升级"项目；② 投资 9 218.4 万元用于建设"中国制造网销售渠道"项目；③ 投资 6 322.9 万元用于建设"中国制造网客户服务支持中心"项目；④ 投资 7 877.8 万元用于建设"焦点科技研究中心"项目。

以上项目共需资金 31 237 万元，如果实际募集资金不足以完成上述投资计划，不足部分公司将自筹解决；如果实际募集资金数量超过上述投资项目的资金需要，剩余募集资金将用于补充公司流动资金。

2）焦点科技股份有限公司股票发行价格决策。

焦点科技股份有限公司本次 A 股发行采用溢价发行，每股发行价为 42 元/股。其确定发行价的方法如下：本次股票发行拟采用网上定价方式进行。确定本次股票发行价格考虑的主要因素有公司的成长性、行业的发展前景及国家的相关政策；发行人拟投资项目所需要的募集资金；发行人过去 3 年的业绩及未来的赢利前景；二级市场上可比公司的股价定位以及适当的一二级市场间价格折扣等。结合当时沪深两市 A 股上市公司的平均市盈率，考虑到综合型第三方 B2B 电子商务平台运营商行业的市场潜力及增长速度、发行人过去 3 年的赢利能力及增长速度、最近新上市公司的市盈率水平等因素，本着谨慎的原则，确定本次发行市赢率为 66.67 倍，确定发行价为 42.00 元/股，本次股票发行后每股净资产为 12.05 元。

案例小结

发行普通股股票是企业重要的股权筹资方式之一，通过本案例的学习，能够提高学生的股票筹资规模决策和股票发行价格决策能力。

案例 3.5　发行可转换债券案例——北京燕京啤酒股份有限公司

▓▓▓▓ **案例目标**

通过本案例的学习，学生可以更深入地理解上市公司发行可转债资格和条件、可转债融资成本决策、可转债发行时间决策、可转债票面利率决策、可转债期限决策，培养学生关于可转债问题的综合决策能力。

▓▓▓▓ **案例陈述**

第一部分　本次发行基本情况

（一）发行人基本情况

公司名称：北京燕京啤酒股份有限公司

英文名称：Beijing Yanjing Brewery Co. Ltd.

注册地址：北京市顺义区双河路 9 号

法定代表人：李福成

股票简称：燕京啤酒

股票代码：000729

上市地：深圳证券交易所

（二）本次发行概况

1）本次发行的核准：本次发行经本公司 2010 年 2 月 27 日召开的第五届董事会第五次会议形成决议、并经本公司 2010 年 3 月 23 日召开的 2009 年年度股东大会审议通过。同时，本次发行已获得北京市国资委《关于同意北京燕京啤酒股份有限公司发行可转换公司债券的批复》（京国资产权［2010］39 号），以及中国证监会以证监许可［2010］1344 号文核准。

2）证券类型：可转换为本公司人民币普通股（A 股）股票的可转换公司债券。

3）发行规模：本次发行可转换公司债券规模不超过 11.30 亿元人民币。

4）发行数量：本次发行可转换公司债券数量不超过 1 130 万张。

5）证券面值：本次发行的可转换公司债券每张面值人民币 100 元。

6）发行价格：本次可转换公司债券按面值发行。

7）预计募集资金量：本次发行可转债预计募集资金总额不超过 113 000 万元。

8）募集资金净额：扣除发行费用 1 127 万元后，本次发行可转债募集资金净额约为 111 873 万元。

9）债券期限：本次发行的可转换公司债券的期限为 5 年，从 2010 年 10 月 15 日（发行首日）起至 2015 年 10 月 14 日（到期日）止。

10）募集资金专项存储账户：本次发行可转债募集资金将存放于公司董事会指定的专项账户。

（三）发行方式与发行对象

1. 发行方式

本次可转债向公司在股权登记日收市后登记在册的原股东优先配售，原股东享有优先认购权之外的余额及原股东放弃优先认购权的部分采用网下对机构投资者发售和通过深圳证券交易所交易系统网上定价发行相结合的方式进行，余额由承销团包销。

2. 发行对象

1）向公司原股东优先配售：本次发行的股权登记日（2010 年 10 月 14 日）收市后在中国证券登记结算有限责任公司深圳分公司登记在册的公司所有股东。

2）网下对机构投资者发售和深圳证券交易所交易系统网上定价发行：持有中国证券登记结算有限责任公司深圳分公司证券账户的自然人、法人、证券投资基金、符合法律规定的其他投资者等（国家法律、法规禁止者除外）。

（四）承销方式及承销期

1）承销方式：本次发行由主承销商（保荐人）招商证券股份有限公司组织承销团以余额包销方式承销。

2）承销期：本次可转债发行的承销期为 2010 年 10 月 13 日至上市日（发行结束后会尽快安排上市）。

（五）发行费用

北京燕京啤酒股份有限公司发行可转债费用如表 3.9 所示。

表 3.9　北京燕京啤酒股份有限公司发行可转债费用

项　　　目	金额/万元
承销及保荐费用	1 000
律师费用	22
资信评级费用	25
会计师费用、信息披露及路演推介、发行手续费等	80
合　　计	1 127

（六）本次发行证券的上市流通

本次发行的可转债不设持有期限制。发行结束后，公司将尽快向深圳证券交易所申请上市交易，具体上市时间将另行公告。

（七）本次发行基本条款。

1. 债券品种及发行规模

本次发行的债券品种为可转换为本公司人民币普通股（A 股）股票的可转换公司债券，本次发行可转换公司债券规模不超过 113 000 万元人民币。

2. 票面金额和发行价格

本次发行的可转债每张面值为 100 元，按面值发行。

3. 债券期限

本次发行的可转换公司债券的期限为 5 年，从 2010 年 10 月 15 日（发行首日）起至 2015 年 10 月 14 日（到期日）止。

4. 票面利率

第 1～5 年的利率分别为 0.5％、0.7％、0.9％、1.1％、1.4％。

5. 还本付息期限和方式

本次发行的可转债采用每年付息一次的付息方式，到期归还本金和最后一年利息。

（1）年利息计算

年利息指可转债持有人持有的可转债票面总金额自可转债发行首日起每满一年可享受的当期利息。

年利息的计算公式为

$$I = B \times i \tag{3.1}$$

式中，I——年利息额；

$\quad\quad B$——本次发行的可转债持有人持有的可转债票面总金额；

$\quad\quad i$——可转债当年票面利率。

（2）付息方式

1）计息日：本次发行的可转债采用每年付息一次的付息方式，计息起始日为可转债发行首日。

2）付息日：每年的付息日为本次发行的可转债发行首日起每满一年的当日。每相邻的两个付息日之间为一个计息年度。

3）付息债权登记日：每年的付息债权登记日为每年付息日的前一交易日，公司将在每年付息日之后的 5 个交易日内支付当年利息。在付息债权登记日前（包括付息债权登记日）申请转换成公司股票的可转债不享受当年度利息。

4）可转债持有人所获得利息收入的应付税项由持有人负担。

（3）到期还本付息

在本次发行的可转债到期日之后的 5 个工作日内，公司将偿还所有到期未转股的可转债本金及最后一年利息。转股年度有关利息和股利的归属等事项，由公司董事会根据相关法律法规及深圳证券交易所的规定确定。

6. 转股期限

本可转债转股期自可转债发行结束之日满 6 个月后的第一个交易日起至可转债到期止。

7. 转股价格的确定和修正

（1）初始转股价格的确定依据

本次发行可转债的初始转股价格为 21.86 元，该价格不低于公布本可转债募集说明书公告日前 20 个交易日公司 A 股股票交易均价（若在该 20 个交易日内发生过因除权、除息引起股价调整的情形，则对调整前交易日的收盘价按经过相应除权、除息调整后的价格计算）和前一交易日公司股票交易均价。

（2）转股价格的调整方式及计算公式

在本次发行之后，当公司因送红股、增发新股或配股、派息等情况（不包括因可转债转股增加的股本）使公司股份发生变化时，将按下述公式进行转股价格的调整。

送股或转增股本：

$$P_1 = P_0/(1+n) \tag{3.2}$$

增发新股或配股：

$$P_1 = (P_0 + A \times k)/(1+k) \tag{3.3}$$

两项同时进行：

$$P_1 = (P_0 + A \times k)/(1+n+k) \tag{3.4}$$

派息：

$$P_1 = P_0 - D; \tag{3.5}$$

上述 3 项同时进行：

$$P_1 = (P_0 - D + A \times k)/(1+n+n) \tag{3.6}$$

式中，P_0——初始转股价；

  n——送股率；

  k——增发新股或配股率；

  A——增发新股价或配股价；

  D——每股派息；

  P_1——调整后转股价。

当公司出现上述情况或股东权益变化情况时，将依次进行转股价格调整，并在中国证监会指定的上市公司信息披露媒体上刊登董事会决议公告，并于公告中载明转股价格调整日、调整办法及暂停转股时期（如有需要）。当转股价格调整日为本次发行的可转债持有人转股申请日或之后，转换股票登记日之前，则该持有人的转股申请按本公司调整后的转股价格执行。

当公司可能发生股份回购、合并、分立或任何其他情形使本公司股份类别、数量或股东权益发生变化从而可能影响本次发行的可转债持有人的债权利益或转股衍生权益时，本公司将视具体情况按照公平、公正、公允的原则及充分保护本次发行的可转债持有人权益的原则调整转股价格。有关转股价格调整内容及操作办法将依据当时国家有关法律法规及证券监管部门的相关规定来制定。

8. 转股价格向下修正条款

在本可转债存续期间，当本公司股票在任意连续 30 个交易日中有不少于 20 个交易日的收盘价不高于当期转股价格的 85% 时，公司董事会有权提出转股价格向下修正方案并提交本公司股东大会表决。

(1) 修正权限

上述方案须经出席会议的股东所持表决权的 2/3 以上通过方可实施。股东大会进行表决时，持有本可转债的股东应当回避。修正后的转股价格应不低于本次股东大会召开日前 20 个交易日本公司股票交易均价和前一交易日均价之间的较高者，同时修正后的转股价格不低于最近一期经审计的每股净资产和股票面值。若在前述 20 个交易日内发生过转股价格调整的情形，则在转股价格调整日前的交易日按调整前的转股价格和收盘价计算，在转股价格调整日及之后的交易日按调整后的转股价格和收盘价计算。

（2）修正程序

如本公司决定向下修正转股价格时，本公司将在中国证监会指定的信息披露报刊及互联网网站上刊登股东大会决议公告，公告修正幅度、股权登记日及暂停转股期间。从股权登记日后的第一个交易日（即转股价格修正日），开始恢复转股申请并执行修正后的转股价格。若转股价格修正日为转股申请日或之后，转换股份登记日之前，该类转股申请应按修正后的转股价格执行。

9. 有条件赎回条款

在本可转债转股期内，如果本公司股票任意连续 30 个交易日中有不少于 20 个交易日的收盘价不低于当期转股价格的 130%（含 130%），本公司有权按照债券面值的 102%（含当期计息年度利息）的赎回价格赎回全部或部分未转股的可转债。任一计息年度本公司在赎回条件首次满足后可以进行赎回，首次不实施赎回的，该计息年度不应再行使赎回权。若在上述交易日内发生过转股价格调整的情形，则在调整前的交易日按调整前的转股价格和收盘价格计算，在调整后的交易日按调整后的转股价格和收盘价格计算。

10. 回售条款

（1）有条件回售条款

在本可转债转股期内，如果公司股票收盘价连续 30 个交易日低于当期转股价格的 70% 时，可转债持有人有权将其持有的可转债全部或部分按面值的 102%（含当期计息年度利息）回售给公司。任一计息年度可转债持有人在回售条件首次满足后可以进行回售，但若首次不实施回售的，则该计息年度不应再行使回售权。

若在上述交易日内发生过转股价格调整的情形，则在调整前的交易日按调整前的转股价格和收盘价格计算，在调整后的交易日按调整后的转股价格和收盘价格计算。

（2）附加回售条款

在本次发行的可转债存续期间内，如果本次发行所募集资金的使用与公司在募集说明书中的承诺相比出现重大变化，根据中国证券监督管理委员会（以下简称中国证监会）的相关规定可被视作改变募集资金用途或者被中国证监会认定为改变募集资金用途的，持有人有权按面值的 102%（含当期利息）的价格向公司回售其持有的部分或全部可转债。持有人在附加回售申报期内未进行附加回售申报的，不应再行使本次附加回售权。

11. 转股时不足一股金额的处理方法

可转债持有人申请转换成的股份须是整数股。本可转债持有人经申请转股后，对所剩可转债不足转换为 1 股股票的余额，公司将按照深圳证券交易所等部门的有关规定，在可转债持有人转股后的 5 个交易日内以现金兑付该部分可转债的票面金额及利息。

12. 转股年度有关股利的归属

因本可转债转股而增加的公司股票享有与原股票同等的权益，在股利分配股权登记日当日登记在册的所有股东均享受当期股利。

13. 募集资金用途

本次可转债募集资金将用于以下项目：①拟投资 20 000 万元用于北京燕京啤酒股份有限公司年产 10 万千升纯生啤酒技术改造项目；②拟投资 30 000 万元对广东燕京啤酒有限公司增资用于其年产 15 万千升啤酒三期工程；③拟投资 8 000 万元对江西燕京啤酒有限责任公司增资用于其扩建工程；④拟投资 25 000 万元设立北京燕京啤酒（晋中）有限公司用于其年产 20 万千升啤酒一期 10 万千升工程；⑤拟投资 30 000 万元设立燕京啤酒（昆明）有限公司用于其年产 40 万千升啤酒一期 20 万千升工程。

如本次募集资金不足或募集资金到位时间与项目进度不一致，公司可根据实际情况暂以自有资金或其他方式筹集的资金先行投入，募集资金到位后予以置换。

（八）债券评级及担保情况

公司聘请大公国际资信评估有限公司为本次发行的可转债进行了信用评级，评级结果为"AA＋"级。该级别反映了公司对本次发行债券的偿还能力很强，受不利经济环境的影响不大，违约风险很低。本次发行的可转债未提供担保。

第二部分　财务会计信息

根据财政部《关于印发〈企业会计准则第 1 号——存货〉等 38 项具体准则的通知》（财会［2006］3 号）等规定，本公司自 2007 年 1 月 1 日起执行财政部 2006 年颁布的《企业会计准则》。如无特别说明，本募集说明书中 2007 年度、2008 年度、2009 年度和 2010 年半年度的财务信息均取自本公司 2007 年度、2008 年度、2009 年度和 2010 年 1～6 月按照新企业会计准则编制的财务报告。本公司 2007 年度财务报告经由北京京都会计师事务所有限责任公司审计，出具了北京京都审字（2008）第 0326 号标准无保留意见的审计报告；本公司 2008 年度财务报告经由北京京都天华会计师事务所有限责任公司审计，出具了北京京都天华审字（2009）第 0595 号标准无保留意见的审计报告；本公司 2009 年度财务报告经由京都天华会计师事务所有限公司审计，出具了京都天华审字（2010）第 0605 号标准无保留意见的审计报告；本公司 2010 年 1～6 月财务数据未经审计。

（一）最近 3 年及一期公司财务报表

1. 合并资产负债表

2. 合并利润表

3. 合并现金流量表

（二）最近 3 年及一期财务指标

1. 最近 3 年的每股收益和净资产收益率

2. 其他主要财务指标

（说明：以上资料的数据可以到北京燕京啤酒股份有限公司网站查阅）

第三部分　本次募集资金运用

本次募集资金计划运用概况：

本次发行可转债预计募集资金 113 000 万元，如果募集资金不足或募集资金到位时间与项目进度不一致，公司可根据实际情况暂以自有资金或其他方式筹集的资金先行投入，募集资金到位后予以置换。本次募集资金到位后，公司将按项目的实施进度及轻重缓急安排使用。若募集资金和项目资金需求存在缺口，公司将根据实际需要通过其他途径解决。

公司于 2010 年 2 月 27 日、2010 年 3 月 23 日和 2010 年 6 月 1 日分别召开第五届董事会第五次会议、2009 年年度股东大会和第五届董事会第八次会议，审议通过了《关于本次发行可转债募集资金投资项目可行性研究报告的议案》，同意本次募集资金用于上述投资项目。

[问题]

1）北京燕京啤酒股份有限公司发行可转债资格、条件如何确认？

2）北京燕京啤酒股份有限公司应做出什么样的可转债融资成本决策？

3）北京燕京啤酒股份有限公司应做出什么样的可转债发行时间决策？

4）北京燕京啤酒股份有限公司应做出什么样的可转债票面利率决策？

5）北京燕京啤酒股份有限公司应做出什么样的可转债期限决策？

6）阐述我国推进可转债发展中存在的问题。

案例分析

1）上市公司发行可转换公司债券的条件：① 最近 3 年连续赢利，且最近 3 年净资产收益率平均在 10% 以上，属于能源、原材料、基础设施类的公司可以略低，但是不得低于 7%；②可转换公司债券发行后，资产负债率不高于 70%；③累计债券余额不超过公司净资产额的 40%；④募集资金的投向符合国家产业政策；⑤可转换公司债券的利率不超过银行同期存款的利率水平；⑥可转换公司债券的发行额不少于人民币 1 亿元；⑦国务院证券委员会规定的其他条件。

重点国有企业发行可转换公司债券，除应当符合上述第③、④、⑤、⑥、⑦项条件外，还应当符合下列条件：①最近 3 年连续赢利，且最近 3 年的财务报告已经具有从事证券业务资格的会计师事务所审计；②有明确、可行的企业改制和上市计划；③有可靠的偿债能力；④有具有代为清偿债务能力的保证人的担保。

同时结合本公司的具体情况进行分析。

2）由于北京燕京啤酒股份有限公司发行的可转换债券附带了公司的股票期权，因此，其可转换债券的利率低于普通的公司债券成为可能，甚至可能低于银行同期存款的利率。北京燕京啤酒股份有限公司发行的可转债票面利率第 1～5 年的利率分别为 0.5%、0.7%、0.9%、1.1%、1.4%，而同期银行存款利率为 2.25%。而且"附带回售条款"是对到期可转债持有者收益的保护性条款，对投资者有很强的吸引力。因此，北京燕京啤酒股份有限公司可转债的票面利率是很低的，实现了低成本融资的目的。

3）选择适宜的发债时机，是北京燕京啤酒股份有限公司取得成功的关键之一。通常情况下，可转债的发行时机应该选择在宏观经济由谷底开始启动或股市由熊转牛时期。因为此时宏观经济处于启动阶段，股市疲软，投资者对股权投资热情较低，发行可转债容易被市场认可，这样既能降低融资成本，又能降低债券发行风险。北京燕京啤酒股份有限公司就是利用了投资者对股票投资的"淡季"，发行 11.30 亿元人民币低成本可转债,不仅为公司的各项扩大再生产建设项目筹集所需资金,缓解了公司对资金的需求,而且突破了公司简单依赖银行借款的被动局面,通过资本市场直接融资实现了筹资渠道的多元化,还有助于公司资本结构的自然优化。当然,当公司经营出现困难时,投资者可能放弃股票期权,继续持有公司债券。最终,可转债的转换失败将导致公司的负债比率偏高,不利于公司的再融资。

4) 北京燕京啤酒股份有限公司作为可转债的发行人,当然债券票面利率越低越好。同时,由于可转债为投资者提供了一个可以将债权投资转换为股权投资的期权,使投资者有可能享受到公司股票溢价的好处,为此,发行人的确可以相应降低可转债的票面利率,使其低于普通债券利率,甚至低于银行同期存款的利率。《可转换公司债券管理暂行办法》第 9 条规定"可转换公司债券的利率不超过银行同期存款的利率水平",但是企业也不可能一味地追求更低票面利率,因为票面利率低虽可降低资金成本,但会加大可转债发行的风险,甚至可能导致发债的失败。北京燕京啤酒股份有限公司发行的可转债票面利率第 1～5 年的利率分别为 0.5%、0.7%、0.9%、1.1%、1.4%,决策是恰当的。

5)《可转换公司债券管理暂行办法》第 14 条规定:"可转换公司债券的最短期限为 3 年,最长期限为 5 年。"发行公司可根据筹资用途、自身财务能力和《可转换公司债券管理暂行办法》的规定,设计可转债的期限。因为可转债的期限过短,对于发行人来说,不仅不利于将所筹资金用于生产性部门和长期项目,而且还可能降低可转债转换成功的概率,加大公司还本付息的压力。为此,一般认为可转债期限偏长为宜。北京燕京啤酒股份有限公司以《可转换公司债卷管理暂行办法》所允许的上限(5 年)为期限是比较合理的。

6) 可转债的核心是在债务和资本之间建一座债券转换为股票的桥梁,虽然我国可转债市场发展已形成良好态势,但其存在的问题仍比较明显,制约了可转债市场的发展。具体表现:①可转债发行缺乏私募形式,阻碍了市场空间扩大;②发行条件有利于传统行业企业,不利于新经济成长;③国内做空机制不够完善,阻碍了机构投资者套利。

案例小结

通过本案例的学习,学生应了解可转债发行的资格、条件,可转债的特性,可转换债券的转换比率、转换价格、转换期限,可转换债券筹资的优点和缺点,提高可转债融资成本决策能力、发行时间决策能力和可转债期限决策能力。

案例 3.6　筹资方式决策案例——伟业制造公司筹资决策

案例目标

通过本案例的学习,学生应更深入地理解不同的长期筹资方式的含义、优缺点,企业应如何结合实际情况选择适合自己的筹资方式,实现资本结构最优、企业价值最大的目标。

案例陈述

伟业制造公司是一个多种经济成分并存，具有法人资格的大型企业集团。公司现有 58 个生产厂家，还有物资、销售、进出口、汽车配件等 4 个专业公司，1 个轻型汽车研究所和 1 个汽车工业学院。公司现在急需 1 亿元的资金用于"十一五"技术改造项目。为此，总经理赵广文于 2008 年 2 月 10 日召开由生产副总经理张伟、财务副总经理王超、销售副总经理李立、某信托投资公司金融专家周明、某研究中心经济学家吴教授、某大学财务学者教授组成的专家研讨会，讨论该公司筹资问题。下面是他们的发言和有关资料。

总经理赵广文首先发言，他说："公司'十一五'技术改造项目经专家、学者的反复论证已被国务院于 2008 年正式批准。这个项目的投资额预计为 4 亿元，生产能力为 4 万辆。项目改造完成后，公司的两个系列产品的各项性能可达到国际先进水平。现在项目正在积极实施中，但目前资金不足，准备在 2009 年 7 月筹措 1 亿元资金，请大家讨论如何筹措这笔资金。"

生产副总经理张伟说："目前筹集的 1 亿元资金，主要是用于投资少、效益高的技术改造项目。这些项目在两年内均能完成建设并正式投产，到时将大大提高公司的生产能力和产品质量，估计这笔投资在投产后 3 年内可完成收回，所以应发行 5 年期的债券筹集资金。"

财务副总经理王超提出了不同意见，他说："目前公司全部资金总额为 10 亿元，其中自有资金为 4 亿元，借入资金为 6 亿元，自有资金比率为 40%，负债比率为 60%。这种负债比率在我国处于中等水平，与世界发达国家如美国、英国等相比，负债比率已经较高了。如果再利用债券筹集 1 亿元资金，负债比率将达到 64%，显然负债比率过高，财务风险太大，所以不能利用债券筹资，只能靠发行普通股股票或优先股股票筹集资金。"

但金融专家周明却认为：目前我国金融市场还不完善，一级市场刚刚建立，二级市场尚在萌芽阶段，投资者对股票的认识尚有一个过程。因此，在目前条件下要发行 1 亿元普通股股票十分困难。发行优先股还可以考虑，但根据目前的利率水平和市场状况，发行时年股息率不能低于 16.5%，否则无法发行。如果发行债券，因要定期付息还本，投资者的风险较小，估计以 12% 的年息率便可顺利发行债券。

来自某研究中心的吴教授认为：目前我国经济正处于繁荣时期，但党和政府已发现经济"过热"所造成一系列弊端，正准备采取措施治理经济环境，整顿经济秩序。到时汽车行业可能会受到冲击，销售量可能会下降。在进行筹资和投资时应考虑这一因素，否则盲目上马，后果将是十分严重的。

公司的销售副总经理李立认为：治理整顿不会影响该公司的销售量。这是因为该公司生产的轻型货车和旅行车，几年来销售情况一直很好，畅销全国 29 个省、市、自治区，市场上较长时间供不应求。2006 年全国汽车滞销，但该公司的销售状况仍创历史最高水平，居全国领先地位。在近几年全国汽车行业质量评比中，轻型客车连续夺魁，轻型货车两年获第一名，一年获第二名。李立还认为，治理整顿可能会引起汽车滞销，但这只可能限于质次价高的非名牌产品，该公司的几种名牌汽车仍会畅销不衰。

财务副总经理王超补充说："公司属于股份制试点企业，所得税税率为25%，税后资金利率15%，准备上马的这项技术改造项目，由于采用了先进设备，投产后预计税后利润率将达到18%左右。"所以他认为这一技术改造项目仍应付诸实施。

来自某大学的财务学者郑教授听了大家的发言后指出：以16.5%的股息率发行优先股不可行，因为发行优先股所花费的筹资费用较多，把筹资费用加上以后，预计利用优先股筹集资金的资金成本将达到19%，这已高出公司税后资金利润率，所以不可行。但若发行债券，由于利息可在税前支付，实际成本大约在9%左右。他还认为，目前我国正处于通货膨胀时期，利息率比较高，这时不宜发行较长时期的具有固定负担的债券或优先股股票，因为这样做会长期负担较高的利息或股息，所以郑教授认为，应首先向银行筹措1亿元的技术改造贷款，期限为一年，一年以后，再以较低的股息率发行优先股股票来替换技术改造贷款。

财务副总经理王超听了郑教授的分析后，也认为按16.5%发行优先股，的确会给公司造成沉重的财务负担。但他不同意郑教授后面的建议，他认为，在目前条件下向银行筹措1亿元技术改造贷款几乎不可能；另外，通货膨胀在近1年内不会消除，要想消除通货膨胀，利息率有所下降，至少需要两年时间。金融学家周明也同意王超的看法，他认为一年后利息率可能还要上升，两年后利息率才会保持稳定或略有下降。

[问题]

1）该企业拟运用的筹资方式有哪些？各种筹资方式的优缺点有哪些？

2）企业如何根据自己的情况选择筹资方式？

3）你认为选择筹资方式的标准是什么？

4）你同意谁的观点？为什么？

5）你认为债务比例多少为好？

▰▰ 案例分析

1）长期借款；发行普通股股票；发行债券；发行优先股股票。

2）企业应根据自身目前的资本结构现状、筹资的成本、项目的投资报酬率、当时金融市场状况等选择筹资方式。

3）实现最优的资本结构。最佳资本结构是指企业在适度财务风险的条件下，使其预期的综合资本成本率最低，同时企业价值最大的资本结构。

4）综合他们的考虑，可以采取发行债券与发行普通股股票筹资相结合的方式。因为要考虑筹资成本、最佳资本结构和财务风险的问题。

5）处于不同行业的企业，债务比例多少为好应进行具体分析。

▰▰ 案例小结

通过本案例的学习，学生应能结合企业发展所处的实际背景，运用长期筹资方式和资本结构的相关知识，为企业选择适合的长期筹资方式。

案例 3.7　长期筹资案例——宝钢增发 50 亿普通股

■■■ **案例目标**

通过本案例的学习，学生应更深入地理解增发新股的利弊得失，结合中国资本市场发展的现状，分析现阶段增发新股是否是我国企业筹资的首选方式。分析企业应如何结合实际情况选择适合自己的筹资方式，从而实现资本结构最优、企业价值最大的目标。

■■■ **案例陈述**

2005 年 4 月 15 日，宝山钢铁有限公司（宝钢股份，600019）公布增发招股说明书，本次将增发 50 亿股，募集资金约为 250 亿元，其中向集团定向增发国家股 30 亿股，向社会公众增发 20 亿 A 股。250 亿元的融资额创造了沪深股市成交历史。

（1）增发公告中列示本次增发基本情况

1）发行股票种类。本次发行的股票为人民币普通股，每股面值 1.00 元。

2）发行规模。本次增发的股票总量为 50 亿股，其中，向上海宝钢集团公司（下称集团公司）定向增发国家股 30 亿股，占本次增发总量的 60%；向社会公众增发社会公众股 20 亿 A 股，占本次增发总量的 40%。

3）发行对象。① 优先配售：本发行公告公布的股权登记日（2005 年 4 月 19 日）上证所收市后，在登记结算公司登记在册的所有社会公众股股东按 10∶10 的比例优先配售，优先认购的股数不超过 18.77 亿股，剩余部分将在网下向机构投资者进行比例配售。② 比例配售：股权登记日持有上证所股票账户的机构投资者（法律禁止购买者除外）；其他机构。③ 定向配售：上海宝钢集团公司 30 亿国有股。

4）发行地点。本次发行由主承销商中国国际金融有限公司负责组织实施，网上优先配售通过全国与上证所交易系统联网的各证券交易网点进行，网下优先配售和比例配售由主承销商中国国际金融有限公司负责组织实施。

5）发行价格的确定。本次增发将以股权登记日前 30 个交易日收盘价的算术平均值为基准计算询价区间，询价区间将为该基准值的 80%～85%。经上海证券交易所批准，公司本次向原社会公众股股东优先配售的 1 649 857 731 股社会公众股将于 2005 年 5 月 9 日起上市流通，上市首日公司股票不设涨跌幅限制。

（2）发行结果

1）发行前后公司股本的变动。发行前总股本为 12 512 000 000 股，发行后为 17 512 000 000 股。发行前国有股为 10 635 000 000 股，占总股本 85%，增发 30 亿股后为 13 635 000 000 股，占 77.86%，比例有所下降，网下机构投资者比例配售 350 142 269 股，占总股本 2%，增发后总非流通股占总股本 79.86%（锁定期之后比例配售部分转为流通股）；发行前普通股上市流通股为 1 877 000 000 股，占总股本的 15%，增发 20 亿扣除机构投资者比例配售部分后为 3 526 857 731 股，占 20.14%，总的流通股比例有所上升。

2）发行价格。经发行人和主承销商根据社会公众股股东参与优先配售和网下机构投资者比例配售的情况确定发行价为 5.12 元。

3）融资额。此次总融资额为 250 亿，对流通股东的融资额应在 100 亿元左右。预计增发后流通市值将超过长江电力成为沪深两市之首。

（3）募集资金用途

宝钢股份本次增发募集资金用于收购集团拥有的钢铁生产、钢铁供应链及相关产业等三大体系的钢铁主业资产。

1）钢铁生产资产：宝钢集团上海第一钢铁有限公司全球领先的不锈钢冶炼和热轧生产资产、宝钢集团上海五钢有限公司装备先进的特钢生产资产、拥有单厂世界最大不锈钢冷轧能力的宁波宝新不锈钢有限公司 54％的股权，以及作为高档建筑薄板和电工钢生产基地的上海梅山钢铁股份有限公司 74.01％的股权。

2）钢铁供应链资产：对宝钢股份物流稳定具有战略性意义的马迹山中转港区资产、拥有覆盖全国的营销加工配送网络及钢铁生产战略资源供应的上海宝钢国际经济贸易有限公司 100％的股权、拥有巴西和澳大利亚重要铁矿资源供应能力同时覆盖全球的销售网络及运输系统的 10 家海外子公司的股权。

3）相关产业资产：与钢铁生产密切相关的上海宝信软件股份有限公司 57.22％的股权和上海宝钢化工有限公司 100％的股权。

（4）增发目的

据谢企华介绍，本次收购完成后，宝钢股份将实现内涵和外延的跨越式发展，可以发挥其协同效益，宝钢集团也将实现钢铁主业资产的一体化运作。增发背后是宝钢未来的发展和国际化战略。

1）提升内部竞争力。增发收购集团资产的过程，就是集团重组改制的过程，部门、人事等内部资源必须随之整合，也即提高内部竞争力。而谢企华对此表示，宝钢产业结构进行根本性内部布局调整，是为了更好地与国际钢铁巨头抗衡。

2）谋求谈判话语权。此次增发除了要加强内部竞争力外，宝钢同时也在谋求未来进行铁矿石谈判的话语权，以增强在国际钢铁业的影响力。

（5）市场反应

大盘蓝筹股的增发往往给股市带来很大的负面影响，而且后面又接有浦发银行等蓝筹股的增发预期，给大盘蒙上一层阴影，上证指数 4 月份开始走低，直到 6 月 6 日的盘中跌破千点（998.23）。这一切不能不说是宝钢增发点燃的导火索。

〔问题〕

1）请谈谈增发新股的利弊得失。

2）你认为现阶段增发新股是我国企业筹资的首选方式吗？

案例分析

结合宝钢 2005 年增发股票时和现阶段资本市场发展的特点进行具体分析。

案例小结

通过本案例的学习，学生应能理解上市公司增发股票的条件、发行对象的确定、发行价格的确定；能够结合中国资本市场发展的特点分析增发新股的利弊得失，从而确定企业最佳的筹资方式。

第4章

资本结构决策

学习目标

通过本章案例的学习，理解资本结构的概念、种类和意义；了解有关资本结构的主要理论观点；理解资本成本的含义、种类，掌握个别资本成本率和综合资本成本率的测算方法；理解营业杠杆、财务杠杆、联合杠杆的作用原理；掌握营业杠杆、财务杠杆、联合杠杆的测算方法及其应用；理解资本结构的含义、影响因素；掌握资本结构的决策方法的原理及其应用。

理 论 概 要

4.1 资本结构理论

1. 资本结构的概念

资本结构是指企业各种资本的价值构成及其比例关系。

2. 资本结构的种类

企业的资本结构可以按不同标志区分为不同种类，主要区分标志有资本权属和资本期限，相应区分为资本的权属结构和资本的期限结构。

3. 资本结构的价值基础

资本价值的计量基础有会计账面价值、现时市场价值和未来目标价值。与此相联系，就形成3种不同价值计量基础反映的资本结构，即资本的账面价值结构、资本的市场价值结构和资本的目标价值结构。

4. 资本结构的意义

企业的资本结构问题，主要是资本的权属结构的决策问题。在企业的资本结构决策中，合理地利用债务筹资，科学地安排债务资本的比例，是企业筹资管理的一个核心问题，它对企业具有重要的意义。

5. 资本结构的理论观点

资本结构理论是关于公司资本结构、公司综合资本成本率与公司价值三者之间关系的理论。从资本结构理论的发展来看，主要有早期资本结构理论、MM 资本结构理论（MM 理论是 Modighani 和 Miller 所建立的公司资本结构与市场价值不相干模型的简称）和新的资本结构理论。

4.2　资本成本的测算

1. 资本成本的内涵

（1）资本成本的概念

资本成本是企业筹集和使用资本而承付的代价。

（2）资本成本的内容

资本成本从绝对量的构成来看，包括用资费用和筹资费用两部分。

（3）资本成本的属性

货币的时间价值是资本成本的基础，而资本成本既包括货币的时间价值，又包括投资的风险价值。因此，在有风险的条件下，资本成本是投资者要求的必要报酬率。

2. 个别资本成本率的测算

一般而言，个别资本成本率是企业用资费用与有效筹资额的比率。

3. 综合资本成本率的测算

综合资本成本率是指一个企业全部长期资本的成本率，通常是以各种长期资本的比例为权重，对个别资本成本率进行加权平均测算的，故亦称加权平均资本成本率。

综合资本成本率中资本价值基础的选择主要有 3 种：账面价值、市场价值和目标价值。

4. 边际资本成本率的测算

边际资本成本率是指企业追加筹资的资本成本率。

4.3　杠杆利益与风险的衡量

1. 营业杠杆利益与风险的衡量

（1）营业杠杆

营业杠杆也称经营杠杆或营运杠杆，是指企业在经营活动中对营业成本中固定成本的利用。

（2）营业杠杆系数的测算

营业杠杆系数是指企业营业利润的变动率相当于营业额变动率的倍数。

2. 财务杠杆利益与风险

（1）财务杠杆

财务杠杆也称筹资杠杆，是指企业在筹资活动中对资本成本固定的债务资本的利用。

（2）财务杠杆系数的测算

财务杠杆系数是指企业税后利润的变动率相当于息税前利润变动率的倍数，它反映了财务杠杆的作用程度。

3. 联合杠杆利益与风险

（1）联合杠杆

联合杠杆也称总杠杆，由经营杠杆和财务杠杆的共同作用会导致产销量的细微变动会使税后利润（普通股每股收益）以一个较大的幅度变动，这种杠杆效应称为联合杠杆效应。

（2）联合杠杆系数的测算

联合杠杆系数亦称总杠杆系数，是指普通股每股收益变动率相当于营业总额（或营业总量）变动率的倍数。它是营业杠杆系数与财务杠杆系数的乘积。

4.4 资本结构决策分析

最佳资本结构是指企业在适度财务风险条件下，使其预期的综合资本成本率最低，同时企业价值最大的资本结构。

1. 资本结构决策影响因素的定性分析

企业资本结构决策的影响因素很多，主要有企业财务目标、企业发展阶段、企业财务状况、投资者动机、债权人态度、经营者行为、税收政策、行业差别等。

2. 资本结构决策的资本成本比较法

资本成本比较法是指在适度财务风险的条件下，测算可供选择的不同资本结构或筹资组合方案的综合资本成本率，并以此为标准相互比较确定最佳资本结构的方法。

3. 资本结构决策的每股收益分析法

每股收益分析法是利用每股收益无差别点来进行资本结构决策的方法。每股收益分析法的测算原理比较容易理解，测算过程较为简单。它以普通股每股收益最高为决策标准，没有具体测算财务风险因素。

4. 资本结构决策的公司价值比较法

公司价值比较法是在充分反映公司财务风险的前提下，以公司价值的大小为标准，经过测算确定公司最佳资本结构的方法。选择公司的总价值最大、综合资本成本率最小的资本结构作为最佳资本结构。

———— 案例学习 ————

案例 4.1 资本成本决策案例——天顺公司投资决策

▓ **案例目标**

通过本案例的学习，学生应更深入地理解和比较各种资本成本率的计算，从而熟练掌握各种资本结构决策的应用方法，培养实际分析问题、解决问题的能力。

案例陈述

天顺公司正在考虑为一大型投资项目筹措资金 2 000 万元，相关资料如下。

1) 向银行取得的长期借款 200 万元，期限 5 年，借款年利率 6%，每年付息一次，到期偿还本金，筹资费率 2%。

2) 发行债券筹资 360 万元，每张债券面值 1 000 元，票面利率 7%，期限 3 年，每年付息一次，到期偿还本金，债券折价发行，发行价格 900 元，筹资费率 3%。

3) 按面值发行优先股 48 万股，每股面值 10 元，预计年股息率 8%，筹资费率 3%。

4) 发行普通股 500 万元，每股面值 1 元，发行价格 6.4 元，筹资费率 5%，预计第一年每股股利 0.3 元，以后每年按 6% 递增。

5) 该投资项目所需的其余资本通过留存收益满足。

6) 公司普通股的 β 系数为 1.5，当前国债的收益率为 5.5%，市场上普通股平均收益率为 8.5%。

7) 公司所得税税率为 25%。

[问题]

1) 分别计算银行借款、公司债券、优先股的资本成本。

2) 分别使用现金流量折现法（股利估价模型）和资本资产定价模型计算普通股的资本成本，并将两种计算结果的平均值作为最终普通股的资本成本。

3) 分别使用现金流量折现法（股利估价模型）和资本资产定价模型计算留存收益的资本成本，并将两种计算结果的平均值作为最终留存收益的资本成本。

4) 计算该投资项目的加权平均资本成本。

5) 如果投资项目的计划年投资收益率为 9.25%，分析该公司是否应该筹措资金投资该项目。

上述计算结果均保留两位小数。

案例分析

1) 银行借款资本成本 $= \dfrac{6\% \times (1-25\%)}{1-2\%} = 4.59\%$

债券资本成本 $= \dfrac{1000 \times 7\% \times (1-25\%)}{900 \times (1-3\%)} = 6\%$

优先股资本成本 $= \dfrac{10 \times 8\%}{10 \times (1-3\%)} = 8.25\%$

2) 现金流量折现法（股利增长模型）：

普通股资本成本 $= \dfrac{0.3}{6.4 \times (1-5\%)} + 6\% = 10.93\%$

资本资产定价模型：

普通股投资的必要收益率 $= 5.5\% + 1.5 \times (8.5\% - 5.5\%) = 10\%$

普通股平均资本成本 $= \dfrac{10.93\% + 10\%}{2} = 10.465\%$

3）现金流量折现法（股利增长模型）：

$$留存收益资本成本 = \frac{0.3}{6.4} + 6\% = 10.69\%$$

资本资产定价模型：

$$留存收益资本成本 = 5.5\% + 1.5 \times (8.5\% - 5.5\%) = 10\%$$

$$留存收益平均资本成本 = \frac{10.69\% + 10\%}{2} = 10.345\%$$

4）留存收益筹资额 $= 2\,000 - 200 - 360 - 48 \times 10 - 500 = 460$（万元）

$$加权平均资本成本 = 4.59\% \times \frac{200}{2\,000} + 6\% \times \frac{360}{2\,000} + 8.25\% \times \frac{480}{2\,000} + 10.465\%$$

$$\times \frac{500}{2\,000} + 10.345\% \times \frac{460}{2\,000} = 8.51\%$$

5）由于该投资项目的年投资收益率 9.25% 大于项目的资金成本 8.51%，因此，该公司应该筹措资金投资该项目。

■ **案例小结**

本案例体现了个别资本成本率、综合资本成本率的计算，以及资本资产定价模型知识点的运用与理解，提高了学生根据资本成本进行决策的能力。

案例 4.2　净现值决策案例——万达公司投资决策

■ **案例目标**

通过本案例的学习，学生应能了解在不确定情况下现金流量的计算、净现值的计算和股东与债权人之间的委托-代理关系等问题，掌握特殊情况下的资本结构决策方法。

■ **案例陈述**

万达公司今年由于投资失败而陷入财务危机，无法偿还的债务数额为 3 000 万元。目前，该公司面临着 A、B 两个投资项目的选择，其投资额均为 850 万元，两个项目在未来经济情况有利和不利时的收益情况及其概率分布见表 4.1 所示。

表 4.1　万达公司项目投资及其收益资料

项目名称	投资额/万元	现金流量现值/万元	概率/%
A项目	850	7 000	0.11
		0	0.89
B项目	850	3 000	0.45
		1 000	0.55

［问题］

1）分别计算 A、B 两个投资项目所带来的预期现金流量现值及净现值。

2）分别从债权人和股东的角度做出投资决策，并解释原因。

■ 案例分析

1）A项目的期望现金流量现值＝7 000×0.11＋0×0.89＝770（万元）

A项目的净现值＝－850＋770＝－80（万元）

B项目的期望现金流量现值＝3 000×0.45＋1 000×0.55＝1 900（万元）

B项目的净现值＝－850＋1 900＝1 050（万元）

2）从债权人的角度出发，应选择B项目。因为债权人最关心的是贷款的安全性，因此要选择净现值大且风险小的项目。

从股东的角度出发，应选择A项目，虽然该项目的期望净现值为－80万元小于0。但如果选择A项目，出现概率为0.11的有利情况，将获得6 150（7 000－850）万元的净现值，偿还3 000万元债务之后，还有3 150万元，归属于股东。若出现不利情况，债权人又增加了损失850万元。如果选择B项目，概率为0.45的净现值为2 150万元，概率为0.55的净现值为150万元，净现值都小于3 000万元，而公司仍然处于财务危机当中。对于股东来说，没有机会实现自有资金的增值。因此，股东会选择A项目。

■ 案例小结

企业的筹资来源包括债权人和投资人，资金性质不同，要求的回报也不同。债权人最关心的是本金是否安全，而投资人关注的是在适当风险的前提下，投资回报率的高低。

本案例体现了预期现金流量及其净现值的计算，以及股东与债权人之间的委托-代理关系知识点的运用与理解，提高了学生利用净现值对项目投资的决策能力。

案例4.3　资本结构政策案例——杜邦公司的资本结构政策

■ 案例目标

通过本案例的学习，使学生更深入地理解财务杠杆的含义、财务杠杆利益与财务风险并存的双重效应，能够根据企业不同时期的具体经营状况与财务状况，选择适当的资本结构。

■ 案例陈述

在1802年成立时，杜邦是一家制造弹药的公司。1900年开始通过研究和收购迅速扩张。作为化学制品和纤维制品的技术领先者，杜邦逐渐成长为美国最大的化学制造公司。在1980年末，该公司在《幸福》杂志全美500家工业企业排名中名列第15名。1981年，在收购石油公司科纳克公司后，其排名升至第7位。

20世纪70年代的困难和与科纳克公司的大合并使公司放弃了其长期坚持的全部权益资本的资本结构。1981年收购科纳克公司后，杜邦公司的资产负债率曾高达42%，达历史最高。财务杠杆的快速增加使杜邦公司丢掉了宝贵的AAA债券等级。在收购之前的20年中，杜邦公司的经营发生了戏剧性的变化。管理层在消化科纳克公司的同时，面临一个重要的财务政策抉择和决定：80年代适合杜邦公司的资本结构。这一决策对杜邦公司的财务表现甚至其竞争地位都很有意义。

1965~1982 年的资本结构政策：过去，杜邦公司一直以其极端保守的财务政策而闻名。由于公司在产品市场上的成功，它的高赢利率使其自身积累的资金就可满足财务需要。1965~1970 年杜邦公司的现金余额大于总负债，它的财务杠杆是负的。杜邦公司对债务的保守使用加上其高赢利率和产品在化学工业中的技术领先地位，杜邦公司成为极少数 AAA 级制造业公司之一。杜邦公司的低负债政策使其财务弹性达到最大，经营免受财务限制。

20 世纪 60 年代末，纤维和塑料行业的竞争增加了杜邦公司执行其财务政策的难度。该行业生产能力的增加大大超过需求的增加，导致产品价格的大幅下降，结果使得杜邦公司的毛利和资本报酬率降低，1970 年的净利润较 1965 年下降了 19%。

为保持其成本和竞争优势，杜邦在 70 年代初开始了一项重要的资本支出计划。到了 1974 年，通货膨胀的节节上升已使该计划的成本超出预算的 50% 还多。但由于该资本支出对维持和提高杜邦的竞争地位很重要，因此，不能缩减或推迟这些支出。同时，1973 年石油价格的飞速上涨增加了杜邦的原材料成本，而石油短缺也增加了必要的存货投资。这使得 1974 年杜邦公司的收入增加了 16%，成本增加了 30%，从而导致利润下降了 31%。另外，1975 年的经济衰退对杜邦的纤维业有着极大的影响。1974 年第二季度~1975 年第二季度，其纤维销量下降了 50%。因此，1973~1975 年，杜邦公司的净利润、总资本报酬和每股盈余的下降均超过 50%。这些都导致了沉重的筹资压力，一方面内部生成的资金减少，另一方面营运资本和资本支出所需投资却急剧增加。为此，杜邦公司转向债务筹资，1974 年杜邦公司发行了 3.5 亿美元 30 年期的债券和 1.5 亿美元 7 年期的票据。同时，与 1972 年没有短期负债相比，到 1975 年底，公司的短期债务增至 5.4 亿美元。这样，公司的负债率从 1972 年的 7% 上升到 1975 年的 27%，利息保障倍数由 38.4 降至 4.6，但还是保住了 AAA 级债券等级。

但是 1976~1979 年，筹资压力逐渐减轻了。相对平和的能源价格上涨和 1975 年经济衰退后的全面复苏，使公司的利润在 1975~1979 年间增加了 3 倍多。到 1979 年底，公司的债务已减至总资本的 20%，利息保障倍数也从 1975 年的 4.6 回升到 11.5，很稳固地位于 AAA 级之列。

1981 年杜邦公司突然偏离了其财务弹性最大化的政策。1981 年 8 月，杜邦公司成功收购了科纳克石油公司。80 亿美元的收购价格使其成为美国有史以来最大的合并，并意味着高于科纳克公司收购前市场价格 77% 的溢价。为筹集收购资金，杜邦公司发行了 39 亿美元的普通股和 38.5 亿美元的浮动利率债务。此外，杜邦公司还承担了科纳克公司 19 亿美元的债券。这使得杜邦的负债率从 1980 年末的 20% 升至近 40%，债券等级有史以来第一次降到 AA 级。经济衰退又一次席卷化学行业，1982 年的收入是 1979 年的 2.5 倍，净利润却低于 1979 年，总资本报酬率在这一期间降低了一半，每股盈余降低了 40%，使其利息保障倍数降至近期最低点 4.8，债券等级仍维持在 AA 级。

收购科纳克公司及石油价格和经济衰退使杜邦公司的负债率增加，公司偏离了其传统的资本结构政策，这连同杜邦经营范围的根本变化，要求公司确定新的、合理的资本结构。

未来的资本结构政策：杜邦公司一向侧重于财务弹性的最大化，这可以保证公司的竞争战略不受融资限制的干扰。而且在过去的 20 年中，化学行业竞争日益激烈，杜邦公司的主要业务波动性增大，许多产品的竞争地位和赢利能力都下降了。过剩的生产能力和高固定成本的行业性质同时影响价格、压低利润。收购的科纳克公司亦处于一个剧烈波动的行业。杜邦公司经营风险的增加，要求一个相对保守的资本结构政策。

但是，杜邦公司可以向同行业的其他公司学习，较多采用冒险型的负债政策。另外，杜邦仍是全国最大的化工产品制造商，是其行业的领头人。科纳克公司的加入使得公司产品和市场更加多元化，从而降低了盈余的波动性。过去，杜邦的经济力量常受制于激进的反垄断政策，但近期的经济环境很可能会更为宽松，这都表明公司可以采取冒险型的负债融资。

为了降低经营领域的产品成本，杜邦公司仍有较大的资本支出，而且这些支出非常关键，不得推迟还要经常补充，所以杜邦公司需斟酌各种融资方式的可行性和成本。债券等级为 A 级以上的公司举债比较容易，杜邦公司的 AA 等级使得债务融资成本较低。

对此，杜邦公司的一种选择是保持其传统的财务实力和 AAA 级的债券等级。考虑到杜邦将来的庞大的资本支出，恢复到零负债水平是不可能的。负债率 25％的目标资本结构能足以保证较高的财务弹性，并使公司的竞争战略免受资本市场的影响。但是，维持 25％的负债率并非易事，只有每年发行大额权益，才能将负债率从 1982 年的 36％降到 1986 年的 25％。在 1987 年要维持此目标负债率，仍要注入大量权益资本。而在 1982 年底，杜邦公司的股票价格尚未从市场对收购科纳克公司的消极反应中恢复过来，持续的经济衰退无异于雪上加霜，这都对为达到 25％的负债率而需发行大额权益的可行性提出质疑。

另一方案是永久性的放弃传统的保守资本结构，保持 40％的目标负债率。这样会使得许多财务状况指标好转。据估计，高负债政策会产生较高的每股盈余、每股股利和权益报酬。截至 1985 年，公司不需发行股票，1986 年和 1987 年所发行的股票也比低负债政策下预计的少得多，且更易安排在市场状况较有利的时机。但是，也要注意到高财务杠杆带来的高风险，在悲观的情况下，如经济衰退，每股盈余和权益报酬会下滑得厉害。

杜邦公司的业务范围发生了根本变化，对科纳克公司的收购使业务范围达到顶点，公司偏离了长期坚持的资本结构政策。鉴于公司负债率的上升，债券等级的下降，股票市场对收购科纳克公司的消极反应，它的财务政策具有相当程度的不确定性，对以后的资本结构政策的决定显得尤为重要。

[问题]

1）在过去，杜邦公司为什么要坚持零负债的资本结构政策？

2）与同行业的其他公司相比，采取保守的负债政策有什么缺点？

3）如果继续保持较保守的资本结构政策会对杜邦公司今后的发展产生哪些影响？

4. 若杜邦公司采用高负债率的资本结构政策，会对公司的经营产生多大限制？

▓▓ **案例分析**

1）在过去的 20 年中，化学行业竞争日益激烈，杜邦公司的主要业务波动性增大，许多产品的竞争地位和赢利能力都下降了。过剩的生产能力和高固定成本的行业性质同时影响价格、压低利润。收购的科纳克公司亦处于一个剧烈波动的行业。杜邦公司经营风险的增加，要求一个相对保守的资本结构政策。

在这一时期，它的高赢利率使其自身积累的资金就可满足财务需要。1965～1970年杜邦公司的现金余额大于总负债，它的财务杠杆是负的。杜邦公司对债务的保守使用加上其高盈利率和产品在化学工业中的技术领先地位，杜邦公司成为极少数 AAA 级制造业公司之一。杜邦公司的低负债政策使其财务弹性达到最大，经营免受财务限制。

2）不能实现财务杠杆利益。

3）如果继续保持较保守的资本结构政策会对杜邦公司今后的发展产生影响：不能满足必要的资本支出，而资本支出对维持和提高杜邦的竞争地位很重要；不能通过收购科纳克公司使得公司产品和市场更加多元化，从而降低经营风险。

4）采用高负债率的资本结构政策，使得许多财务状况指标好转。据估计，高负债政策会产生较高的每股盈余、每股股利和权益报酬。但是，也要注意到高财务杠杆带来的高风险，在悲观的情况下，如经济衰退，每股盈余和权益报酬会下滑得厉害。

▓▓ **案例小结**

对经营者和投资者来说，企业资产负债率越高，意味着负债经营程度提高，在企业资本收益率或投资收益率高于债务资金成本率的情况下，带来的财务杠杆利益越大，能提高资本收益率，但财务风险也越大。若企业经营不善，过度地负债经营，将遭到财务杠杆的惩罚，降低资本收益率，并可能导致"资不抵债"而破产。

本案例体现了财务杠杆效应知识点的运用与理解，提高了学生根据企业发展所处的实际背景，为企业选择适合的资本结构能力。

案例 4.4　财务杠杆利益及风险案例——韩国大宇集团债务危机

▓▓ **案例目标**

通过本案例的学习，学生应掌握资本结构的含义、最佳资本结构的含义及决策方法；举债经营的前提条件；财务杠杆效应的"双刃剑"效应，加深理解风险防范对企业财务管理的重要性。

▓▓ **案例陈述**

韩国大宇集团创建于 1967 年，由于有政府政策、银行信贷支持等多方面的优势，通过在国外积极地大力购并，逐步发展成为韩国第二大商业帝国，仅次于现代集团。截至 1998 年底，其总资产已经高达 640 亿美元，营业额占韩国 GDP 的 5%，业务涉及贸易、汽车、电子、通用设备、重型机械、化纤、造船等众多行业，国内所属企业多达 41 家，海外公司数量创下过 600 家的记录，海外雇员多达几十万，大宇也成为国际知名品牌。大宇集团遵循的管理理念是"大马不死"，即企业规模越大，就越能立于不败之地。在 1997 年韩国陷入金融危机时，大宇集团不但没有受到影响，在国内的集团排名反而从第 4 位上升到第 2 位，集体领袖人物金宇中本人也被美国《财富》杂志评为亚洲风云人物。

1997 年韩国发生金融危机后，其他集团都开始收缩，但大宇集团仍然我行我素。结果债务越背越重。尤其是 1998 年初，韩国政府提出企业集团进行自律结构调整的方针后，其他企业集团都把结构调整的重点放在改善财务结构方面，努力减轻债务负担。而大宇集团却认为，只要增加销售额和出口额就能躲过这场危机，所以继续大量发行债券。1998 年大宇集团发行的公司债券达 7 万亿韩元（约 58.33 亿美元）。1998 年第 4 季度，其债务危机初露端倪，在各方援助下才避过债务灾难。此后，在严峻的债务压力下，虽然做出了种种努力，但为时已晚。1999 年 7 月中旬，大宇集团向韩国政府发出求救信号，7 月 27 日，因"延迟重组"，被韩国 4 家债权银行接管，8 月 11 日，出售两家公司，8 月 16 日，与债权人达成协议：在 1999 年年底之前，出售赢利状况最佳的大宇证券公司，以及大宇电器、大宇造船、大宇建筑公司等。其汽车项目资产免遭处理。这些措施表明大宇集团已经处于破产清算前夕，在此后的几个月中，依然经营不善，资产负债率居高不下，最后导致董事长金宇中及 14 名下属公司的总经理主动辞职，以表示对大宇集团的债务危机负责。

[问题]

1）大宇神话破灭的原因是什么？

2）通过上述案例对财务杠杆的利益及风险进行分析，如何理解财务杠杆效应是一把"双刃剑"？举债经营的前提条件是什么？

3）理解什么是筹资风险，以及思考风险防范对企业财务管理的重要性。

4）结合本例，谈谈你对优化企业资本结构的看法。

案例分析

1）债务危机，加大企业财务风险，最终导致破产清算。

2）企业在筹资活动中对资本成本固定的债务资本的利用，会产生财务杠杆效应。财务杠杆效应是一把"双刃剑"。企业利用财务杠杆会对权益资本的收益产生一定的影响。有时可能给权益资本的所有者带来额外的收益即财务杠杆利益，有时也可能造成一定的损失即遭受财务风险。举债经营的前提条件是企业全部资金利润率大于借款利率，才能为投资人实现财务杠杆利益。

3）财务风险亦称筹资风险，是指企业经营活动中与筹资有关的风险，尤其是指在筹资活动中利用财务杠杆可能导致企业权益资本所有者收益下降的风险，甚至可能导致企业破产的风险。结合本例具体分析财务风险防范对企业财务管理的重要性。

4）最佳资本结构是指企业在适度财务风险的条件下，使其预期的综合资本成本率最低，同时企业价值最大的资本结构。企业资本结构决策的影响因素很多，主要有企业财务目标、企业发展阶段、企业财务状况、投资者动机、债权人态度、经营者行为、税收政策、行业差别等。在企业的资本结构决策中，合理地利用债务筹资，科学地安排债务资本的比例，是企业筹资管理的一个核心问题。它对企业具有重要的意义：合理安排债务资本比例可以降低企业的综合资本成本率；合理安排债务资本比例可以获得财务杠杆利益；合理安排债务资本比例可以增加公司的价值。

案例小结

每个行业、每个企业的资本结构不是一成不变的，企业资本结构是一个极富动态性、调整性、开放性和创新性的运动系统。随着时间的推移、情况的变化，资本结构也会变动，企业资本结构必须注重在运动中协调，在变动中择优，单纯根据静态的数学模型来推导最佳资本结构点是毫无实践意义的。

本案例体现了资本成本、资本结构知识点的运用与理解，提高了学生结合企业的实际情况，为企业选择最优资本结构的能力。

案例 4.5 资本结构调整案例——杉杉集团的资本结构调整策略

案例目标

通过本案例的学习，学生应掌握杉杉集团为什么在企业发展的不同时期采用了不同的融资策略，培养学生对资本结构决策的综合应用能力。

案例陈述

1989 年，杉杉集团的前身——宁波甬港服装总厂生产经营发生严重亏损，资不抵债，总资产不足 500 万元，职工 300 余人，濒临破产境地。1999 年，杉杉集团奇迹般地列入国务院公布的 520 户国家重点企业之一的综合性集团公司。10 年来，杉杉集团顺应了时代发展潮流，牢牢抓住了企业资本扩张的每一次历史机遇，并在资本经营上大胆探索，适度负债，合理安排和调整资本结构，保持了企业良好的财务状况。

企业理财目标与资本扩张。1989 年，宁波甬港服装总厂为摆脱困境，实施了以建立现代企业制度为核心的重大改革，明确了企业财务主体的地位。10 年来，在资本经营道路上走了三大步。

第一步是以品牌经营为突破口，实现资本原始积累。综观"全球 500 强"，无一例外均是首先在产品经营上成功的企业。1989 年，面对一片萧条的国内西服市场，杉杉集团进行了广泛深入的市场调查和深刻细致的分析研究，抓住机遇，举债经营，引进当时国内首屈一指的法国杜克普西服生产流水线，扩大生产规模，成为当时国内最大西服生产企业之一。同时，提出创名牌战略，实施品牌经营，由此进入了资本积累的良性循环，在以后几年中，在国内最先实行全自动、全封闭、全吊挂的恒温恒湿的西服生产，国内服装界的龙头地位进一步巩固，完成了杉杉集团原始资本积累，为进一步资本扩张奠定了基础。

第二步是适时进行股份制改造，取得资本快速扩张的通行证。"全球 500 强"中的工业企业，95% 以上采用股份制，股份制是实现资本扩张不可抗拒的历史潮流。杉杉人在企业规模不断扩大、销售高速增长、效益连年翻番之际，审时度势，把握时机，于1992年底进行企业股份制改造，成为国内服装行业的第一家进行规范化股份制改造的企业，取得了资本快速扩张的通行证。

第三步是争取上市，进入资本扩张的快车道。运用股票这一金融工具，进行证券融资和投资活动是市场经济条件下企业取得资本快速扩张的最直接途径。1996年1月，杉杉股份公司发行股票的申请获得国家有关机构批准。创当时建国以来股市定价发行股票价格最高纪录，筹集权益性资本1.4亿元。同年1月30日，杉杉股票在上海证券交易所挂牌交易，成为我国服装行业中第一家上市的规范化股份公司，杉杉资本急剧扩大。

适度负债，合理调整资本结构。杉杉集团在财务策划中，始终根据本企业的实际情况合理安排和调整资本结构，追求企业权益资本净利率最高、企业价值最大而综合资本成本最低的资本结构，保持企业良好的财务状况。

企业获取财务杠杆利益而增加债务资金，就必须承担相关的偿债风险；企业开展投资活动获取巨大的投资收益，就会存在相关的投资风险；企业开展国际经营业务，以获取更广阔的市场，会面临外汇风险。目前，杉杉集团正在实施二次创业，确立了以服装为基础产业，金融板块和高科技板为两翼的企业发展新思路。在此期间，如何防范财务风险，保证二次创业的成功是财务策划的又一重大课题。

杉杉集团主要采取以下策略：①保持适当负债经营的规模，资产负债率以50%为宜，以67%为预警线；②调整资产结构，增强资产的流动性；③合理选择投资环境，科学决策，提高投资收益率，保证企业良好信誉；④有针对性地采取措施防范外汇风险损失。

[问题]

1）在上述案例中，杉杉集团为什么在产品经营期间与企业高成长期间采用了不同的融资策略？

2）本案例对你有何启示？

案例分析

1）在产品经营期间经营状况良好，增加负债比例使企业获得更多的财务杠杆利益；而在高成长期间，为了规避更大的财务风险，所以采用适度负债的中庸型筹资策略。

2）负债筹资是一把"双刃剑"，既能使企业获得财务杠杆利益，又能加大财务风险，所以究竟负债占资产总额的比例多少合适，是筹资决策所要解决的关键问题。

案例小结

资本结构评价模型的建立并不是一劳永逸的，在运用的过程中还要对其进行不断的修正和完善；另外，对资本结构的定量评价固然必要，但不能过分强调和夸大它的定量评价功能，在实践工作中还要结合非定量因素对其进行分析和评价。

本案例体现了动态资本结构知识点的运用与理解，提高了学生在企业不同时期做出最佳资本结构决策的能力。

案例4.6 资本结构影响因素案例——四川长虹

▨ **案例目标**

通过本案例的学习,学生应了解影响企业资本结构的各种因素,从而掌握不同企业面临各种影响因素时资本结构优化的方法。

▨ **案例陈述**

通过四川长虹的资产负债表可以发现,长虹的资产负债率一直以来都低于行业平均水平,大致低10~20个百分点,长虹的资产负债率在2000年最低,仅约20.64%,而行业平均值为45.25%。2001年开始,长虹又加大了负债的力度,逐渐接近于行业水平。这一变化的原因在于长虹在20世纪90年代后期进行多次配股融资,而2001年之后股票市场逐渐走低,上市公司再融资非常困难。加之在20世纪90年代末我国彩电市场饱和,彩电企业业绩迅速下滑,也使得长虹在股市上的再融资之路被彻底堵死。

长虹的流动负债占总负债的比例相当高。流动负债一般占总负债比例的一半左右较为合理。流动负债比重过高,尽管会在一定程度上降低融资成本,但必然会增加短期偿债压力,从而加大了财务风险和经营风险,对企业稳健经营极为不利。

在案例中运用加权平均资本成本最低法,可以得出最优资本结构的点大致位于资产负债率在50%的结果,这时加权平均资本成本最低为9.81%。应用加权平均资本得到最优资本结构点,这个最优资本结构是静态的。但是资本结构会受到不同因素的影响,主要有以下几个因素。

(1)宏观经济态势

1)国内生产总值增长率及通货膨胀率。国内生产总值增长率在减缓,预期通货膨胀率也会降低。国内生产总值增长率减缓及预期通货膨胀率降低会抑制企业负债的增加。

2)实际借款利率。从2008年9月16日起,下调一年期人民币贷款基准利率0.27个百分点,其他期限档次贷款基准利率按照短期多调、长期少调的原则做相应调整;存款基准利率保持不变。由此可看出银行贷款平均利率也将下调。银行贷款平均利率下调,实际贷款利率低于企业的资产总资产利润率的概率就更大,这样会刺激企业负债的增加。

3)固定资产投资。从国家统计局公布的3次产业数据来看,第二产业投资增速和1季度持平,投资增速回落主要和第一、三产业投资增速回落有关。其中,第一产业增长71.6%,增速比上月回落9.2个百分点;第三产业增长24.9%,增速比上月回落0.4个百分点。1~4月房地产投资增长32.1%,增速比上月回落0.1个百分点,是第三产业固定资产投资增速回落的主要动力。根据资料显示2008年我国固定资产投资增长率有所降低。该因素的降低会刺激企业负债的增加。

4)狭义货币供应量的增长率。2008年5月末,狭义货币供应量增长17.9%,增幅比上年末低3.1个百分点,比上月末低1.1个百分点,形成了较明显的回落走势,是紧缩性货币政策实施以来的一个重要变化。

（2）微观因素

1）所有者及经营者的态度。因为这一点笔者无法找到任何关于所有者及经营者态度的相关证据，所以在分析过程中这个因素被假定较往年来讲没有发生重大变化，该影响因素在这里被剔除。

2）公司规模。长虹作为国家重点支持的大型国有企业，其融资环境是非常优越的。银行对类似于长虹这样的国有大型企业给予了特别关照，即使在2004年已暴露公司存在巨额应收账款可能无法收回的巨大风险情况下，银行仍然给予其15亿元的短期信用贷款和7 000万元的长期信用贷款。大企业规模的性质成为刺激负债增加的因素。

3）成长性。分析长虹主要产品所属的领域，其已迈入了成熟期，如果不大规模转型转产，公司的成长性已不大。成长性与刺激负债增加成负相关关系，所以低成长性会抑制负债的增加。

4）资产结构。四川长虹属日用电子器具制造业，其有形资产数量很大，也就是说资产结构中可抵押资产数量很大。因此，该因素会刺激负债增加。

5）独特性。四川长虹的主营业务是视频产品、视听产品、空调产品、电池系列产品的制造、销售。其生产的产品独特性不强，由此可看出公司的独特性不强，该因素与负债增加成负相关，所以其负向变化产生刺激负债增加的效果。

6）赢利能力。2007～2008年上半年，四川长虹综合毛利率显著提高，主营赢利能力大幅提升。截至2008年6月30日，国内主要家电企业均已上市，通过比较发现，从销售规模上看，青岛海尔仍然是国内最大的家电企业，但是从效率上看，四川长虹已经不再是领先企业，公司毛利率远低于青岛海尔，净资产收益率在几家公司里最低，甚至低于银行存款利率水平，值得关注。虽然公司自身赢利能力有所提高，但是在同行业中其赢利能力并不高。因此，盈利能力水平较低导致抑制负债增加。

7）经营风险。四川长虹属成熟型的传统企业，其收益波动一般情况下并不大，所以其经营风险不大。因此，该因素因水平低成为刺激负债增加的因素之一。

之前分析得出四川长虹的静态最优资本结构点位于50%左右，那么动态优化的方向应该是适度增加负债，也就是说负债至少应大于50%。参考行业近几年来的平均利润率，长虹的资产负债率有些过低，应该增加负债的力度。在负债结构上，尤其应该增加的是长期负债的比例。

长虹的短期负债比例过高，短期内增加了企业的流动性风险，对该企业的经营是十分不利的。长虹的资产负债率基本比行业平均水平低10%～20%的情况下，公司的流动债务比率却一直保持在一个很高的水平。形成这种现象的主要原因是公司的股本过度扩张，业绩的增长速度无法跟上股本的扩张速度。同时，公司在运作过程中，由于盲目融资，投资项目决策失误或投资资金无法达到预期的收益率，加上商业信用恶化，使得公司经营净现金流严重不足，公司不得不使用过量的短期债务以解决临时的困难。

[问题]

1）实际负债率与最优负债率差别很大的公司有几个选择？迅速调整的优点是什么？

2）结合案例，说明长虹是迅速还是逐步增加其负债率以达到最优水平取决于什么因素？长虹该如何选择？

3）长虹的负债结构是否合理？

案例分析

1）实际负债率与最优负债率差别很大的公司有几个选择：第一，它必须决定是转向最优比率还是保持现状；第二，一旦做出了转向最优负债率的决策后，公司必须在快速改变财务杠杆系数和小心谨慎地转变之间做出选择，这一决策也会受到诸如缺乏耐心的股东或有关的债券评级机构等外部因素的压力的影响；第三，如果公司决定逐渐转向最优负债率，它必须决定是用新的融资来承接新项目，还是改变现有项目的融资组合。

迅速调整的优点：公司可立刻享受到最优财务杠杆所带来的好处，这包括资本成本降低和公司价值的升高。突然改变财务杠杆率的缺点是它改变了经理人在公司内决策的方式和环境。如果公司的最优负债率被错误地估计，那么突然的变化会增加公司的风险，导致公司不得不重新改变其财务决策。

2）对于长虹而言，其财务杠杆与同行业公司相比较低。它是迅速还是逐步增加其负债率以达到最优水平取决于一系列因素。

① 最优资本结构估算的可信度。估算中的干扰越大，公司选择逐步转向最优水平的可能性就越大。

② 同类公司的可比性。当公司的最优负债率与同类公司大相径庭时，该公司就越不可能选择快速地转向最优水平，因为分析家和评信机构或许对这种转变不看好。从上面的分析中可以看出长虹的资产负债率与行业平均水平相差为 10～20 个百分点，从 2000 年开始，长虹逐渐开始增加其负债比例，拉近与行业水平的差距。

③ 被收购的可能性。对购并中目标公司的特征的实证研究指出，财务杠杆率过低的公司比财务杠杆率过高的公司被购并的可能性要大得多。在许多情况下，购并活动至少部分是用目标公司未用的举债能力来进行融资的。因此，有额外举债能力但推迟增加债务的公司就冒了被收购的风险。这种风险越大，公司越可能选择快速承担另外的债务。

④ 对融资缓冲的需求。长虹可能出于保持现有项目的运作正常或承接新项目的考虑，需要保持融资缓冲来应付未来不可预期的资金需求。这也许也成为其与银行、政府交涉谈判的筹码。故而长虹不太可能快速用完其多余的举债能力，以及快速向最优负债率水平转变，而选择渐变的过程。

基于上面的分析，长虹应逐渐地调整其资本结构，使其资本结构逐渐得到优化。

3）长虹的负债结构不合理。一般而言，短期债务占总负债的一半水平比较合理。流动负债的风险较大，偏高的流动负债水平既约束上市公司扩大总负债，又影响了其高负债的能力，使公司的财务状况在金融市场的环境中发生了变化，如在利率上调、银根紧缩时，资金周转将会出现困难，从而增大了上市公司的信用风险和流动性风险。

案例小结

我国上市公司资本结构的形成，在一定程度下是宏观环境下的微观企业的理性选择，必然有其存在的合理性，但也应看到由于股权融资和债务融资均具有两面性，过度偏好于任何一种融资方式都存在一定的缺陷。对于上市公司资本结构存在的不合理之处，应及时改进，使得上市公司在安排资本结构时能够全面综合考虑几种融资方式对公司价值的影响，从而构建既保证一定的财务灵活性又兼顾对管理者监督约束的，能够适应中国当前融资环境的有中国特色的合理资本结构。

本案例体现了资本结构影响因素知识点的运用与理解，提高了学生根据企业不同财务环境对企业最优资本结构做出理性选择的能力。

案例 4.7 资本结构理论案例——华胜药业

■ 案例目标

通过本案例的学习，学生应掌握不同的资本结构理论，并了解各种理论基础及其局限性，认识到最优资本结构对企业的意义。

■ 案例陈述

我国医药行业自 1978 年以来以年均 16.6% 的速度增长，医药行业的竞争相当激烈，而且在部分市场还存在不正当竞争，所以在此竞争中企业必须合理安排资金，培育自己的核心竞争力，才能在竞争中不致被淘汰。

华胜药业股份有限公司（以下简称华胜公司）成立于 1997 年。其注册资本为 1 000 万元，经营范围主要是化学原料药、化学制剂药、抗生素、生化制品、物流配送及相关咨询服务。公司自成立以来虽无亏损现象发生，但其经营业绩一般，与同行业比较赢利能力较低。因此，为了在激烈的竞争中不致被淘汰，公司必须不断挖掘其自身的潜力，扩大市场份额，提高企业价值。

华胜公司自建立以来一直无长期债务，其资金全部由普通股资本组成，股票账面价值为 1 000 万元，2003 年公司息税前盈余为 300 万元，所得税率为 33%，无风险报酬率为 8%，平均风险股票必要报酬率为 15%，股票 β 系数为 1。其权益资本成本采用资本资产定价模型来确定。

随着公司的发展，公司的财务总监和财务经理认为公司目前的资本结构不合理，于是向总经理提出改善公司目前的资本结构的建议。但总经理不同意。他认为目前公司的资本结构没有什么不妥之处，因为他信奉的是营业收益理论，即认为不论公司有无负债，其加权平均资本成本都是固定不变的，所以公司的总价值也是固定不变的。因为公司利用财务杠杆时，即使债务资本成本不变，但由于负债的增加，会加大权益的风险，使权益资本成本上升，这样加权平均资本成本不会因为负债比率的提高而降低，而是维持不变。因此，资本结构与企业价值无关，决定企业价值的应是营业收益。依据此理论，总经理认为无需改变公司目前的资本结构。

但财务经理认为营业收益理论中的加权平均资本成本不变是不正确的。其认为净收益理论才是合理的。因为负债可以降低资本成本，无论负债程度多高，企业的债务成本和权益资本成本都不会变化，所以负债程度越高，企业价值越大。因此，只要债务资本成本低于权益资本成本，那么负债越多，企业的加权平均资本成本就越低，企业的价值就越大。当负债比率为100%时，企业的加权平均资本成本最低，企业价值最大。

因此，华胜公司的财务经理认为当前公司应发行债券换回股票，负债比率越高越好，其认为负债比率最好能达到100%。

但财务总监认为营业收益理论和净收益理论都有一定的极端性，他认为公司利用财务杠杆可以降低公司的加权平均资本成本，这样在一定程度上可以提高公司的总市场价值。但并不是负债程度越高企业价值越大。因为随着债务比率的不断提高，权益资本成本也会上升。当负债比率达到一定程度时，权益资本成本的上升不再能为债务的低成本所抵消，这样加权平均资本成本便会上升。因此，公司在加权平均资本成本最低时存在最佳资本结构，企业价值最大，即通常所说的传统理论。

因此，财务总监认为公司应改善目前的资本结构，可通过发行债券购回部分股票，寻找加权平均资本成本最低的最佳资本结构。其过程如下。

公司假定其期望的息税前盈余为300万元固定不变，企业的税后净利全部用于发放股利，股利增长率为零，其无风险报酬率与平均风险股票必要报酬率不变，为简化起见，假设债券的市场价值与票面价值相等，相关数据如表4.2和表4.3所示。

表 4.2 不同债务水平对公司债务资本成本和权益资本成本的影响

债券的市场价值 B/万元	税前债务资本成本 K_b/%	股票 β 系数	无风险报酬率 r_f/%	平均风险股票必要报酬率 r_m/%	权益资本成本 K_s/%
0	—	1.00	8	15	15.00
250	9	1.06	8	15	15.42
500	10	1.11	8	15	15.77
750	11	1.55	8	15	18.85
1000	15	1.90	8	15	21.30
1 250	19	2.20	8	15	23.40

表 4.3 公司市场价值和资本成本

债券的市场价值 B/万元	股票市场价值 S/万元	公司市场价值 V/万元	税前债务资本成本 K_b/%	权益资本成本 K_s/%	加权平均资本成本 K_w/%	负债比率/%
0	1 340	1 340	—	15.00	15.00	0
250	1 205.74	1 455.74	9	15.42	13.81	17.17
500	1 062.14	1 562.14	10	15.77	12.87	32.00
750	773.08	1 523.08	11	18.85	13.20	49.24
1 000	471.83	1 471.83	15	21.30	13.66	67.94
1 250	178.95	1 428.95	19	23.40	14.07	87.48

注：负债比率＝B/V。

因此，财务总监认为，当负债比率为32%时，公司价值最大，其最大值为

1 562.14万元，加权平均资本成本最低，为12.87%，此时公司的债务资本为500万元，股票市场价值为1 062.14万元，构成公司的最佳资本结构。

但同时财务总监还提出在最佳资本结构测算中应注意不同财务杠杆下的债务资本成本 K_b 和权益资本成本 K_s 的确定非常关键。一是因为企业价值和资本成本对债务资本成本 K_b 和权益资本成本 K_s 极为敏感，债务资本成本 K_b 和权益资本成本 K_s 的微小变化都会引起企业价值和加权平均资本成本较大的变化。二是企业在不同债务结构时的债务资本成本 K_b 和权益资本成本 K_s 极难估计准确。再有，公司在进行股票回购中，发行债券金额的区间选择也很关键，不同的区间选择会测算出不同的最佳资本结构。假设上述债务资本成本 K_b、权益资本成本 K_s、β 系数和报酬率不变，即公司加权平均资本成本不变，其发行债券分别为200、400、600、800、1 000万元，则最佳资本结构测算如表4.4所示。

表 4.4　公司市场价值和资本成本

债券的市场价值 B/万元	股票市场价值 S/万元	公司市场价值 V/万元	税前债务资本成本 K_b/%	权益资本成本 K_s/%	加权平均资本成本 K_w/%	负债比率/%
0	1 340	1 340	—	15.00	15.00	0
200	1 225.29	1 425.29	9	15.42	14.10	14.03
400	1 104.63	1 504.63	10	15.77	13.36	26.58
600	831.72	1 431.72	11	18.85	14.04	41.91
800	566.20	1 366.20	15	21.30	14.71	58.56
1 000	314.96	1 314.96	19	23.40	15.29	76.05

在这个条件下计算出来的最佳资本结构为负债比率为26.58%、债务资本为400万元的资本结构，与最初计算的结果有一定的差异。

因此，财务总监认为企业要测出准确的使企业价值最大加权平均资本成本最小的负债比率最优值是不太可能的，只能测出一个大致的范围。

[问题]

1) 一个公司是否存在最佳资本结构？净收益理论、营业收益理论与传统理论哪一个比较合理？

2) 怎样测算一个公司的最佳资本结构？

3) 确定公司最佳资本结构的意义何在？

■　案例分析

1) 主要从公司债务资本成本和权益资本成本是否变化及怎样变化与对企业价值的影响程度考虑。

2) 分析要点：①确定公司的债务资本成本、权益资本成本与加权平均资本成本；②确定公司的债券价值与股票价值及公司的总价值；③比较不同条件下的加权平均资本成本与企业价值。

3) 分析要点：主要从降低资本成本与筹资决策考虑。

案例小结

资本结构是财务管理理论和实践中一个极其重要的问题，也是现代企业投融资决策的理论基础和核心问题。资本结构作为企业利益相关者权利义务的集中反映，影响并决定着公司治理结构。公司的资本结构有重要的理论内涵；资本结构理论研究，对于规范企业融资行为、优化公司治理结构、提高企业经济效益、推进国有企业改革具有重大的现实意义。

本案例体现了资本结构理论知识点的运用与理解，提高了学生对资本结构理论的理解和进行最佳资本结构决策的能力。

第5章 长期投资管理

学习目标

通过本章案例的学习，了解投资项目现金流量的组成与计算；掌握各种投资决策指标的计算方法和决策规则；在进行各种投资决策方法的相互比较过程中，提高具体的决策应用能力。

理论概要

长期投资是指一年以上才能收回的投资。主要指对厂房、机器设备等固定资产的投资，也包括对无形资产和长期有价证券的投资。

5.1 现金流量的构成

预计投资项目的现金流量是投资决策的关键和首要环节，也是分析投资方案最重要的步骤。

现金流量是指与长期投资决策有关的现金流入和现金流出的数量。现金流量构成如图5.1所示。

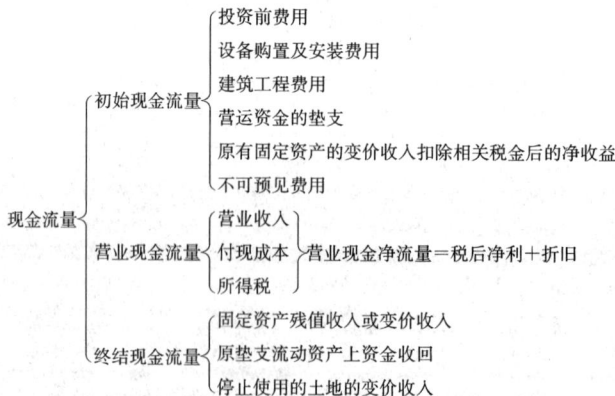

图5.1 现金流量构成

5.2　现金流量指标

投资决策指标是指评价投资方案是否可行或孰优孰劣的标准，包括贴现现金流量指标和非贴现现金流量指标两大类。

1. 非贴现现金流量指标

非贴现现金流量指标是指不考虑资金时间价值的各种指标。它把不同时间的货币收支看成等效的，这些方法在进行投资项目决策时只起到辅助作用。主要包括投资回收期和平均报酬率。

2. 贴现现金流量指标

贴现现金流量指标是考虑了资金时间价值的指标。主要包括净现值、内含报酬率和获利指数。

5.3　风险性投资决策分析

固定资产投资决策涉及的时间较长，对未来收益和成本很难准确预测，即有不同程度的不确定性和风险性。有风险情况下的投资决策的分析方法有很多，主要有调整贴现率和调整现金流量两种方法。

1. 按风险调整贴现率法

将与特定投资项目有关的风险报酬，加入到资本成本或企业要求达到的报酬率中，构成按风险调整的贴现率，并据以进行投资决策分析的方法，称为按风险调整贴现率法。

2. 按风险调整现金流量法

风险的存在使各年的现金流量变得不确定，需要按风险情况对各年的现金流量进行调整。这种先按风险调整现金流量，然后进行长期投资决策的评价方法，叫作按风险调整现金流量法。主要有确定当量法和概率法。

案例学习

案例 5.1　投资决策指标案例——天宇公司投资决策

案例目标

通过本案例的学习，学生应了解净现值和内含报酬率两个指标的含义、计算方法，并掌握进行投资决策的方法及两个指标实际运用中的差别。

案例陈述

假设天宇公司计划购置一个铜矿，需要投资 600 000 元。该公司购置铜矿以后，需要购置运输设备将矿石运送到冶炼厂。公司在购置运输设备时有两种方案，方案甲是投资 400 000 元购买卡车，方案乙是投资 4 400 000 元安装一条矿石运送线。如果该公司采用方案甲，卡车的燃料费、人工费和其他安装费用将会高于运送线的经营费用。假设该投资项目的使用期限为一年，一年以后，铜矿的矿石将会耗竭，同时，假设方案甲预期税后净利为 1 280 000 元，方案乙的预期税后净利为 6 000 000 元。方案甲和方案乙的资本成本均为 10%，且比较稳定。

[问题]

1）分别计算两个项目的净现值和内含报酬率。

2）根据计算结果做出投资决策并简单阐述理由。

案例分析

1）计算净现值和内含报酬率。

$$NPV_甲 = -4\ 000\ 000 + 1\ 280\ 000 \times PVIF_{10\%,1} = 763\ 520（万元）$$

$$NPV_乙 = -44\ 000\ 000 + 6\ 000\ 000 \times PVIF_{10\%,1} = 1\ 054\ 000（万元）$$

$$IRR_甲 = 1\ 280\ 000 / 4\ 000\ 000 - 1 = 2.2$$

$$IRR_乙 = 6\ 000\ 000 / 44\ 000\ 000 - 1 = 0.364$$

2）因为甲方案和乙方案的资本成本是稳定的，即该公司能按照 10% 的资本成本筹集全部所需的资本，所以应该选择乙方案。因为方案乙的净现值较高，同时筹集较多的资本也不会给公司带来额外的资本成本。虽然甲方案的内含报酬率较高，但甲方案并非所选的方案。

案例小结

多数情况下，运用净现值和内含报酬率这两种方法得出的决策结论是相同的。但是在互斥项目中，由于投资规模的不同和现金流量发生时间的不同，以及非常规项目中，两种方法得出的结论就会不同，净现值法优于内含报酬率法。

本案例体现了贴现现金流量指标中净现值和内含报酬率指标的具体应用范围及其优缺点知识点的运用与理解，提高了学生正确进行项目投资决策的能力。

案例 5.2　投资决策指标案例——嘉华公司投资决策

案例目标

通过本案例的学习，学生应能更深入地理解和比较各种投资决策指标的含义，从而熟练掌握各种投资决策指标的应用方法和范围，培养进行投资决策的能力。

案例陈述

嘉华快餐公司在一家公园内租用了一间售货亭向游人出售快餐。快餐公司与公园签订的租赁合同的期限为 3 年，3 年后售货亭作为临时建筑将被拆除。经过一个月的试营业后，快餐公司发现，每天的午饭和晚饭时间买快餐的游客很多，但是因为售货亭很小，只有一个售货窗口，所以顾客不得不排起长队，有些顾客因此离开。为了解决这一问题，嘉华快餐公司设计了 4 个方案，试图增加销量，从而增加利润。

方案一：改装售货亭，增加窗口。这一方案要求对现有售货亭进行大幅度的改造，所以初始投资较多，但是因为增加窗口吸引了更多的顾客，所以收入增加也会相应较多。

方案二：在现有的售货窗口的基础上，更新设备，提高每份快餐的供应速度，缩短供应时间。

以上两个方案并不互相排斥，可以同时选择。但是，以下方案则要放弃现有的售货亭。

方案三：建造一个新的售货亭。此方案需要将现有的售货亭拆掉，在原来的地方建一个面积更大、售货窗口更多的新售货亭。此方案的投资需求最大，预期增加的收入也最多。

方案四：在公园内租一间更大的售货亭。此方案的初始支出是新售货亭的装修费用，以后每年的增量现金流出是当年的租金支出净额。

嘉华快餐公司可用于这项投资的资金需要从银行借入，资本成本为 15%，与各个方案有关的现金流量预计如表 5.1 所示。

表 5.1　4 个方案的预计现金流量　　　　　　　　（单位：元）

方案	投资额	第 1 年	第 2 年	第 3 年
增加售货窗口	−75 000	44 000	44 000	44 000
更新现有设备	−50 000	23 000	23 000	23 000
建造新的售货亭	−125 000	70 000	70 000	70 000
租赁更大的售货亭	−10 000	12 000	13 000	14 000

〔问题〕

1）如果运用内含报酬率指标，嘉华快餐公司应该选择哪个方案？

2）如果运用净现值指标，嘉华快餐公司应该选择哪个方案？

3）如何解释用内含报酬率指标和净现值指标进行决策时所得到的不同结论？哪个指标更好？

案例分析

1）计算各个方案的内含报酬率。

设方案一的内含报酬率为 R，则

$$44\,000 \times PVIFA_{R,3} - 75\,000 = 0$$

即

$$PVIFA_{R,3} = 1.705$$

查 PVIFA 表得

$$PVIFA_{30\%,3} = 1.816, \quad PVIFA_{35\%,3} = 1.696$$

利用插值法：

报酬率	年金现值系数
30%	1.816
R	1.705
35%	1.696

$$\frac{R-30\%}{35\%-30\%}=\frac{1.705-1.816}{1.696-1.816}$$

解得

$$R=34.63\%$$

所以方案一的内含报酬率为34.63%。

设方案二的内含报酬率为R，则

$$23\,000\times\text{PVIFA}_{R,3}-50\,000=0$$

即

$$\text{PVIFA}_{R,3}=2.174$$

查PVIFA表得

$$\text{PVIFA}_{30\%,3}=2.174,\ R=18\%$$

所以方案二的内含报酬率为18%。

设方案三的内含报酬率为R，则

$$70\,000\times\text{PVIFA}_{R,3}-125\,000=0$$

即

$$\text{PVIFA}_{R,3}=1.786$$

查PVIFA表得

$$\text{PVIFA}_{30\%,3}=1.816,\ \text{PVIFA}_{30\%,3}=1.696$$

利用插值法：

报酬率	年金现值系数
30%	1.816
R	1.705
35%	1.696

$$\frac{R-30\%}{35\%-30\%}=\frac{1.705-1.816}{1.696-1.816}$$

解得

$$R=31.25\%$$

所以方案三的内含报酬率为31.25%。

设方案四的内含报酬率为R，则

$$12\,000\times\text{PVIF}_{R,1}+13\,000\times\text{PVIF}_{R,2}+14\,000\times\text{PVIF}_{R,3}-10\,000=0$$

利用试误法计算得$R=112.30\%$。

所以方案四的内含报酬率为112.30%。

由于方案四的内含报酬率最高，如果采用内含报酬率指标进行投资决策，则公司应该选择方案四。

2) 计算各个方案的净现值。

方案一的 NPV＝44 000×PVIFA$_{15\%,3}$－75 000＝44 000×2.283－75 000＝25 452（元）

方案二的 NPV＝23 000×PVIFA$_{15\%,3}$－50 000＝23 000×2.283－50 000＝2 509（元）

方案三的 NPV＝70 000×PVIFA$_{15\%,3}$－125 000＝70 000×2.283－125 000＝34 810（元）

方案四的 NPV＝12 000×PVIF$_{15\%,1}$＋13 000×PVIF$_{15\%,2}$＋14 000×PVIF$_{15\%,3}$－10 000
＝19 480（元）

由于方案三的净现值最高，如果按净现值指标进行投资决策，则公司应该选择方案三。

3) 在互斥项目中，采用净现值指标和内含报酬率进行决策，有时会得出不同的结论，其原因主要有两个：一是投资规模不同，当一个项目的投资规模大于另一个项目时，规模较小的项目内含报酬率可能较大，净现值较小，如方案四；二是现金流量发生时间不同，有的项目早期现金流量较大，如方案三，而有的项目早期现金流入量较小，如方案四，所以有时项目的内含报酬率较高，但净现值却较小。

最高的净现值符合企业的最大利益，净现值越高，企业的收益就越大。在资金无限量的情况下，利用净现值指标在所有的投资评价中都能做出正确的决策，而内含报酬率指标在互斥项目中有时会做出错误的投资决策。因此，净现值指标更好。

案例小结

在没有资金限制的情况下，利用净现值法在所有的投资评价中都能做出正确的决策，而利用内含报酬率和获利指数在独立项目评价中也能做出正确的决策，但在互斥选择决策或非常规项目中有时会得到错误的结论。因此，在这2种评价方法中，净现值法仍然是最好的评价指标。

本案例体现了贴现现金流量2项指标的具体应用范围及其优缺点知识点的运用与理解，强化并提高了学生项目投资决策的能力。

案例 5.3　风险投资案例——深圳金蝶软件公司

案例目标

通过本案例的学习，学生应了解直接投资和风险投资的特点及意义，更深入地理解风险投资企业和风险企业是互利共赢的关系。从个人资本到全球著名的风险投资机构，风险投资为金蝶公司的生存发展提供了强劲的动力引擎，并赋予其高屋建瓴、卓尔不群的企业素质。与此同时，风险投资机构也获得了超常的巨额利润。

案例陈述

我国最大的财务及企业管理软件厂商之一——深圳金蝶软件公司宣布，金蝶公司与世界著名的信息产业跨国集团——国际数据集团（International Data Group，IDG）

已经正式签订协议，将接受 IDG 设在中国的风险投资基金公司——广东太平洋技术创业有限公司 2 000 万元人民币的风险投资，用于金蝶软件公司的科研开发和国际性市场开拓业务。这是中国财务软件行业接受的第一笔国际风险投资。一石激起千层浪，金蝶软件公司这一敢"吃螃蟹"的举措在社会上引起了极大的反响。

1993 年金蝶公司推出了 V2.0 和 V3.0DOS 版财务软件，1995 年底，又依据敏锐的市场判断力率先开发出全新的 WINDOWS 产品，在同业引起了极大轰动。1996 年 4 月，金蝶开发的全新 WINDOWS 产品经过有关部门严格测试，被评为"中国首家 WINDOWS 版优秀财务软件"。在此之后，金蝶再接再厉，缩短产品的更新周期，在产品技术上远远领先于其他财务软件，并大力提倡支持型软件。金蝶公司在不断创新的过程中也完成了企业发展的三级跳跃。销售额快速提高，并开始与世界软件巨头微软公司进行全方位的合作，极大增强了公司的开发实力。

作为高新技术企业，创新能力是企业的根本所在，在外部大环境相同的条件下，创新能力决定了企业发展的前景如何。尤其是 IT 行业企业，创新能力就显得更为关键了。金蝶在产品和服务方面拥有独占的技术，在营销和组织运作方面具有出色业绩，是中国发展速度最快的财务软件公司。风险投资意味着该投资比其他的投资具有更大的利润预期，同时也有着比其他投资更大的风险。

风险投资基金在中国内地进行投资，成功退出一直是头疼的问题。2005 年 5 月 16 日，微软与深圳清华深讯科技发展有限公司（以下简称清华深讯）达成战略性的独家合作协议，计划收购清华深讯的部分资产，并且计划联手清华深讯，在深圳成立"移动技术研发中心"。这纸协议同时意味着清华力合创业投资有限公司可以成功退出清华深讯项目。

清华深讯是一家专注于移动通信领域的系统软件研发、集成及应用服务提供的公司，在中国移动通信市场具备较全面的通信手段技术及各种通信手段的运营牌照。公司拥有行业经验丰富并且极具活力的优秀团队，并且在多项移动应用技术开发上处于国内领先位置。

深圳清华力合创业投资有限公司（原名深圳清华创业投资有限公司）是由深圳清华大学研究院为主设立的高科技创业投资企业，注册资本为人民币 3 亿元。公司资本实力雄厚、投资经验丰富、运营机制灵活。公司作为一家具有高科技孵化器特色的创新投资企业，依托清华大学的技术和人才优势，充分利用深圳市发展高新技术产业的优惠政策，致力探索一种创新的商业投资模式。

经过清华大学电子工程系教授的考察，冯冠平教授最终拍板决定将其引入深圳清华研究院孵化，紧接着主导清华力合创投公司投资深讯科技公司，注册成立清华深讯科技发展有限公司，并携手开发移动手机的应用软件，短短数年里公司就取得了快速发展，成为国内 WAP 网和相关业务的领军企业。

公司成立之初，清华深讯连续 3 年亏损，但是公司的管理团队紧紧把握住市场的变化信息，抓住每一次市场机遇，不断地创新、不断增强自主研发的实力，终于在 2002 年开始扭亏为盈，并且迎来了公司的高速发展期，公司的研发实力不断增强，其中 LBS、手机游戏在中国名列前茅；业务收入也不断增加。2004 年 4 月，为了进一步促进清华深讯的发展，清华力合创投对清华深讯进行了增资，公司注册资本由原来的 500 万元增加到 1 000 万元。在引入风险投资之后，清华深讯获得了快速发展。

一分耕耘一分收获。2005 年，公司引来了国际软件界巨头——微软公司的青睐，公司的创新精神、研发实力、敬业态度等都征服了微软公司的心。微软透露，将与深圳清华深讯科技发展有限公司达成战略性的独家合作协议，并计划收购其部分资产，为向中国乃至全球市场提供更好的 MSN 移动产品和服务奠定基础。微软计划联合深圳清华深讯与 MSN（Microsoft service network，微软网络服务）移动方面的人员、技术及服务，在深圳成立"移动技术研发中心"。MSN 希望借助该中心，能够迅速为广大的中国用户提供极具冲击力的移动信息、通讯和多媒体服务。中国目前有 3.4 亿移动用户，已经成为世界最大的电信市场。

微软的并购，使得作为投资者的清华力合创投在 5 年的时间里获得资本增值 9 倍的成功退出，而且还为深圳清华深讯公司搭建了国际化的快速发展平台。至此，清华力合不仅是退出了清华深讯项目，并且是成功地退出了，在收回原有投资的基础上，还获得了资本增值。

在投资过程中会遇到很多风险，稍有不慎，项目的成功退出就会变得遥遥无期。清华力合创业投资有限公司在长期的实践中积累了丰富的经验，这些为力合创投成功退出清华深讯项目提供了坚实的基础。力合创投的风险控制之道有以下几个。

（1）"三不"原则

项目不超前的不投；没人反对或大家都反对的不投；自己短期不懂又学不会的不投，有效降低了清华力合创投公司的投资风险。

（2）充分利用孵化器提供的信息

风险投资中最大的风险来自于信息不对称，风险投资机构一般在地理上与被投资公司有一定的距离，投资方对融资方的日常经营无法实时监控，这就给融资方的投机行为留下了隐患。深圳清华研究院本身是一个高科技孵化器，对进驻这里的每一家企业都非常了解，对他们的技术实力、成长前景、管理团队，都看得非常清楚。孵化器模式使力合创投拉近了与被投资机构的地理距离，这个优势使得力合创投能更方便地了解被投资企业的信息，研究院对这些企业信息的掌握成为其投资决策获得成功的核心竞争力。

在风险问题解决之后，经营好项目，把项目做大、做强是关键。如何做好项目，对大多数高科技民营企业来说，需要风险投资公司在提供资金的同时输出管理经验和知识。初创期的企业，在企业的管理方面往往是不周全的，作为投资人，必须充分调动自身资源做好增值服务，为企业的人才储备、技术发展、改制、资本运作等提供充分的帮助。研究院孵化器在公司发展中具有重要的作用，进驻研究院后，避免了很多民营企业通常遇到的人才及技术后援薄弱、缺乏大资本运作经验和较难获得投资机构支持等各种问题。清华力合创投在清华深讯的改制、及时的战略定位、引入战略投资者等方面也给予了很多的增值服务。

退出时机和退出方式，这两个问题往往需要联合起来讨论，因为不同的退出方式会有不同的退出时机。清华力合可以选择的退出方式有 3 种：MBO（management buy-outs，管理者收购）、IPO（intial public offerings，首次公开募股）、并购。

IPO 的退出收益被认为是最高的，但是在本案例中，IPO 退出可能不现实。首先，要将清华深讯运作上市，对国内风险投资机构来说是有难度的；其次，IPO 退出的最佳时机是在创业企业处于成长期和成熟期之间时，从企业的角度来说，创投机构已无法满足创业企业的资金需求，从风险投资机构角度来讲，进一步提供增值服务也遇到了瓶颈，那时，企业的价值却能在股票市场上得到充分的体现，并被股票投资人认可。而清华深讯的状况是，企业仍然处于成长期，具备赢利能力，但因为信息不对称，企业价值无法为一般投资者认同，所以此时即使上市，其价值也有可能被低估。

再看 MBO 退出，在本案例中，MBO 不是最好的方式，原因有 3 个：第一，清华深讯正是需要资金的时候，创业者不大可能用宝贵的流动资金来购回股份；第二，虽然 1999～2005 年，清华深讯在清华力合的辅导下已走过了四五年的时间，并且在业务上也取得了不错的成绩，但是公司依然不能称为成熟，仍然需要借助外力帮助发展，所以 MBO 是清华深讯管理层所不愿意的；第三，从风险投资机构的角度来说，MBO 退出的风险获利一般不多。

剩下的只有并购。关键问题是为什么选择 2005 年退出，这里有一个成本收益最大化的问题。如果继续持有清华深讯，一方面，清华力合需要继续投入成本，包括资金和增值服务；另一方面，到目前为止，2005 年是无线增值行业发展最好的一年，在该行业的风险投资案例众多。在权衡成本收益之后，清华力合选择在 2005 年退出。

[问题]

1）金蝶公司在自身业务飞速发展时，为什么要引进风险投资呢？

2）为什么 IDG 公司要选择金蝶公司这样一个规模并不大的企业进行投资呢？

3）引入风险投资的意义是什么？

4）风险投资的引进对我国企业的发展、对民营高新技术企业的发展有何意义呢？

案例分析

1）引入风险投资的必要性。我国实行改革开放 30 年来，国家对国有企业的投融资体制进行了多次改革，从直接由国家财政拨款，到拨改贷，企业从银行申请贷款，再到发展证券市场融资，改革的力度不可谓不大。但是，国家对中小企业，特别是民营高科技企业的发展一直支持力度不大，这导致了一种矛盾的现象：一方面，国有企业普遍存在着借钱、要钱、多投资的极大冲动，在资产负债率居高不下的同时，净资产收益率却一降再降，而那些产权关系清楚、极具发展潜力的民营高新技术企业却告贷无门，始终未能建立较好的融资渠道，这是因为，国有商业银行在对非国有企业的贷款上存在着许多成文与不成文的限制，不愿对非国企贷款；另一方面，非国有企业上市的机会很少，很难从证券市场上得到资金。

这些最有发展前途的企业却因资金的短缺不能快速发展。由于资金不足，企业只能依靠自身积累发展，导致企业规模普遍较小，市场竞争力不强。

　　尤其是高新技术企业，直接面对的是国际跨国集团的竞争，往往因企业规模太小而不能形成规模优势，难以与之抗衡。依靠企业自身的积累永远都是需要的，企业没有内部积累，也就不可能有任何抗御风险的能力。但是，仅仅停留在以自身的积累进行再投入是难以应对激烈的市场竞争的。从现在市场趋势看，往往是高起点、大投入的企业才能占领市场。完全依靠自身的积累进行大投入对于大多数企业来说是做不到的，没有融资的积累是低效率的积累，如果企业的资本积累仅仅局限在由生产经营而产生盈利之后进行分割，企业的资本积累就非常有限，企业也不能得到快速和超常规发展。

　　要实现企业的快速和超常规发展，就必须把积累的视野拓展得更宽一些。当然，并不是所有的企业都具有超速发展的能力，也不是企业发展的任何阶段都能超速发展，市场在赐给企业超速发展的机会上是十分吝啬的，能否抓住机会，不仅取决于企业本身，还与企业的投资环境有紧密关系。

　　在市场经济体制仍未完善的今天，实现企业超速发展的限制不只在于企业家的素质，因为在市场经济秩序没有完整确立的条件下，企业的经营比在规范的市场经济体制下要复杂得多，我国大部分非国有高科技企业的领导素质是比较高的。但是他们缺少的是更规范的市场环境，这其中包括资本运营的外部环境。

　　市场经济规律这个无形的巨手，推动着市场化的企业前进。虽然金蝶在短短的几年里实现了超速发展，但是它至今仍然是个规模不大的企业，即便成为了中国的大企业，在跨国公司面前，仍然是小鱼，仍然面临被吃掉的风险。市场竞争的生存法则，激励这些企业不安于现状，大胆引进风险投资，以求企业的长远发展。

　　2）金蝶公司是1993年才建立的财务软件公司，公司建立之初，在财务软件领域，已有早已形成规模并在国内市场上占有很大份额的"用友"、"万能"、"安易"等，还有许多其他公司在争夺着财务软件市场。作为后来者的金蝶公司如果没有自己的独特之处将很难立足。金蝶总裁徐少春，这个中国第一代电算化硕士，提出了"突破传统会计核算，跨进全新财务管理"观念，并且紧紧抓住与国际接轨这一核心，快速开发新产品。

　　金蝶缩短产品的更新周期，在产品技术上远远领先于其他财务软件，并大力提倡决策支持型软件。金蝶公司在不断创新的过程中也完成了企业发展的三级跳跃。作为高新技术企业，创新能力是企业的根本所在，在外部大环境相同的条件下，创新能力决定了企业发展的前景如何。尤其是IT行业企业，创新能力就显得更为关键了。

　　虽然风险投资意味着该投资比其他的投资具有更大的利润预期，同时也有着比其他投资更大的风险，但是如果把资金投向中国这样经济高速发展的国度、投向信息技术这样具有极大潜力的行业、投向如金蝶一样具有优秀市场素质的企业，这难道不是在解决投资者常常陷入的"规避风险与寻求最大资本回报"这两难命题中找到了一个恰当的切入点吗？

　　3）引入风险投资的意义。大家对于什么是风险投资十分陌生，这是因为目前我国还未建立起市场化的风险投资机制。在知识经济方兴未艾的背景下，市场化的风险投资体制的确立就更为重要了。知识经济最大的特点就是"经济发展主要取决于智力资源的占有和配置，也就是科学是第一生产力"。

而高新技术产业正是知识经济的支柱。在国有高新技术企业之外，我国还有大批的非国有高新技术企业，这些企业不仅在促进我国的市场经济发展中具有重大作用，还在带动国民经济发展上具有不可替代的位置。对于从事生产科学技术含量高，需要大量研究开发资金投入，同时市场还未成熟产品的高新技术企业，国家应尽快建立风险投资机制，占领科技制高点。企业吸纳资本能力的强弱，对企业的发展是至关重要的。在非国有企业不能在国内得到企业发展相应的投资时，它们不是去找政府，而是跨出国门去找国外的资金市场，用自身的能力、经营业绩、产权去换取发展的资金，并用基于自己对自身发展的充分自信及勇于承重的责任心来赢得了难得的机遇。尽管目前大多数这样的企业规模比起许多国有大企业来说是小的，但是这些企业却是更有实力和前途的。

金蝶引入风险投资的成功，无疑为知识经济时代的高新技术企业的发展提供了一个有益的启示。我们都在期待着，在知识经济的时代，中国的高新企业能够在风险投资的帮助下，获得更快的发展！

4) 金蝶的成功给中国的民营科技企业带来了这样一条成功轨迹：通过引入高风险投资（资金），打造产权结构与治理机制的全新平台（制度）；借重并强化企业家的领袖才能（人才），形成独特的创业环境与文化氛围（环境）；专注于高屋建瓴、富于前瞻性的技术创新（技术），尽可能多地创造股东价值（通道）。

案例小结

风险投资对于企业的快速和超常规发展，具有非凡的意义。它使具有极大潜力的行业，如金蝶一样具有优秀市场素质的企业赢得了快速和长远发展的契机。

本案例体现了风险投资知识点的运用与理解，提高了学生对市场经济的认知，树立了学生按照市场竞争的法则，勇于进行风险投资的理念。

案例 5.4　证券投资风险案例——天华公司策略与方法

案例目标

通过本案例的学习，学生应了解证券投资的系统风险和非系统风险，通过对具体的案例进行分析，从中体会分散投资对投资企业的意义。

案例陈述

天华公司是一家大型家电企业。2000 年初，公司领导召开会议，集体通过了利用手中多余资金 1 500 万元对外投资，以获投资收益的决定。经分析、整理调研资料，拟定可供公司选择的投资对象如下。

1) 国家发行 7 年期国债，每年付息一次，且实行浮动利率。第一年利率为 2.63%，以后每年按当年银行存款利率加利率差 0.38% 计算支付利息。

2）汽车集团发行五年期重点企业债券，票面利率为 10％，每半年付息一次。

3）春兰股份，代码 600854，中期预测每股收益 0.45 元，股票市场价格 22.50 元/股。总股本 30 631 万股，流通股 7 979 万股。公司主营设计制造空调制冷产品，空调使用红外遥控。财务状况十分稳定，公司业绩良好，但成长性不佳。春兰股份近 3 年财务数据及市场表现如表 5.2 所示。

表 5.2 春兰股份近 3 年财务数据及市场表现

年 份 财务指标	1999	1998	1997
主营收入/万元	194 737		16 215
净利润/万元	26 494		24 966
扣除后净利润/万元	26 290	27 204	24 966
总资产/万元	232 372	194 198	136 493
股东权益/万元	153 660	141 690	80 310
每股收益/元	0.865	1.15	1.57
扣除后每股收益/元	0.86	1.24	1.65
每股净资产/元	5.02	6.01	5.07
每股现金流量/元	0.11	0.51	
净资产收益率/%	17.24	19.20	31.09

4）格力电器，中期预测每股收益 0.40 元，股票市场价格为 17.00 元/股。总股本 29 617 万股，流通股 21 676 万股。公司主营家用电器、电风扇、清洁卫生器具。公司空调产销量居国内第一位，有行业领先优势，尤其是出口增长迅速，比去年出口增长 70.7％，经营业绩稳定增长。格力电器近 3 年财务数据及市场表现如表 5.3 所示。

表 5.3 格力电器近 3 年财务数据及市场表现

年 份 财务指标	1999	1998	1997
主营收入/万元	516 564	429 814	345 166
净利润/万元	22 916	21 508	21 025
扣除后净利润/万元	22 916	21 508	21 025
总资产/万元	342 368	292 591	198 158
股东权益/万元	105 724	95 814	60 225
每股收益/元	0.705	0.66	1.40
每股净资产/元	3.25	2.94	4.01
每股现金流量/元	1.08	1.75	
净资产收益率/%	21.68	22.45	34.91

5) 华工科技，中期预测每股收益 0.10 元，股票市场价格为 68 元/股。总股本 11 500 万股，流通股长 3 000 万股。公司主营激光器、激光加工设备及成套设备、激光医疗设备等。该股科技含量高，成长性好，公积金也高。华工科技近 3 年财务数据及市场表现如表 5.4 所示。

表 5.4　华工科技近 3 年财务数据及市场表现

年份 财务指标	1999	1998	1997
主营收入/万元	9 340	8 133	5 798
净利润/万元	3 056	2 221	1 845
总资产/万元	18 501	13 515	11 878
股东权益/万元	14 152	10 625	9 573
每股收益/元	0.27	0.26	0.22
每股净资产/万元	1.67	1.25	1.13
净资产收益率/万%	21.59	20.91	19.27

[问题]

1) 根据上述资料，如果企业为了扩大经营规模，实现规模效应，面对上述可供选择的投资方案，应如何进行投资组合，且分散或避免投资风险？

2) 如果企业仅为获得投资收益，面对上述可供选择的投资方案，应如何进行投资组合，且分散或避免投资风险？

■■■ **案例分析**

如果企业为了扩大经营规模，实现规模效应，应选择同行业股票进行投资，为分散或避免投资风险，应选择多种股票进行投资组合。如果企业仅为获得投资收益，可根据企业承担风险能力的大小，选择债券、股票或两者结合进行投资，为分散或避免投资风险，应选择多种证券进行投资组合。至于选择哪些证券，请结合具体资料计算分析。

■■■ **案例小结**

证券投资对降低企业的经营风险、提高企业的收益具有重要的意义。由于证券的相关性，可以利用证券组合来分散非系统风险。证券投资组合的确定，除了要了解各种证券的特点外，还要使证券组合符合自己的偏好。

本案例体现了证券投资组合基本理论和方法知识点的运用与理解，提高了学生利用投资组合分散风险的能力。

案例 5.5　投资决策综合案例——FMT 公司投资计划

■■■ **案例目标**

通过本案例的学习，学生应了解项目投资的决策程序、现金流量的构成及计算方法、项目投资决策指标的决策规则及项目投资决策方法。

案例陈述

FMT 公司（Fraud Management Technologies WorldWide Pty，Ltd.）正在制订一项投资计划，该投资项目初始投资额为 560 万元，经营期限为 5 年。公司的市场经理经过调研和分析，认为未来市场情况可能会出现繁荣、一般和萧条 3 种，而且在不同的情形下，该项目每年预计的现金净流量如表 5.5 所示。

表 5.5 预计现金净流量 （单位：万元）

市场情况	1	2	3	4	5
繁荣	165	188	232	216	194
一般	100	145	184	172	156
萧条	88	116	152	135	124

当这一投资项目的计划方案送至公司财务经理时，财务经理认为应该考虑该项目的投资风险。若该公司现行的资本结构债务资本为 40%，股权资本为 60%，其中债务是通过发行债券筹集，其资本成本为 6.28%（不考虑相关的手续费用），该公司股票的 β 系数为 1.3，无风险收益率为 5%，预计市场风险溢价为 4%，公司的所得税税率为 25%。

[问题]

1）如果该项目的风险与公司目前其他资产的风险相一致，并且项目的资本来源结构与公司现行的资本结构相同，试计算该投资项目适用的折现率，以及不同市场情况下项目的净现值（计算折现率时保留整数）；评价该项目的财务可行性。

2）如果公司财务经理认为，市场繁荣发生的概率为 30%，市场一般发生的概率为 50%，市场萧条发生的概率为 20%。根据这一信息，假设净现值服从正态分布，结合 1. 中的分析，计算该项目净现值为负数的概率，以及该项目具备财务可行性的概率。

3）作为分析的一部分，财务经理决定使用风险调整折现率法来调整项目风险，他认为该项目投资属于跨行业投资，于是从新投资项目所在行业选取了 3 家公司作为可比公司，用它们的有关资料来评价该项目风险及相应的投资必要收益率。这 3 家公司的 β 系数平均为 1.12，资本结构平均为债务资本占 30%，股权资本占 70%，平均所得税税率为 20%。此时，计算该投资项目所要求的必要收益率，并结合 2. 分析该投资项目的期望净现值（计算折现率时保留整数），以此进行项目投资评价（假设该投资项目所需要的资本来源结构与公司现行的资本结构相同）。

4）为了完整分析，财务经理又使用了风险调整现金流量法来调整项目的风险。根据现金流量的风险状况，决定使用表中的确定等值系数，如表 5.6 所示。

表 5.6 确定等值系数表

年限	0	1	2	3	4	5
确定等值系数	1.00	0.96	0.92	0.88	0.85	0.80

根据以上信息，结合 2. 分析该项目的期望净现值，并据此进行项目投资评价。

案例分析

1）FMT 公司的股权资本成本＝5％＋1.3×4％＝10.20％

FMT 公司的加权资本成本＝6.28％×（1－25％）×40％＋10.20％×60％＝8％

所以该项目适用的折现率为 8％。

$$NPV_{繁荣} = -560 + 165(P/E, 8\%, 1) + 188(P/E, 8\%, 2) + 232(P/F, 8\%, 3) + 216$$
$$(P/F, 8\%, 4) + 194(P/F, 8\%, 5)$$
$$= -560 + 165 \times 0.925\,93 + 188 \times 0.857\,34 + 232 \times 0.793\,83 + 216 \times 0.735\,05$$
$$+ 194 \times 0.680\,58$$
$$= 228.93（万元）$$

$$NPV_{一般} = -560 + 100(P/F, 8\%, 1) + 145(P/F, 8\%, 2) + 184(P/F, 8\%, 3) + 172(P/F, 8\%, 4) + 156(P/F, 8\%, 5)$$
$$= -560 + 100 \times 0.925\,93 + 145 \times 0.857\,34 + 184 \times 0.793\,83 + 172 \times 0.735\,05$$
$$+ 156 \times 0.680\,58$$
$$= 35.57（万元）$$

$$NPV_{萧条} = -560 + 88(P/E, 8\%, 1) + 116(P/E, 8\%, 2) + 152(P/F, 8\%, 3) + 135$$
$$(P/F, 8\%, 4) + 124(P/F, 8\%, 5)$$
$$= -560 + 880 \times 0.925\,93 + 116 \times 0.857\,34 + 152 \times 0.793\,83 + 135 \times 0.735\,05$$
$$+ 124 \times 0.680\,58$$
$$= -74.78（万元）$$

经分析，在市场出现繁荣和一般的情况下，该项目具备财务可行性，因为在这两种可能情况下该项目的净现值均大于零，而在市场出现萧条的情况下，该项目的净现值小于零，不具备财务可行性。由于未来市场出现何种情况并不确定，投资具有一定的风险，因此不能直接判定项目是否具备可行性，需进一步考虑项目投资的风险因素。

2）计算期望净现值 $E(NPV)$：

$$E(NPV) = 0.3 \times 228.93 + 0.5 \times 35.57 + 0.2 \times (-74.78) = 71.50（万元）$$

计算标准差：

$$\sigma(NPV) = \sqrt{(228.93 - 71.50)^2 \times 0.3 + (35.57 - 71.50)^2 \times 0.5 + [(-74.78 - 71.50)]^2 \times 0.2}$$
$$= 111.18（万元）$$

净现值为负值的概率：

$$Z(NPV < 0) = \frac{0 - 71.50}{111.18} = -0.64$$

根据标准差和概率的关系，可知：0.64 个 σ 为 0.238 9，即净现值小于零的概率为 26.11％（50％－23.89％）。

若使该项目具有可行性，其净现值应大于等于 0，所以项目具有可行性的概率为

$$Z(NPV \geqslant 0) = 1 - Z(NPV < 0) = 1 - 26.11\% = 73.89\%$$

3）根据 3 家可比公司的 β 系数计算该项目的 β 系数：

可比公司的 $\beta = 1.12 / \left[1 + \dfrac{30\%}{70\%}(1-20\%)\right] = 0.8340$

该投资项目的 $\beta = 0.8340 \times \left[1 + \dfrac{40\%}{60\%}(1-25\%)\right] = 1.251 \approx 1.25$

该投资项目要求的必要收益率 $= 5\% + 1.25 \times 4\% = 10\%$

$$\begin{aligned}
NPV_{繁荣} &= -560 + 165(P/F,10\%,1) + 188(P/F,10\%,2) + 232(P/F,10\%,3) \\
&\quad + 216(P/F,10\%,4) + 194(P/F,10\%,5) \\
&= -560 + 165 \times 0.909\,09 + 188 \times 0.826\,45 + 232 \times 0.751\,31 + 216 \times 0.683\,01 \\
&\quad + 194 \times 0.620\,92 \\
&= 187.67 \text{（万元）}
\end{aligned}$$

$$\begin{aligned}
NPV_{一般} &= -560 + 100(P/F,10\%,1) + 145(P/F,10\%,2) + 184(P/F,10\%,3) \\
&\quad + 172(P/F,10\%,4) + 156(P/F,10\%,5) \\
&= -560 + 100 \times 0.909\,09 + 145 \times 0.826\,45 + 184 \times 0.751\,31 + 172 \times 0.683\,01 \\
&\quad + 156 \times 0.620\,92 \\
&= 3.33 \text{（万元）}
\end{aligned}$$

$$\begin{aligned}
NPV_{萧条} &= -560 + 88(P/F,10\%,1) + 116(P/F,10\%,2) + 152(P/F,10\%,3) + \\
&\quad 135(P/F,10\%,4) + 124(P/F,10\%,5) \\
&= -560 + 88 \times 0.909\,09 + 116 \times 0.826\,45 + 152 \times 0.751\,31 + 135 \times 0.673\,01 \\
&\quad + 124 \times 0.620\,92 \\
&= -100.73 \text{（万元）}
\end{aligned}$$

期望净现值：

$E(NPV) = 0.3 \times 187.67 + 0.5 \times 3.33 + 0.2 \times (-100.73) = 37.82 \text{（万元）}$

可见，考虑项目投资风险，采用风险调整折现率法分析，该投资项目的期望净现值大于零，具备财务可行性。投资项目现金流量如表 5.7 所示。

表 5.7　投资项目现金流量（风险调整现金流量法）

	年限	0	1	2	3	4	5
	确定等值系数	1.00	0.96	0.92	0.88	0.85	0.80
繁荣	风险现金流量	−560	165	188	232	216	194
	确定等值	−560	158.40	172.96	204.16	183.60	155.20
一般	风险现金流量	−560	100	145	184	172	156
	确定等值	−560	96	133.40	161.92	146.20	124.80
萧条	风险现金流量	−560	88	116	152	135	124
	确定等值	−560	84.48	106.72	133.76	114.75	99.20

4）采用风险调整现金流量法分析。

$NPV_{繁荣} = -560 + 158.40(P/F,5\%,1) + 172.96(P/F,5\%,2) + 204.16(P/F,5\%,3)$

$$+183.60(P/F,5\%,4)+155.20(P/F,5\%,5)$$

$$=-560+158.40\times0.952\ 38+172.96\times0.907\ 03+204.16\times0.863\ 84$$

$$+183.60\times0.822\ 70+155.20\times0.748\ 3\ 53$$

$$=196.75（万元）$$

$$NPV_{一般}=-560+96(P/F,5\%,1)+133.40(P/F,5\%,2)+161.92(P/F,5\%,3)$$

$$+146.20(P/F,5\%,4)+124.80(P/F,5\%,5)$$

$$=-560+96\times0.952\ 38+133.40\times0.907\ 03+161.92\times0.863\ 84$$

$$+146.20\times0.822\ 70+124.80\times0.748\ 3\ 53$$

$$=10.36（万元）$$

$$NPV_{萧条}=-560+84.48(P/F,5\%,1)+106.72(P/F,5\%,2)+133.76(P/F,5\%,3)$$

$$+114.75(P/F,5\%,4)+99.20(P/F,5\%,5)$$

$$=-560+84.48\times0.952\ 38+106.72\times0.907\ 03+133.76\times0.863\ 84$$

$$+114.75\times0.822\ 70+99.20\times0.748\ 3\ 53$$

$$=-95.07（万元）$$

期望净现值：

$$E（NPV）=0.3\times196.75+0.5\times10.36+0.2\times（-95.07）=45.19（万元）$$

可见，考虑项目投资风险，采用风险调整现金流量法分析，该投资项目的期望净现值大于零，具备财务可行性。

■ 案例小结

现金流量的确定和净现值的计算是项目投资决策的核心，但是长期投资决策的时间较长，对未来的收益和成本的估算很难准确，在存在不同程度的风险情况下，考虑风险因素是十分必要的。

本案例体现了现金流量、净现值、风险调整贴现率法等知识点的运用与理解，提高了学生项目投资的决策能力。

案例5.6 通货膨胀影响投资决策案例——红光照相机厂投资决策

■ 案例目标

通过本案例的学习，学生应了解现金流量的影响因素，尤其是通货膨胀引起的物价变动对现金流量的影响，进而影响了对投资项目的决策。

■ 案例陈述

红光照相机厂是生产照相机的中型企业，该厂生产的照相机质量优良、价格合理，长期以来供不应求。为了扩大生产能力，红光厂准备新建一条生产线。

王禹是该厂助理会计师，主要负责筹资和投资工作。总会计师张力要求王禹搜集建设新生产线的有关资料，写出投资项目的财务评价报告，以供厂领导决策参考。

王禹经过十几天的调查研究，得到以下有关资料：该生产线的初始投资是12.5万元，分两年投入；第 1 年投入 10 万元，第 2 年初投入 2.5 万元，可完成建设并正式投产；投产后，每年可生产照相机 1 000 架，每架销售价格是 300 元，每年可获销售收入 30 万元；投资项目可使用 5 年，5 年后残值可忽略不计；在投资项目经营期间要垫支流动资金 2.5 万元，这笔资金在项目结束时可如数收回。该项目生产的产品年总成本的构成情况如表 5.8 所示。

表 5.8　产品年总成本的构成　　　　（单位：万元）

原材料费用	20
工资费用	3
管理费（扣除折旧）	2
折旧费	2

王禹又对红光厂的各种资金来源进行了分析研究，得出该厂加权平均的资金成本为 10%。王禹根据以上资料，计算出该投资项目的营业现金流量、现金流量、净现值，分别如表 5.9～表 5.11 所示，并把这些数据资料提供给全厂各方面领导参加的投资决策会议。

表 5.9　投资项目的营业现金流量计算表　　　　（单位：元）

项目	第 1 年	第 2 年	第 3 年	第 4 年	第 5 年
销售收入	300 000	300 000	300 000	300 000	300 000
付现成本	250 000	250 000	250 000	250 000	250 000
其中：原材料	200 000	200 000	200 000	200 000	200 000
工资	30 000	30 000	30 000	30 000	30 000
管理费	20 000	20 000	20 000	20 000	20 000
折旧费	20 000	20 000	20 000	20 000	20 000
税前利润	30 000	30 000	30 000	30 000	30 000
所得税（税率为 50%）	15 000	15 000	15 000	15 000	15 000
税后利润	15 000	15 000	15 000	15 000	15 000
现金流量	35 000	35 000	35 000	35 000	35 000

表 5.10　投资项目的现金流量计算表　　　　（单位：元）

项目	第−1 年	第 0 年	第 1 年	第 2 年	第 3 年	第 4 年	第 5 年
初始投资	−100 000	−25 000					
流动资金垫支		−25 000					
营业现金流量			35 000	35 000	35 000	35 000	35 000
设备残值							25 000
流动资金收回							25 000
现金流量合计	−100 000	−50 000	35 000	35 000	35 000	35 000	85 000

表 5.11　投资项目的净现值计算　　　　　　　　　　　　（单位：元）

时间	现金流量	10%的贴现系数	现值
−1	−100 000	1.000	−100 000
0	−50 000	0.909 1	−45 455
1	35 000	0.826 4	28 910
2	35 000	0.715 3	26 296
3	35 000	0.683 0	25 612
4	35 000	0.620 9	23 283
5	85 000	0.564 4	47 974

净现值＝3 353

在厂领导会议上，王禹对他提供的有关数据做了必要的说明。他认为，建设新生产线有 3 353 元净现值，故这个项目是可行的。

厂领导会议对王禹提供的资料进行了分析研究，认为王禹在搜集资料方面做了很大努力，计算方法正确，但却忽略了物价变动问题，这便使得小王提供的信息失去了客观性和准确性。总会计师张力认为，在项目投资和使用期间内，通货膨胀率大约为 10%，他要求各有关负责人认真研究通货膨胀对投资项目各有关方面的影响。

基建处长李明认为，由于受物价变动的影响，初始投资将增长 10%，投资项目终结后，设备残值将增加到 37 500 元。

生产处长赵芳认为，由于物价变动的影响，原材料费用每年将增加 14%，工资费用也将增加 10%。财务处长周定认为，扣除折旧以后的管理费用每年将增加 4%，折旧费用每年仍为 20 000 元。销售处长吴宏认为，产品销售价格预计每年可增加 10%。

厂长郑达指出，除了考虑通货膨胀对现金流量的影响以外，还要考虑通货膨胀对货币购买力的影响。他要求王禹根据以上同志的意见，重新计算投资项目的现金流量和净现值，提交下次会议讨论。

[问题]

1) 计算考虑通货膨胀物价变动后的营业现金。

2) 计算通货膨胀物价变动后的现金流量。

3) 计算通货膨胀物价变动后的净现值，并说明企业在确定投资项目可行性时应考虑的因素。

案例分析

案例中王禹的分析从原理上来讲并没有错，但由于对投资决策中需要考虑的因素认识不全，使他提供的资料没有被领导接受。各项数据表明，各部门领导人员对王禹提供资料所提出的意见是中肯的。

1) 考虑通货膨胀物价变动后的营业现金，如表 5.12 所示。

表 5.12　考虑通货膨胀物价变动后的营业现金情况　　　　　　（单位：元）

项目	第1年	第2年	第3年	第4年	第5年
销售收入	330 000	363 000	399 300	439 230	483 153
付现成本	281 800	317 852	356 735	405 112	457 730
其中：原材料	228 000	259 920	296 308	337 792	385 082
工资	33 000	36 300	39 930	43 923	48 315
管理费	20 800	21 632	20 497	23 397	24 333
折旧	20 000	20 000	20 000	20 000	20 000
税前利润	28 200	25 148	22 565	14 118	5 423
所得税（50%）	14 100	12 574	10 283	7 059	2 712
税后利润	14 100	12 574	10 283	7 059	2 712
现金流量	34 100	32 574	30 283	27 059	22 712

2）考虑通货膨胀物价变动后的现金流量，如表 5.13 所示。

表 5.13　考虑通货膨胀物价变动后的现金流量情况　　　　　　（单位：元）

项目	第-1年	第0年	第1年	第2年	第3年	第4年	第5年
初始投资	−110 000	−27 500					
流动资金垫支		−25 000					
营业现金流量			34 100	32 574	30 283	27 059	22 712
设备残值							37 500
流动资金回收							25 000
现金流量合计	−110 000	−52 500	34 100	32 574	30 283	27 059	85 212

3）计算通货膨胀物价变动后的净现值，如表 5.14 所示。

表 5.14　通货膨胀物价变动后的净现值情况　　　　　　（单位：元）

年度	现金流量	10%的贴现系数×10%的购买力损失	现值
−1	−110 000	1.000×1.000＝1.000	−110 000
0	−52 500	0.909 1×0.909 1＝0.826 4	−43 386
1	34 100	0.826 4×0.826 4＝0.682 9	23 287
2	32 574	0.751 3×0.751 3＝0.564 4	18 385
3	30 283	0.683 0×0.683 0＝0.466 5	14 127
4	27 059	0.620 9×0.620 9＝0.385 5	10 431
5	85 212	0.564 4×0.564 4＝0.318 5	27 140
		净现值＝−60 016	

考虑了通货膨胀引起的物价变动因素后，从表 5.14 中可以看出，整个的现金流量情况完全改变了，净现值也从正的 3 353 元变成了负的 60 016 元，使该方案的决策结果从"应接受"转变为"应拒绝"。

因此，企业在确定投资项目可行性的时候，需要考虑各方面的因素，不仅需要包括企业内部的，还要包括企业外部的；不仅要包括微观的，还要包括宏观的各方面情况。对一项重大决策，任何疏忽和遗漏都可能造成损失，甚至是企业经营的失败。

王禹的报告主要集中在对现金流量情况的考察上。从王禹的分析来看，该项目总的现金流量为正，净现值也为正，按照投资决策的一般原则——接受净现值为正的项目，应采纳该项目。通货膨胀的存在使得物价变动，从而很可能直接影响该项投资的可行性。考虑了通货膨胀因素后，各年度的现金流量呈递减趋势，而不是原来的年年相同了。

■ 案例小结

通货膨胀不仅会带来资本成本的不确定性，而且会增加预期现金流量的不确定性，从而使得投资项目的风险加大。

本案例体现了通货膨胀通过资本成本来影响现金流量，进而影响投资决策知识点的运用与理解，提高了学生应对各种经济环境的能力。

案例 5.7　投资过程分析案例——五湖公司投资决策

■ 案例目标

通过本案例的学习，学生应熟悉投资决策的步骤和过程，进而掌握投资决策的方法。

■ 案例陈述

五湖公司是一家特种机械制造公司。该公司下设 10 个专业工厂，分布在全国 21 个省市，拥有 30 多亿人民币的资产、12 万员工。该公司生产的产品一直由政府有关部门集中采购，供应全国市场。即使在全国机械行业普遍不景气的情况下，该公司产品仍然能够畅销无阻。

随着市场经济体制改革的深入，五湖公司的垄断生产经营开始受到挑战，产品的单一性不具有竞争力，使得原有的垄断市场被一些廉价替代品逐步瓜分。特别是我国加入 WTO（World Trade Organization，世界贸易组织）以后，五湖公司的产品积压日趋严重，公司决策层也越来越感觉到有危机感。于是公司领导连续召开会议，分析形势，研究对策。

会议认为，五湖公司是一个专业化很强的企业，有些产品目前虽然滞销，但主产品技术性强、资本投入大，别的企业一时很难进入，只要加强主产品的创新换代，其前景是不用发愁的，所以公司应抓住机械制造这个主业而不能放松。但是，公司单靠主业要想过无忧的日子也是不行的，应该不断地开辟新的经营领域，开展多种经营。

至于如何开展多种经营，大家分析认为，五湖公司是一个资金和技术力量都十分雄厚的国有大型企业，公司本部和各厂都有富余人员，公司应该充分利用这些富余资金、富余技术和富余人员，寻找新的发展门路；要敢于进入机械行业外的领域谋求发展。

新的发展战略确定不久，公司就获悉这样两条信息。一是山东省有一家饭店在建设之初，由于缺乏资金就要面临停工。该饭店投资100万元，地处市中心，据预测年利润率可达25％以上，4年就可全部收回投资，是一个投资少、见效快的项目。二是辽宁省有个年产40万吨的煤矿，正在筹资，寻求合作伙伴。该矿允诺投资回报率至少20％，目前煤炭正供不应求，市场前景很是乐观。得到信息后，公司立即派人分赴山东和辽宁了解情况。几天后，两队人马回到公司，证实两条信息真实可靠，而且经营者都是国营单位，投资前景看好，并写了向山东的饭店和辽宁的煤矿分别投资50万元的请示报告。请示报告很快批了下来，资金迅速划了过去。由于有了这笔资金的注入，山东的饭店得以顺利施工，并于第二年开始营业，辽宁的煤矿也顺利扩大生产规模。可到了第三年的年底却传来这样的消息：山东的饭店全年亏损10万元，辽宁的煤矿亏损5万元，都没有利润可分。第四年也是这种局面，饭店和煤矿都是小亏，没有利润可分。五湖公司对此感到很棘手，一下子拿不出有效对策。

[问题]

1）五湖公司的投资决策是否正确？问题是什么？

2）五湖公司应对饭店和煤矿采取什么对策？

案例分析

1）首先，五湖公司是国有大型企业，资金和技术力量都十分雄厚，因产品品种单一和外部环境的变化失去一部分垄断市场份额是正常的，公司居危思变，在力保主业的前提下谋求新发展、开辟新市场、实行多元化经营的思路是正确的；其次，五湖公司投资煤矿和餐饮业，行业跨度太大，公司在该领域经营业务不仅不具备优势，反而浪费了自己在资金、技术、人才等方面的良好资源条件；最后，投资决策应经过充分论证才可付诸实施，五湖公司对投资从决策到实施都显得匆忙和草率，加之项目投产后，又疏于监控和指导，以致造成经营不善和亏损。

2）五湖公司应对饭店和煤矿采取以下对策：①对两个项目进行再论证和追踪决策，在充分论证的基础上再决定取舍，如有继续发展的潜力就应加强监控和管理，力争尽快扭亏为盈；②把煤矿和饭店业做大，在这两个领域实现规模经营，变外行为内行；③利用企业的资源和人力优势，引入新技术开发新产品，在机械制造、煤矿开采和饭店业之间寻求联营，力争跨行业经营，并开辟国际国内两个市场。

案例小结

投资是一项具体而复杂的系统工程，要经过投资决策阶段、投资项目的实施与监控阶段和投资项目的审计与评价阶段。

本案例体现了企业投资过程知识点的运用与理解，提高了学生按照合理的程序和方法进行投资决策的能力。

第6章

短期资产管理

学习目标

　　通过本章案例的学习，了解营运资金的概念、特点及其管理原则，了解现金、应收账款和存货的管理目标，掌握营运资金的管理方法及其相应的计算；在掌握理论的同时，注重实际能力的提高，主要是流动资产的结构性管理、流动负债的结构性管理及营运资金综合管理方法的具体运用。

理论概要

　　营运资本有广义和狭义之分，广义的营运资本又称毛营运资本，是指一个企业流动资产的总额；狭义的营运资本又称净营运资本，是指流动资产减流动负债后的余额。

6.1　现金管理

　　现金管理的过程就是管理人员在现金的流动性与收益性之间进行权衡选择的过程，既要维护适度的流动性，又要尽可能提高其收益性。

1. 最佳现金持有量的确定

　　对于如何确定最佳现金持有量，经济学家提出了许多模型，成本分析模型、存货模型和随机模型是几种常见的模型。

　　1）成本分析模型。成本分析模型是根据现金有关成本，分析预测其总成本最低时现金持有量的一种方法。

　　2）存货模型。确定现金最佳余额的存货模型来源于存货的经济批量模型。如何确定有价证券与现金的每次转换量，可以应用现金持有量的存货模型解决。

　　3）随机模型。也称米勒-欧尔模型，是一种基于不确定性的现金管理模型，是在现金需求量难以预知的情况下进行现金持有量控制的方法。

2. 现金的日常控制

　　为了提高现金的使用效率，加速现金周转，企业应尽量加速账款的回收，延缓付款速度，巧妙运用现金浮游量和设法使现金流入与流出同步。

6.2 应收账款管理

应收账款是企业提供的商业信用，通过采取赊销、分期收款等销售方式来扩大销售，以增加利润。应收账款管理的基本目标，就是在充分发挥应收账款功能的基础上，降低应收账款投资的成本，使提供商业信用、扩大销售所增加的收益大于有关的各项费用，即在应收账款信用政策所增加的盈利和这种政策带来的成本增量之间做出权衡：只有当应收账款所增加的盈利超过所增加的成本时，才应当实施宽松的信用政策；否则，就应采取紧缩的信用政策。

6.3 存货管理

存货是指企业在生产经营过程中为销售或者耗用而储备的物资，包括材料、燃料、低值易耗品、在产品、半成品、产成品、协作件、商品等。进行存货管理，就要尽力在各种存货成本与存货效益之间做出权衡，达到两者的最佳结合，这就是存货管理的目标。

1. 经济批量决策

经济订货量又称最佳批量，是指既能满足生产经营对存货的正常需要，又使存货总成本最低的某项存货批量。

2. ABC 分类控制

所谓 ABC 分类管理就是按照一定的标准，按照重要性程度将公司存货划分为 A、B、C 3 类，分别实行按品种重点管理、按类别一般控制和按总额灵活掌握的存货管理方法。ABC 分类控制的基本原理就是对企业库存物只按其重要程度，价值高低，资金占用或消耗数量等进行分类排序，以分清主次，抓住重点，并分别采用不同的控制方法。

案例学习

案例 6.1 营运资本管理案例——克莱斯勒公司营运资本管理

案例目标

通过本案例的学习，学生应从中体会企业营运资本管理策略对企业风险和报酬的影响，对资产组合策略和筹资组合策略有深刻的理解，培养合理确定短期资产持有量的能力。

▇▇　案例陈述

克莱斯勒汽车公司创建于 1925 年，创始人是沃尔特·克莱斯勒（Walter Chrysler），他离开通用汽车公司进入威廉斯·欧夫兰公司，开始生产克莱斯勒牌汽车。在他的领导下，凭借技术和财力，克莱斯勒汽车公司发展迅速，先后买下道奇、布立格和普利茅斯公司，成为美国第三大汽车公司。该公司在全世界许多国家设有子公司，是一个跨国汽车公司。公司总部设在美国底特律，拥有雇员 10 万人左右。

克莱斯勒汽车公司 70 多年的历史中，在车辆设计、制造、装配和安全系统等方面都具有相当高的造诣，在世界车坛上赢得了一流的声誉。公司生产的捷龙、彩虹、切诺基等数款汽车曾在中国内地销售或进行合资生产。

克莱斯勒汽车公司 1996 年持有的现金、银行存款和短期债券达到了空前的 87 亿美元，这些资金项目的报酬率在税后仅有 3%。克莱斯勒汽车公司之所以如此谨慎地对待现金项目，很大一部分原因是由于 1991～1992 年的萧条期间，公司产生了 40 亿美元的现金赤字，给公司造成了很大的难题。因此，克莱斯勒汽车公司的管理层认为该年度的高额现金持有量可以为下一个经济衰退期做好准备。但是克莱斯勒汽车公司的一些股东对这种过于谨慎的管理政策却提出了质疑。他们认为，现金持有量保持在 20 亿美元就已经足够了，过多的现金存量会丧失很多其他更高回报的投资机会。他们还认为，如果出现现金短缺问题，克莱斯勒汽车公司可以通过借款等其他筹资方式取得所需资金，而不需要保持一个如此之高的现金持有量，多余的 67 亿美元可以用来投资其他项目，为股东赢得更多回报。

［问题］

1）克莱斯勒公司现在的营运资金管理政策属于什么类型？

2）克莱斯勒公司的股东希望公司采用什么样的营运资金策略？

3）结合克莱斯勒公司的案例，讨论不同的营运资金管理策略对企业风险和报酬的影响。

▇▇　案例分析

1）克莱斯勒汽车公司持有的现金、银行存款和短期债券达到了 87 亿美元，而正常现金需要量只需 20 亿美元，说明公司采用的是保守的资产组合策略；而股东认为，若出现现金短缺，只需向银行借款等方式就能获得资金，这说明公司当前持有的一些短期流动资产是靠长期资金来筹集的，所以公司采用的是保守的筹资组合策略。

2）公司股东希望公司只需持有 20 亿美元，这相对于公司以往历史经验而言，是一个比较小的金额，因此，股东希望公司采取冒险的资产组合策略，将更多的资金投资于报酬更高的项目上。而股东希望当出现现金短缺时，通过银行借款等方式来解决，以实现短期资产由短期资金来筹集和融通，实行正常的筹资组合策略。

3）不同的资产组合对公司的报酬和风险有不同的影响。采取保守的资产组合策略时，公司持有过量的流动资产，公司的风险相对较低，但由于这些资产的收益率相对较低，使得公司的盈利相对减少；相反，采取冒险的资产组合策略时，公司持有的流动资产较少，非流动资产较多，这使公司的风险较高，但是收益也相对较高，如克莱斯勒公司持有过量的现金及短期债券资产，这可以防范公司出现经营风险，但是它的收益率也较低，只有3%，所以股东希望公司能够将更多的资金投向回报更多的其他项目。

同样，不同的筹资组合对公司的报酬和风险也有不同的影响。采取保守的筹资组合策略，以长期资金来筹集短期资产，可以减少公司的风险，但是成本也会上升，由此减少公司的收益。相反，实行冒险的筹资组合策略，增加公司的收益，但是公司也要面临更大的风险。而在正常的筹资组合策略下，公司的报酬和风险都适中。

案例小结

在财务管理的实际工作中，企业应当根据自身的具体情况和环境条件，对未来进行合理预测，将短期资产与短期负债尽量匹配，确定一个对企业来说较为适当的短期资产持有量。

本案例体现了流动资产、流动负债的结构性管理知识点的运用与理解，提高了学生合理制定资产组合策略和筹资组合策略的能力。

案例 6.2 现金管理案例——最佳现金持有量的确定

案例目标

通过本案例的学习，学生应掌握使用现金成本分析模型，确定企业最佳现金持有量的方法，从而理解企业营运资金中现金管理的目标。

案例陈述

富达自行车有限公司 2007 年投资 2 879 万元，引进年产 40 万辆铝合金车架生产线已竣工调试，该公司产品质量优良，价格合理，在市场上颇受欢迎，投产后新增销售收入 1.2 亿元，利税 2 400 万元。因此，公司迅速发展壮大，货币资金持有量不断增加。现金是企业流动性最强的资产，可以用来满足生产经营开支的各种需要，拥有足够的现金对于降低企业的风险，增强企业资产的流动性和债务的可清偿性具有重要的意义。但是，现金属于非营利资产，持有量过多，会导致资金的闲置，进而使企业的收益水平降低。因此，公司财务经理为了尽量减少企业闲置的现金数量，提高资金收益率，考虑确定最佳的现金持有量，于是分派财务科对 4 种不同现金持有量的成本做了测算，具体数据如表 6.1 所示。

表 6.1 现金持有方案 （单位：元）

方案项目	A	B	C	D
现金持有量	25 000	50 000	75 000	100 000
管理费用	20 000	20 000	20 000	20 000
短缺成本	12 000	6 000	2 000	0

财务经理根据上述数据，结合企业的资本收益率12%，利用成本分析模型，确定出企业最佳现金持有余额75 000元。

[问题]

1）财务经理如何确定75 000元为企业最佳现金持有额？说明理由。

2）营运资本的管理目的是什么？现金管理的基本目标是什么？为什么要确定最佳现金持有量？

■■■ **案例分析**

1）经计算，形成最佳现金持有量测算表，如表6.2所示。

表6.2　最佳现金持有量测算表　　　　　　　　　　　　（单位：元）

方案及现金持有量	管理成本	机会成本	短缺成本	相关总成本
A（25 000）	20 000	3 000	10 000	33 000
B（50 000）	20 000	6 000	6 000	32 000
C（75 000）	20 000	9 000	2 000	31 000
D（100 000）	20 000	12 000	0	32 000

C方案的相关总成本最低，即公司持有75 000元现金时，各方面的总代价最低。

2）营运资本是企业总资产管理的一个重要组成部分，所以营运资本的管理目的必须符合企业整体财务管理的目的。一般地说，营运资本管理的目的是通过管理活动的实施，保证企业资产具有足够的流动性，并同时努力提高企业的赢利能力。流动性是蕴含于企业经营过程中的动态意义上的偿付能力，也是企业资产运用的固有特征。保持营运资本具有适度的流动性以便应付日常经营需要，使其具有良好的偿付能力。企业营运资本管理的基本目标就是最大限度地服务于企业的长远财务规划，围绕经营活动现金流量的创造，实现企业价值最大化。当然，流动资产自身没有创造现金流量的能力，对企业价值没有直接的影响。但在资本投资性质及其效率既定的情况下，无能的、低效的营运资本管理会在很大程度上抵减企业经营活动现金流量的创造力。因此，企业应合理确定现金持有量，保持良好的流动资产结构，加快应收账款的回收等，使企业整个营运资本按照营运资本政策既定的目标进行运营，促使企业实现价值最大化。

现金是一种非赢利资产，现金结余过多，会降低企业的收益，在银行的存款，其利息远远低于企业资金利润率；但现金数量过低，又可能出现现金短缺，从而影响企业生产经营活动。

因此，现金管理就是在现金的流动性与收益性之间进行权衡的选择。其管理目的是在保证企业生产经营活动所需现金的同时，降低现金持有量，提高现金的使用效率。

■■■ **案例小结**

在现金预算中，为了确定预算期末现金资产的余缺情况，除了要合理估计预算期内的现金收入与支出项目外，还应当确定期末应当保留的最佳现金余额，这就是现金持有量决策所要解决的主要问题。

本案例体现了现金成本分析模型知识点的运用与理解，提高了学生确定最佳现金持有量的能力。

案例 6.3　应收账款信用政策案例——金杯汽车巨额应收账款

▌案例目标

通过本案例的学习，学生应理解和掌握应收账款的信用标准、信用政策，熟悉应收账款的管理内容与方法，培养对应收账款管理的能力。

▌案例陈述

在我国证券市场闯荡多年的金杯汽车，其 2001 年的年报富有戏剧性。2002 年 4 月 13 日，金杯汽车发布了业绩预亏公告：金杯汽车 2001 年度业绩将出现巨额亏损。随后，该公司又公布了经营业绩预亏的补充公告，公告中解释，造成巨额亏损是由于公司变更会计政策，计提坏账准备产生的。金杯汽车在公布了预亏公告及补充公告之后，直到 4 月底才公布了 2001 年度报告。

在金杯汽车迟缓公布年报的背后，自然是一份令人不满意的答卷。金杯汽车 2001 年度报告显示，主营业务收入 64 846.90 万元，同比减少 18%；净利润－82 503.87 万元，同比减少 420%；调整后的每股净资产 1.252 元，同比减少 27%；股东权益 155 085.29 万元，同比减少 34%；每股收益－0.755 1 元，净资产收益率－53.2%，均有大幅度的下滑。

造成金杯汽车巨额亏损的主要原因是，在公司的资产构成中，充斥着大量的应收账款。截至报告期末，该公司的应收账款高达 19.87 亿元，其中 5 年期以上的应收账款高达 7.88 亿元，占应收账款总额的 39.6%。按账龄分析法金杯汽车需要计提的坏账准备金高达 9.47 亿元，占应收账款总额的 47.6%。正是巨额的坏账，导致金杯汽车的巨额亏损，这说明公司在资产运作上存在很多问题。

［问题］

1）金杯汽车公司的应收账款管理方面可能出现了什么问题？

2）你认为金杯汽车公司可以从哪几个方面加强应收账款的管理？

▌案例分析

1）金杯汽车公司的应收账款管理可能出现的问题有以下两个。

① 没有制定合理的信用政策，在赊销时，没有实行严格的信用标准，也没有对客户的信用状况进行调查和评估，从而对一些信用不好、坏账损失率高的客户也实行赊销，因而给公司带来巨额的坏账损失。

② 没有对应收账款进行很好的监控，对逾期的应收账款没有采取有力的收账措施。

2）金杯汽车公司可以从以下 3 个方面加强应收账款的管理。

① 事前：对客户进行信用调查和信用评估，制定严格的信用标准。

② 事中：制定合理的信用政策，采用账龄分析表等方法对应收账款进行监控。

③ 事后：制定合理有效的收账政策，催收拖欠款项，减少坏账损失。

案例小结

企业发生应收账款的主要原因是扩大销售，增强竞争力，其管理的目标就是追求利润。应收账款是企业为了扩大销售和盈利而进行的一项投资。投资就要发生成本，就需要在应收账款信用政策所增加的盈利和这种政策的成本之间做出平衡。只有当应收账款所增加的盈利超过所增加的成本时，才应当实施应收账款赊销。如果应收账款赊销有着良好的盈利前景，就应当放宽信用条件增加赊销量。

本案例体现了应收账款信用政策知识点的运用与理解，提高了学生应收账款信用政策制定的综合能力。

案例 6.4　应收账款日常管理案例——ABC 公司应收账款日常管理

案例目标

通过本案例的学习，学生应了解应收账款日常管理及控制的方法和内容，从而培养实际管理应收账款的能力。

案例陈述

ABC 公司在竞争不断加剧的情况下，调整了原有的信用政策，适当延长了信用期间、放宽了信用标准，信用政策的修订，使公司销售增加，但是伴随着赊销收入的增长，公司应收账款也日益增加，对应收账款的日常管理工作则变得更加重要了。

2001 年 1 月 31 日，按照要求，财务部门的李小姐编制完成了每月一次的公司账龄分析表，并将其递交给了公司财务总监张先生。账龄分析表的内容如表 6.3 所示。

表 6.3　ABC 公司账龄分析

2001 年 1 月 31 日

应收账款账龄	账户数量	金额/万元	百分比/%
信用期内	200	400	40
超过信用期 1～20 天	100	200	20
超过信用期 21～40 天	50	100	10
超过信用期 41～60 天	30	100	10
超过信用期 61～80 天	20	100	10
超过信用期 81～100 天	15	50	5
超过信用期 100 天以上	5	50	5
合　　计	420	1 000	100

张先生收到账龄分析表及其相关资料后，进行了仔细阅读，发现在超过信用期 100 天以上的客户中，宏达公司是个"老大难"问题，其拖欠款项时间最长，且金额比重较大为 40 万元，于是张先生批示：①针对不同类型客户制定相应的收账政策；②进一步获取、分析宏达公司的相关资料，判断该公司具体情况，争取这个月解决这一问题。

按照张先生的指示，相关工作人员开始进行资料的搜集，并开始拟订收账政策。初步的方案如下：①对于账龄超过信用期 1～20 天的客户，由于拖欠时间较短，为了保存市场份额，不予催收；②对于账龄超过信用期 21～40 天的客户，可以通过寄发措辞婉转的信件提示对方已经过期款项事宜；③对于账龄超过信用期 41～60 天的客户，可以通过电话催询；④对于账龄超过信用期 61～100 天的客户，可以委派专人与客户当面洽谈；⑤对于账龄超过信用期 100 天的客户，先委派专人与客户进行措辞严厉的当面洽谈，如果仍无效果，必要时可提请有关部门仲裁或提请诉讼。

张先生审阅了收账方案，认可了第①～④条措施，但对于第⑤条措施，张先生认为应先了解清楚客户的具体情况后方可采用强硬手段，尤其是若采取法律程序更应三思而后行，因而张先生认为应该从这类客户中问题最为严重的宏达公司入手，了解其实际状况，再确定具体措施。

对于宏达公司的问题，相关人员也在不断地给予关注，进行了追踪分析并相继搜集了有关资料，包括：①该公司的资产负债表及利润表；②该公司付款的历史资料；③有关该公司经营现状的其他信息。

通过资料的搜集，相关人员对宏达公司的基本情况做出总结呈交给了张先生，总结中对宏达公司的基本情况进行了以下描述。

公司是 1998 年 1 月成立的一家中等规模的电器商城，主要经营范围是销售各种品牌的家用电器。ABC 公司生产的品牌产品在宏达公司由某一专柜销售。两家公司之间从 1998 年至今，不断地有业务往来。从公司付款的历史资料上看，1998 年该公司付款状况尚可，虽然间或有拖欠现象，但是拖延欠款的时间不超过 30 天便可以结清账款。1999 年以来，宏达公司付款状况开始出现下滑的态势，拖延欠款的时间逐渐延长，而且每次对其采取催交政策都发现，公司不按期支付货款并非故意或工作疏忽所致，而是确系因为其资金周转出现问题。2000 年至今，公司付款状况每况愈下，长时间拖欠货款。宏达公司与本公司之间较大数额交易的付款历史资料如表 6.4 所示。

表 6.4 付款历史资料

截止日期：2001 年 1 月 31 日

交易发生时间	交易金额/万元	付款时间	超过信用期天数
1998.02.10	50	1998.05.30	10
1998.06.05	20	1998.09.28	23
1998.08.12	40	1999.12.07	25
1998.11.07	20	1999.03.09	30
1999.03.15	35	1999.07.30	45
1999.05.10	30	1999.10.15	65

续表

交易发生时间	交易金额/万元	付款时间	超过信用期天数
1999.07.01	30	1999.12.15	75
1999.10.10	25	2000.05.03	90
1999.12.25	15	2000.07.15	110
2000.03.08	15	至今未还	230
2000.05.15	10	至今未还	165
2000.07.05	15	至今未还	105

通过对宏达公司与本公司之间较大数额交易的付款历史资料的分析，天启公司发现宏达公司自成立之日起，该公司的经营状况、资金周转情况就不算良好，近期更是走下坡路。依据财务部门搜集的有关宏达公司的 2000 年 12 月 31 日的资产负债表及 2000 年的利润表，更加证明了这一点。有关财务报表资料如表 6.5 和表 6.6 所示。

表 6.5 资产负债表

2000 年 12 月 31 日   （单位：万元）

资产	年末数	负债及所有者权益	年末数
		流动负债：	
流动资产：		短期借款	50
货币资金	10	应付账款	300
应收账款	20	其他应付款	50
存货	350	流动负债合计	400
待摊费用	80	长期负债	0
流动资产合计	460	所有者权益：	
固定资产净值	550	实收资本	500
资产总计	1 010	留存收益	110
		负债及所有者权益总计	1 010

表 6.6 利润表

2000 年度   （单位：万元）

项　目	本年累计
主营业务收入	600
减：主营业务成本	450
主营业务税金及附加	30
主营业务利润	120
加：其他业务利润	0
减：营业费用	20
管理费用	0
财务费用	0
营业利润	100

续表

项 目	本年累计
加：投资收益	0
营业外收入	0
减：营业外支出	131
利润总额	-31
减：所得税	1
净利润	-32

天启公司利用宏达公司的报表，计算了相关指标，包括：①流动比率＝1.15（460/400）；②速动比率＝0.075（30/400）；③存货周转率＝1.3（450/350）；④销售利润率＝20％（120/600）；⑤销售净利率＝－5.3％（－32/600）等。

通过这些指标的计算，天启公司对宏达公司的财务和经营状况大体上得出如下结论：①流动比率较低，说明该公司偿债能力较差，流动负债筹资数额偏高，速动比率过低，说明该公司利用速动资产偿还债务的能力更差，也说明流动资产中存货、待摊费用所占比重大，而待摊费用的主要内容是该公司的房租费用，因而偿债价值低，那么存货的周转变现情况则起到了至关重要的作用；②存货周转率较低，反映出存货的周转期间较长，周转速度慢，有积压现象，而存货变现速度缓慢导致了其偿债能力低下；③销售利润率为20％，说明该公司从主营业务中可以获利，但净利润为负数，则反映出公司的费用支出过大，主营业务利润不足以弥补大额的费用，导致亏损。

宏达公司目前状况的产生，是受多方面因素的影响，但归结起来主要有以下几个：①宏达公司所处地理位置不佳，交通条件不甚便利；②公司规模不大，无法取得规模效益，因而所销售商品在价格上较之其他大型家电零售企业不具备优势；③公司经营场所为租赁形式取得，高额的租金费用使之无力承担；④家电零售市场竞争激烈，一些大规模的企业分割市场份额，会危及诸如宏达公司这样的中小企业。

经过上述分析，天启公司做出如下决定：①停止对宏达公司提供赊销；②委派专人与其进行当面洽谈，如果仍无效果，必要时可提请有关部门仲裁或提请诉讼。

但是就在天启公司做出决定之后一周内，公司获知有一家大型家电零售企业正准备合并宏达公司，双方正在洽谈相关事宜，如若合并成功，宏达公司可以扩充，现在的资产、负债便由合并后的公司承担。面对这种新情况，张先生决定先暂停款项的催收，视合并结果再定方案。

［问题］

1）通过天启公司对宏达公司进行应收账款管理的这一案例，可以得出什么样的启示？

2）结合所学习过的知识，谈谈你对应收账款管理和控制的看法。

▨▨▨ 案例分析

1）对于已经发生的应收账款，企业应进一步强化日常管理工作，采取必要措施进行分析、控制，及时发现问题，提前采取对策，使企业在应收账款上的投资取得理想效果。

2）对于逾期付款的客户，特别是逾期时间较长的客户，应搜集相关信息，分析其发生拖欠情况的频率，发生拖欠情况的原因，对不同拖欠时间的账款及不同信用品质的客户，应采取不同的收账方法，制定出不同收账政策和方案。对尚未过期的应收账款也不能放松管理与监督，以防发生新的拖欠。

■ 案例小结

信用政策制定以后，企业要做好应收账款的日常控制工作，进行信用调查和信用评价，以确定是否同意顾客赊欠账款，当顾客违反信用条件时，还要做好账款催收工作。这些措施包括对应收账款回收情况的监督、对坏账损失的事先准备和制定适当的收账政策。

本案例体现了应收账款管理与监控知识点的运用与理解，提高了学生控制和催收应收账款的能力。

案例 6.5　存货规划与控制案例——家乐福的存货管理

■ 案例目标

通过本案例的学习，学生应理解和掌握存货的日常管理，如 ABC 管理法等内容，培养对企业的库存、订货、仓储、财务等综合性活动的实际管理能力。

■ 案例陈述

在我国制造业的物料管理中，尚存在着许多有待解决的问题。但同时大型流通零售企业在近年的发展中都形成了很好的物流经验，特别是沃尔玛、家乐福等国际零售企业在发展中形成了良好的存货控制、仓储管理、信息管理的系统。这些经验为我国制造业物料管理提供了良好的借鉴。物料管理分为库存计划、购料订货、仓储作业及财务管理 4 个阶段，本案例就从上述这 4 个阶段出发，结合零售业家乐福的做法进行具体阐述。

（1）库存计划阶段

第一个环节是计划环节。事先周全的计划，既可以防止各种可能的损失，也可以使人力、设备、资金、时机等各项资源得到有效充分的运用，还可以规避各类可能的风险。制订一个良好的库存计划可以减少公司不良库存的产生，又能最大效率地保证生产的顺利进行。

家乐福的库存计划模式：在库存商品的管理模式上，家乐福实行品类管理，优化商品结构。一个商品进入之后，会有 POS（point of sales，销售点情报管理系统）机实时收集库存、销售等数据进行统一的汇总和分析，根据汇总分析的结果对库存的商品进行分类。然后，根据不同的商品分类拟订相应适合的库存计划模式，对于各类型的不同商品，根据分类制定不同的订货公式的参数。根据安全库存量的方法，当可得到的仓库存储水平下降到确定的安全库存量或以下的时候，该系统就会启动自动订货程序。

（2）购料订货阶段

计划层面的下一个层面即为实施层面，也就是购料订货阶段。在选用合理的存货管理模式后，就根据需求估算的结果来实施订货的动作。以确保购入的货物能够按时、按量地到达，保证以后生产或销售的顺利进行。

家乐福的购料订货模式：在家乐福有一个特有的部门，也就是订货部门，是整个家乐福的物流系统核心，控制了整个企业的物流运转。在家乐福，采购与订货是分开的。由专门的采购部门选择供应商，议定合约和订购价格。

（3）仓储作业阶段

家乐福的仓储作业。家乐福的做法是将仓库、财务、订货、营业部门的功能和供应商的数据整合在一起，从统一的视角来考虑订货、收货、销售过程中的各种影响因素。因此，看家乐福仓储作业的管理就必须联系它的订货、财务、营业部门来看，这是一个严密的有机体。仓库在每日的收货、发货之外会根据每日存货异动的资料，将存量资料的数据传输给订货部门，订货则根据累计和新传输的资料生成各类分析报表。同时，家乐福已逐步将周期盘点代替传统一年两次的"实地盘点"。在实行了周期盘点后，家乐福发现，最大的功效是节省一定的人力、物力、财力，没有必要在两次实地盘点时大规模兴师动众了，同时盘点的效率也得到了提高。

（4）财务管理阶段

财务管理是物料管理循环的最后一个环节，但同时也是下一个循环的开始。财务管理包含两部分的内容：一是指仓储管理人员的收发料账；另一部分则是财务部门的材料账。对于这两类账的日常登记、定期的检查汇总，称之为物料的财务管理。财务管理最主要的目标是保证料、账准确，真实反映库存物料的情况。

［问题］

1）从家乐福的库存计划模式中你可以得到什么启示？

2）从家乐福的购料订货模式中你可以得到什么启示？

3）从家乐福的仓储作业阶段你可以得到什么启示？

4）从家乐福的财务管理阶段你可以得到什么启示？

案例分析

1）从家乐福的库存计划模式获得的启示：①运用 ABC 法对物料分类管理；②根据品类管理制订不同的库存计划模式。

2）从家乐福的购料订货模式获得的启示：①在公司内部形成一个控制中心；②明确各个部门的职责；③优化进货流程。

3）从家乐福的仓储作业阶段获得的启示：①加强仓库的控制作用；②推行周期盘点。

4）从家乐福的财务管理阶段获得的启示：①利用计算机构建财务的结算流程；②财务人员参加周期盘点。

案例小结

存货控制是存货内部控制，也就是资产保护控制，主要包括接近控制、盘点控制，广义上说，资产保护控制，可以包括对实物的采购、保管、发货及销售等各个环节进行控制。存货内部控制是企业整个内部控制中的重点内容和中心环节。企业制定存货内部控制的目的在于保障存货资产的安全完整，加速存货资金周转，提高存货资金使用效益。

本案例体现了存货内部控制知识点的运用与理解，提高了学生存货内部控制的能力。

案例 6.6　存货管理案例——嘉农网络超市存货管理

案例目标

通过本案例的学习，学生应了解存货成本的构成内容，掌握最佳存货水平的确定方法，深刻认识存货管理对企业的重要性。

案例陈述

嘉农网络超市的总经理扬波准时出门，当他来到仓库时他看到，整个仓库就像一锅沸水。几个工人推着小车在货架间往来穿梭，老是互相堵住。出货口有三四个工人正在给货物打包、做标记，而他们身后已经累积了好几辆小车。还有些人在仓库里跑来跑去，不知道在忙什么。

原来一个多小时前，董事长赵志伟就到了配送中心，查问一张运丰公司的订单，当知道这份订单和其他需要今天送货的订单一样，都还在货架前等着处理后，他就做起了监工，亲自在仓库里指挥工人。

可半个多小时下来，只完成了 30%的拣货工作，而且还有不少货品短缺。更糟糕的是核验员还发现不少完成拣货的单子里有错误，根本无法发运。

昨天晚上，客户部接到运丰公司的电话，狠狠地埋怨了嘉农总不能按时按量送货，给他们带来了很大的麻烦，并威胁如果再发生这样的情况就中止合作。

扬波赶紧叫黄豪优先处理运丰公司的订货，并向赵董保证下午前一定把货送到，以后也不会再出现这种状况。

嘉农是一个组建不到 3 年的新兴企业，主要经营日用品、食物、饮料等杂货的网上销售业务。公司是几个年轻人集合了民间资本创立的，投资者就是现任董事长赵志伟的父亲，他们皆看好网络超市的前景，打算借此做一番大事业。

嘉农公司成立以来发展迅速，从十几个人两台电脑，配送小礼品开始，业务范围逐渐扩大，包括了一些对质量及货架管理要求极高的水果、新鲜奶制品食物等。每天的订单量从几个发展到几百个，配送点覆盖了上海的 10 个区县，配送量每天达到十多量货车，业务量突飞猛进。

可是网络神话的破灭使那些昔日五彩缤纷的泡沫无影无踪，拉登的两架飞机更是雪上加霜地给了全球经济一下重击，裁员、降薪，甚至倒闭都已不再是新闻。国内经济也不复上演上次金融危机时的风光这边独好，投资商也跟着纷纷修改了他们的预算，嘉农好几笔谈好的投资计划都搁浅了。但幸运的是还有赵志伟的父亲资金支持，嘉农尚有足够的资金支持以度过这个寒冷的冬天。

但事实显然不如扬波想得那么乐观。赵志伟回到公司后没多久，就给扬波带来了一个噩耗：原本谈好的第二笔资金现在没法到位了。

如果不能在 3 个月内扭亏为盈的话，就会把嘉农出售变现。

"到了现在，我们只能放手一搏，希望能有转机。如今外部的资金支持已经没有了，我们只有从公司内部挤出钱来进行下一步的发展，也就是说，我们的目标是同时改善净利和现金流，至于具体怎样达到个目标，我们现在就商量一下。"扬波说，"大家不妨说说自己的看法，只有 3 个月的时间，我们从什么方向着手改进最有效？"

扬波说："如果我们减少订货量，就可以减少由于货物过期报废而导致的损失。但是这样，我们势必要损失订货折扣，货物的单价上升，销售成本也跟着上升，而且由于市场需求的不稳定可能会导致某些货物缺货，这部分缺货造成的损失也是不小的。"

"没错！反过来呢，尽管大量的订货可以降低销售成本、减少缺货现象，可又会使得那些没有及时销售掉的货物过期，增加管理费用。"赵志伟接着说。

对于存货的问题，嘉农内部也召开过多次会议研究。各个部门所持的意见大相径庭。销售部的认为货存量不够导致频频缺货，越来越低的订单完成率和糟糕的服务水平限制了销售额的增加。而仓库部门和采购部门则认为现有的库存量已经太高，特别那些货架期（保鲜要求）比较短的商品来说，过期损失的负担相当大。而财务经理的分析也显示，存货在公司的资产中占用了大量的现金，已经到了警戒水平，而且和业务量的发展相比，成几何指数的增长趋势。

为了解决这个问题，扬波聘请了在读的财经大学的供应链学科的研究生王凡兼职进行研究。

在研究了嘉农的需求数据后，王凡指出嘉农的需求预测的方法过于简单、主观，缺乏科学依据。市场上有不少预测软件，但是购买却需要一笔不小的开销，是否值得令扬波犹豫不决。同时，王凡对嘉农的存货管理方法也提出了一些意见，建议引进 WMS（warehouse management system，仓库管理系统），对存货进行实时管理，可以节省货物过期的成本。

虽然扬波一直对 WMS 都有留意，不过业界中耗费了巨资而没有收到相应回报的案例也比比皆是。同时，由于网络业务的独特性，使 WMS 的选择上也很难决定，看了几个软件公司的演示，也觉得各有所长。能否真正适应嘉农的业务，没有实践的检验，做这样大的一笔投资，风险不小。另外一个途径是内部开发，但是项目投资更大而且开发时间也会更长。

在聘请王凡的同时，嘉农内部也成立了攻关小组进行研究，从另外一个角度提出了些解决办法。小组主张将嘉农的几百种存货进行分类，按不同的特性制定订货策略和管理方法，即所谓的 ABC 分类法。这个建议基本不要求额外的投入资源，而且小组已经选取一些货物，做了小范围的测试，效果非常理想。但是天下真的有如此"免费的午餐"么？为了谨慎起见，扬波要求小组根据前两年的存货数据做出模拟，来证实此项措施的效果。

现在的局势已经到了非改不可的地步了，但是有那么多的建议，公司的资源有限，一着棋错，可能满盘皆输。还剩下不到3个月的时间，面对着办公桌上堆满的咨询报告和建议书，此刻，对于公司是否能够摆脱困境，还是会一步一步陷入泥潭，最终因为无法赢利而难逃被卖掉的命运，说真的，扬波也看不清楚。

过于单一的订货策略是导致库存成本高居不下的原因，解决的办法则是运用不同的存货管理方法来管理不同类型的货物；扬波可以按月平均销售额将存货分成A、B两类，销售额最高的A类货物（20%）大概占了将近80%的销售额，而剩余的B类货物，大概80%的货物种类，贡献了约20%的销售额，对于两大类别的货物分别采取不同的存货管理法。

[问题]

1) 结合案例，你认为嘉农公司的订货策略属于什么方式？这对存货有什么影响？

2) 扬波的存货管理方法，应从哪几个方面进行改进？为什么？

案例分析

1) 从案例中可以看出，嘉农公司的订货策略基本采用定期订货的方式，这是造成其存货成本高居不下的主要原因，定期订货法成本较低，管理方便，但是对于需求变化快的商品反应会较慢。除了定期订货法外，常用的库存管理方法还有连续观察法，此方法可以较好地解决需求变化而导致缺货或者过期的问题，但是因为需要时时观察，以免不定期的补仓加剧了运输成本，所以总体的成本可能会不降反升。因此，要解决目前的问题，保持一个合适的存货标准，使之既能满足客户需求，又不缺货，还要保持一定的客户服务水平，就必须对存货成本进行重新核算来确定什么样的货物适合什么样的观察方法。

理想的方法就是利用统计学中样本抽查的方法，在仓库中选几十种商品的相关成本进行分析，然后对不同种类的商品采取不同的订货策略。

像嘉农这种业务模式，比较常见的是以每月平均销售额作为参照标准。将货物单件价格乘以平均每个月的销售量，得出每月平均销售额，然后从大到小排列。每月平均销售额高于一定水平的商品应用动态的连续订货方式，而每月平均销售额低于这一数额的商品则采取原来的定期订货方式，省时省力。

事实上，从公司最终利益的角度来考虑，净利润和销售额都会是一个好的标准，净利润高的或是销售额高的产品很自然的应该受到更大的重视，对之采用细致、科学的库存管理方法，也许成本会较高，但相对于它们对公司贡献的收入来说还是值得的。但是考虑到实际运作中每件产品的净利润不如销售额容易精确地得到，所以很多商家在实际操作中都会使用销售额作为一个衡量的标准。

2) 扬波对仓库管理的改进要从存货管理和场地管理两方面入手。

对存货的管理要根据每类商品的不同特性和需求变化，设定合理的订货周期和订货量，及时补货；另外在仓库的场地管理上，货物摆放要尽可能地有利于提高工人的拣货速度，出货口也要保持通畅。

嘉农只是一家小公司，所以在现阶段的发展情况下，尤其是在资金短缺的情况下，用一个管理软件，如 WMS，不现实，管理软件成本高、见效慢，且大多适用于大公司的复杂情况，所以用案例中提到的 ABC 分类法，再辅以一些简单适用的管理方法就可以解决目前的问题，且比较省时省力，不至于过分提高管理成本。

从案例中提到的问题分析，嘉农的仓库管理存在两方面的问题：一是对库存商品的管理问题，二是对仓库场地管理的问题。

案例开头就写到工人推着车在过道里跑来跑去，老是相互堵住，这说明嘉农仓库本身的管理就有问题，也许是过道设得太窄，也许就是工人运货的路线不对。出货口的情况也说明了这个问题。

因此，扬波首先要解决的问题就是让仓库里的货物有序摆放。出货也一样，像沃尔玛、麦德龙这样的大超市，仓库有好几个门，不同的运货车都有指定的时间和地点出货，货车排队的时间、卸货的时间也有严格限制，不会大家一起来，保证出货口的通畅。

对于存货的管理要点在订货周期和订货量的设定上。嘉农目前的货品种类范围很广，有日用品、食品、饮料、水果、新鲜奶制品等，每种商品的特性及需求变化都不同，必须用不同的方法进行预测。例如，牙刷、牙膏类的日用品消费通常比较稳定，消费周期相对长，需求波动不会很大；而食品、饮料等的消费周期比较短，尤其是饮料，需求会随着季节变化。所以需求预测应该根据产品本身的周转快慢不同来进行。

扬波可以在某一段时间内连续测算每种商品在不同时间点的消耗量，再加上一些饮料等产品的季节变化因素，理论上可以计算出后面几个周期里的预测消费量。在对未来预测的基础上，再加上每次下订单时必须花费的订货成本、产品折扣、缺货成本等所有成本因素，就可以算出每种产品的最合理的下订单频率和下订单的量。

再用简单的 ABC 方法来管理，按存货的消耗速度把产品分成简单的 ABC 类，每类产品给定一个订货周期或安全库存量。如果按固定时间来订货，如一周下一次订单，订货量则是安全库存量与现有库存的差额。或是按安全库存来订货，给每类商品根据需求量设定一个安全库存数字，每天跟踪，只要库存不足就下订单补，这样就可以解决库存问题。

如果不考虑嘉农目前的情形，现在零售商和制造商之间都尽可能地共同建立一种协同的预测、补货、发货方法来进行整个供应链上的库存管理，这是目前比较先进且比较流行的一种做法，业界称之为协同计划、预测和补货。之前制造商和零售商之间的关系相对独立分开，就像嘉农现在的情况，他缺多少货，要补多少，供应商多数不知道。而协同计划、预测和补货的存货管理方法就是让制造商尽可能地知道零售商的仓库里的库存量，甚至商品在货架上的库存量，那么双方就可以共同预测出下一个周期里需要多少，补货行为成为自动进行的，这样就可以让双方的库存都降下来。

从更实际的角度来考虑，扬波现在只有 3 个月的期限，所以他的当务之急不是创造一个世界一流的库存管理方法，而是在这段时间内扭转亏损局面，降低成本、保证销量。销售量的提高在短期内是没有什么措施可以扭转过来的，只能通过将过期的商品销毁，积压的商品进行积极地降价促销，尽快地把货出清。然后，对每样商品的进货进行科学的管理，对各类货品的周转量、订货成本、运输成本、产品折扣、缺货成本做出合理分析，对补货方式进行严格管理，避免再形成更多的存货。

■ 案例小结

存货管理的目的就是尽力在各种存货成本与存货效益之间做出权衡，达到两者的最佳结合。只有通过实施正确的存货管理方法，降低企业的平均资金占用水平，提高存货的利用率，才能最终提高企业的经济效益。

本案例体现了存货成本与效益平衡知识点的运用与理解，提高了学生对存货批量、批次决策和管理能力。

案例 6.7　存货舞弊案例——法尔莫公司存货舞弊案

■ 案例目标

通过本案例的学习，学生应懂得存货舞弊并非仅凭简单的监盘就可查出，必须掌握识别存货舞弊的技术，才能回避审计风险。

■ 案例陈述

上市公司出于完成财务计划、维持或提升股价、增资配股、获取贷款、保住上市资格等目的，常常采用各种手段虚报利润。常见的利润操纵手段包括不恰当核算特殊交易（如债权、债务重组、非货币交易、关联交易等）、滥用会计政策及会计估计变更、错误确认费用及负债、资产造假等。

在形形色色的利润操纵手法中，资产造假占据了主要地位。我国近年来影响较大的财务报表舞弊案绝大多数与资产项目的造假有关。造假的公司一般使用 5 种手段来非法提高资产价值和虚增盈利，即虚构收入、虚假的时间差异、隐瞒负债和费用、虚假披露以及资产计价舞弊。其中资产计价舞弊是资产造假的惯用手法。而存货项目因其种类繁多并且具有流动性强、计价方法多样的特点，又导致存货高估构成资产计价舞弊的主要部分。

下面就选择其中较为典型的美国法尔莫公司案予以介绍。

从孩提时代开始，米奇·莫纳斯就有一种无法抑制的求胜欲望。他首先设法获得了位于（美）俄亥俄州阳土敦市的一家药店，在随后的 10 年中他又收购了另外 299 家药店，从而组建了全国连锁的法尔莫公司。不幸的是，这一切辉煌都是建立在资产造假——未检查出来的存货高估和虚假利润的基础上的，这些舞弊行为最终导致了莫纳斯及其公司的破产。同时也使为其提供审计服务的"五大"事务所损失了数百万美元。

自获得第一家药店开始，莫纳斯就梦想着把他的小店发展成一个庞大的药品帝国。

其所实施的策略就是他所谓的"强力购买"，即通过提供大比例折扣来销售商品。莫纳斯首先做的就是把实际上并不赢利且未经审计的药店报表拿来，用自己的笔为其加上并不存在的存货和利润。然后凭着自己空谈的天分及一套夸大了的报表，在一年之内骗得了足够的投资用以收购了 8 家药店，奠定了他的小型药品帝国的基础。这个帝国后来发展到了拥有 300 家连锁店的规模。

在一次偶然的机会导致这个精心设计的，至少引起 5 亿美元损失的财务舞弊事件浮出水面之时，莫纳斯和他的公司炮制虚假利润已达 10 年之久。当时法尔莫公司的财务总监认为，因公司以低于成本出售商品而招致了严重的损失，但是莫纳斯认为通过"强力购买"，公司完全可以发展得足够大以使得它能顺利地坚持它的销售方式。最终在莫纳斯的强大压力下，这位财务总监卷入了这起舞弊案件。在随后的数年之中，他和他的几位下属保持了两套账簿，一套用以应付注册会计师的审计，一套反映糟糕的现实。

他们先将所有的损失归入一个所谓的"水桶账户"，然后再将该账产的金额通过虚增存货的方式重新分配到公司的数百家成员药店中。他们仿造购货发票、制造增加存货并减少销售成本的虚假记账凭证、确认购货却不同时确认负债、多计或加倍计算存货的数量。财务部门之所以可以隐瞒存货短缺，是因为注册会计师只对 300 家药店中的 4 家进行存货监盘，而且他们会提前数月通知法尔莫公司他们将检查哪些药店。管理人员随之将那 4 家药店堆满实物存货，而把那些虚增的部分分配到其余的 296 家药店。如果不考虑其会计造假，法尔莫公司实际已濒临破产。在最近一次审计中，其现金已紧缺到供应商因其未能及时支付购货款而威胁取消对其供货的地步。

注册会计师一直未能发现这起舞弊，他们为此付出了昂贵的代价。这项审计失败使会计师事务所在民事诉讼中损失了 3 亿美元。那位财务总监被判 33 个月的监禁，莫纳斯本人则被判入狱 5 年。

[问题]

1）在案例中，你认为一个以低于成本出售商品的公司能否赚钱？

2）如何识别存货舞弊的技术？不诚实的企业常常利用几种方法来进行存货造假？

3）该案例对注册会计师行业有什么启示和教训？

案例分析

1）不能。

2）分析提示。

① 存货价值的操纵手法。存货的价值确定涉及两个要素：数量和价格。确定现有存货的数量常常比较困难，因为货物总是在不断地被购入和销售，不断地在不同存放地点间转移以及投入到生产过程之中。存货单位价格的计算同样可能存在问题，因为采用不同的存货计价方法所计算出来的存货价值将不可避免地存在较大的差异。正因为如此，复杂的存货账户体系往往成为极具吸引力的舞弊对象。

不诚实的企业常常利用以下几种方法的组合来进行存货造假：虚构不存在的存货、存货盘点操纵和错误的存货资本化。所有这些精心设计的方案有一个共同的目的，即虚增存货的价值。

虚构存货。正如莫纳斯所做的那样，一个极易想到的增加存货资产价值的方法是对实际上并不存在的项目编造各种虚假资料，从而虚增存货的价值。因为很难对这些伪造的材料进行有效识别，注册会计师往往需要通过其他的途径来证实存货的存在与估价。

存货盘点操纵。注册会计师在很大程度上依赖对客户存货的监盘来获取有关存货的审计证据。因此，对注册会计师来说，执行和记录盘点测试显得非常重要。遗憾的是，在一些存货舞弊案件中，审计客户在数小时之内就改变了注册会计师的工作底稿。因此，注册会计师必须采取足够的措施以确保审计证据的可信性。

遇到这种情况，注册会计师需要进行比例或趋势分析以发现可能的舞弊。另外，也可以检查会计期间结束后一段时间内的款项支出。如果注册会计师发现有未在采购日记账中记录的直接支付给供应商的款项，就应该进行进一步的调查。

错误的存货资本化。虽然任何存贷项目都可能存在不恰当资本化的情况，但产成品项目中这方面的问题尤为突出。有关产成品被资本化的部分通常是销售费用和管理费用。为了发现这些问题，注册会计师应当对生产过程中的有关人员进行访谈，以获取归入存货成本的费用归集与分配过程是否适当的信息。审计客户往往可列出很多看似非常充分的理由，用以支持通过对存货项目进行资本化而增加利润的处理。此类舞弊往往是财务总监在总裁的指使下实施的。因此，在对关键人物的正式访谈中，如果怀疑有人指使他们夸大有关存货的信息，注册会计师应采取一种直截了当的方式，以责难的态度迫使其说出真相。

② 盘点的局限性。证实存货数量的最有效途径是对其进行整体盘点。注册会计师必须合理、周密地安排盘点程序并谨慎地予以执行。盘点的时间应尽量接近年终结账日。在盘点时应尽可能采取措施以提高盘点的有效性。不过，即使注册会计师谨慎地执行了该程序，也不能保证发现所有重大的舞弊。

③ 通过分析程序识别可能的存货舞弊。既然靠监盘并不能发现所有重大舞弊行为，注册会计师必须执行分析程序。

一个不诚实的客户可通过多种途径去操纵存货信息。注册会计师必须从多种思维角度去看待那些数据，以最大可能地发现有关的舞弊行为。不仅要推测舞弊是如何进行的，而且要推测客户为什么要舞弊，以及客户为什么要将这种违规做法作为首要的选择。也就是说注册会计师要对管理当局进行重大存货舞弊的动机和机会进行评估以发现资产造假行为。

并非所有的公司都可以通过存货造假虚增利润并瞒过注册会计师的盘点程序。事实上，对于有些公司，如那些规模很小、业务较简单的公司，要想瞒过注册会计师而在存货上做手脚是非常困难的。但存在以下情况时管理当局进行存货舞弊的可能性会增加：客户公司是一个制造企业，或者说其拥有一个确定存货价值的复杂系统；客户公司涉及高新技术或其他迅速变动的行业；客户公司拥有众多的存货存放地点。

3）对注册会计师行业的启示和教训。存货项目由于其自身的复杂性早已成为舞弊者趋之若鹜的理想对象，同时也引起了注册会计师的特别关注。自从 1938 年美国著名的麦克森·罗宾斯（Mckesson Robbins）药材公司审计案例发生后，美国注册会计师协会就将存货盘点列为公司审计必须进行的重要程序之一。然而，由于审计局限性的存在，注册会计师的疏忽以及客户管理当局舞弊技术的提高，依然有不少会计师事务所在存货审计中吃尽苦头。法尔莫公司案就是一个很好的证明。所谓"魔高一尺，道高一丈"，注册会计师只要不断地吸取昔日教训，努力完善审计技术，切实提高查处舞弊的能力，就必定能将存货审计失败的风险降至最低。从法尔莫案件中得到的启示如下：①对舞弊的动机和机会予以充分关注；②重视分析性程序的应用；③重要性原则的恰当应用；④对注册会计师进行专职培训，以提高查找资产舞弊的能力。

案例小结

通过分析程序识别可能存在的存货舞弊。由于监盘并不能发现所有重大舞弊行为，注册会计师必须重视执行分析程序。注册会计师不仅要推测舞弊是如何进行的，而且要推测客户为什么要舞弊和客户为什么要选择这种方式的舞弊。此外，还要对被审单位进行心理分析，如果公司管理当局面临财务困难或完成财务计划的压力，或企图得到存货担保的融资，往往会导致管理当局产生舞弊的冲动；如果管理当局的存货拥有多个存放地点，被审单位就拥有更多的舞弊机会。

本案例体现了存货舞弊手段及动机知识点的运用与理解，提高了学生规避不必要的审计风险的能力。

案例 6.8　营运资金综合管理案例——金科公司营运资金管理

案例目标

通过本案例的学习，学生应掌握营运资金综合管理的程序和方法，了解其主要内容，包括现金管理、应收账款管理和存货管理等。

案例陈述

金科公司成立于 2000 年，现有员工 200 余人，是西部经营玻璃陶瓷器皿、酒店用品，规模较大、销售网络较广、综合配套能力较强的专业性公司。公司目前已发展成为一家厂、工、商等为一体的综合型企业，属下有 5 家独立的子公司。

由于金科公司是以贸易为主的公司，因此，其运营资金管理主要是对现金、应收账款和存货的管理。财务管理的总体原则：①君子求财，取之有道原则；②自利行为原则；③互惠互利原则；④信号传递原则；⑤风险报酬原则；⑥货币时间价值原则。

（1）君子求财，取之有道原则

公司的财务人员在进行财务预测、财务计划、执行、控制时，必须考虑相关法律法规因素，遵守这些法律法规，尤其是税法。由于政府是不请自来的交易第三方，凡是交易，政府都会从中收取税金。减少税收对交易双方都有利，公司严禁偷税行为，但对合法的避税，公司是鼓励的。

（2）自利行为原则

自利行为原则是指财务人员在进行决策时按照公司的财务利益行事，在其他条件相同的情况下公司财务人员必须选择对公司经济利益最大的行动。但公司并不赞同"钱可以代表一切，钱是万能的"的观点。

（3）互惠互利原则

互惠互利原则是指每一项交易至少存在两方，在一方根据自己的经济利益决策时，另一方也会按照自己的经济利益决策行动，并且对方和自己一样聪明、勤奋和富有创造力，所以在决策时要正确预见对方的反应。该原则坚决反对在财务交易时"以我为中心，自以为是"，错误认为自己优于对手。在财务决策时，应该考虑顾客的利益，力争做到互惠互利，创造一种双赢的结果。

（4）信号传递原则

信号传递原则是指行动可以传递信号，并且比顾客的声明更有说服力。出卖一个人的往往不是他的语言，而是他的行动。信号传递原则要求根据客户的行为判断它的未来收益状况和信用状况。

（5）风险报酬原则

风险报酬原则是指风险与报酬之间存在一个对等关系，财务人员必须对风险和报酬做出权衡，为追求较高的报酬而承担较大的风险，或者为减少风险而承担较低的报酬。

（6）货币时间价值原则

货币时间价值是指在进行财务决策和财务计量时要考虑货币时间价值因素。该原则对货币资金的基本要求是早收晚付。对不带利息的应收账款、应收票据等货币资金尽量早收；对应付账款，在不违背协议、合约及不影响公司信誉的前提下尽量晚付。在公司财务就是会计，会计就是财务。每年10月以后开始制定下年的资金预算、筹资计划。这项工作一般由财务经理一人制定方案，最后由公司批准。

流动负债是指将在一年或者超过一年的一个营业周期内必须清偿的债务，主要包括短期借款、应付票据、应付账款、预收账款、应计费用等。在金科公司的流动负债主要包括短期借款、应付账款和应计费用等。2005年的流动负债如表6.7所示。

表6.7 流动负债表

2005年12月31日 (单位：元)

流动负债	年初数	期末数
短期借款	2 050 000.00	450 000.00
应付票据		
应付账款	1 634 203.06	2 006 896.73
预收账款		
其他应付款	1 584 144.36	1 070 461.86

续表

流动负债	年初数	期末数
应付工资	213 272.80	186 584.80
应付福利费	101 883.51	174 461.11
未交税金	11.33	
应付运费		−18 836.65
预提费用	1 747 416.87	1 038 874.57
其他流动负债		
流动负债合计	7 330 931.93	4 908 442.42

由于金科公司是以贸易为主营业务的公司，固定资产较少，加上财务信息不透明，缺乏可信性，以及大多数金融机构不喜欢向中小民营企业贷款的风险偏好等，所有这些因素导致公司贷款难。为了适应公司对资金的需要，公司奉行"借款为王"的短期借款政策，即只要是公司能借到资金就不顾资金成本的政策。

应付账款管理：由于公司的绝大多数商品在实质上是代销，所以在应付账款管理上随意性较大。一般在供应商提示时才付款。在存在有代价的信用时，公司在原则上是不会去享受现金折扣。

流动资金管理：金科公司坚持认为现金是最重要的，如果一个公司没有现金的话，公司的流动性就不存在，结果就会破产。现金是衡量一个公司实力的重要指标。公司必须能够获利，才有存在的价值，建立公司的目的是赢利。只有公司获利才能改善职工劳动条件、扩大市场份额等多种目标。因此，通过合理、有效地运用现金使公司获利，是财务管理工作的重要内容之一。

现金预算的目的是促使公司的日常运营必须有章可循，同时可以及早预测到什么时候需要补充额外的资金、什么时候有闲置的资金，可以及早地对资金的余缺进行调度安排。收入预算是在销售预算的基础上，根据公司年度目标利润及确定的本月销售额、销售单价和销售收入等参数编制。由于公司每年预测的销售额原则上在上年的销售额基础之上增长10%及以上，因此，每年预测的收入也应在上年的基础之上增长10%以上。2006年度现金预测如表6.8所示。

表6.8 2006年度现金预测表 （单位：元）

项 目	金 额
现金账户余额	285 175.40
加：预计这期的现销	45 850 000.00
其中：商超部	9 550 000.00
批发部	18 600 000.00
省外部	6 500 000.00
酒店用品公司	9 200 000.00
西藏公司	200.00

续表

项　目	金　额
小计	46 135 175.40
减：支出	
投资	500 000.00
材料采购	5 420 000.00
工资及奖金	1 867 200.00
租金	1 280 000.00
税费	100 000.00
到期的应付账款	33 000 000.00
办公费用及水电等杂费	500 000.00
总计：预计的期末现金余额	3 467 975.40

另外，现金的日常管理包括：①遵守国家规定的库存现金使用范围；②公司库存现金不能超过 35 000 元，超出部分应于当天送存公司开户银行；③不得坐支现金；④力争现金流量同步，公司财务应根据现金的流入来安排现金的支付；⑤尽量缩短现金周期；⑥尽可能加速收款和推迟付款。在缩短现金周期中的关键点在于应收账款周期和应付账款周期。公司在加速收款上一直都很重视，在缩短现金在应收账款上的占用时间和资金上也从未放松过。在不影响公司信誉的前提下，尽量推迟付款，从而延长应付账款周期。

在现在市场竞争日益激烈的现实环境中，只现销的方式已不能适应竞争的需要，赊销可以为公司提供一定的竞争基础。虽然赊销能给公司带来许多利益，但同时也带来了诸多风险。公司财务应该对赊销起到监控作用，对应收账款的催收起到应有的作用。

信用标准是客户获得公司商业信用所具备的最低条件。公司各销售部门和财务部门必须严格遵守公司的信用标准来进行赊销业务。公司的信用标准如表 6.9 所示。

表 6.9　信用标准一览表

指　标	信用标准	
	信用好	信用差
流动比率	3.0∶1	2.1∶1
速动比率	1.5∶1	0.9∶1
产权比率	1.0∶1	2.0∶1
应收账款平均收账天数	20	40
存货周转率/次	12	9
赊销付款履约情况	及时	拖欠

注：①能享受公司赊购业务的客户必须是已经与公司合作 6 个月（含 6 个月）以上的客户或者是有符合公司担保人条件的担保人担保。
②每年必须对已经享受赊购业务的客户信用标准，按照公司的信用标准一览表进行复核。

信用条件是公司为客户提供商业信用时，对客户提出的要求其支付所欠款项的条件。公司的信用条件：2/10、1/20、*n*/30。

公司的应收账款管理分为事前、事中和事后管理。应收账款的事前管理主要是建立和健全公司应收账款内部控制制度，该项工作是一项基础工作。公司按照"相互牵制"的原则合理安排从销售谈判、条件审核到最终签约。对每一个新客户，销售部门都要求建立相应的客户档案，详细记录客户每次的进货品种、数量和金额。每月、每季度、每半年和年终都要对客户的资料进行分析总结。再加上销售人员和市场反映的信息得出客户的信用信息。应收账款的事中管理主要是通过编制应收账款账龄分析表，了解公司的应收账款的明细情况，如有多少款项尚在信用期内、有多少欠款已经超过信用期、有多少欠款可能会造成坏账、有多少欠款已经成为坏账。公司有一个财务公告板，每半个月都要由财务人员更新其内容，主要是应收账款的内容。销售人员每星期一上班的第一件事就是看财务公告栏。因为销售人员的提成是以销售回款作为提成基数的，而且还有一个应收账款回收率（注：应收账款回收率＝回款金额/应收账款）对提成的制约。账龄分析如表 6.10 所示。

表 6.10　账龄分析表

2005 年 12 月 31 日　　　　　　　　　　　　　　　　（单位：元）

应收账款账龄	销售人员	金　　额	估计损失金额	损失金额
未到期	张	295 843.50	0	0
	李	58 792.00	0	0
	王	⋯	⋯	⋯
超过 1～2 个月	某某	266 492.38	0	0
	某某	208 520.00	852.00	0
	⋯	⋯	⋯	⋯
超过 2 个月以上	某某	2 480.00	480.00	1 560.00
	某某	34 635.00	4 635.00	364 317.14
	某某	76 410.00	3 510.00	17 629.00
	⋯	⋯	⋯	⋯
合　　计		1 867 249.62	10 276.00	396 480.15

应收账款的事后管理主要是对已经存在的应收账款和发生的坏账进行分析，评价公司的赊销制度，从而进一步完善赊销的相关制度。分析的指标如下：①销售收入总额；②市场占有率；③货款回收率；④应收账款周转率；⑤超过信用期的应收账款率（超过信用期的应收账款额/平均应收账款总额）及平均回款天数。

存货是指公司在日常经营过程中为销售或生产而储备的物资。由于厨房设备厂是订单式生产，存货较少。公司的存货主要是贸易公司的存货，公司一般都存有大量的存货，以确保销售的顺利进行。由于存货不足带来的机会损失在公司几乎不允许发生。

公司的存货大部分是没有控制其进货量的。在该行业中，公司是西部地区实力强、信誉好、销售网络健全的公司，许多上游厂商主动与公司合作，所以公司在存货资金定额的控制方面根本没有重视。在小部分账期短、需要占用较多资金的存货上公司是按周转期计算法来核定存货资金的。周转期计算法是根据各种存货平均每天的周转额和其资金周转日数来确定资金定额的。存货资金定额的计算公式为

$$存货资金定额＝每日平均周转额×资金定额日数 \tag{6.1}$$

公司根据各商品以往的销售情况来确定该商品的每日平均周转额和资金定额日数再加上 7 天的在途天数，从而计算出其存货资金定额。每当存货金额临近或者略低于存货资金定额时，物流部就应该立即通知采购部。金科公司部分存货资金定额如表 6.11 所示。

表 6.11 金科公司存货资金定额表（部分）

2005 年 12 月 25 日   （单位：元）

商品品项	金 额
ARC glass cups	8 500.00
ARC vases	53 100.00
SOGA	42 800.00
RCR	38 500.00
German WT	36 200.00
Ocean	5 000.00
Czechoslovakia IF	65 800.00
American ANCHOR	15 500.00

存货的日常管理主要有归口分级管理和 ABC 分类控制法。

[问题]

1）结合本案例，你认为公司营运资金管理存在什么样的问题？

2）根据你所学的知识，谈谈你对公司营运资金管理的改善有什么建议和措施。

■ **案例分析**

1）从上面的资料中可以看出，金科公司在运营资金的管理方面主要存在以下问题。

① 现金收入预算缺乏科学性。由于现金收入预算是以当年的销售收入预算为基础的，当销售收入预算出现问题时，其现金收入预算也在劫难逃。金科公司每年的

销售收入在原则上要求比上年增长 10% 及以上是不科学的（这主要是根据公司董事长的要求而确定的）。竞争均衡理论认为，一个企业不可能永远以高于宏观经济增长的速度发展下去。如果是这样，它迟早会超过宏观经济总规模。这里的"宏观经济"是指该企业所处的宏观经济环境。如果一个企业的业务范围仅限于国内市场，宏观经济增长率是指国内的预期经济增长率；如果一个企业的业务范围是世界性的，宏观经济增长率是指世界的经济增长速度。对于金科公司而言，虽然其有国际业务，但是国际业务的销售额在整个公司的销售额中所占的比例不到 15%，所以其销售增长率不可能长期高于国内的宏观经济增长率。

② 把短期借款资金当成长期借款资金用，造成还款风险较大。从表 6.7 中可以看出，2005 年短期借款期初数比期末数多 1 600 000.00 元。金科公司是一家经营稳定的公司，而且在 2004 年和 2006 年这两年的经营环境也未发生大的变化。公司的销售与利润率都较稳定，所以其运营资金应该变化不大。但是，其短期借款却起伏较大，这充分说明公司将短期借款当长期借款使用。这会造成一段时间内的财务风险。

③ 缺乏科学合理的应付账款管理。由于金科公司的销售网络在西部地区覆盖面广，因此，公司对绝大多数商品进行的是代理销售。对应付账款是放任自流，自生自灭。只有当供货商要求付款时，才去查账册。这样在供货商中的声誉降低，一旦公司发生小小的财务问题就可能演变为财务危机。

④ 现金的占有量相对于金科公司的现实而言太多，即现金的机会成本太高。从表 6.8 中可以看出，金科公司预测现金盈余较大而公司却任其呆在银行基本账户上。而且实际的现金余额确实太多。企业占用现金是有代价的，这种代价就是它的机会成本。企业为了经营业务，需要拥有一定的现金，付出相应的机会成本代价是必要的，但现金拥有量太多，机会成本大幅度上升，就不合算了。分析变现能力比率得出

$$流动比率 = \frac{流动资产}{流动负债} = \frac{18\ 796\ 553.55}{7\ 330\ 931.33} = 2.56\ （年初数值）$$

$$= \frac{17\ 413\ 499.93}{4\ 908\ 442.42} = 3.58\ （年末数值）$$

$$速动比率 = \frac{速动资产}{流动负债} = \frac{11\ 674\ 448.96}{7\ 330\ 931.33}\ 1.59\ （年初数值）$$

$$= \frac{10\ 821\ 835.89}{4\ 908\ 442.42}\ 2.20\ （年末数值）$$

速动资产是指流动资产减去流动资产中变现速度最慢的存货后的资产。一般认为企业合理的流动比率是 2，正常的速动比率是 1。所以从流动比率和速动比率这两项指标来看，金科公司的现金持有量确实偏高。2005 年的流动资产如表 6.12 所示。

表 6.12　流动资产表

2005 年 12 月 31 日 　　　　　　　　　　　　　　　　　　　　　（单位：元）

资　　产	年初数	期末数
货币资金	2 396 940.16	3 394 002.91
短期投资	30 000.00	30 000.00
应收票据	76 802.19	
应收账款	7 330 034.50	7 595 412.46
减：坏账准备	304 516.92	304 516.92
应收账款净额	7 025 517.58	7 290 895.54
预付账款		
应收出口退税		
其他应收款	1 323 449.29	−341 564.99
存货	7 122 104.59	6 591 664.04
待摊费用	767 484.38	431 473.68
待处理流动资产净损失	54 255.36	17 028.75
一年内到期的长期债券投资		
其他流动资产		
流动资产合计	18 796 553.55	17 413 499.93

　　⑤ 对信用标准和应收账款的事后管理有待改善。从表 6.9 和表 6.10 可以看出金科公司的信用标准有待完善，应收账款的事后管理有待加强。由于该公司现在执行的信用标准是 2000 年制定的信用标准，当时主要是针对个体户客户而制定的。由于百货商场和超市业务的高速增长，公司没有制定相应的信用标准。当发生了应收账款后，公司没有及时跟进，造成客户的偿还能力出现问题时公司还在发货，从而带来了巨大的损失。从表 6.10 的数据中可以得到证实。

　　⑥ 存货资金定额的范围窄，造成有的存货有存货资金定额而有的存货没有存货资金定额的混乱局面。根据指标：存货金额/月销售金额来分析 2005 年年初该指标为 1.78，年末为 1.65。而公司的存货周期一般是 25 天，所以存货月销售比为 1 最为恰当。从该指标的分析中可以得出公司的存货较多，造成存货的管理成本储存成本上升，影响到公司的赢利。公司仅仅针对进口部分商品制定了存货资金定额，而大部分的存货根本没有存货量的控制。造成这种局面的主要原因在于公司没有存货"完全成本"概念。由于部分进口商品需要用现汇结算，公司从而确定了存货金额。由于公司在该行业中的信誉较好，在西部地区的销售网络健全，众多厂商纷纷将自己的产品发往金科公司，而公司是"来者不拒"，统统收入库房中，使得存货的储存成本随之大幅上升。

　　⑦ 公司重钱不重物，对存货的日常管理松弛。

2）公司营运资金管理的改善建议和措施。公司是以商贸业务为主业的公司，中国西部的经济也在高速增长，公司应该抓住机遇，在发展中完善自己，尤其是在运营资金管理方面，从而壮大自己。针对公司现在运营资金管理方面存在问题的管理建议及措施如下。

① 完善资金预算制度，制定科学合理的现金预算，加强现金的日常管理。现金预算主要是要做好现金收入、现金多余或者不足的计算，以及不足部分的筹资方案和多余部分的利用方案。在金科公司的现金预算管理主要需要在现金收入预算管理和多余现金部分的利用管理这两方面进行改善，同时增加销售费用预算管理。企业的销售预算应以季度为单位，由销售部门分解到每个月。然后分品种、分销售区域、分销售业务员编制，建立健全完整的销售预算层次体系。现金预算是以销售预算的数据为根据的，所以销售预算的质量直接影响现金预算的质量。根据竞争均衡理论判断，金科公司已经进入稳定状态，其销售增长率大约等于宏观经济的增长率。因此，每年根据宏观经济增长率来确定销售增长率，然后编制销售预算和现金预算。

② 合理安排资金筹集。发生短期借款资金当成长期借款资金使用的原因之一，是筹资困难。但是筹集资金的多少、借款时间的长短，在一定程度上取决于财务管理环境的变化，特别是宏观经济体制、银行体制和金融市场发展速度等因素。通过银行借款的方式筹集资金时，银行要对企业的信用进行评估，对企业的常年业绩进行调查分析，所以通过银行筹集资金的关键在于建立企业自身的信用，追求经济效益最大化，确定筹资的数量、筹资时间、尤其要做好事前预测和准备工作，合理安排资金筹集工作。在资金筹集中公司适用配合型筹资政策。该政策要求公司临时负债筹集资金计划严密，实行现金流动与预期安排相一致。在季节性低谷时，公司应当除了自发性负债外没有其他流动负债；只有在临时性流动资产的需求高峰期，企业才承担临时性负债。

③ 严肃认真对待应付账款，与供货商和谐共处。公司应建立一套实用的应收账款管理制度。从采购环节开始就严格选择供应商，对符合公司发展和条件的供应商，公司应与其签订代销协议或者销售协议。在销售协议中应该有要求供应商铺底的金额。在日常管理中应该建立相应的供应商付款档案，按时足额付款。这样既可以提升公司的声誉又可以使公司合理安排资金，在今后公司面临困难时，可能还会得到供应商的理解与支持。

④ 针对百货商场和超市的信用标准。在现在的经济环境下，中小企业相对于百货商场和大型超市而言是"弱势群体"，所以要建立统一的百货商场和超市的信用标准的难度是不言而喻的。针对这种现状，公司应该首先根据每一个百货商场和超市的具体情况分别确定其信用状况。公司在设定某百货商场或超市的信用标准时，先要评估它赖账的可能性。这可以通过"5C"[①] 系统来进行。其次，建立企业内部的授信制度。授信制度是在进行商品交易过程中通过一系列审批，按照一定的信用标准，对信用的实施进行限制和控制，保证企业信用制度的执行，该项制度应该包括信用申请审查制度、

————————

① "5C"指品德（character）、能力（capacity）、资本（capital）、抵押（collateral）和情况（condition）。

信用额度审核制度和交易审批制度。最后是建立遵守信用制度的奖惩制度。

⑤ 应收账款的事后管理。金科公司的应收账款事后管理的漏洞，主要是在超市和百货商场的应收账款方面。因此，针对百货商场和超市应收账款的事后管理的改善措施如下：首先，建立各商场或超市的付款档案表，将账期标明，看其是否按时足额付款，如果连续 3 次出现延期付款或连续两个月没有付款，公司应该分析其中的原因，重新评价其信用，从而采取相应的措施；其次，根据"5C"系统定期和不定期对商场或超市的信用进行复核，这项工作需要公司各部门相互配合，销售部门负责信息的收集，财务部门负责数据的整理归类；最后，依据各商场或超市的信用状况采取相应的对策，使公司的应收账款损失降低到最低的程度。还要加强对应收账款的分析工作。

对于已经发生的应收账款，企业还应进一步加强日常管理工作，采取有力的措施进行分析、控制，及时发现问题，提前采取措施。这些措施主要包括应收账款追踪分析、应收账款账龄分析、应收账款收现率分析和建立应收账款坏账准备制度。

⑥ 存货管理。库存商品对公司销售的影响较大，因而合理的存货对公司十分重要。建立健全存货资金定额标准，对于 ABC 分类控制法中的 C 类商品，可以根据大类制定存货资金定额标准；B 类商品则根据具体情况而定，对于畅销的商品则根据品种制定详细的存货定额标准，销售一般的商品则根据大类来确定其存货定额标准；A 类商品必须确定完整的存货定额标准。根据销售情况和存货定额标准建立相应的经济订货量和再订货点（R）。

同时，还应加强存货的日常管理工作，防止物资的流失和商品的变质等。在已经采用存货归口管理和 ABC 控制法的基础之上，增加签单管理、定额控制及存货储存期控制，使公司的存货管理变得更加规范。

⑦ 存货储存期控制。无论是商品流通企业还是生产制造企业，其商品一旦入库，便面临着如何尽快销售出去的问题。即使不考虑未来市场供求关系的不确定性，仅是存货储存本身就要求企业付出一定的资金占用费和仓储费。因此，尽量缩短存货储存时间、加速存货周转，是节约资金占用、降低成本费用、提高企业获利水平的重要保证。

案例小结

我国的民营中小企业随着中国经济的发展而逐渐成长起来，在国民经济中的地位越来越重要。完善广大中小民营企业的运营资金管理，才能坦然面对国内外市场的激烈竞争。民营经济作为国民经济的重要组成部分，对经济的繁荣、增进就业等的作用有目共睹。中小民营企业一般都面临生存的危险，所以在企业的管理中常以销售为核心，对财务管理不太重视，资金利用效率不高；由于竞争加剧，导致广大中小民营的应收账款急剧增加，呆账和坏账也随之增加，而且他们对存货的看法还停留在产品销售阶段，不重视存货的储存成本导致存货成本较高。随着经济的发展和人才的引进，这种局面将逐渐得到改善。

本案例体现了企业营运资金综合管理知识点的运用与理解，提高了学生营运资金综合管理的能力。

第7章

短期筹资管理

学习目标

通过本章案例的学习，了解短期筹资的概念、特点及其管理原则，了解短期融资政策的类型及其与短期资产的配合关系；了解自然性短期负债的内容，掌握应计费用筹资的概念和筹资额的计算；了解短期借款和短期融资券的概念、特点及其成本的计算；在掌握理论的同时，注重实际能力的提高，主要是在认知各种短期筹资的优缺点基础上，选择适合企业的短期筹资方式。

理论概要

短期筹资是指筹集在一年内或者超过一年的一个营业周期内到期的资金，通常是指短期负债管理。短期负债以形成情况为标准，分为自然性短期负债和临时性短期负债。自然性短期负债是指产生于公司正常的持续经营活动中，不需要正式安排，由于结算程序的原因自然形成的那部分短期负债。临时性短期负债是因为临时的资金需求而发生的负债，由财务人员根据公司对短期资金的需求情况，通过人为安排形成。

7.1 自然性融资

1. 商业信用

（1）商业信用形式

1）赊购商品。赊购商品是买卖双方发生商品交易，买方收到商品后不立即支付现金，可延期到一定时期以后付款。

2）预收货款。在这种形式下，卖方要先向买方收取货款，但要延期到一定时期以后交货，是另一种典型的商业信用形式。

（2）商业信用条件

所谓信用条件是指销货人对付款时间和现金折扣所做的具体规定。

（3）商业信用筹资的优缺点

1）作为一种比较常用的短期筹资方式，商业信用筹资的优点主要有使用方便、成本低、限制少。

2）商业信用筹资的主要缺点是时间一般较短。

2. 应付费用

应付费用是指企业生产经营过程中发生的应付而未付的费用。

7.2 短期借款筹资

短期借款筹资通常是指银行短期借款，是企业为了解决短期资金需求而向银行申请借入的款项，是筹集短期资金的重要方式。

1. 短期借款筹资的种类

《贷款通则》将企业短期借款分为信用借款、担保借款和票据贴现 3 类。

2. 银行短期借款筹资应考虑的因素

1）短期银行借款的成本。银行借款成本用借款利率来表示。

2）贷款银行的选择。公司在短期银行借款筹资过程中，一项重要的工作就是选择银行。公司应该注意银行间所存在的重大区别。另外，银行的规模、对外汇的处理水平等都是公司需要考虑的因素。

3. 银行短期借款筹资的优缺点

在短期借款决策时，主要考虑短期借款的成本和贷款银行服务等两方面因素。

1）优点：①银行资金充足，实力雄厚，能随时为企业提供比较多的短期贷款；②银行短期借款具有较好的弹性，可在资金需要增加时借入，在资金需要减少时还款。

2）缺点：①资金成本较高；②限制较多。

7.3 短期融资券

1. 短期融资券的含义

短期融资券源于商业票据，是由大型工商企业或金融企业发行的短期无担保本票，是一种新兴的短期资金筹集方式。

2. 短期融资券筹资的优缺点

1）优点：①短期融资券筹资的成本低；②短期融资券筹资数额比较大；③短期融资券筹资能提高企业的信誉。

2）缺点：①发行短期融资券的风险比较大；②发行短期融资券的弹性比较小；③发行短期融资券的条件比较严格。

案例学习

案例7.1 短期借款筹资案例——大厦股份短期负债管理

■ **案例目标**

通过本案例的学习，学生应对短期借款筹资方式进行分析，从而理解不同的短期负债比例对企业的利弊影响，培养根据企业的实际需要正确选择筹资方式的能力。

■ **案例陈述**

无锡商业大厦股份有限公司创立于1999年9月，由原江苏无锡商业大厦有限公司整体变更而来，是无锡市名牌商店、全国百城万店无假货示范点。公司与1 000多家名优生产厂家建立了稳定的业务关系，总经销、总代理品牌达150余种。公司率先在国内贸易系统采用分期付款方式销售汽车取得成功，被国家有关部门作为"无锡模式"向全国同行推广。公司依托传统百货零售、汽车销售、连锁超市三大业务板块，主营业务收入占全市社会消费品零售总额比重，从1999年的2.49%上升到2001年的3.01%，位居全市商业企业第一位。1999~2001年，实现销售额和净利润的年均复合增长率分别为21.2%和8.1%，在同行业内领先。由于毛利率偏低的汽车收入占总销售收入比重上升，主营业务毛利率呈现逐渐下降趋势，3年的平均水平为12.86%，低于无锡零售商业14.81%毛利率的平均水平。

公司日常经营所需流动资金，主要来源于银行借款和资金周转过程中形成的应付账款等流动负债，流动负债占总负债的比例达96.81%。因此，经营过程中一旦出现资金周转困难，公司将面临一定的短期偿债压力。另外，公司经营业态较为单一，主营商品零售64%的收入和90%的利润来自百货零售。

为了筹集资金，公司发行4 000万股A股，2001年6月25日在上海证券交易所上市，开盘价20.1元，终盘报收17.99元，较发行价升91.38%，全日成交达216 228手，成交金额40 369万元。公司本次募集资金除了补充公司流动资金外，还将强化以汽车销售为主的特色商品专业经营，开发大型综合超市与物流配送业务，以及部分上游特色商品的生产经营，从而进一步调整业务结构，实现公司由单一业态向百货零售、特色经营、大型超市及物流配送经营业务并重的转型与业态升级。

[问题]

1）大厦股份的流动负债管理可能存在什么隐患？

2）结合大厦股份的行业特点，分析该公司利用银行借款和应付账款进行流动资金融资的利弊。

3）对大厦股份来说，发行股票的主要目的是什么？

■ **案例分析**

1）大厦股份的流动负债管理可能存在的隐患。

作为百货零售企业，公司流动资金主要依赖于银行借款和资金周转中形成的应付账款等流动负债，流动负债占总负债的 96.81%，若资金周转出现困难，公司将面临一定的短期偿债压力，进而影响公司进一步债务融资的能力，所以公司的财务风险较高。

2）公司利用银行借款和应付账款进行流动资金融资的利弊。

利：银行短期借款可以迅速获得所需资金，也具有较好的弹性，对于季节性和临时性的资金需求，采用银行短期借款尤为方便；而采用应付账款进行融资也很方便，成本也较低，限制也很少。大厦股份主营百货零售，经营中需要大量的流动资金，而且销售具有明显的季节性和周期性，通过银行短期借款，可以迅速地获得所需资金。另外，公司要采购大量的存货，通过应付账款可以从供应商那里获得资金，而且成本低、限制少。因此，公司通过银行短期借款和应付账款，可以较低的成本迅速地获得经营所需流动资金。

弊：银行借款的资金成本相对较高，而且限制也相对较多，使用期限也较短；而应付账款筹资的期限也很短，在不能到期偿还时，会使公司声誉下降，而且当存在现金折扣时，放弃它要付出很高的资金成本。当银行短期借款到期或集中向供货商支付货款时，公司可能面临资金周转不畅的状况，而且当这些债务偿还日期在销售淡季时，由于公司现金流入较少，公司很难偿还这些到期债务，从而会降低公司的声誉，影响以后的融资能力。

3）根据发行股票融资的特点进行分析。

案例小结

企业大量使用短期负债，虽然会降低企业使用资金的成本，但无疑会加大企业的财务风险。在企业筹措资金的实际工作中，企业应当根据自身的具体情况和环境条件，对资本成本进行合理预测，将短期负债保持在一个合理水平。

本案例体现了短期负债筹资知识点的运用与理解，提高了学生合理安排短期债务性筹资和权益性筹资比例的综合决策能力。

案例 7.2　银行借款筹资案例——默多克公司报业集团筹资

案例目标

通过本案例的学习，学生应了解银行借款筹资方式的种类、条件及其特点，分析企业在确定采用银行借款筹资时应注意哪些问题，进一步分析银行借款筹资方式的利弊，并与其他筹资方式进行比较。

案例陈述

世界新闻巨头默多克（Murdoch）出生于澳洲，后加入美国国籍，其公司遍布全球，总部设在澳大利亚。默多克的公司是一个每年有 60 亿美元营业收入的报业王国。它控制了澳大利亚 70% 的新闻业、英国 45% 的报业及美国的部分电视网络。默多克和其他商业巨头一样从资金市场大量筹资，各种债务高达 24 亿美元，其债务遍布全世界，包括美国、英国、瑞士、荷兰、印度，以及中国香港等地。由于其公司的规模和业绩，各家银行也乐于给予放贷，在默多克的财务机构里共有146家债主。因为负债高、债主多，公司的财务风险很高，只要有管理上的失误或者遭遇意外，就可能使整个企业陷入困境。1990年西方经济衰退时，默多克的企业就因为一笔1 000万美元的小债务发生了危机，虽然最后化险为夷，但是负债所带来的风险还是不可忽视的。

美国的一家小银行贷给默多克公司1 000万美元的短期贷款，默多克认为凭借公司的信誉及实力完全可以到期付息转期，延长贷款期限。但是这家银行因为一些传言认为默多克公司的支付能力出现问题，不愿继续放贷，通知默多克这笔贷款到期必须收回，而且必须全额支付现金。接到消息后默多克并不在意，对于他的公司而言，筹集1 000万美元现金并不是难事。他在澳洲资金市场上享有短期筹资的特权，金额高达上亿美元。

但是出乎意料的事发生了，澳洲资金市场因为日本资金的抽回，默多克的筹资特权已经被冻结了。默多克又到美国去贷款，却遭到拒绝。1 000万美元贷款的还贷期已经临近，若到期还不了这笔贷款，势必会引起连锁反应，各家银行都会来讨债。企业不可能承受所有的债权人同时讨债，这样下去，企业就会面临危机，被24亿美元的债务压垮。

默多克决定去找花旗银行，花旗银行是默多克报业集团的最大债主，投入资金最多，如果默多克破产，花旗银行的损失最高。花旗银行权衡利弊后，同意在对其资产负债状况做出全面评估后，决定是否继续对其贷款。花旗银行对一百多家默多克企业逐个进行评估，最后得出结论，默多克集团业绩良好，有发展前景，花旗银行愿意帮其渡过难关。具体的方案如下：由花旗银行牵头，所有贷款银行都不许退出贷款团，以免因为一家银行的退出引起连锁反应，由花旗银行出面对美国的那家小银行施加压力，使它到期续贷，不要收回贷款。

默多克虽然渡过了难关，但其真实的支付能力已经暴露，由于得到了146家银行不退出贷款团的保证，才有了充分的时间调整与改善报业集团的支付能力，半年后，企业终于摆脱了财务困境。

[问题]

1）分析默多克经历的是什么风险以及本案例中企业债务危机发生的原因。

2）花旗银行在什么条件下，出于什么目的愿意帮助企业渡过难关？

3）如果你是他，以后理财时应该注意什么问题？

案例分析

利用财务风险的形成原因、降低途径、财务风险与经营风险的关系分析。

1）默多克经历的是财务风险。

2）因为花旗银行是默多克的最大债主（贷款14亿美元），投入资金最多，如果默多克破产，花旗银行的损失肯定最高，而默多克现在仅有1 000万美元的一笔小债务，默多克并不是没有能力偿还贷款，只是一时资金周转不过来而造成的，权衡利弊，银行决定支持默多克。

3）如果我是默多克，在以后理财时应该注意合理安排债务，避免风险。公司在扩张时，举债是不可避免的问题，但应注意合理的债务结构。

案例小结

短期借款往往使企业面临不能及时偿付的财务风险，而致使企业破产或倒闭，企业大量使用短期负债，虽然会降低企业使用资金的成本，但无疑会加大企业的财务风险，企业在选择银行的过程中，考虑银行的实力和对企业的忠诚度，会使企业顺利渡过难关。

本案例体现了短期借款筹资利弊知识点的运用与理解，提高了学生合理安排短期借款，防范财务风险的能力。

案例7.3 短期筹资决策案例——东方汽车制造公司筹资

案例目标

通过本案例的学习，学生应了解不同的短期筹资方式对企业资本结构、企业价值的影响，熟练掌握各种筹资方式的优缺点及其适用条件。

案例陈述

东方汽车制造公司是一个多种经济成分并存，具有法人资格的大型企业集团。公司现在急需1亿元的资金用于"七五"技术改造项目。为此，总经理赵广文召开由生产副总经理张伟、财务副总经理王超、销售副总经理李立、某信托投资公司金融专家周明、某研究中心经济学家吴教授、某大学财务学者郑教授组成的专家研讨会，讨论该公司筹资问题。下面是他们的发言和有关资料。

总经理赵广文首先发言，他说："公司'七五'技术改造项目经专家、学者的反复论证已被国务院正式批准。现在项目正在积极实施中，但目前资金不足，准备筹措1亿元资金，请大家讨论如何筹措这笔资金。"

生产副总经理张伟说："目前筹集的1亿元资金，主要是用于投资少、效益高的技术改造项目。这些项目在两年内均能完成建设并正式投产，到时将大大提高公司的生产能力和产品质量，估计这笔投资在投产后3年内可完全收回，所以应发行5年期的债券筹集资金。"

财务副总经理王超提出了不同意见，他说："目前公司全部资金总额为10亿元，其中自有资金为4亿元，借入资金为6亿元，自有资金比率为40%，负债比率为60%。这种负债比率在我国处于中等水平，与世界发达国家如美国、英国等相比，负债比率已经比较高了。如果再利用债券筹集1亿元资金，负债比率将达到64%，显然负债比率过高，财务风险太大。因此，不能利用债券筹资，只能靠发行普通股股票或优先股股票筹集资金。"

但金融专家周明却认为，目前我国金融市场还不完善，投资者对股票的认识尚有一个过程。因此，在目前条件下要发行1亿元普通股股票十分困难。发行优先股还可以考虑，但根据目前的利率水平和市场状况，发行时年股息率不能低于16.5％，否则无法发行。如果发行债券，因要定期付息还本，投资者的风险较小，估计以12％的年利息率便可顺利发行债券。

来自某研究中心的吴教授认为，目前我国经济正处于繁荣时期，但党和政府已发现经济"过热"所造成的一系列弊端，正准备采取措施治理经济环境，整顿经济秩序。到时汽车行业可能会受到冲击，销售量可能会下降。在进行筹资和投资时应考虑这一因素，否则盲目上马，后果将是十分严重的。

公司的销售副总经理李立认为，治理整顿不会影响该公司的销售量。这是因为该公司生产的轻型货车和旅行车，几年来销售情况一直很好，市场上较长时间供不应求。1986年全国汽车滞销，但该公司的销售状况仍创历史最高水平，居全国领先地位。李立还认为，治理整顿可能会引起汽车滞销，但这只可能限于质次价高的非名牌产品，该公司的几种名牌汽车仍会畅销不衰。

财务副总经理王超补充说："该公司属于股份制试点企业，执行特殊政策，所得税税率为35％，税后资金利润率为15％，准备上马的这项技术改造项目，由于采用了先进设备，投产后预计税后资金利润率将达到18％左右。"所以他认为这一技术改造项目仍应付诸实施。

来自某大学的财务学者郑教授听了大家的发言后指出，以16.5％的股息率发行优先股不可行，因为发行优先股所花费的筹资费用较多，把筹资费用加上以后，预计利用优先股筹集资金的资金成本将达到19％，这已高出公司税后资金利润率，所以不可行。但若发行债券，由于利息可在税前支付，实际成本在9％左右。他还认为，目前我国正处于通货膨胀时期，利息率比较高，这时不宜发行较长时期的具有固定负担的债券或优先股股票，因为这样做会长期负担较高的利息或股息。因此，郑教授认为，应首先向银行筹措1亿元的技术改造贷款，期限为一年，一年以后，再以较低的股息率发行优先股股票来替换技术改造贷款。

财务副总经理王超听了郑教授的分析后，也认为按16.5％发行优先股，的确会给公司造成沉重的财务负担。但他不同意郑教授后面的建议，他认为，在目前条件下向银行筹措1亿元技术改造贷款几乎不可能；另外，通货膨胀在近一年内不会消除，要想消除通货膨胀，利息率有所下降，至少需要两年时间。金融学家周明也同意王超的看法，他认为一年后利息率可能还要上升，两年后利息率才会保持稳定或略有下降。

[问题]

1）试淡企业该如何选择筹资方式。

2）对几种筹资方案进行评价。

▨▨ 案例分析

筹资是一个财务问题，但又不仅仅是财务问题，在企业做出重大筹资决策时，需要有各方面管理人员和有关专家参与讨论，以便做出正确决策。本案例中的东方汽车制造公司是我国汽车行业最早的股份制试点企业，案例中的很多问题在当时都属于探索性的。

1) 企业选择筹资方式应考虑各种因素的影响。通过案例分析可知，单纯运用某一种筹资方式是不可行的，应该综合资本筹资方式，选择合适的资本结构，以求得资本成本最小化，股东权益最大化，降低企业的财务风险。

2) 比较股票筹资、债券筹资、优先股筹资各自的特点。

① 筹资决策中，比较资本成本率和资金利润率是很好的方法。运用成本效益原则，可以做出较好的决策，有助于企业的发展。

② 综合运用筹资方式，可以有效降低企业的综合资本成本率。

③ 尽量使筹集方式多样化。

④ 寻找最优的资本结构，使企业价值最大化。

案例小结

企业较多地采用债务融资方式筹资，会降低企业的综合资本成本，但同时会加大企业财务风险，影响企业经营的稳定性；较多地采用权益性筹资，虽然可以增强企业的实力，减少财务风险，但会增加企业的综合资本成本。资本结构是企业筹资的核心问题，应该考虑各种因素，确定最优的资本结构。

本案例体现了各种筹资方式利弊，以及综合运用筹资方式知识点的运用与理解，提高了学生保持最优资本结构，选择最佳筹资方式的能力。

案例 7.4 营运资金管理失败案例——德隆公司的崩溃

案例目标

通过本案例的学习，学生应理解短期融资方式给企业带来的影响，通过营运资金管理的失败，体会各种不同筹资方式的局限及财务风险给企业带来的后果。

案例陈述

德隆作为民营企业，1986 年创立于新疆乌鲁木齐。截至 2002 年底，公司拥有数十个行业。截至 2003 年 6 月 30 日，德隆国际总资产为 204.95 亿元，其中大部分是通过并购形成的。然而，德隆在实施并购战略过程中，由于规模扩张过快、涉及行业过多，资金结构和融资安排失控，最终导致资金链断裂，并陷入财务危机。

德隆的资产主要分为两大部分：一是实业企业；二是金融企业。德隆大量设立表面上看来与德隆没有股权关系的"壳公司"，并把大量资产转移到这些"壳公司"及私人手中。这样的"壳公司"有几十家之多。至德隆被接管前，其总资产逾千亿元，大部分都是通过下属子公司直接投资参股，或者以别人的名义间接出资等方式，这个以资本为纽带的庞大企业组织，就是所谓的"德隆模式"。

2004 年 4 月 13 日，德隆系"老三股"之一——合金投资（000633）高台跳水，德隆开始步入危机。一周时间，德隆股票彻底崩盘，短短 4 个月内，就蒸发了 156 亿元之多。更为严重的是，众多银行曾对德隆系公司发放过大量信贷资金，随着德隆系的崩盘，这些信贷资金也将陷入难以收回的处境，各家商业银行开始申请冻结德隆资产。

就融资规模和其错综复杂程度而言，德隆在中国的企业界独一无二，而德隆正是凭借这些合法与不合法的融资方式才发展成为庞大的企业集团。德隆通过下属公司组建了庞大的金融资产平台，利用这些金融企业大量开展委托理财、挪用信托资金、抽取资本等，从而获得资金，其资金总额高达217亿元之多。但是这样还无法解决德隆的资金饥渴症，先是参股深发展，接着德隆借助增资扩股的机会，进入了城市商业银行，从城市商业银行套取资金，而这些资金中的绝大多数都是短期融资，被德隆用在了实业的对外扩张上。众所周知，德隆的实业以传统产业为主，回报缓慢，这样的短贷长投，无异于玩火。

德隆盘根错节的持股方式、分散的股权、各级公司之间交叉持股的特点为其融资提供了便利，但也正是这些问题才导致德隆陷入危机。借助上市公司，德隆进行大量抵押、担保、银行贷款；借助金融机构，德隆挪用保证金、挪用信托资金、民间非法融资。这样德隆就陷入了一个恶性的循环怪圈，年年的利润都被用来偿付高息，而所借的资金却越来越多，只要其中一环稍稍出点问题，就有全面崩溃的危险。

金新信托的第一次挤兑风波成为德隆发展的分水岭。之前德隆系企业经营规范、运转良好，之后就开始扭曲和不正常了；之前德隆系企业正朝着规范化、精细化方向发展，而之后则管理粗放，员工人心涣散，自信心减弱，效率低下，员工绩效主要以融资量考核评价为核心。绳索在德隆的脖子上越套越紧。股票一旦崩盘，德隆将遭遇灭顶之灾。

2001年间，沪指从2 000点跌到了1 300点，中国股市从此一蹶不振。

2003年10月27日，啤酒花董事长艾克拉木·艾沙由夫外逃，导致啤酒花股票崩盘。德隆董事局和3个执委在上海召开扩大会议，紧急磋商即将爆发的危机。2003年德隆各金融机构均发生挤兑现象，资金头寸全面告急。2004年4月13日，前身为陕西信托投资公司的健桥证券，首先抛售合金投资股票，当日合金投资股票跌停。第二天，"老三股"全线下挫跌停，德隆危机全面爆发。

[问题]

1）试谈德隆进军金融市场的背景和动因。

2）分析德隆营运资金失败的原因。

案例分析

1）德隆进军金融市场的背景和动因。

金融对于发展中国家来讲，是一种垄断性和稀缺性的资源。金融相对于产业来说，有较高的优势，在发展中国家，一直是产业追逐金融，这是新兴市场的特点决定的。德隆正是利用了这个大背景，不断"圈地"，希图成为"金融托拉斯"。

国内金融改革和监管政策的调整、变化和引导是一个重要的原因，这些都引起了金融机构新一轮的增资扩股。产业集团和金融机构为了自己的生存和发展，实现做大、做强的目标，成为财团、金融控股公司或者是"金融托拉斯"，谋求战略联盟，互相实行"圈地运动"。从产业需求来看，面对跨国公司及其附属金融公司的进入，产业集团有赶超国外巨头，进军世界500强的目标；有多元化经营、分散风险的动机；有分羹金融业的企图；甚至还有装点门面，提高企业形象的需求。

2）德隆营运资金的失败原因。

在这股产业金融热潮中，德隆投资金融机构的资本金来源并不符合向金融机构投资入股规定；公司和被投资的金融机构间存在不正当的关联交易和黑箱操作的情况；内部政策、利益的协调，治理结构的完善都是没有解决的问题。以为投资金融业就能获得丰富利润，风险意识弱，不曾想近两年资本市场低迷，证券业风险凸显，使得一些投资证券公司、基金公司的企业蒙受巨额损失。

没有业绩支持的过于激进的发展速度。德隆属于"系族企业"，即在中国资本市场上，通过快速扩张控制多个公司并组成关联，这是一些企业快速成长的基本路径。但是，陆续涌现的"系族企业"经营失败的案例显示，其快速并购扩张赖以支撑的金融链条断裂，是造成其全面溃败的直接原因。

金融支持低效率。在我国直接融资渠道不畅、民营企业可以得到的融资支持力度较小的具体背景下，德隆的发展受到了客观的局限和制约。

在间接融资渠道上，出于特定的体制原因和转型期的特征，民营企业得到银行信贷支持相对来说难度较大。在直接融资方面，主板市场主要向国有大中型企业政策倾斜，中小企业板在2004年才设立，基本上不存在场外市场。所有这些限制因素都决定了我国中小企业存在比国外更加严重的"麦克米伦缺口"。而据世界银行附属国际金融公司的另一项研究成果表明，中国私营公司的发展资金，绝大部分来自业主资本和内部留存收益。

融资途径的短缺极大制约了民营企业的融资能力，而迫使其寻求其他的融资方式。德隆以高度控制复杂金融机构的方式，就是对当下制约其发展的金融市场体系的应对策略的体现。

而在整个金融体系中，长期融资渠道的缺乏，也是导致德隆在扩张过程中显著依赖短期融资来"借短用长"的重要原因。相当比率的融资是从民间融资市场获得，这必然迫使企业支付更高的融资成本。这种资金转移格局的存在本身就是金融体系低效率的表现，其中也蕴含了企业快速扩张的资金成本高昂、融资风险难以及时被金融体系识别等重要隐患。这种高风险的融资结构实际上承受市场波动的能力很低，也是导致其在快速扩张时期容易出现资金链条断裂的关键原因之一。

另外，经营战略还存在以下偏差。

德隆战略定位模糊，整合框架过于庞大而带来资金链条的成倍放大。德隆在战略业务上的一个突出特点是没有主业，通过频繁的收购行为聚集了大量的公司。这些公司在产能过剩、效率低下的背景下，又需要其投入资金，这种经营战略的偏差引起被动的金融链条紧绷是其溃败的重要原因。按照国际经验，"系族企业"的多元化扩张辅之以合适的金融市场和融资渠道支持，还是有可能促进产业整合和经济发展的。

但所有这些融资渠道在当前国内的产业结构调整中都是明显不足的。目前在我国并购领域中，主要的支付方式还是现金，从而增加了融资压力。在这一大背景下进行多元化的扩张，只能寻求非规范的融资渠道，为了维护这一融资平台而不得不付出高昂的成本。中国"系族企业"不得不求助于短债长用、炒作二级市场、承担民间融资的高额利率等，疲于奔命的"拆头寸"成为企业常态。

"系族企业"金融链条的绷紧和断裂对企业自身、监管机构和市场本身在危机处理上提出了更高的要求，显示出整个金融体系对于快速扩张企业的风险预警和控制能力的低下。

案例小结

融资途径的短缺极大地制约了民营企业的融资能力，而迫使其寻求其他的融资方式。长期融资渠道的缺乏，使民营企业过多地依赖短期融资。这也是导致其在快速扩张时期容易出现现金链条断裂的关键原因之一。

本案例体现了短期融资高风险知识点的运用与理解，提高了学生合理选择短期融资方式，规避财务风险的能力。

案例 7.5 商业信用融资案例——中国通信信用融资

案例目标

通过本案例的学习，学生应了解商业信用融资的优点及为企业带来的效益，掌握商业信用融资的方法和技巧。

案例陈述

这是一家位于广州市内商业闹市区、开业近两年的某理发店，吸引了附近一大批稳定的客户，每天店内生意不断，理发师傅难得休息，加上店老板经营有方，每月利润可观。但由于经营场所限制，始终无法扩大经营，该店老板很想增开一家分店，但由于本店开张不久，投入的资金较多，手头还不够另开一间分店的资金。

平时，有不少熟客都要求理发店能否打折、优惠，该店老板都很爽快地打了9折优惠。

该店老板苦思开分店的启动资金时，灵机一动，不如推出10次卡和20次卡，一次性预收客户10次理发的钱，对购买10次卡的客户给予8折优惠；一次性预收客户20次的钱，给予7折优惠，对于客户来讲，如果不购理发卡，一次剪发要40元，如果购买10次卡（一次性支付320元，即10次×40元/次×0.8＝320元），平均每次只要32元，10次剪发可以省下80元；如果购买20次卡（一次性支付560元，即20次×40元/次×0.7＝560元），平均每次理发只要28元，20次剪发可以省下240元。

该店通过这种优惠让利活动，吸引了许多新、老客户购买理发卡，结果大获成功，两个月内该店共收到理发预付款达7万元，解决了开办分店的资金缺口，同时稳定了一批固定的客源。

通过这种办法，该理发店先后开办了5家理发分店，2家美容分店。

也许有人觉得小小理发店的中小企业融资不足挂齿，那么就举一个大一点的例子，中小企业融资的核心方式是相似的。

2003 年，中国移动通信公司广州分公司实行了一项话费优惠活动，具体如下：若该公司的手机用户在 2002 年 12 月底前向该公司预存 2003 年全年话费 4 800 元，可以获赠价值 2 000 元的缴费卡；若预存 3 600 元，可以获赠 1 200 元缴费卡；若预存 1 200 元，可以获赠 300 元的缴费卡。

[问题]

1) 假设有 1 万个客户参与这项优惠活动，该公司至少可以筹资多少万元？假设有 10 万个客户参与，则可以筹资多少万元？

2) 该通信公司通过话费让利，得到了什么好处？对其他企业有什么启示？

案例分析

1) 该通信公司通过这种诱人的话费优惠活动，可以令该公司的手机用户得到实实在在的利益，当然更重要的是，还可以为该公司筹集到巨额的资金，据保守估计，假设有 1 万个客户参与这项优惠活动，该公司至少可以筹资 2 000 万元，假设有 10 万个客户参与，则可以筹资 2 亿元，公司可以利用这笔资金去拓展新的业务，扩大经营规模。另外，该通信公司通过话费让利，吸引了一批新的手机用户，稳定了老客户，在与经营对手的竞争中赢得了先机。

2) 启示：企业在日常经营中，筹集资金的方式多样，不应只看到向银行贷款，还可以灵活运用企业的商业信用，多想办法借用别人的钱，来成就自己的事业。企业在运用商业融资方式时，可以创新、变通的机会很多，商业融资给企业提供了一个巨大的融资想象空间，是考验企业融资创新能力的一个大舞台。与通信相类似的，如保健中心、美容、汽车清洗店、公交汽车公司等服务行业，都可以通过收取次票、月票、年票的方式，巧妙运用商业信用融资方式，这不仅可以吸引一批长期稳定的客户，更重要的是可以筹集到一笔可观的无息资金。企业可以通过这笔无息资金去扩大经营规模，如另选场所发展连锁店，再开拓另一批稳定的客源，再利用这种融资方式，再获得无息资金，继续发展新的连锁店。

案例小结

商业信用筹资是自发性的筹资，可以使企业筹集到无息资金，只要企业能够统筹安排，就会给企业提供一个巨大的融资空间。

本案例体现了商业信用融资知识点的运用与理解，提高了学生统筹安排商业信用这种融资方式的能力。

案例 7.6 房地产融资案例——顺驰房地产融资

案例目标

本案例通过对顺驰在房地产经营中运用商业信用进行融资的分析，论述商业信用在房地产企业融资中的重要性，使学生充分认识到必须控制运用这种融资方式可能引起的财务风险。

案例陈述

顺驰是一个几年前才起步的民营房地产公司。当顺驰在 2004 年提出年销售额 100 亿元目标的时候，引来的是业界的广泛质疑，而当 2004 年底顺驰盘点时交出 95 亿元销售额的"成绩单"以后，人们终于相信了顺驰高速成长的潜力。

据《新财富》杂志专家咨询披露，顺驰在 2001 年的房地产开发销售额只有 4 亿元，在当时还只是一个小规模的开发商。2002 年、2003 年、2004 年的销售额则分别达到 14 亿元、40 亿元、95 亿元，年增长率分别达到 250％、185％和 138％。连续 3 年的高速成长，使它迅速跻身于中国大型开发商的行列。如果保持这样的速度，尽管年增长率是递减的（这符合一般的规律，随着规模扩大，成长率递减），但 3～5 年内达到管理层预定的 1 000 亿元销售额目标也并不是天方夜谭。

据顺驰公司披露，2004 年顺驰现金流的总量中，78％是销售回款，10％是银行贷款，12％是合作方、股东投的资金。这些都向我们展露了顺驰驾驭百亿销售额的"秘诀"：充分运用商业信用融资的功能。

房地产企业的主要商业信用来源应付土地出让金，在房地产业的运作中，即使是通过"招拍挂"购买的土地，也有一个分期支付的条件。因此，在开发商取得一块土地的控制权到交付全款会有一段时间。这等于让开发商取得一段时间的商业信用融资。例如，顺驰在拍卖会上取得北京领海项目，首期付 30％，第二个 30％是在一年后付的，其余的是在两年内付清。

应付工程款，房地产商可以通过由施工单位垫资施工的办法来获得商业信用融资。一般预付一定比例的保证金，如 30％，工程完成后才支付余款，或者依据工期的进度分期支付。当然，施工单位也通过赊账等办法向材料供应商取得商业信用融资，甚至以欠薪等办法解决资金周转困难。这种模式形成了产业债务链，开发商是顶端的债务人，一旦支付发生问题，就影响整个产业债务链的清偿。

据研究顺驰的专家披露，顺驰在取得以上两种商业信用融资方面是不遗余力。首先，积极通过各种方法，获得政府同意，缓交地价款，即所谓"推迟首付款时间并合理拉长后续付款"。其次，大量使用施工单位的垫付资金。顺驰一般在工程完成一半以后，才支付部分工程款，全部完工后，施工单位取得的工程款还不到工程预算的 50％，有的单位甚至做下一个工程时才能拿到上一个工程的部分款项。

地产商取得国有土地使用权证书、建设用地规划许可证、建设工程规划许可证和施工许可证、销售许可证（即"五证"）就可以预售房屋。如果市场条件好、项目销售策划成功，地产商通过预售就可在正式交房以前预先收到房款。而为了推动预售，地产商往往给予一定的打折优惠。可以把这种折扣优惠理解为商业信用融资的成本。其实，房地产商在做这种预售的时候，有时候的"代价"可能是很大的。上海的物业价格过去几年涨幅惊人，可是有些房地产开发商的利润却并不见得很丰厚，原因就是"预售"。由于物业价格在短期内急剧上升，开发商往往在交楼的时候发现，业主买楼的利润率比自己开发商的利润率高得多。

充分挖掘商业信用的潜力，绷紧资金链为了尽可能缩短取得"五证"的时间，尽快进入销售阶段，顺驰采取了一系列的办法。

一般发展商在成功拍得一块地之后，才会花成本去做规划设计等的工作，否则"举牌"失败时损失太大。不过，顺驰为节省拿地以后的策划工作，不惜在拍卖会以前就提早做包括市场调查、规划设计等工作。由于事先做好了工夫，对土地的价值有更实在的判断，而且可以缩短从拿地到报送方案的时间。对于顺驰这个重视现金流管理的房地产商来说，时间就是生命，就是效益。据称，在苏州"湖畔天城"项目中，"顺驰"甚至在获得土地的第二天就将开发方案汇报了上去。

"顺驰"的另一个加快进度、缩短周期的办法，就是"并联作业"，即在保证工程时间的前提下，尽可能地将各项作业交叉进行。一般的开发商是串联的，先拿地、规划、设计、拿手续、开工、销售等，而顺驰则是拿到一块地之后，所有的部门全都动起来，甚至包括销售和物业部门。当然这样的所谓"并联作业"将引致较高的成本，但这样做会比常规的开发程序快3个月到半年。

房地产项目最需要资金的时期是拿地以后到办理完"四证"（国有土地使用证、建设用地规划许可证、建设工程规划许可证和施工许可证）以前，一旦走过这个阶段，就有现金流入的可能性。这时可以向银行申请流动资金贷款，还可以运用应付账款和预收账款的商业信用融资。

顺驰的北京领海项目总投资是20亿，在开盘之前，需支付2.7亿的土地款，加上设计等费用需要几千万元，一共是3亿的投资。开盘之后，项目就有正数的现金流入，就不必投入更多的资金。顺驰拿地以后都全力争取在半年内开盘销售，这样使投入的自有资金最小。如果是一年时间才能开盘的话，需要投入的就不是3亿，而是6亿。

当一个房地产商手头的项目多达几十个的时候，其账户上就可能沉淀大量现金，这样便可以开发—预售—拿地—开发，依此这般达到滚雪球式的发展。

据调查，北京市房地产行业利润空间非常大，最次的开发商一个项目做下来，也能实现30%的利润。例如，朝阳区某个楼盘的商铺部分，综合成本为1.2万元/米^2，但售价却达3.8万元/米^2，这其中存在巨大的利润空间。

为什么房地产开发的利润率这么高呢？高财务杠杆显然是重要的因素。正如上述"北京领海项目"，总投资20亿元，顺驰只需要投入3亿元的启动资金就可以足够运作，简单的计算，这个项目的财务杠杆达到85%。如果这个项目能赢利2亿元，总投资回报率为10%，但是股本回报率却达到66.67%。

由于在运作过程中，开发商使用了大量的融资，包括银行信贷、商业信用融资等，很大程度地提高了杠杆比率，使股权收益率大大提高。

[问题]

结合本案例，试述财务杠杆与财务风险之间的关系。顺驰公司存在什么样的财务风险？

案例分析

财务杠杆比率高，说明财务风险大。设想上述"北京领海项目"不是赚2亿元，而是亏2亿元，那么投资回报率是−10%，但是股本回报率则是−66.67%。这就是杠杆比率这把"双刃剑"的另一面。

经营风险导致财务风险，设想开发商的楼盘由于策划管理方面跟不上而导致在取得"五证"过程中耽误时间过长，或者整个房地产市场不景气出现大幅下跌的情况，或者由于市场调研没有做好而导致楼盘市场定位出现偏差，或者由于设计等原因导致产品不被市场所接受，凡此种种的各种原因，都可能影响到一个项目的销售情况。

可以说，销售是高杠杆运作房地产项目能否成功的关键。马克思把商品的销售环节形容为"惊险的一跳"确实是非常贴切。如果把"惊险一跳"用来形容房地产开发商的房屋销售环节更是入木三分。如果项目不能及时回款，导致一系列的问题：不能及时支付施工单位的款项而影响施工进度、不能依期归还银行的本息而面临银行的追讨、不能向业主如期交付房屋而引起违约诉讼以致赔偿等。

从财务上的营业收入确认来说，必须在房屋正式交付使用后才能算销售的完成。还未交付使用以前，在财务上都按照"存货"或"在建工程"等项目列项。这样，即使是预售完毕，开发商收到钱了，也还存在风险，如原材料涨价使施工成本超出预算等。

从理论上说，一个房地产开发商能够在使用一部分启动资金的情况下，通过许多项目运作以各种融资途径所产生的现金流进行"拿地－开发－预售－拿地……"的循环进行无限度扩张，但是开发商确实也面临着各种不确定因素所造成的风险。如上所述，每一个项目都面临经营风险，当集团公司以高杠杆比率运作很多项目的开发，绷紧的资金链能否维持下去取决于各个项目能否运作正常。

房地产经营通常以项目公司的方式进行，即一个项目成立一个专门的公司运作，集团公司以一个内部银行结算的方式进行资金管理，就可以提高资金的利用效率。当一个项目公司出现现金富余，即调拨给总部账户（记入其他应收款），总部可以将资金集中使用（记入其他应付款），如总公司可以用之于设立新的项目公司。如果项目运作顺利，从拿地开始，半年内就可以销售，即有可能实现现金流平衡，甚至出现正数的现金流。这样，一个项目只有半年时间出现正数的现金流，需要总部的资金支持，半年后就可以独立运作，并使资金向总部回流。如果集团内部下属企业都以独立法人的有限责任公司运作，互相之间的资金来往是按照商业准则进行的，那么这些资金往来无可厚非。如果企业无法做到这一点，则可能出现两个问题。

首先，项目公司的小股东利益可能受到损坏，如子公司的富余资金被母公司无偿或以很低的代价长期占用等。

其次，母公司的财务状况恶化的情况下，很可能影响到下面子公司的正常运作，如母公司由于资金紧张无法将占用下属子公司的资金归还，而造成子公司无法完成所运作的项目。事实上，由于集团公司内部之间的担保或资金往来关系，一旦其中一个项目的经营出现重大困难，集团内的其他项目就可能受到牵连。

■ 案例小结

财务杠杆是一把双刃剑，其比例过高，会使财务利益增大，同时，财务风险也加大。企业要合理利用财务杠杆，规避财务风险。

本案例体现了财务杠杆知识点的运用与理解，提高了学生科学合理、统筹安排财务杠杆比率的能力。

案例 7.7 现金折扣案例——四通公司的短期筹资决策

案例目标

通过此案例的分析，学生应能够根据所给定的付款条件和目前现有的银行贷款利率进行短期筹资决策，并掌握现金折扣成本的计算。

案例陈述

四通公司经常性地向四有公司购买原材料，四有公司开出的付款条件为"2/10，$n/30$"。某天，四通公司的财务经理宋海查阅公司关于此项业务的会计账目，惊讶地发现，会计人员对此项交易的处理方式是，一般在收到货物后 15 天支付款项。

当宋海询问记账的会计人员为什么不取得现金折扣时，负责该项交易的会计不假思索地回答道："这一交易的资金成本仅为 2%，而银行贷款成本却为 12%，因此，根本没有必要接受现金折扣。"

[问题]

1）会计人员错在哪里？

2）丧失现金折扣的实际成本多大？

3）如果四通公司无法获得银行贷款，而被迫使用商业信用资本，为降低年利息成本，你应向财务经理提出何种建议？

案例分析

1）错误。一是把现金折扣率作为资金成本；二是付款日期选择不对，如果享受现金折扣应在折扣期最后一天，如果放弃现金折扣，则应在信用期最后一天。

2）放弃现金折扣的成本 = 2% / (1−2%) × 360 / (30−10) = 36.73%。

3）应选择在信用期最后一天，即第 30 天付款。

案例小结

利用商业信用筹集资金非常方便，因为商业信用与商品买卖同时进行，属于一种自然性融资，不用做非常正规的安排，也无需另外办理正式筹资手续；如果没有现金折扣，或者企业不放弃现金折扣，以及使用不带息应付票据和采用预收货款，则企业采用商业信用筹资没有实际成本。

本案例体现了现金折扣成本知识点的运用与理解，提高了学生在利用商业信用融资来合理安排企业资金的情况下，对是否享受现金折扣的决策能力。

案例 7.8 中小企业筹资案例——新蓉新公司

案例目标

通过一个民营企业融资困难的案例，可以使学生认识到融资对企业发展的重要意义。资金是企业生存和发展的必要条件，筹资工作做得好，不仅能降低企业资本成本，给经营或投资创造较大的可行或有利的空间，而且能降低财务风险，增大企业经济效益。但是对于民营等小企业来说，融资却是企业发展的瓶颈。

案例陈述

位于成都市近郊新津县，拥有2亿多资产，占有全国泡菜市场60％份额的新蓉新公司，近年来却被流动资金的"失血"折磨得困苦不堪。企业创始人，总经理田玉文（人称"田大妈"）目前在由成都市委宣传部、统战部和市工商联联合召开的一次座谈会上大倒苦水。这位宣称"除了'田玉文'认不到多少字"的企业家当场发问："我始终弄不懂：像我们这样的企业，一年上税三四百万，解决了附近十几个县的蔬菜出路，安排了六七千农民就业，从来没有烂账，为啥就贷不到款？！"

新蓉新最近的流动资金状况的确很成问题。4、5月份正是蔬菜收购和泡菜出厂的旺季，该公司这段时间每天从农民手中购进价值70余万元的大蒜、萝卜等蔬菜，但田大妈坦言，她已经向农民打了400多万元的"白条"。

这种状况让田大妈非常苦恼。她能有今天，据她自己说全靠她一诺千金。在她看来，"白条"所带来的信誉损失是难以接受的。新蓉新从零开始做到如今的2亿多元，历史上只有工商银行的少量贷款，大部分资金是"向朋友借的"。也正是为了维护这种民间信用关系，田大妈近日一并偿还了"朋友"的借款共2 000多万元。据说，现在新蓉新的民间借款几乎已经偿清。

这也正是新蓉新目前面临流动资金困境的主要原因之一。此外，为了引进设备建一个无菌车间，田大妈新近花100多万元，购进土地110亩。近日，田大妈同她的长子、新蓉新董事长陈卫东为此发愁：如果弄不到800万元贷款，下一步收购四季豆就没办法了。

田大妈说，一周前，公司已向工商银行提出了800万元贷款申请，但目前还没有动静。

据田大妈说，新蓉新现有资产2.63亿元，资产负债率10％左右。另据新津县委办公室负责人介绍，该公司目前已签了3亿多供货合同，在国内增加了几百个网点，预计年内市场份额能达到80％。像这样的企业，银行为何惜贷呢？

[问题]

结合案例说明中小企业融资渠道的限制和存在的问题，并提出你的建议。

案例分析

融资渠道和方式有很多，但适用于中小企业的却很少。像田大妈这样的民营企业融资方式不规范、融资渠道狭窄、求贷无门的案例在我国经济生活中还相当普遍。

民营企业贷款难的主要原因有国有银行对民营企业的所有制歧视、银行发放贷款偏好大型企业的大笔贷款、中小企业资信较差可供抵押的物品少、财务会计不规范等。因此，要解决民营企业贷款难问题，从外部条件来看：一是政府出面组建民营企业担保基金，推进国有银行的观念转变和机制转换，在立法上对国有银行对民营企业的贷款比例提出要求；二是建立民营企业募集股份、发行债券渠道，大力发展柜台交易并加以规范；三是鼓励成立地区性、社区性和民间性质的合作金融组织，积极引进外资银行；四是大力发展金融中介服务机构，如小企业诊断所等，为银行贷款提供专业化信息服务。

从民营企业自身来看，要积极推进内部管理水平的提高，规范财会工作，加强内部控制制度建设；强化产品创新，提高产品的科技含量和知识含量，着力增强企业无形资产投资，有效阻止竞争者的介入；提高赢利水平，注重留利，降低对外部资本的依赖度；改善用人制度，积极引进管理、技术方面的人才；树立良好的财务形象，给股东和债权人满意的回报，为进一步融资和降低资本成本创造条件；在房地产、设备方面舍得投入，增强企业的可供抵押品比重；充分利用租赁、商业信用、民间信用、吸收直接投资等现有融资渠道，搞好与政府、银行的关系，争取银行的理解和支持；通过并购扩大企业规模，增强企业的融资能力。

案例小结

由于中小企业自身的特征，偿债能力弱、融资规模较小、财务规范性差、缺乏完善的公司治理机制等问题，中小企业抵御风险的能力一般较弱。因此，大型金融机构一般缺乏相关的金融服务方案，主要是因为银行为了控制风险，设置了复杂的风险控制手续，最终实现收益一般较低。

本案例体现了中小企业融资瓶颈知识点的运用与理解，提高了学生对中小企业融资难的认知能力。

第8章 股利理论与政策

学习目标

通过本章案例的学习，了解利润分配程序、股利理论的主要内容、股利政策的内容；掌握股利政策的影响因素及其类型；理解股票回购和股票分割的含义和方式。要求在掌握理论的同时，注重实际能力的提高。

理论概要

利润分配是对企业所实现的经营成果进行分割与派发的活动。作为分配基础的利润有两个层次的含义：一是企业的利润总额，即税前利润；二是净利润，即企业缴纳所得税后的利润。

8.1 股利理论

股利政策是关于公司是否发放股利、发放多少股利以及何时发放股利等方面的方针和策略。

1. 股利无关论

股利无关论认为，企业的股利政策不会对公司的股票价格产生任何影响。

2. 股利相关论

股利相关论认为，企业的股利政策会影响到公司股票的价格。以下是几种代表性的观点。

（1）一鸟在手理论

在股利收入与股票价格上涨产生的资本利得收益之间，投资者更倾向于前者。因为股利是现实的有把握的收益，而股票价格的上升与下跌具有较大的不确定性，与股利收入相比风险更大，所以投资者更愿意购买能支付较高股利的公司股票，这样，股利政策必然会对股票价格产生影响。这也就是"双鸟在林，不如一鸟在手"、"落袋为安"的主导思想。

（2）信号传递理论

股利实际上给投资者传递了关于企业收益情况的信息，这一信息会反映在股票的价格上。因此，股利政策与股票价格是相关的。

（3）代理理论

现代企业理论认为，企业是一种契约关系的联结。契约关系的各方成为企业的利益相关者，各利益相关者之间的利益和目标并不完全一致，在信息不对称的情况下，企业各利益相关者之间形成诸多委托-代理关系。股利分配作为公司一种重要的财务活动，也会受到各种委托-代理关系的影响。代理成本理论认为，公司分派现金股利可以有效地降低代理成本，提高公司价值。因此，在股利政策的选择上，主要应考虑股利政策如何降低代理成本。

8.2　影响股利政策的因素

1. 法律因素

影响股利政策的法律因素主要有：①资本保全的约束；②企业积累的约束；③企业利润的约束；④偿债能力的约束。

2. 债务契约因素

债权人为了防止企业过多地发放股利，影响其偿债能力，增加债务风险，而以契约的形式限制企业发放现金股利的分配，包括：①规定每股股利的最高限额；②未来股息只能用贷款协议签订后的新增收益来支付，而不能动用签订协议之前的留存利润；③企业的流动比率（2∶1）、利息保障倍数（至少要大于1）低于一定标准时，不得分配现金股利。

3. 公司自身因素

（1）现金流量

企业在经营活动中，必须有充足的现金，否则会发生支付困难。公司在分配现金股利时，必须考虑到现金流量以及资产的流动性。

（2）举债能力

如果企业缺乏资金时，能够较容易地在资本市场上筹集到资金，可采取宽松的股利政策；如果举债能力较差，就应当采取紧缩的股利政策，少发放现金股利，增加留存收益。

（3）投资机会

当企业有良好的投资机会时，就应该少发放现金股利，增加留存利润，用于再投资；在企业没有良好的投资机会时，往往倾向于多发放现金股利。

（4）资本成本

留用利润是企业内部筹资的重要方式，成本低、隐蔽性好。合理的股利分配政策实际上是要解决分配与留用的比例关系及如何合理、有效地利用留用利润的问题。因此，在制定股利政策时，应当充分考虑企业的资金需求和企业的资本成本。

另外，影响公司股利政策的因素还有股东因素和行业因素。

8.3 股利政策的类型

股利政策的核心问题是确定分配与留利的比例，即股利支付率问题。

1. 剩余股利政策

剩余股利政策是 MM 理论在股利政策实务上的具体应用，就是在企业确定的最佳资本结构下，税后净利润首先要满足投资的需求，然后若有剩余才用于分配股利。

2. 固定股利政策

固定股利政策是公司将每年派发的股利额固定在某一特定水平上，然后在一段时间内不论公司的赢利情况和财务状况如何，派发的股利额均保持不变。

3. 固定股利支付率股利政策

这是一种变动的股利政策。固定股利支付率股利政策是公司确定固定的股利支付率，并长期按此比率从净利润中支付股利的政策。

4. 低正常股利加额外股利政策

这是一种介于固定股利政策与变动股利政策之间的折中的股利政策。低正常股利加额外股利政策是公司事先设定一个较低的经常性股利额，一般情况下，公司每期都按此金额支付正常股利，只有企业赢利较多时，再根据实际情况发放额外股利。但额外的股利并不固定，不意味着公司永久地提高了既定的股利率。

5. 稳定增长股利政策

稳定增长股利政策是指在一定的时期内保持公司的每股股利额稳定增长的股利政策。

8.4 股利的种类

1. 现金股利

现金股利是股份公司以现金的形式发放给股东的股利，是最常用的股利分派形式。

2. 股票股利

股票股利是公司将应分配给股东的股利以股票的形式发放。可以用于发放股票股利的，除了当年可供分配利润外，还有公司的盈余公积金和资本公积金。

3. 财产股利

财产股利是以现金、股票以外的资产支付的股利。主要是以公司所拥有的其他企业的有价证券，如债券等作为股利发放给股东。

4. 负债股利

负债股利是公司以负债支付的股利。通常以公司的应付票据支付给股东，在不得已的情况下，也有发行公司债券抵付股利的。财产股利和负债股利实际上是现金股利的替代。

案例学习

案例 8.1　高派现股利政策案例——佛山照明公司高派现

■■■ **案例目标**

通过本案例的学习，学生应了解企业股利分配政策及其影响因素，深刻理解高额派现对公司及中小股东的意义，分析企业在确定股利政策时应考虑的因素。

■■■ **案例陈述**

深圳交易所上市公司佛山照明（000541）由佛山市电器照明公司、南海市务庄彩釉砖厂和佛山市潘阳印刷实业公司共同发起，于 1992 年 10 月 20 日以定向募集方式设立。1993 年 10 月，公司以 10.23 元/股的发行价格向社会公开发行 A 股 1 930 万股，发行后总股本为 7 717 万股。公司的主要经营范围为研究、开发、生产电光源产品、电光源设备、电光源配套器件及有关工程咨询服务。其灯泡总产量居全国第二，是国内最大的电光源生产企业。主要电光源产品外销比例占 40%，内销市场辐射全国，外销市场集中在北美、欧洲、东南亚等地。

由表 8.1 佛山的基本财务数据可知，公司的主营业务突出且每年有稳定的增长，主营业务赢利能力强。其净资产收益率符合配股条件，但公司的每股收益和净资产收益率均呈下降趋势。

表 8.1　佛山基本财务数据

项目　　　年份	1994	1995	1996	1997	1998	1999	2000
每股收益/元	1.26	0.92	0.64	0.49	0.54	0.57	0.45
净资产收益率/%	22	16.6	16.5	12.3	13.1	13.4	8.6
主营业务收入/亿元	4.5	4.2	4	4.5	5	6	6.9
毛利率/%	47	40	40	36	36	34	31
总资产/亿元	9	13	14	14	14	15	22

自 1993 年在深交所上市以来，佛山照明历经配股、发行 B 股、增发 A 股等，筹资规模不断扩大，总资产和股本不断扩张，如表 8.2 所示。公司的股权相对集中，截至 2002 年 6 月 30 日，公司第一大股东为佛山市国有资产办公室，持有国家法人股 8 592.21 万股，占总股本的 23.97%，而第二大股东广东佑昌灯光器材贸易有限公司仅持有法人 A 股 700 万股，占总股本的 1.95%，第二～第十大股东合计持股仅 5.63%。因此，公司中小股东的股权相当分散。

表 8.2　佛山总资产和股本扩张情况表　　　　　　　　（单位：万股）

项目＼年份	1994	1995	1996	1997	1998	1999	2000
尚未流通股							
1. 发起人股份	4 490	4 490	6 734	6 734	6 734	6 734	8 839.7
国家股	4 340	4 340	6 509	6 509	6 509	6 509	8 592.2
境内法人股	150	150	225	225	225	225	247.5
2. 募集法人股	2 456	2 456	3 683	3 683	3 683	3 683	4 051.6
3. 内部职工股	1157	14.3	0	0	0	0	0
4. 法人转配股	0	889.2	1 334	1 334	1 334	1 334	0
尚未流通股合计	8 103	7 849	11 751	11 751	11 751	11 751	12 891
已流通股份							
1. A 股	3 474	5 542	8 335	8 335	8 335	8 335	14 704
其中，高管持股	14.3	16.7	25	23.3	25	25	19.3
2. B 股		5 000	7 500	7 500	7 500	7 500	8 250
已流通股份合计	3 474	10 542	15 835	15 835	15 835	15 835	22 954
股份总数	11 577	18 391	27 586	27 586	27 586	27 586	35 845

佛山照明自 1993 年上市以来，每年派发高额现金股利，如表 8.3 所示，截至 2001 年末，公司累计发放现金股利超过 10 亿元。公司的这种表现曾一度被媒体誉为"现金奶牛"。另外，佛山照明一面发放现金股利，总额约为 10 亿元，一面又在 IPO 以后进行再融资，总额约为 13 亿元，如表 8.4 所示。

表 8.3　佛山照明现金股利派发表

项目＼年份	1993	1994	1995	1996	1997
派发情况	10 派 3	10 派 8.1	10 派 6.8	10 派 4.77	10 派 4
派现总额/万元	2 315	10 845	12 506	13 159	11 034
当年净利润/万元	9 472	14 575	16 944	17 563	13 406
现金股利支付率/％	24	74	74	75	82

项目＼年份	1998	1999	2000	2001	
派发情况	10 派 4.02	10 派 3.5	10 派 3.8	10 派 6	
派现总额/万元	11 090	9 655	13 621	21 507	
当年净利润/万元	14 781	15 837	16 115	17 335	
现金股利支付率/％	75	61	85	124	

表 8.4　佛山照明融资情况表

项目＼年份	股票种类	发行日期	发行价格（元/股）	发行数量/万股	上市日期	上市交易量/万股	筹资额/万元
1993	发行 A 股	1993.10	10.23	1 930	1993.11.23	1 930	19 744
1994	A 股配股	1995.01	8	1 815	1995.02.22	481	14 520
1995	发行 B 股	1995.07	6.02（HK＄5.61）	5 000	1995.08.08	5 000	30 100
2000	A 股增发	2000.12	12.65	5 500	2000.12.23	5 500	69 575

假设你是一家证券公司的分析师，公司正在对佛山照明的财务情况进行研究，你的两位助手分别向你提交了两份研究报告，内容如下。

助手 A：

1）股利分配的信号传递理论认为，在信息不对称的情况下，公司可以通过股利政策向市场传递有关公司未来赢利能力的信息。一般说来，高质量的公司往往愿意通过相对较高的股利支付率把自己同低质量的公司区别开来，以吸引更多的投资者。对市场上的投资者来说，股利政策的差异或许是反映公司质量差异的极有价值的信号。如果公司连续保持较为稳定的股利支付率，那么投资者就可能对公司未来的赢利能力与现金流量抱有较为乐观的预期，从而可以提高公司价值。至于公司股价在二级市场上却表现平平，流通股的股东似乎并不认可公司的高股利政策，是一种反常现象，反映了我国广大流通股股东投资理念的不成熟。

2）西方主流观点融资优序理论认为，公司在筹资中，优先使用内部融资（未分配利润及折旧），内部融资不足以弥补投资缺口时，才利用外部融资。在利用外部融资时，优先使用债权融资，最后才是股权融资。其原因主要在于内部融资成本最低，而债权融资可以有抵减税收的优势，并且在信息不对称的市场条件下，发行新股会向市场传递不好的信息，从而导致股价下降，因此发行股票要忍受低估股价所导致的成本。而佛山照明一面发放现金股利，总额约为 10 亿元，一面又在 IPO 以后进行再融资，总额约为 13 亿元（由表 8.4 可知）。这一点显然与"融资优序理论"不符，这一点表明我国上市公司在财务运作方面缺乏经验，财务决策缺少理论支持，从而影响了公司价值。

助手 B：

1）我国上市公司的股权结构存在明显的流通股和非流通股并存的特点。这主要是因为在股份制改革初期，政府将"维护社会主义公有制地位，保障国家资产不受侵害"作为改制的指导原则。因此，公司在改制后仍以国家或代表国家的公司作为最大股东。这一方面出于保持国家股股东控股地位的考虑；另一方面也由于受到上市额度的限制。国有股或代表国家持股的国有企业，其持有的法人股不能流通，这一特殊性直接导致了不同性质的股东拥有不同构成的投资收益。流通股股东可直接享有资本利得和股利收入；非流通股（国家股和法人股）因不能流通而无法直接享有资本利得，但国家股与法人股往往代表着更多的控制权（除了可以获得与控制权有关的收益外，还可利用控制权优势，寻求对自身较为有利的股利政策安排）。值得注意的是，这两类不同性质的股权投资成本相差悬殊：流通股股东在公司股票公开发行时按溢价后的价格申购；而国家股和法人股是按原企业上市改组时的净资产，依照一定的比例折合而成。这对投资者实质上的投资收益产生了重大影响，导致不同性质的股东对其投资回报方式有明显不同的偏好，且两类性质的股东之间也存在利益冲突的制度基础。其中，国有股权由于一般是由政府部门来代表或控制，往往有着经济利益以外的多重政策目标，此时，两类性质的股东之间的利益冲突并不十分明显。在市场缺乏对广大中小股东足够保护的情况下，中小股东的利益将被无偿侵占。

公司第一大股东为佛山市国有资产办公室，持有国家法人股 8 592.21 万股，占总股本的 23.97%，而第二~第十大股东合计持股仅 5.63%。因此，公司中小股东的股权相当分散，实际上处于国有股"一股独大"的状态。而又由于两类不同性质的股权投资成本相差悬殊，会导致流通股股价数倍甚至数十倍于国有股和法人股股价。在"同股同权"下，流通股的股东与非流通股的股东每一股所获得的现金股利势必是相等的，而这将不可避免的使得流通股股东的投资收益率将仅仅是国有股股东投资收益率的几分之一甚至更低。这也就部分地解释了为什么二级市场投资者并不认同"现金奶牛"挤出牛奶的决定。

2）另一方面据初步统计，公司第一大股东佛山市委管理国有资产办公室（以下简称国资办）1993~2001 年累计从佛山照明近 10 亿元的派现金额中分去了 1/3，累计达 3 亿元。而公司同时又在 IPO 以后进行数次再融资，总额约为 13 亿元，尽管这种选择使得公司每股收益和净资产收益率连年下降，但公司仍乐此不疲。因此，不难在事后看出公司的控股股东存在着套取现金的嫌疑，而且稍加分析，也不难发现公司的控股股东也确实存在着这样的动机。因为第一大股东国资办所持的股份是非流通的，缺少明确的市场价格，通过派发高额现金股利合法"套现"，同时又避免摊薄了股份，控制权不至于丧失，从而保证了未来更大的分红收益。又由于国资办与地方政府的关系密切，地方政府是有意从上市公司得到更多的资源，补充地方财政的，于是就出现了一边是连年发放高额股利，而另一边又是数次再融资的行为。这种行为毫无疑问地伤害了中小投资者的利益，这也就更加印证了为什么二级市场并不认同公司的股利政策。

[问题]

1）佛山照明为什么进行高额派现？市场为什么对佛山照明的高额派现反应平淡？

2）你的看法是什么？

案例分析

1）对于有限理性的投资者来说，与公司经理相比，他们所拥有的公司信息是不完全的，经理与投资者之间存在着信息不对称。在非对称信息的状态下，公司经理更知道企业持久赢利的真实分布函数，而投资者却不甚了解这些内部信息。为了减少企业的代理成本，公司经理把股利政策作为一种信号，向投资者传递有关企业持续赢利的信息。但是，为什么公司经理会选择这种成本较高的信号，而不选择其他一些成本低廉的方式，如选择会计利润来传递这些信息呢？这可能是因为当公司对其前景看好时，它可能不仅仅是宣布好消息，还会通过提高股利来证实此消息。如果公司以往的股利支付稳定，那么一旦股利增加，投资者就会认为管理层看好公司未来前景，未来的现金流量能够支持这么高的股利政策。另外，公司对外公布的会计利润并不一定能恰当地反映其经济利润，而股利却在一定程度上传递了会计利润未能提供的信息。作为公共信息的股利政策，投资者几乎可以无成本地获得，他们可以根据自己对公司股利政策的理解，来修正对企业持续赢利的预期。佛山照明 7

次派发现金股利事件中，从整体上看，市场对公司高额现金股利反应相当平淡，可以从大股东的角度来分析佛山照明发放现金股利的动机。大股东及关联企业一直是上市公司难以"说不"的对象，出于各种关系和原因，许多上市公司沦为大股东的"提款机"。因为大股东占用太多资金，许多严重"失血"的上市公司陷入发展危机。

一般来讲，控股股东转移资金的方式主要有两种：关联交易和现金股利。关联交易产生于两个有经济活动的经济实体之间，交易的本身需要有合法的基础，同时关联交易的监管程度，制约了利用交易进行现金转移，政府对关联交易监管越严，利用关联交易转移现金的可能性就越小。而现金股利是通用的财务分配方式，只要不违反有关股利分配的法律，即使对其他股东产生不利的影响，法律也无法干预或者惩罚。作为控股股东的国资办是国家行政机构，本身并没有进行经济交易的能力，其主要职能是对国有资产的保值增值进行管理和监督。与一般的法人控股集团相比，国资办缺少从上市公司转移资金的渠道，这主要基于下述原因：国资办是一个政府机构，本身没有营业活动，并缺乏专业化的经营人才，难以直接依靠关联交易转移资金。在地方财政比较紧张的时候，国资办控股的上市公司可能更倾向于选择现金股利补充地方财政。

因此，作为上市公司大股东的国资办既有转移资金的动机，又缺乏运用关联交易转移资金的渠道，尽管成本比较高昂，还是选择现金股利进行资金转移。

公司的第一大股东是佛山市国资办，公司的前身也是全资国有企业，公司和当地政府之间存在着密切的关系。据初步统计，从1993年至今，佛山市政府从佛山照明近10亿的派现总金额中分去了1/3，累计达3亿元。2001年佛山照明上缴的税金总额是1.87亿，在佛山市是排名第一的利税大户。统计显示，佛山照明上市以来累计上缴的税金近10亿。大股东曾向佛山照明借钱，如果不能按期偿还借款本息，佛山照明将按协议从每年的分红中扣还。用这种方法，佛山照明处理了两次来自大股东的资金周转要求。但我们不能据此认为上市公司的价值一定受到了同等程度的损害，因为地方政府也帮助上市公司解决其他方面的问题，这可以视作资金转移后得到的补偿性收益。譬如在上市公司日常发展中，大股东会尽可能地利用政府资源，配合上市公司解决问题，如1996年佛山照明生产规模扩大，厂房要扩张，大股东主动出面，协调解决搬迁、补偿问题，更快地为佛山照明清除外部发展障碍。

上述分析使我们比较容易理解为什么佛山照明一边发放现金股利，一边在股票市场进行再融资。因为除了1994年国资办参与配股以外，1995年发行B股和2000年A股增发都不需要国资办支付现金；然而，通过利益均沾的现金股利，国资办可以获得资金流入。同时也不难理解为什么我们发现的经验数据支持"市场将佛山照明发放现金股利视作坏消息"了。

佛山照明持续、高额的现金股利令持有非流通股的第一大股东国资办成为上市公司成长过程中最大的赢家。因为第一大股东的股份无法流通，缺少明确的市场价格，大股东缺乏动机来抬高股价，除非抬高股价可以提高公司价值，降低筹资成本。地方政府受财政预算的约束，也希望利用国资办所持有的国家股，从上市公司得到更多的资源，补充地方财政，于是分红就成了国资办的首选。

2) 佛山照明自 1993 年上市以来，持续赢利且高派现，备受市场好评，被称为"现金奶牛"，成为注重投资者利益的典范。但是有必要探讨一下佛山照明的管理层是否真的一心从股东利益出发。研究发现，尽管佛山照明历年高派现，但手中持有的现金依然远远超出公司正常生产经营的需要；而造成这种局面的一个重要原因是佛山照明 2000 年的增发，其实公司当时并不需要融资；手中现金过多，于是佛山照明进入股市，然而从 2008 年第一季度的操作来看，其投资以短线操作为主，战绩不佳。此外，佛山照明还存在信息披露不及时的问题。

案例小结

投资者的收益通常由现金股利和股票增值两部分组成，建立良好的公司治理结构，控制公司内部人的机会主义行为，研究我国证券市场现金股利在公司治理中的作用，对保护投资者利益有着重要的理论意义和实际价值。公司将多余的现金返还给股东，应将精力集中于主业的发展上，并通过适度负债提高净资产收益率。唯有这样，公司才能吸引长期投资者，走上良性发展之路。

本案例体现了对上市公司发放现金股利与其相关利益人之间关系知识点的运用与理解，使学生能正确看待高额派现的公司行为，提高对股利政策的认知能力。

案例 8.2 股利政策案例——PAT 公司、BEC 股份有限公司、南方公司发放股利

案例目标

通过本案例的学习，使学生了解不同股利政策的特点，比较分析不同股利政策的内容。上市公司管理当局在制定股利政策时，要遵循一定的原则，并充分考虑影响股利政策的一些因素，这样才能保护股东、公司本身和债权人的利益，使公司的收益分配规范化。

案例陈述

1) PAT（Perfect Action Team）公司 2006 年年末资产总额为 5 000 万元，负债比率为 40%，其股权资本包括普通股和留存收益，每股净资产 10 元，负债的年平均利率为 8%。该公司 2007 年年初未分配利润为 −270 万元（超过税法规定的税前弥补期限），当年实现经营收入 6 000 万元，变动成本率 60%，固定经营成本 1 000 万元，公司的所得税税率 25%。该公司按 10% 提取盈余公积金。

2) BEC（Business Economic Compang）股份有限公司 2007 年实现的净收益为 3 000 万元，可用于发放股利，也可以用于留存，假设该公司目前不存在有息负债。该公司 2008 年预计有 3 个可以考虑的追加投资机会，需要追加的投资资本（有息长期负债和股权资本）如下：A——2 400 万元；B——3 600 万元；C——4 800 万元，公司适用

的所得税税率为 25%。

3）南方公司目前流通在外的普通股 10 000 股，奉行 100% 的股利支付率政策。公司目前的净收益为 64 000 元，一年后公司的预期价值为 1 306 400 元，南方公司适用的折现率为 15%。

[问题]

1）试计算以下几个问题。

① 计算 PAT 公司 2006 年年末的股权资本和普通股股数。

② 假设负债总额和普通股股数保持 2006 年的水平不变，计算该公司 2007 年的税后收益和每股收益。

③ 结合②，如果该公司 2007 年采取固定股利政策（每股股利 0.5 元），计算该公司本年度提取的盈余公积金和发放的股利额。

④ 如果该公司 2007 年采取剩余股利政策，计划下年度追加投资 2 000 万元，继续保持 2006 年的资本结构不变，计算该公司 2007 年可以给股东派发的股利。

⑤ 结合④，如果下年度追加投资所需股权资本通过增发优先股来解决，优先股的股息率为 12%，资本结构仍保持 2006 年的不变，追加投资后假设负债的平均利率上升为 10%，预计下年度实现的息税前收益与 2007 年度相同，计算追加筹资后的财务杠杆系数。

2）针对以下 3 种不同的股利分配政策完成表 8.5～表 8.7 中的空白部分。

① 如果 BEC 公司采用剩余股利政策，最优资本结构为 30% 的负债和 70% 的股权。有息长期负债假设全部为平价债券，债券的票面年利率为 8%。无风险收益率为 5%，该公司股票的 β 系数为 1.2，市场组合的收益率为 10%。

表 8.5　BEC 公司的股利政策与资本支出计划（剩余股利政策）　（单位：万元）

项　目	投资机会		
	A	B	C
资本支出预算额	2 400	3 600	4 800
净收益	3 000	3 000	3 000
资本支出预算所需的股权资本			
股利发放额			
股利支付率			
增发的普通股			
增发的长期债券			
新增资本的加权平均资本成本			

② 如果 BEC 公司采用固定股利政策，固定的股利支付额为 900 万元。有息长期负债假设全部为平价债券，债券的票面年利率为 8%。目前该公司股票的总市价为 5 000

万元。外部筹资时发行债券筹资优先于增发普通股筹资，但长期债券筹资额不得高于追加投资资本的45%。

表 8.6　BEC 公司的股利政策与资本支出计划（固定股利政策）　（单位：万元）

项　　目	投资机会		
	A	B	C
资本支出预算额	2 400	3 600	4 800
净收益	3 000	3 000	3 000
收益留存满足资本支出预算数额			
股利发放额			
股利支付率			
增发的普通股			
增发的长期债券			
股权资本成本			

③ 如果 BEC 公司采用固定股利支付率政策，股利支付率为35%，可持续增长率为6%。有息长期负债假设全部为平价债券，债券的票面年利率为8%。目前该公司股票的总市价为 8 000 万元。外部筹资时发行债券筹资优先于增发普通股筹资，但长期债券筹资额不得高于追加投资资本的40%。

表 8.7　BEC 公司的股利政策与资本支出计划（固定股利支付率政策）（单位：万元）

项　　目	投资机会		
	A	B	C
资本支出预算额	2 400	3 600	4 800
净收益	3 000	3 000	3 000
收益留存满足资本支出预算数额			
股利发放额			
股利支付率			
增发的普通股			
增发的长期债券			
股权资本成本			

3）试计算以下几个问题。

① 计算南方公司目前的股价。

② 如果董事会遵循目前的股利政策，计算南方公司除息后的股价。

③ 在宣布股利的会议上，几位董事提出，由于股利太少，以致可能压制股价。他们建议南方公司可以发行新股筹资，使股利提高到每股 7.68 元。试评价低股利政策会压制股价的观点，并在公司采用了新股利政策的情况下，计算新股票的发行价格以及发行股数。

案例分析

1) ① 2006 年年末的股权资本＝5 000×（1－40％）＝3 000（万元）

2006 年年末普通股股数＝3 000/10＝300（万股）

② 2007 年的税后收益＝［6 000×（1－60％）－1 000－5 000×40％×8％］

×（1－25％）

＝930（万元）

每股收益＝930/300＝3.1（元）

③ 提取盈余公积金＝（930－270）×10％＝66（万元）

发放的股利额＝300×0.5＝150（万元）

④ 追加投资所需股权资本＝2 000×（1－40％）＝1 200（万元）

公司当期实现的净收益为 930 万元，因此，根据剩余股利政策，该公司当年不应给股东派发股利。

⑤ 公司需要发行的优先股＝1 200－930＝270（万元）

公司按原有的资本结构筹集资金后负债＝（5 000＋2 000）×40％＝2 800（万元）

2007 年度公司的息税前收益＝6 000×（1－60％）－1 000＝1 400（万元）

财务杠杆系数＝1 400/［1 400－2 800×10％－270×12％/（1－25％）］

＝1.3（倍）

2) 按剩余股利政策，编制表 8.8；按固定股利政策，编制表 8.9；按固定股利支付率政策，编制表 8.10。

表 8.8　BEC 公司的股利政策与资本支出计划（剩余股利政策）　　（单位：万元）

项　　目	投资机会		
	A	B	C
资本支出预算额	2 400	3 600	4 800
净收益	3 000	3 000	3 000
资本支出预算所需的股权资本	1 680	2 520	3 360
股利发放额	1 320	480	0
股利支付率	44％	16％	0
增发的普通股	0	0	360
增发的长期债券	720	1 080	1 440
新增资本的加权平均资本成本	9.5％		

其中，长期债券的资本成本＝8％×（1－25％）＝6％；

股权资本成本＝5％＋1.2×（10％－5％）＝11％；

新增资本的加权平均成本＝6％×30％＋11％×70％＝9.5％。

表 8.9　BEC 公司的股利政策与资本支出计划（固定股利政策）　（单位：万元）

项　　目	投资机会		
	A	B	C
资本支出预算额	2 400	3 600	4 800
净收益	3 000	3 000	3 000
收益留存满足资本支出预算数额	2 100	2 100	2 100
股利发放额	900	900	900
股利支付率	30％	30％	30％
增发的普通股	0	0	540
增发的长期债券	300	1 500	2 160
股权资本成本	18％		

在固定股利政策下，净收益先满足派发股利 900 万元，然后满足追加投资资本 2 100 万元（3 000－900）。注意长期债券不得高于追加投资资本的 45％的限制。

$$股权资本成本＝900/5\ 000＝18\%$$

表 8.10　BEC 公司的股利政策与资本支出计划（固定股利支付率政策）（单位：万元）

项　　目	投资机会		
	A	B	C
资本支出预算额	2 400	3 600	4 800
净收益	3 000	3 000	3 000
收益留存满足资本支出预算数额	1 950	1 950	1 950
股利发放额	1 050	1 050	1 050
股利支付率	35％	35％	35％
增发的普通股	0	210	930
增发的长期债券	450	1 440	1 920
股权资本成本	19.91％		

在固定股利支付率政策下，净收益先满足派发股利，然后满足追加投资资本。注意长期债券不得高于追加投资资本的 40％的限制。

该公司股票为固定增长股票，固定的股利增长率等于可持续增长率。

$$股权资本成本＝\frac{1\ 050×（1＋6\%）}{8\ 000}＋6\%＝19.91\%$$

3) ① 南方公司目前的股票价值为现金流量的现值：

$$股票价值＝64\ 000＋1\ 306\ 400/(1＋15\%)＝1\ 200\ 000（元）$$

$$每股价值＝1\ 200\ 000/10\ 000＝120（元）$$

② 如果董事会遵循目前的股利政策，南方公司除息后的股价为

$$每股价值＝\frac{1\ 200\ 000－64\ 000×100\%}{10\ 000}＝113.6（元）$$

南方公司的股价从每股 120 元下降至每股 113.6 元。

③ 根据 MM 理论，低的股利压制股价的情况不可能成立。因为股利政策是无关的，股利支付的水平也应是无关的。这些董事只要求改变股利支付的时间，即现在多一些以后少一些。正如以下所计算的，公司的价值不会随着他们的建议而发生变化。因此，股价将不会发生变化。

为了支付每股 7.68 元的股利，公司必须发行新股的价值应为 7.68×10 000－64 000＝12 800（元）。这些新发行的股票必须赚得 15% 的收益率。因此，老股东一年后收益的价值将下降 14 720 元 [12 800×(1＋15%)]。在此情况下，公司目前的价值为 76 800＋(1 306 400－14 720)/(1＋15%)＝1 200 000（元）。

在公司采用了新股利政策的情况下，新股东不会得到目前的股利。他们将只能收到一年后的股权价值。这些现金流量的现值为 (1 306 400－14 720)/(1＋15%)＝1 123 200（元），所以股价将为 1 123 200/10 000＝112.32（元），将发行的新股股数为 12 800/112.32＝113.96（股）。

▉ 案例小结

股利政策作为企业的核心财务问题之一，一直受到各方的关注。因为股利的发放既关系到公司股东和债权人的利益，又关系到公司的未来发展。如果支付较高的股利，一方面可使股东获得可观的投资收益，另一方面还会引起公司股票市价上升。但是过高的股利，将使公司留存利润减少，或者影响公司未来发展，或者因举债、增发新股而增加资本成本，最终影响公司未来收益。而较低的股利，虽然使公司有较多的发展资金，但与公司股东的愿望相违背，致使股票价格下降，公司形象受损。因此，如何制定股利政策，使股利的发放与公司的未来持续发展相适应，并使公司股票价格稳中有升，便成了公司管理层的终极目标。

本案例体现了股利政策各有利弊和适用范围的知识点，提高了学生对各种股利政策理解和运用的能力。

案例 8.3　股票股利和现金股利分配案例——四川长虹电器股份有限公司

▉ 案例目标

通过本案例的学习，学生应了解股票股利和现金股利的含义，并通过两者的市场效应，进一步掌握股利分配政策及其应考虑的主要因素。

案例陈述

四川长虹电器股份有限公司是 1988 年经绵阳市人民政府批准进行股份制企业改革试点。同年，人民银行绵阳市分行批准本公司向社会公开发行了个人股股票。1993 年公司按《股份有限公司规范意见》有关规定进行规范后，国家体改委［体改生（1993）54 号］批准本公司继续进行规范化的股份制企业试点。1994 年 3 月 11 日，中国证监会［证监发审字（1994）7 号］批准本公司的社会公众股 4 997.37 万股在上海证券交易所上市流通。1984 年，四川长虹电器股份有限公司还只是一个拥有 0.4 亿元净资产的西部国有中型企业，但是经过多年不断励精图治，开拓进取，今天，公司已经发展成为拥有净资产达 42 亿元的全球第四大彩电生产企业，获得了第 50 届国际统计大会授予的"中国最大彩电基地"称号，并独家荣获"中国彩电大王"美誉，已连续 12 年在中国彩电市场保持最高市场份额。

四川长虹电器股份有限公司是在上海证券交易所挂牌上市的超大型信息技术公司之一，公司股票简称"四川长虹"，股票代码为"600839"，为上证 30 指数股之一。长虹经过多年成长，现在已经是一家集视屏、空调、视听、电池、器件、通信、小家电及可视系统、液晶显示、应用电视等产业研发、生产、销售的多元化、综合性跨国企业，下辖吉林长虹、江苏长虹、广东长虹等多家参股、控股公司。公司总部位于"中国科技城"——四川省绵阳市。公司品牌"长虹"是中国乃至世界驰名品牌之一，品牌价值持续攀升，至 2001 年，已达到 261 亿元，为中国电子行业首位。

一个公司的股利政策往往在公司的不同阶段有着不同的取向，也就是说与公司的发展历程是密切联系的，公司发展阶段是影响公司股利政策的重要因素之一。

面对彩电行业残酷的市场竞争，长虹在 1998 年也是全力积极应对。为适应国际国内的环境变化，渡过困难期，更为未来的发展，长虹在建业 40 周年庆典上提出了铸造"百年长虹"的目标，开展自下而上的革新运动，提出了"调整、充实、巩固、提高、扩大市场，人有我新"的经营指导思想，更注重公司今后增长的质量和效益。

就在长虹着手调整时，无情的市场却进一步恶化。1999 年，我国国民经济出现了通货紧缩状况，消费者对未来预期不一，持币观望情绪比较明显，彩电市场消费有效需求不足，导致彩电行业竞争更加激烈，国内彩电市场 3 次降价，长虹不得不被动应战，经营业绩急剧下降，1999 年主营业务收入实现 100.95 亿元，与上年的 116.03 亿元相比，下降并不是很多，但净利润只有 5.25 亿元，同比下降达 70%，价格战使长虹产品的毛利率迅速缩水，由上年的 27% 下降到 1999 年的 15.5%，主营业务利润率近乎萎缩一半，而 1999 年末的存货却仍高达 70 多亿元，巨额的存货拖累着长虹的发展。

1999 年为了配合公司调整战略的实施，长虹第三次增资配股，共计募集资金 171 142.097 102 万元，主要用于数字视频网络产品项目、数字通信项目、激光读取装置项目、技术中心实验室及中试线项目、绿色环保电池项目和市场网络建设项目。2000 年，长虹依然止不住业绩下滑的趋势，报告期利润实现数较利润预测数低了

53%。2000年，长虹主营业务收入10 707 213 930.95元，与上年基本持平，但只实现净利润2.7亿元，同比下降了48%，毛利率下滑至14%，经营业绩如跳水般滑落。2001年，家电行业竞争更加激烈，长虹原有彩电产品的销售价格进一步降低，赢利空间再度缩小，毛利率只有10.03%。长虹彩电的成本已很难再下降了。因此，长虹未来的发展只有依赖于新产品的推出，提高产品的技术含量和附加值。

近几年来，长虹积极调整产品结构，不断推出高附加值的产品占领市场，积极填补市场空白点，并创造新的消费热点。长虹还适应网络经济和电子商务的发展现状和变化趋势，从长期发展战略考虑，加大了电子与网络产品的开发和市场拓展力度。在长虹的发展中，精显背投彩电将是主角。精显背投彩电技术含量、附加值较高，毛利率可高达20%，可以说长虹正在背投上做一次冒险。

长虹的发展历程经历了从创业到高峰，再转入低谷的过程，目前公司尚未完全走出调整期，2007年预计平板电视产品会赢利，并与其大股东长虹集团拟进行15.77亿元的资产置换，评论界认为该公司将再展雄风，长虹的未来可以说在目前看来还不是十分明朗。

我们收集了四川长虹电器股份有限公司上市以后各年（即1993～2005年）股利分配方案的资料，如表8.11所示，以此作为分析其股利政策的基本依据之一。

表8.11 "四川长虹"历年每股收益及分红配股方案

年份	每股收益/元	分红方案	配股方案
1993	2.164	10送2股派12元	
1994	2.973	10送7股派1元	
1995	2.277	10送6股	
1996	2.070	10送6股	
1997	1.710	10送3股派5.8元	
1998	0.876	不分配不转增	1）10配2.5股，每股7.35元，
1999	0.243	不分配不转增	也可10：7.41转配，转让费0.2元；
2000	0.127	不分配不转增	2）10配1.875股，每股9.80元；
2001	0.041	不分配不转增	3）10配2.3 076股，每股9.98元
2002	0.081	不分配不转增	
2003	0.095	不分配不转增	
2004	−1.701	不分配不转增	
2005	0.132	不分配不转增	

[问题]

1）通过四川长虹电器股份有限公司股利政策案例，说明上市公司股利政策的基本内容。

2）公司股利政策决策的影响因素有哪些？

3）对四川长虹电器股份有限公司股利支付方式进行评价。

4）四川长虹电器股份有限公司股利政策有何特点？你认为我国上市公司股利政策存在的问题有哪些？

案例分析

1）股利政策是上市公司重要的财务决策，其主要目标是确定合理的股利支付率和股利分配形式，对其收益进行分配或留存以用于再投资的决策问题。公司的股利政策必须根据企业的总体目标，选择最能够提高公司价值的股利政策，即企业根据市场投资机会，企业的融资渠道、发展规划、股东心态、股市影响等因素综合考虑。上市公司股利政策的基本内容主要包括股利支付率和股利支付方式。

2）公司股利政策决策的影响因素：①法律性限制和契约限制；②企业内部因素的影响（利润和现金的稳定性、变现能力、筹资能力、资本结构和资金成本、投资机会的制约等）；③股东因素（股权控制要求、所得税负等）；④其他因素（通货膨胀因素、股利政策的连续性、企业的融资环境、市场的成熟程度、企业所在的行业等）；⑤企业所处的生命周期阶段。

3）长虹自1994年上市以来，采用的股利分配方式主要是现金股利和股票股利。长虹上市8年累计派发现金股利达11.97亿元，位居我国所有上市公司的前10位，长虹送红股的比例之高、频度之密，在我国上市公司中也是居于前列的。长虹送红股较多的几年也正是长虹飞速发展的几年。长虹的现金股利发放和送红股多是采用捆绑式进行的，即发现金的同时又送红股，如1993、1994、1997年均是如此。第二个阶段是1998年及1998年之后，这一阶段长虹年年不分配，连续4年执行的是零股利政策，在1999年又进行了增资配股。可见这一时期长虹采取的是彻底的剩余股利政策，不但没有给股东有所回报，反而进行配股，要求股东追加投资。

4）长虹历年的股利分配方案，其采用的股利政策并没有很明确的稳定性，只是明显地分为了两个不同的阶段。第一个阶段是1998年之前。长虹年年分红，但主要是送红股，即发放股票股利，其中有3年配之以一定的现金股利，而且在这5年中长虹于1995、1997年两次进行了增资配股，可见这一时期长虹的股利政策更多地是在为公司扩充股本进行再融资服务，同时又以适当的现金股利回报股东，吸引投资者。第二个阶段是1998年及1998年之后，长虹年年不分配，连续4年执行的是零股利政策。

案例小结

公司目前所处发展阶段是公司选择股利分配政策的最主要因素，因为对发展阶段的定位决定了公司未来的发展取向，并会带动其他诸多要素进行变化，所以公司应根据具体的发展阶段选择适用的股利政策。影响公司股利政策的相关因素众多，而且这些因素之间往往相互联系、相互制约，有些可量化而有些不可量化，其综合影响也不可能仅通过定量分析得出结论。因此，股利政策的制定需要针对具体环境进行定性分析以达到各种利益关系的平衡，最大限度地达到股东财富最大化的目标。

本案例体现了对股利政策与公司发展历程紧密相关知识点的运用与理解，提高了学生制定股利政策的能力。

案例 8.4　稳定股利政策案例——3 家医药制造业的股利分配政策

■ 案例目标

上市公司的股利分配，特别是长期稳定的现金股利，是衡量上市公司投资价值的重要标志。通过本案例的学习，学生应进一步了解有关股利政策的两个重要指标，即股利支付率和股利变动系数。

■ 案例陈述

下面是 3 家医药制造业的历年现金股利分配资料，如表 8.12 所示。

表 8.12　3 家医药制造业的历年现金股利分配表　　　　（单位：元）

年份	新兴制药			云南白药			明日制药		
	每股利润	每股现金股利	股利分配的其他形式	每股利润	每股现金股利	股利分配的其他形式	每股利润	每股现金股利	股利分配的其他形式
1998	0.61	0.3		0.27	0.13		0.12	0.07	
1999	0.58	0.3	送红股	0.18	0.03	转增股、送红股	0.15	0.02	
2000	0.61	0.2		0.27	0.14		0.16	0.04	
2001	0.6	0.185	转增股	0.4	0.1		0.18	0.08	
2002	0.75	0.25		0.5	0.2		0.15	0.08	
2003	0.72	0.30		0.61	0.32		0.09	0.06	
2004		0.30		0.45		转增股		0.04	

下面是医药制造业主要收益指标的行业平均数据和 3 家公司数据，如表 8.13 所示。

表 8.13　医药制造业的行业平均数据和 3 家公司的数据

项目　　年份	行业平均			新兴制药			云南白药			明日制药		
	2003	2002	2001	2003	2002	2001	2003	2002	2001	2003	2002	2001
净资产收益率/%	6.77	4.95	5.03	14.64	17.92	16.03	19.47	20.20	18.00	2.98	4.98	6.03
主营业务利润率/%	29.69	30.96	32.28	46.14	43.05	39.49	30.49	35.23	34.24	22.03	26.56	29.65

[问题]

1) 计算 3 家公司各年的股利支付率，并分析评价 3 家公司股东的当前收益状况。你是否赞成 3 家公司的股利分配政策？

2) 计算 3 家公司的股利变动系数，并分析评价 3 家公司股利分配的稳定性。

3) 你认为股利分配与不同国家、不同行业、不同公司有什么关系？

案例分析

1）据 3 家公司的有关资料，计算股利支付率，如表 8.14 所示。

表 8.14　3 家医药制造业公司的股利支付表

年份	新兴制药			云南白药			明日制药		
	每股现金股利/元	每股利润/元	股利支付率/%	每股现金股利/元	每股利润/元	股利支付率/%	每股现金股利/元	每股利润/元	股利支付率/%
1998	0.30	0.61	49.18	0.13	0.27	11.11	0.07	0.12	16.67
1999	0.30	0.58	34.48	0.03	0.18	77.78	0.02	0.15	26.67
2000	0.20	0.61	30.33	0.14	0.27	37.04	0.04	0.16	50.00
2001	0.185	0.60	41.67	0.10	0.40	50.00	0.08	0.18	44.44
2002	0.25	0.75	40.00	0.20	0.50	64.00	0.08	0.15	40.00
2003	0.30	0.72	41.67	0.32	0.61	73.77	0.06	0.09	44.44
2004	0.30			0.45			0.04		
股利合计（$\sum Dt$）	1.835	—	—	1.37	—	—	0.39	—	—
平均股利额（ED）	0.262			0.196			0.056		
股利标准离差（σD）	0.099			0.133			0.021		
股利变动系数（$\sigma D/ED$）	0.377			0.678			0.375		

注：每年股利支付率的计算，按下年的每股股利除以本年的每股利润，如新兴制药 1999 年的股利支付率＝0.20/0.58＝34.48%。

股利支付率反映了股利的水平，该指标能衡量股东从每股利润中分到手的部分有多少，可以体现当前收益。这 3 家公司都属于业绩优良、并且长期坚持派现分红的上市公司，在我国证券市场实属不易，这与大多数上市公司圈钱套利的行为形成鲜明对比。但是 3 家公司之间也是有各自不同的情况，从每股利润来看，3 家公司处于不同的档次，新兴制药是收益最高和业绩较稳定的，其次是云南白药和明日制药。而从股利支付率来看，新兴制药的股利支付率平稳发展，始终保持在 30%～49%；云南白药的股利支付率在 6 年中呈锯齿状，波动幅度较大；明日制药也是比较理想的，特别是 1999 年以后，股利支付率非常平稳，为 40%～50%。

股利政策的核心是探寻股利与留存收益之间的比例关系，在进行股利分配时既要考虑到股东的近期愿望，又要考虑到企业的长远发展。从股票的本质来看，投资者持有股票的目的无非是为了取得收益或支配股份公司，即股票的收益性与支配性。由于现代证券流通市场的发达，企业股权越来越分散，中小股东越来越多，大多数股东都无法对企业的经营行为发挥支配作用。这样的话，购买股票的目的就只有获取收益了，股票投资者的主要目标在于稳定的投资回报。从总体上看，3 家公司的股利支付率在同行业处于较高水平，其股利分配政策也充分体现了公司注重投资者回报的经营方针，是值得提倡的。

2）为了均衡股利水平，维持公司的良好形象，国外上市公司一般都倾向于保持稳定的股利政策。然而我国上市公司股利政策波动多变，缺乏连续性，投资者很难从现行的股利政策推知未来股利如何变化。为了评价上市公司股利政策的连续性和稳定性，可以用股利变动系数指标来评价。股利变动系数是一个反映股利不稳定的指标，从相反的方向来评价股利的稳定性，即股利变动系数越小，表示股利的稳定性越好，股票的吸引力也因而越大。

3 家公司的股利变动系数计算结果由表 8.14 可知，从小到大依次为 0.375、0.377、0.678，分别对应的上市公司是明日制药、新兴制药、云南白药，因此可以认为，明日制药和新兴制药的股利政策是稳定的，云南白药则在股利分派上具有一定的波动性，这点从其股利支付率的波动上也能证明。

3）股利支付率多少较为合理，不同的国家、不同的行业、不同的公司做法都不相同。

一般认为，美国上市公司的平均股利支付率较高，而日本和德国上市公司的股利支付率较低。我国上市公司的平均股利支付率较低，有学者对我国上市公司进行过测算，在 1994～1998 年间，我国上市公司的股利支付率约为 30%，并呈不断下降趋势。但预计今后这种局面可能会随着强制分红制度的出台和市场监督的力度加大会有所改善。

上市公司在确定股利分配形式时，还受到所处行业的发展阶段的影响。公司的发展阶段应和行业的发展阶段保持一致。在行业处于初创阶段，行业内的各个公司面临着较高的经营风险和财务风险，内部融资便成为公司主要的资金来源，在股利政策上最大限度地保留盈利，尽量少发或不发股利。对处于成长阶段的行业，各个公司由于销售的急剧增长和投资机会的快速增加，公司的发展仍然需要筹集大量的资金，这时大部分公司往往采取股票股利的方式，这样既节约了现金支出，又可传递经理人关于公司发展前景的利好信息。当整个行业进入成熟阶段时期，各公司生产经营稳定，有较为宽裕的营运资金，并有足够的留存收益，此时行业内的各公司竞相决定和宣布发放现金股利，若某些公司仍然采取不分红的股利政策，其在市场上的地位和价值就会受到影响。从我国的医药制造业的行业平均获利指标来分析，主营业务利润率近 3 年为 4.96%～6.77%，净资产收益率近 3 年为 29.69%～32.28%，两项指标都处于较稳定的状态，可认为我国的医药制造业是处于成熟阶段，使得行业内各公司的股利分配政策也比较稳定。

再者，公司各年的股利额与其经营业绩、赢利能力及分配政策是相关的。从赢利能力看，云南白药的赢利能力较强，其主营业务利润率和净资产收益率两项指标都持续高于行业平均水平，特别是净资产收益率指标，在 2001～2003 年的 3 年中，云南白药的净资产收益率稳定在 18.00%～20.20%，3 年平均为 19.22%〔（19.47＋20.20＋

18.00) /3]，是行业平均 3 年 5.58%[(6.77+4.95+5.03)/3] 的 3.45 倍。新兴制药的主营业务利润率和净资产收益率两项指标也都持续高于行业平均水平，在 2001～2003 年的 3 年中，其净资产收益率指标稳定在 14.64%～17.92%，3 年平均为 16.20%，是行业 3 年平均 5.58% 的 2.9 倍。明日制药的主营业务利润率和净资产收益率两项指标与行业平均持平，甚至低于行业平均水平，但明日制药长期坚持现金股利政策并保持较稳定的股利支付率，其股利变动系数也是最低的，这说明除了赢利能力之外，上市公司分配与否是与公司的股利政策相关的。从公司业绩可靠性看，3 家公司当前业绩的情况表明，公司收入和赢利可信度较高，经营中有足够的现金收入支持，这也是其连年派发股利，保持较高的股利增长率和较稳定的股利变动系数水平的保证。

案例小结

随着我国证券监督管理委员会（以下简称证监会）对具备分红条件却不分红的上市公司分配行为的规范，以及市场对上市公司红利指数的编制，将从政策和市场两个方面促进上市公司的分配政策的改进。上市公司的股利分配，特别是长期稳定的现金股利，是衡量上市公司投资价值的重要标志。在我国上市公司不分配的公司较多，在股利支付率不高的大环境下，仍有一些表现良好的公司值得提倡。

本案例体现了对公司现金股利政策的稳定性和增长性对公司价值产生影响知识点的运用与理解，提高了学生对现金股利政策的实际应用能力。

案例 8.5 股权激励案例——青岛海尔薪酬激励与股权激励

案例目标

通过本案例的学习，使学生更深入地理解上市公司实施股权激励的动因，了解青岛海尔一期激励方案和二期股权激励方案的异同，以及青岛海尔在此期间的薪酬激励机制发挥的作用如何，培养学生对股权激励制度的认知能力。

案例陈述

青岛海尔是国家首批创新型企业，在公司高管财务激励机制设计中多年来形成了独特的风格，该企业在创新型企业中具有代表性。现利用两个相关青岛海尔的案例资料进行案例分析。

（1）资料一

根据上市公司财务数据，将青岛海尔 2005～2008 年度最高前 3 高管报酬与企业净资产收益率数据统计，如表 8.15 所示。

表 8.15 青岛海尔最高前 3 高管报酬与企业净资产收益率统计表

最高前 3 高管报酬/万元				净资产收益率/%			
2005 年度	2006 年度	2007 年度	2008 年度	2005 年度	2006 年度	2007 年度	2008 年度
32	35.6	46.69	78.07	4.27	5.43	10.2	11.34

资料来源：http://www.eastmoneg.com.

以 2005 年数据为基期数据，2006～2008 年度青岛海尔最高前 3 高管报酬同比增长率分别为 11.25％、45.9％、143.97％；2006～2008 年度青岛海尔净资产收益率同比增长率分别为 27.17％、138.87％、165.57％。根据上述数据绘制曲线，如图 8.1 所示。

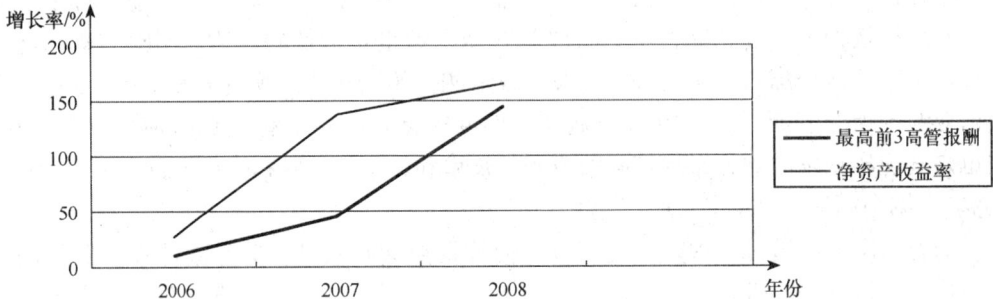

图 8.1　青岛海尔最高前 3 高管报酬及净资产收益率的增长率

（2）资料二

2009 年 5 月 14 日《21 世纪经济报道》第 019 版刊登了一则以"青岛海尔重启股权激励计划"为题的新闻报道。文章大体内容如下。

在同城"兄弟"海信电器（600060）的股权激励方案获批的刺激下，2008 年 8 月曾宣布停止股权激励的青岛海尔，重新启动股权激励。5 月 13 日，青岛海尔发布的《首期股票期权激励计划（草案）摘要》中指出，将授予公司董事长杨绵绵、总经理梁海山等 7 名高管人员，以及 42 名核心技术、业务人员合计 1 771 万股股票期权，占公司总股本的 1.32％，该部分股票的来源为公司向受激励人员定向增发。行权条件为前一年度加权平均净资产收益率不低于 10％，净利润年复合增长率达到或超过 18％。与 2006 年 12 月青岛海尔首次推出股权激励方案相比，这次股权激励行权时间从 3 年延长到 5 年。

青岛海尔吸取了海信电器股权激励获批的经验。海信电器 2008 年 11 月提出的股权激励方案近日获批，其 5 年期 491 万股（占总股本 0.99％）的微小规模起到了至关重要的作用。2008 年 11 月，青岛海尔的同城竞争对手海信电器推出股权激励方案，今年 4 月底顺利获批，并在 5 月 12 日海信电器的股东大会上顺利通过，这让青岛海尔看到了再次推出股权激励计划的可能。"特殊"的安排这次的股权激励方案中，受到激励的高管团队发生了变化，除了年龄已经超过 70 岁的董事长杨绵绵将获得 225 万股（占授予比例的 12.7％）外，公司副董事长梁海山也将获得 158 万股，而崔少华、明国珍、金明谟等 5 位高管则各获得 28 万股～68 万股不等的股权。青岛海尔对于退休高管的规定做了特别安排，即若在其离职当年绩效考核合格，则其可在本计划的有效期内按规定行权，其所获授的股票期权的数量与行权价格不作变更。这意味着 2010 年杨绵绵退休，只要 2009 年业绩达标就可以获得激励。不同投资机构对于青岛海尔的前景预期并不一致，因为青岛海尔今年第一季度的净利润下降了 39％，这在一定程度上让净利润增长 18％的行权条件变难。

海信电器在股权激励方案推出后，今年第一季度净利润增长 59%，如果青岛海尔的股权激励获批，可以刺激高管和员工的积极性，让上市公司彻底改变以往的关联交易，这对上市公司的业绩将有重大提升。

时隔首期股权激励推出仅一年时间，青岛海尔 2010 年 9 月 13 日再次推出二期股权激励方案，根据公布的草案，青岛海尔拟通过向激励对象定向发行股票方式作为激励来源，激励对象包括两名董事、高管及 81 名公司及子公司核心技术（业务）人员。拟授予 83 名核心人员 1 080 万份股票期权，占公司股本总额的 0.807%；本次股票期权行权价格为 22.31 元，即当满足行权条件时，激励对象获授的每份股票期权，可以 22.31 元的行权价格购买一股青岛海尔人民币普通股（A 股）股票。公告显示，本次激励计划行权有效期为自股票期权授权日起 4 年内，激励对象可按获授股票期权总量的 30%、30% 和 40% 比例分 3 期行权。行权条件为前一年度公司加权平均净资产收益率不低于 10%，并且每次行权时，公司年度经审计的净利润较 2009 年度增长率或复合增长率分别不低于 18%。2008 年 12 月 31 日，青岛海尔的净利润为 978 699 000.00 元，相关资料如表 8.16 所示。

表 8.16　青岛海尔主要财务指标　　　　（单位：元）

财务指标＼时间	2009 年 12 月 31 日	2009 年 6 月 30 日
净利润	1 374 610 000.00	811 781 000.00
归属于母公司股东的净利润	1 149 470 000.00	665 750 000.00
经营性活动产生的现金流量净额	4 626 260 000.00	3 660 240 000.00
净资产收益率/%	14.89	8.94
总资产收益率/%	7.7333	4.806 4

[问题]

1）根据青岛海尔 2005～2008 年度最高前 3 高管报酬与企业净资产收益率数据统计表，分析青岛海尔的高管薪酬的变化和企业的净资产收益率的变化之间的关系。青岛海尔在此期间的薪酬激励机制发挥的作用如何？

2）青岛海尔为什么于 2009 年 5 月 13 日重新启动股权激励？青岛海尔为什么最新的股权激励行权时间从 3 年延长到 5 年？

3）2009 年 5 月 13 日青岛海尔发布的《首期股票期权激励计划（草案）摘要》，是否促进了企业绩效的提高？

4）青岛海尔 2010 年 9 月 13 日推出的二期股权激励方案与 2009 年 5 月 13 日青岛海尔发布的《首期股票期权激励计划（草案）摘要》相比，有什么变化？

5）青岛海尔的二期股权激励方案如何更好地解决了管理层个人目标与股东目标之间的利益冲突问题？

▓▓▓　案例分析

1）通过图 8.1，不难发现青岛海尔最高前 3 高管的薪酬同比增长曲线的倾斜角度明显比企业净资产收益率同比增长曲线的倾斜角度大。这说明虽然青岛海尔的高管薪酬和企业绩效成同方向变动，但当青岛海尔高管的薪酬以较快幅度增长的同时，企业的净资产收益率的增长幅度并没有大于等于薪酬的增长幅度，相反，却以小于薪酬增长的速度增长。可以看出，青岛海尔的薪酬激励机制并没有起到应有的作用。说明高管薪酬激励与企业绩效的相关度不高。

2）单单薪酬激励的作用效果不理想的现象想必青岛海尔的股东也应该发现。通过资料，可以看到 2008 年 8 月曾宣布停止股权激励的青岛海尔于 2009 年 5 月 13 日重新启动。2009 年的重启在一定程度上是受同城"兄弟"海信电器的股权激励方案获批的刺激而进行的。曾于 2006 年 12 月推出股权激励的青岛海尔今年重启股权激励，这说明青岛海尔股东发现了高管薪酬激励机制并没有起到好的效果，原有的股权激励机制还有继续挖潜的潜力。最新的股权激励行权条件明显地将行权时间由 3 年延至 5 年，其目的不言而喻，是为了更好地促进激励机制的正向作用，延长激励机制作用时间。通过海信电器的经验可以看出，实施有效的股权激励对于企业绩效的提高有显著帮助，值得注意的是，青岛海信集团公司也是首批国家级创新型企业。资料说明：应用有效的股权激励和薪酬激励双重财务激励手段势必会对企业高管形成更加有效的激励作用。

3）从首期股权激励推出后的效果看，大大激发了上市公司的潜能，2009 年下半年及 2010 年上半年公司的经营业绩大幅增长，其中 2009 年公司实现归属于母公司股东的净利润 11.49 亿元，同比增长 49.64%；实现经营性活动产生的现金流量净额 46.26 亿元，同比增长 251.12%；净资产收益率 14.89%，同比增加 5.95%，总资产收益率 7.733 3%，同比增加 2.928 7%。

4）与首期 48 人相比，本次激励的一大特点是激励对象人数众多，且基本为业务技术骨干。此外，尽管本次方案的行权条件与首期股权激励方案一样，但与首期方案是以 2008 年经审计的净利润为比较基数不同，二期方案是以 2009 年经审计的净利润作为比较对象，而 2009 年青岛海尔的净利润较 2008 年大幅增长，这也意味着行权的门槛再次被大幅度提高了。本次股权激励计划相对于上期，激励对象更广，有利于提升士气，这对于竞争十分激烈的家电行业尤为重要。

5）通过股权激励，公司一方面对员工为公司未来创富提供奖赏和激励，另一方面避免了高层人才流动带来的损失，培养了高度的凝聚力，打造了稳定可靠的管理层。此次股票期权激励能够更广泛地实现股东、公司和激励对象利益的一致，更长远地调动优秀管理人员、一线经理及业务技术骨干的积极性，使激励对象的行为与公司发展战略保持一致。公司进一步实施股权激励有利于公司进一步改善治理结构，消除市场误解，使大股东、管理层、小股东的利益更趋一致。

案例小结

股权激励作为一种业绩奖励手段，有利于企业经营业绩的提升，从而提高上市公司股票的内在价值，这是股权激励计划影响股票价格的内在逻辑。因此，实施股权激励计划对股票价格的影响主要表现在两个方面：一是影响投资者关于上市公司业绩提升的预期，二是影响上市公司的实际业绩。因此，在股权激励计划的不同阶段，投资者的预期不同，其对股价的影响就会不同。不同的股权激励方式，其激励作用不一样，对公司业绩的影响也不一样。为了对企业高管形成更加有效的激励作用，企业可以应用有效的股权激励和薪酬激励双重财务激励手段。

本案例体现了对上市公司实施股权激励的动因及薪酬激励机制知识点的运用与理解，培养了学生关于财务激励手段问题的决策能力。

案例 8.6　股利分配政策影响因素案例——福耀玻璃股利分配

案例目标

通过对福耀玻璃工业集团股份有限公司股利分配事件的分析，对我国上市公司股利分配问题的理论研究和现实状况进行了回顾，使学生从赢利能力、偿债能力和企业所处的发展阶段这三大股利政策的影响因素出发，对福耀玻璃的股利分配政策进行评析和解读。

案例陈述

福耀集团公司于 1987 年成立，是一家专业生产汽车安全玻璃和工业技术玻璃的中外合资企业。1993 年，福耀玻璃（600660）在上海证券交易所挂牌上市，成为中国同行业首家上市公司。目前，该公司是国内规模最大、出口量最大的汽车玻璃生产供应商，产品"FY"商标是中国汽车玻璃行业迄今为止唯一的"中国驰名商标"，福耀产品被中国质量协会评选为"全国用户满意产品"。

2009 年 3 月 10 日，福耀玻璃第六届董事局第五次会议决议公告发布了 2008 年度股利分配预案：既不进行利润分配，也不进行资本公积金转增股本。方案一出顿时引起了比较强烈的反响，外界纷纷对福耀玻璃不分配的"抠门"行为进行质疑。就在短短的 6 天之前即 2009 年 3 月 4 日，福耀玻璃还发布公告确认董事长曹德旺先生将把自己及其家族名下 60％的股票（占公司全部股份的 29.5％，总市场价值达 38 亿元）捐赠出来，成立以其父名字命名的"河仁慈善基金会"，用于在全国范围内进行助学、救灾、救困、救急、宗教等慈善公益事业。相比之下，为什么大行慈善的福耀玻璃对股民却变成了一毛不拔的铁公鸡？这样的股利政策是否侵害了股东的利益？是否损害了股东财富最大化的财务管理目标？一时间质疑与批评之声四起。

福耀玻璃第六届董事局第五次会议决议公告宣称，实行不分配的理由是为了降低公司资产负债率，补充生产经营所需流动资金，实现公司长期、持续、稳健、高效发展。此外，2009 年 3 月 28 日，福耀玻璃董事长曹德旺在接受中央电视台《经济半小时》记者采访时对不分配政策也做出了解释："今年经济这么危机的时候是不能分红，因为福耀是高负债企业，现在这个时期我大股东要自觉地跟银行配合，不要把公司的钱挖空，要取信于银行。"在接受央视记者采访的时候，曹德旺还表示："实际上分红对我最合算了，总共 21 亿股，我占了 54％，拿 1 亿分，我分 5400 万，2 亿分我分 1 亿零 800 万，你说分给我，还是分给你（小股东），他们讲我铁公鸡，我不能接受。"

[问题]

1）请上网收集福耀玻璃 2008 年的财务数据，并评价福耀玻璃 2008 年的股利政策是否恰当？

2）你认为这样的股利政策是否损害了股东财富最大化的财务管理目标？

案例分析

1）要评价福耀玻璃 2008 年的股利政策是否恰当，必须先对公司的赢利能力、偿债能力和发展阶段有一个清晰的认识。

首先，从赢利能力来看，福耀玻璃 2008 年的业绩不尽如人意。受金融危机的影响，公司不得不采取停产自救、瘦身过冬的应对措施，于 2008 年 11 月和 12 月先后关闭了 4 条浮法玻璃生产线并为之计提了 2.03 亿元的固定资产减值损失和 2.15 亿元的存货跌价损失，导致公司全年利润的大幅下降。

其次，从偿债能力来看，2008 年年报显示，福耀玻璃 2008 年资产总计 93.3 亿元，负债总计 60.6 亿元，资产负债率高达 64.97%，不仅高于国内同业水平，也高于上市公司平均水平。流动比率为 0.78，同比下降 11.36% 均处于低位，速动比率为 0.38，同比下降 5%，说明公司的短期偿债能力有不同程度的恶化。在过去的 5 年里，福耀玻璃为了扩大生产规模，陆续投资了 50 多个亿，被外界称为产业扩张的大鳄，也为此付出了高负债的代价。由于银行贷款大幅增加，福耀玻璃的财务费用也逐年增长，从 2003 年的 0.59 亿元增长到了 2008 年的 3.01 亿元，背上了沉重的利息包袱。在当前世界经济不景气、整个玻璃制造行业遭遇寒流的情况下，公司还本付息的风险陡增。

最后，从公司所处的发展阶段来看，福耀玻璃仍处于快速成长期。福耀玻璃是国内最大的汽车玻璃生产商。我国目前正处于汽车普及期，据国务院发展研究中心产业经济研究部的预测，未来 10 多年中国汽车工业将迅速发展，到 2020 年可望成为世界第一汽车大国。国务院公布的《汽车产业调整和振兴规划》也提出我国汽车产业在 2009～2011 年 3 年间平均增长率要达到 10% 以上。目前，全球汽车玻璃产业向中国转移的趋势已形成，从长远来看，作为最负盛名的汽车玻璃提供商，福耀玻璃必将与中国高速发展的汽车行业一起快速成长。尽管福耀玻璃在 2008 年先后关闭了 4 条浮法玻璃生产线，但董事长曹德旺仍表示："两三年后，冬天过去的时候，我们还会增加汽车玻璃的浮法线，继续拓展市场"，表达了对未来发展的信心。

2）综上分析，福耀玻璃的赢利能力下滑、负债水平较高，未来仍有较强的扩张需要，这些状况都无疑为 2008 年度的不分配政策提供了充分的理由。正如公司董事局和董事长曹德旺所言，不进行股利分配有利于降低公司资产负债率，取信于银行，实现公司持续稳定发展，利润留存在公司内部可以用于补充公司的流动资金和各项投资资金，缓解公司资金紧张的局面，使公司顺利地度过寒冬，走向温暖的春天。从长远来看，这也有利于提升中小股东持股的价值，符合股东财富最大化的目标。

案例小结

影响公司股利政策的公司自身客观因素主要有三个方面：一是公司的赢利能力，没有利润公司就无法进行股利分配；二是公司的偿债能力，大量现金股利的支出必然影响公司的偿债能力，公司必须考虑现金股利对偿债能力的影响；三是公司所处的发展阶段，处于快速成长期的公司规模扩张的要求强烈，需要筹措大量的资金，利用留存收益筹资，有利于降低企业的筹资成本，满足企业投资项目的资金需要，而这必然也会影响到股利分配政策。

本案例体现了对公司股利政策影响因素知识点的运用与理解，提高了学生对股利政策影响因素的综合决策能力。

案例 8.7　股票回购案例——云天化股票回购

案例目标

通过云天化股票回购案的分析，学生应了解股票回购对我国上市公司的影响及意义，从而掌握股份回购的类别和操作方案。

案例陈述

1999 年 3 月 22 日云天化与云天化集团公司草签了《股份回购协议》，宣布该公司有意协议回购其集团公司所持有国有法人股中的 2 亿股。作为云天化的独家发起人，云天化集团 1997 年 6 月以集团所属合成尿素、成品车间及相关资产，按 98.93％的折股率，经评估后折合 4.6818 亿股国有法人股，并通过向社会公开募集 1 亿股（其中向内部职工定向配售 2 000 万股）发起募集成立了云天化，并于同年 7 月在上证所挂牌上市。

上市至今，该公司独家发起人股占总股本的比例一直维持在 82.4％这一水平线上。在 1999 年 5 月 11 日云天化召开的 1998 年股东年会上表决通过了公司董事会的《关于回购并注销部分国有法人股的报告》，同意回购公司国有法人股 2 亿股，回购价格为每股 2.01 元，并授权公司董事会全权办理回购并注销股份的有关事宜。

1999 年 5 月 12 日云天化董事会发布了《关于回购并注销部分国有法人股的公告》，该公告在谈到股份回购的方案时说，本公司与集团公司采取协议回购的方式，回购数量为 2 亿股，回购价格按 1998 年末公布的每股净资产值确定为每股 2.01 元，共需 4.02 亿元，所需资金本公司将全部自筹，由以下两方面构成：一是 1998 年税后净利润中原拟派现金股利的 221 590 902 元，全部用于股份回购；二是募集资金中终止项目所闲置的资金，其中 12 041 万元用于股份回购。

［问题］

1）股票回购的动机有哪些？

2）股票回购的方式有哪些？

3）关于股份回购理论的假说有哪些？

4）股份回购对资本市场的积极影响和消极影响有哪些？

5）试述股票回购对云天化的影响。

6）集团公司本次出售股份，尚需国家什么部门批准？该次股份回购，尚需什么部门批准？

案例分析

1）股票回购的动机如下。

① 维持股价水平，减轻经营压力。按照企业发展理论，一旦企业步入成熟期以后，不再片面地追求增加设备投资，扩大企业规模，而日益重视剩余资金的高效率运作。然而，如何高效率地运用剩余资金，成为当时企业面临的重要课题。例如，经历了五六十年代快速增长时期的 IBM（International Business Machine Corporation，国际商业机器公司），70 年代中期出现大量的现金盈余。1976 年末现金盈余为 61 亿美元，1977 年末为 54 亿美元。由于缺乏有吸引力的投资机会，IBM 在增加现金红利（1978 年的红利支付率为 54％，而五六十年代红利支付率仅为 1％～2％）的同时，于 1977 年和 1978 年共斥资 14 亿美元回购本公司股票。

② 防止被兼并、收购。证券市场的兼并、收购行为是常见的，很多时候都表现为上市公司股权之争，此时控股比例便成为决定性因素，上市公司的股票回购行为便会经常发生。以美国为例，进入 80 年代后，特别是 1984 年以来，由于敌意并购盛行，因此，许多上市公司大举进军股市，回购本公司股票，以维持控制权。比较典型的有 1985 年菲利普石油公司动用 81 亿美元回购 8 100 万股本公司股票，1989 年和 1994 年埃克森石油公司分别动用 150 亿美元和 170 亿美元回购本公司股票。A 股市场此类事件也很常见，时有上市公司为巩固控股权而发生回购自家股票的情形出现。

③ 优化资本结构。大规模借债用于回购股票或支付特殊红利，从而迅速和显著提高长期负债比例和财务杠杆，优化资本结构。优化资本结构往往出现在竞争地位相当强、经营进入稳定增长阶段，但长期负债比例过低的公司。由于这类公司具有可观的未充分使用的债务融资能力储备，按照资产预期能够产生的现金流入的风险与资本结构匹配的融资决策准则，提高财务杠杆，可以优化公司资本结构，降低公司总体资本成本，增加公司价值，从而为股东创造价值。

④ 其他考虑。中国《公司法》规定：禁止公司收购本公司的股票，但为减少公司资本而注销股份或者与持有本公司股票的其他公司合并时除外。而国外对股份回购做了普遍的规定，特别是在成熟资本市场中，股份回购已经成为一项重要的金融活动。1981 年英国《公司法》规定，企业回购本公司股票的动机主要有：a. 将剩余资金返回股东；b. 增加股票的价值；c. 抑制股价下跌；d. 实现资本构成的目标；e. 防止企业被吞并；f. 灵活运用剩余资金或作为企业证券发行战略的重要手段。

2）股票回购的方式如下。

① 按照筹资方式，可分为举债回购、现金回购和混合回购。

举债回购是指企业通过向银行等金融机构借款的办法来回购本公司股票。其目的是防御其他公司的敌意兼并与收购。现金回购是指企业利用剩余资金来回购本公司的股票。如果企业既动用剩余资金，又向银行等金融机构举债来回购本公司股票，则称之为混合回购。

② 按照回购价格的确定方式，可分为固定价格要约回购和荷兰式拍卖回购。

固定价格要约回购是指企业在特定时间发出的以某一高出股票当前市场价格的价

格水平，回购既定数量股票的要约。为了在短时间内回购数量相对较多的股票，公司可以宣布固定价格回购要约。它的优点是赋予所有股东向公司出售其所持股票的均等机会，而且通常情况下公司享有在回购数量不足时取消回购计划或延长要约有效期的权力。与公开收购相比，固定价格要约回购通常被认为是更积极的信号，其原因可能是要约价格存在高出市场当前价格的溢价。但是，溢价的存在也使得固定价格回购要约的执行成本较高。

3）所谓股份回购，是指上市公司利用盈余所得后的积累资金（即自有资金）或债务融资以一定的价格购回公司本身已经发行在外的普通股，将其作为库藏股或进行注销，以达到减资或调整股本结构的目的。公司在股份回购完成后可以将所回购的股份重新注销，但在绝大多数情况下公司将回购的股份作为"库藏股"保留，库藏股日后可移作他用（如实行员工股票期权计划、发行可转换公司债券等），或在需要资金时将其出售。股份回购的动机在于公司为了规避政府对现金红利的管理，或者是调整公司资本结构以对抗其他公司的敌意收购等。它是国外成熟证券市场一种常见的资本运作方式和公司理财行为。

股份回购会使公司普通股的市场价格长期增长，如何解释这种价值的长期增长，理论界提出以下几种假说。

① 杠杆假说。股份回购使公司的权益资本减少，债务资本的比重上升，提高了资产负债率，在债务融资成本率小于全部资本收益率的情况下，随着财务杠杆率的增长，利用举债为回购融资也会增加税收上可抵减的利息支付额，可以提高权益资本的收益率。公司可以通过回购股份有效地调节企业的资本结构，股份回购的过程就是提高企业的负债融资比重和资产负债率的过程，而购入的库藏股重新销售使其再次流通的过程则是降低负债融资比重和资产负债率的过程，可见股份回购为控股股东和企业管理当局提供了根据企业不同时期的具体特点安排合适的资本结构的重要手段。

② 股息或个人税赋假说。公司财务理论认为，股份回购是现金红利的替代，公司想派发现金股利给股东，可以选择两种方法：一种是直接派发现金股利；另一种是回购公司的股票。红利和股份回购在税收上有很大区别：红利按普通收入纳税，而股东把股票卖给公司时，只对交易产生的资本利得付税。在现行税法下，股份回购比现金红利有明显的税收优势，股东所收到的股利全部都被当作普通所得来征税，股东无法选择接受该股利。而在股份回购中，只有当股东真的选择出售股票，而且出售股票后股东产生资本利得时，股东才必须纳税，股份回购使公司获利真正是从纳税上考虑的。

③ 信息或信号假说。公司管理层和股东之间信息是不对称的，公司将要进行股票回购的公告是向股东传递一种信号，当公司股价被市场低估时，投资于自己公司的股票可增强投资者对公司股票的信心，支撑公司股票的市场价格。尤其在要约回购中，由于公司宣布将以超出市场价格的巨额溢价购回其股份时，反映经理人对未来的信心，因而被认为是一种较为有效的信号传递方式。

④ 股东间的财富转移。股票回购引起的财富转移会改变企业价值，公司实施股票回购在某种程度上相当于将一部分资产清偿给股东，这一行为的直接受害者是债权人，

因为这意味着债权人所能求偿的资产减少，由此带来公司债务价值的降低，同时也意味着股东财富的增加。另外，股票回购一般需向股东支付一定的超出市场价格的溢价，但并非所有股东都参与回购，因而也只有一部分股东得到好处，也就是说财富在股东之间也存在转移。

4）股份回购对资本市场的影响。股份回购不仅对上市公司本身产生一系列影响，对资本市场也会产生巨大影响，既有激励经理人、提升公司价值等积极影响，又有损害债权人等消极影响。

首先，从积极的影响分析。

① 股票回购能够改变对经理层的激励和约束。股份回购制度有利于建立和完善公司激励机制，协调公司股东与经营者之间的利益冲突，从而会对企业市场价值产生影响。大量管理有效、能最大限度激励管理层的上市公司，无疑会促进资本市场健康发展。公司治理理论认为，公司过量的现金流会增加管理层和股东之间的代理成本，管理层可能会将这些现金投放到次优的投资项目或进行无效率的收购活动，达到分散自己所承担的投资风险或扩大自己所控制的权利范围的目的。为了降低自由现金流带来的代理成本，企业应该将过量的现金发还给股东，避免公司管理层出于自身利益从事低收益投资的过度扩张行为。由于中国的上市公司存在"内部人控制、股权结构"等突出问题，对经理层的激励约束尤其必要。

② 股份回购有利于证券市场的高效而有序的运行。按照西方经典理论，股份回购对于确定公司合理股价，抑制过度投机具有积极的促进作用。一方面，上市公司回购股份有利于活跃市场交易，有效调节市场供求关系，对股价形成稳定预期，实现公司价值的合理回归，从而对持续低迷的市场形成有力的支撑，增强投资者的信心；另一方面，在市场过度投机的情况下，若股价过高，可能在投机泡沫成分破裂后导致股价持续低迷，此时，公司有必要动用先前回购的库存股份进行干预，促使股价向内在价值回归，从而在一定程度上有助于防止过度投机行为。1987 年 10 月 19 日的"黑色星期一"美国发生股灾时，纽约股票市场当日股价平均下跌超过 20%。第二天，花旗银行即宣布回购公司 2.5 亿美元的股票。随后，600 多家上市公司管理者们纷纷仿效，在两周内公布了股份回购计划，回购计划总金额达到 62 亿美元，这些巨额股票回购行动有效阻止了股市的持续下跌，避免市场恐慌和股灾的发生。

当前，我国股市出现持续下跌、部分绩优公司股价跌破净资产的情况下，实施股份回购将向市场传递公司管理层认为股价已被严重低估的明确信号，有利于恢复市场信心。由于我国使用"库藏股"受到限制，在平抑股市的大涨大跌中只能起到增强投资者的信心的作用，而对抑制过度投机，则无能为力。

③ 通过回购股份可以提升公司价值，维护公司市场形象。股东财富最大化是上市公司的理财目标，这一目标的实现很大程度上取决于其资本结构的优化，而股份回购就是通过优化资本结构来提高公司价值、从而实现股东财富最大化的一个重要途径。通过股份回购减少发行在外的股份总量，可以优化资本结构，适当提高资产负债率，更有效地发挥财务杠杆效应，达到提高公司每股收益和净资产收益率，提升公司股价，

维护公司市场形象。

公司宣布回购股票，常常会被理解为公司在向市场传递其认为自己股票被市场低估的信息，市场会对此做出积极的反应，尤其是当公司手中现金充足的时候回购股票是提升股价的良方。例如，搜狐从 2004 年 5 月～'2005 年 2 月的 10 个月期间，先后 3 次大量回购纳斯达克股票，数量接近总流通股的 6％左右。

④ 回购股份为股权分置改革创造良好的市场环境。由于我国证券市场制度设计上的缺陷，形成了特有的股权分置问题，股权分置已成为极大地制约我国证券市场持续稳定健康发展和推进国有资产管理体制根本性变革的制度性障碍。截至 2004 年底，我国上市公司总股本为 7 149 亿股，其中非流通股份 4 543 亿股，占上市公司总股本的63.55％；国有股和法人股股东通常持股比例过高，且难以流通，缺乏流动性。回购股份为股权分置改革创造良好的市场环境，实施股权分置改革的控股股东，在股权分置改革方案通过后增持流通股，将调整市场供求关系，可以避免公司股价在股权分置改革方案通过后出现非理性波动，有利于市场对股权分置改革后的公司股价形成稳定预期，有效地稳定市场，确保股权分置改革工作的平稳推进。此外，股份回购若与上市公司股权分置试点相结合，则可以更好地协调流通股股东与非流通股股东的利益关系，为那些股价低于净资产、股价严重低估、现金流充裕的上市公司提供新的股权解决方案。

其次，从消极的影响分析，股份回购也存在一些明显的弊端，主要表现在以下几点。

① 损害债权人的利益。股份回购在缩减权益资本的同时，扩大了债务资本承担的风险，债权人的利益受股东权益保障的程度降低。西方有关股份回购理论中债券持有人掠夺假说就认为，股份回购产生的收益是掠夺普通债券和优先股持有人利益的结果。另外，对公司而言，资本结构的改变在增加财务杠杆抵税效应的同时，公司的筹资风险也在逐步增加，公司的筹资成本率可能会上升，一旦公司总资本收益率低于借款利率，其权益资本收益率就会随着财务杠杆率的提高而下降。此时，公司将承担巨大的财务风险，债权人承担的风险更大。为了规范证券市场，保护投资者和债权人的利益，许多国家对上市公司回购股份都规定了较为严格的限制。除了对股票回购范围加以限制之外，各国还对股票回购的资金来源予以限定。

② 股份回购容易误导投资者，造成市场运行秩序紊乱。上市公司回购本公司股票，易导致其利用内幕消息进行炒作，或对一系列财务指标进行人为操纵，使投资者蒙受损失。如果监管不力，当管理层经营不善、财务状况恶化时，会利用股份回购提高每股收益、净资产收益率等指标，从而提升股价，误导投资者，扰乱了正常的市场运行秩序。

③ 股份回购影响公司长期发展潜力，助长内幕交易和投机。公司拿出大量现金实施回购，必将影响公司的财务结构，虽然回购在短期内会增加每股收益等赢利指标，但现金的减少和资产质量的降低将会影响公司长期发展潜力，牺牲其他股东中长期的投资利益。股份回购对二级市场的股价影响较大，易助长内幕交易和投机行为。目前

存在的主要问题是，先低价回购股份，再高价增发或配售，损害中小投资者利益。存在"库藏股"时投机行为会加剧。

股份回购的这些负面作用并不是不可避免的，如果对上市公司股份回购的条件做出严格规定，就有可能抑制其负面作用，而有效发挥其积极作用。

5）云天化本次股份回购实施后，可以调整和改善公司的股本结构，提高融资功能，强化资本运作能力，为公司的长远发展奠定良好的基础。

6）集团公司本次出售股份，尚需国家国有资产管理部门批准；该次股份回购，尚需中国证监会的批准。

▓ 案例小结

在证券市场发达的国家，股份回购早已是上市公司的一种非常成熟的资本运作方式，而在我国由于股票市场起步较晚，它仍处于探索和尝试阶段。股份回购不仅是公司实施反收购策略的有力工具和常规武器，有利于稳定和维护公司股价，还可以抑制过度投机行为，有利于熨平股市的大起大落，促进证券市场的规范、稳健运行。通过回购，有利于形成上市公司和股东的"双赢"格局。

本案例体现了股票回购知识点的运用与理解，提高了学生对公司股票回购手段的实际认知能力。

案例 8.8　股利政策调整案例——IBM 为何调整股利政策

▓ 案例目标

通过对 IBM 为何调整股利政策案例的分析，学生应理解和掌握股利政策的类型、影响因素，企业调整股利政策的原因，股票回购计划的作用，提高对股利政策的认识。

▓ 案例陈述

1989 年以前，IBM 的股利每年以 7％的速度增长。1989～1991 年，IBM 的每股股利稳定在 4.89 美元/年股，即平均每季度 1.22 美元/股。1992 年 1 月 26 日上午 9：02，《财务新闻直线》公布了 IBM 新的股利政策，季度每股股利从 1.21 美元调整为 0.54 美元，下降超过 50％。维持多年的稳定的股利政策终于发生了变化。

IBM 董事会指出，这个决定是在慎重考虑 IBM 的赢利和公司未来的长期发展的基础上做出的，同时也考虑到了给广大股东一个合适的回报率。这是一个为了维护股东和公司未来最好的长期利益，维持公司稳健的财务状况，综合考虑多种影响因素之后做出的决定。1993 年，IBM 的问题累积成堆，股利不得不从 2.16 美元再次削减到 1.00 美元。

在此之前，许多投资者和分析人士已经预计到 IBM 将削减其股利，因为它没有充分地估计微型计算机的巨大市场，没有尽快从大型计算机市场转向微型计算机市场。IBM 的大量资源被套在销路不好的产品上。同时，在 20 世纪 80 年代，IBM 将一些有利可图的项目，如软件开发、芯片等拱手让给微软和英特尔，使其后来获得丰厚的、创记录的利润。结果是 IBM 在 1992 年创造了美国企业历史上最大的年度亏损，股票价格下跌 60%，股利削减 53%。

面对 IBM 的问题，老的管理层不得不辞职。到了 1994 年，新的管理层推行的改革开始奏效，公司从 1993 年的亏损转为赢利，1994 年的每股盈余达到 4.92 美元，1995 年每股盈余则高达 11 美元。因为 IBM 公司恢复了赢利，股利政策又重新提到议事日程上来。最后，IBM 董事会批准了一个庞大的股票回购计划——回购 50 亿美元，使得股东的股利达到 1.4 美元/股。1993 年是 IBM 股价最为低迷的时候，最低价格是 40.75 美元/股；最高价格是 1987 年，176 美元/股。股利政策调整后，IBM 的股价上升到 128 美元/股。

[问题]

1）在上述案例中 IBM 分别采用了哪几种类型的股利政策？

2）分析 IBM 每次调整股利政策的原因及其合理性？

3）在本案例中，你认为股票回购计划对稳定股价起到了什么作用？

4）谈谈你对成熟证券市场上股份回购的认识。

5）谈谈你对我国资本市场股份回购的认识。

案例分析

1）1989 年以前，实行的是稳定增长股利政策；1989～1991 年，实行的是固定股利政策。

2）在 1991 年之前，公司的赢利状况和财务状况较好，所以分别实行了稳定增长股利政策和固定股利政策。但是 1992～1994 年，在综合考虑公司的赢利状况和财务状况等多种影响因素之后，为了维护股东和公司未来最好的长期利益，维持公司稳健的财务状况，维持多年的稳定的股利政策终于发生了变化，股利削减幅度很大。

3）在本案例中，股票回购有利于公司股价的稳定。在公司股价大幅下跌时，公司通过公开回购股票，可以通过 3 个方面的作用稳定股价：其一，公开市场的回购直接增加股票的需求量，改变股票的供需力量对比，有利于稳定股价；其二，从股票回购的财务效应中可以看出，当存在公司债务和所得税时，回购将使得公司的财务杠杆改变，公司的价值将发生改变；其三，由回购的信号传递效应可知，股票回购向市场传递了积极正面的信号，有利于稳定投资者对公司的信心，改变投资者对公司的看法，从而有利于稳定股价。

4）成熟证券市场上股份回购的作用。在国外成熟资本市场上，股票回购是一种常见的资本运营方式和企业经营策略。它可以发挥的作用具体阐述如下。

① 股份回购是除现金股利分配外，上市公司向公司股东分配现金的另一种方式。从公司的角度来看，当公司的资金没有合适的项目可供投资，出现过剩时，公司可以保留过剩的现金或把现金分配给股东。作为分配手段，现金股利分配一般要维持一个可持续的支付水平，不适宜在出现临时现金盈余时增加股利，否则如果出现削减股利或者无法正常发放股利的情况，很容易引致股东的不良反应。但公司如果采取股份回购，则管理人员在股份回购的时间和数量上有很大的自由裁量权，可以更为灵活地分

配过剩资金。

从股东的角度来看，如果分配现金股利，股东需要缴纳个人所得税，如果进行股份回购，股东需要缴纳资本利得税。对于多数国家（包括我国），个人所得税的税率一般高于资本利得税。而且通过转让部分股票，每股盈余提升，个人财富增加，所以股东也较青睐股份回购。

② 股份回购可以调节和稳定公司股价，抑制过度投机。在宏观经济不景气，市场资金紧张的情况下，股市容易进入低迷状态，若任其持续低迷将会导致股价下跌，这会降低投资者对公司的信心，使公司难以从证券市场进一步融资，对公司经营造成不良影响。在这种情况下，依据信号传递假说，公司可以对被低估的股票进行回购，以支撑公司股票的市场价格，增强投资者对公司的信心。

③ 股份回购可以调整公司资本结构和财务杠杆。股份回购通过减少发行在外的股票数量，可以增加每股收益，提高股票市值。同时减少权益资本在公司资本结构中的比重，通过股本收缩的形式提高了资产负债率。另外，如果公司采取举借外债的方法进行股份回购，又进一步增加负债，大幅调整了财务杠杆率。

④ 股份回购结合员工持股制度或股票期权制度可以激励管理层与员工的积极性。由于公司所有权与经营权的分离，经营者的决策考量尺度常常背离股东财富最大化目标。而公司通过购回部分公司股份，并将其交给职工持股会管理，或直接作为"股票期权"以奖励公司的管理人员，可提高员工和经营者的积极性，使其决策行为与所有者价值最大化目标保持一致。

⑤ 股份回购是实施反并购，维持公司控制权的重要武器。当公司面临被并购威胁时，一方面可以以高于并购者的出价进行股份回购，提高了并购方的收购成本，另一方面通过对公众股东的回购，使公司大股东或管理层持股比重将相应提高，控制权进一步加强。此外，如果并购者的并购意图主要是该公司的大额现金储备，则公司将大量现金用于股份回购，可减弱并购者的兴趣。

5）我国股份回购实践中的作用发挥。股份回购在国外成熟证券市场是一种常见的资本运作方式和公司理财行为，尤其是在美国。据统计，1996～2001 年的 5 年期间，美国公司回购了高达 27 000 亿美元的股份。美国的股份回购实行的是基于"合法正当的商业目的"的原则上许可的制度。因此，在美国，股份回购是一种常见的资本交易行为，特别指出的是，其在反并购策略中的运用频率远超过其他国家。

而我国的证券市场起步很晚，至今只有十几年，真正的公开市场股份回购是在2005 年中国证监会公布了《上市公司回购社会公众股份管理办法（试行）》以下简称《管理办法（试行）》后。由于特殊国情，我国政府对上市公司的股份回购不得不进行严格的限制，采取"原则禁止，例外许可"的立法模式（这与德国、日本、大部分发展中国家相同）。据统计，2005 年 6 月～2006 年 12 月在上交所和深交所进行股份回购的公司共有 42 家。可见，在我国股份回购的实践极不活跃，发展很不成熟。究其原因，很大程度上与我国对股份回购的法律限制有关。

我国 1993 年颁布的《公司法》规定："公司不得收购本公司的股票，但为减少公司资本而注销股份，或者与持有本公司股票的其他公司合并时除外。"显然，我国法律所允许的股份回购是真正意义上的减资而不是库藏股。2006年国家对公司股票回购的用途有所放宽，新《公司法》增加了两种例外规定：一种是"允许公司收购本公司不超过已发行股份总额的5%股份，用于奖励本公司职工"；另一种是股东因对股东大会做出的公司合并、分立决议持异议，要求公司收购其股份的情况。

2005年，证监会出台了《管理办法（试行）》，首次对公司回购社会公众股份做出规定。但是该管理办法支持股票回购的最终目的，仍是通过收缩公司股本以维持股价稳定，而不是将其作为调整公司资本结构或公司资本运作及理财行为的手段，带有浓重的行政色彩。

与法律规范的制定相关，我国股份回购的实践，以2005年的《管理办法（试行）》的颁布为分水岭，主要经历了两个阶段：一个是管理办法颁布以前，上市公司实施股份回购的对象大多是国有股份，进行的是国有股的定向回购，期望改善公司的股权结构，实现国有股减持；另一个是管理办法颁布之后，上市公司回购的对象很大程度上转变为流通在外的社会公众股，回购的动机几乎都是在股价持续下跌时向市场传递有利信息，稳定公司股价。两个阶段的回购对象和回购动机的侧重都有所不同，但有个共同点是没有将股份回购作为一种资本运作和公司理财的有效手段。

总而言之，与成熟的国际市场相比，由于资本市场起步较晚、开放程度不够、行政限制较多，我国上市公司对运用股票回购的积极性不够。目前已经进行了股份回购的上市公司，多数是看中了公司股价的提升功能，或者服务于股权分置改革的需要，但是从长远的角度看，这是远远不够的，必须使股份回购的功能得以全方位的发挥。

▨ 案例小结

利用股份回购稳定股价的情况在海外市场经常发生。例如，1987年10月美国发生股灾时，以花旗银行为代表的600多家公司在两周之内公布了股票回购计划，有效地阻止了股市的持续下跌，避免了市场恐慌和股灾的发生。2008年3月，联想集团公告开始在二级市场回购公司股票，在连续的股票回购的促进下，股价止跌回升，从最低价3.87元最高上涨到6.62元。可以看出股票回购对稳定股价有重要作用。

本案例体现了股利政策类型、影响因素和股票回购知识点的运用与理解，提高了学生对股利政策决策的能力。

案例8.9   剩余股利政策案例——五粮液的股利政策

▨ 案例目标

通过对五粮液剩余股利政策案例的分析，学生应理解和掌握剩余股利政策的影响因素、股利分配方法，提高关于剩余股利政策的认识能力。

▨ 案例陈述

2004年2月24日上午，五粮液（证券代码000858）董事会做出了2003年度每10

股送红股 8 股、公积金转增 2 股、派现金 2 元（含税）的分配预案。并于 2004 年 4 月 2 日召开的 2003 年度股东大会审议通过，股权登记日为 2004 年 4 月 12 日，除权除息日为 2004 年 4 月 13 日。年报显示，五粮液 2003 年实现主营业务收入 63.33 亿元，主营业务利润 21.71 亿元，净利润 7.03 亿元，每股收益 0.519 元，净资产收益率 11.7%。

五粮液 2003 年的年报在当时的中国证券市场来说，应当说是比较靓丽的。另外加上一个从未有过的十分大方的高送配方案，五粮液开了个高送配先河。相对于以前曾经被骂作"铁公鸡"的五粮液，着实令市场投资者吃惊！五粮液为什么送股？是真的变慷慨了，还是出于其他原因？

五粮液全称宜宾五粮液股份有限公司，发起人前身是成立于 1959 年的宜宾五粮液酒厂。1951 年，由明朝"温德丰"糟坊发展而来的"利川永"、"长发升"这两家宜宾最有名望的糟坊首先联合，成立了"大曲联营社"；1952 年，宜宾专卖公司在"大曲联营社"的基础上，接纳了其他几家糟坊，成立了"川南行署区专卖事业公司——宜宾专卖事业处国营二十四酒厂"（以下简称二十四酒厂）；1953 年，"二十四酒厂"扩建为"中国专卖公司四川省公司宜宾酒厂"；1959 年 3 月 12 日，酒厂正式被命名为"宜宾五粮液酒厂"；于 1998 年 3 月 27 日，改制发行股票，1998 年 4 月 27 日股票上市。

五粮液从上市到 2003 年已有 6 年历史，6 年的股利分配情况如表 8.17 所示；6 年的财务指标变动情况如表 8.18 所示。

表 8.17　五粮液上市以来 6 年的股利分配情况表

年度	每股收益/元	股利分配方案	配股方案
2003	0.520	每 10 股送 8.00 股转增 2.00 股派现 2 元（含税）	
2002	0.540	每 10 股转增 2.00 股	
2001	0.933	每 10 股送 1.00 股转增 2.00 股派 0.25 元（含税）	
2001（中期）		每 10 股送 4.00 股转增 3.00 股派 1 元（含税）	
2000	1.600	利润不分配不转增	每 10 股配 2.00 股，配股价 25.00 元
1999	1.352		
1999（中期）	0.99	每 10 股转增 5 股	
1998	1.729	每 10 股派 12.5 元人民币（含税）	

表 8.18　五粮液上市以来 6 年的财务指标变动情况表

项目 \ 年度	1998	1999	2000	2001	2002	2003
每股收益/元	1.73	13.5	1.6	0.93	0.54	0.52
每股净资产/元	5.52	5.04	6.64	5.4	4.7	4.43
净资产收益率/%	31.35	26.81	24.09	17.29	11.56	11.7

受税收政策调整影响，2003年国内多数白酒企业业绩不佳，五粮液的业绩也在2000年开始下降，到2002年出现大幅滑坡。通过表8.18可以看出，五粮液收益的变化。导致五粮液业绩下降的主要原因，除了受政府税收政策调整的影响外，主要是其经营上的问题，公司管理层提出多元化战略，但是诸如最初被称为"亚洲第一流"的制药集团无疾而终，1997年建成的5万吨酒精生产线刚投产就夭折，而在"安培纳丝"亚洲威士忌项目上又白白丢掉了几千万元。在2003年，又要造车造"芯"（拟上汽车和芯片项目），尤其是2004年以来，五粮液又要搞日化用品。这一步步的多元化措施也受到了业内的质疑。

五粮液的高送股政策也和当初的高派现有较大变化。通过表8.17可以看出：五粮液1998年实施了10派12.5的分红方案；1999年为10转增5；2001年中期10送4转增3，2001年末期10送1转增2；2002年10转增2。但是2000年，五粮液以每股25元高价10配2时，不少股民认为五粮液是圈钱的"铁公鸡"、"吝啬鬼"。但是在2003年，经营业绩相对于刚上市的发展的巅峰来说并不很理想的情况下，五粮液却采取高送股方案，这回显得有些过分慷慨了。

据《证券市场周刊》调查获悉，五粮液的慷慨意在吸引机构投资者，诸如QFII（Qualified Foreign Institutional Investors，合格的境外机构投资者）中一直对五粮液垂青却犹豫不决的摩根士丹利。据了解，QFII成员摩根士丹利一直垂青五粮液，只是五粮液流通股本太小，浅水无法任由大鳄潜游。摩根士丹利的研究人员早已拜访五粮液，并有意参与五粮液的国有股减持。五粮液在并未完全恢复元气的情况下，却抛出了10送8转增2派2元这个空前慷慨的分配方案，其主要目的就是扩充股本，诱惑更多的实力投资机构。尽管五粮液目前流通股本有3.8亿股，但在机构时代，现有股本仍然偏小，不方便机构进出；分红方案实施后，五粮液的流通股本将达到7.6亿股。

［问题］

1）公司股利政策的影响因素有哪些？影响五粮液2003年度股利分配政策的因素有哪些？

2）你对五粮液历年的股利政策有何评价？

案例分析

1）影响公司股利政策的因素包括：①影响股利政策的法律因素主要有资本保全的约束、企业积累的约束、企业利润的约束、偿债能力的约束；②债务契约因素，债权人为了防止企业过多地发放股利，影响其偿债能力，增加债务风险，而以契约的形式限制企业发放现金股利的分配；③公司自身因素，包括现金流量、举债能力、投资机会、资本成本等。影响五粮液2003年度股利分配政策的因素有公司的赢利状况、资本扩张等因素。

2）五粮液长久一直坚持实行高转高配送，选择了股票股利为操作形式的剩余股利政策。五粮液之所以选择以股票股利为操作形式的剩余股利政策，是因为如下几个方面的原因：①五粮液采取剩余股利政策是由于它现在有比较好的投资机会，并且五粮液高层认为投资的前景良好，有较高的投资收益率；②股票股利保留了盈余，可以使公司避免支付现金，保留现金用于投资，扩大企业的规模，促进企业的长期发展，对于五粮液这样的大公司拥有充足的现金进行现金股利分红，但是五粮液坚持选择股票股利进行分红，保留现金进行投资是最主要的原因，长久以来，五粮液一直谋求多元化的经营，认为白酒业日渐萎缩，要想有大的发展就必须有新的利润增长点，这也是五粮液进军日化、医药、电子等行业及"酒后造车"的原因；③五粮液致力于多元化的经营，尤其是从事汽车产业，汽车产业是一个投资周期相对较长，风险较大的产业，增加了五粮液未来盈利的不确定性，对于赢利稳定性差的企业派发现金股利是不明智的；④对公司来讲股票股利变现能力强，易于流通，易于被股东所接受，同样的发放股票股利可以使股东有效避税，增加股东的收入；⑤其他因素的影响，如五粮液主要的业务市场的日趋饱和促使五粮液的转型，还有五粮液高层管理人员的决策等。总之，影响一个上市公司的股利政策的因素是多方面的，原因也相当复杂。

案例小结

股利分配政策是公司的三大财务政策之一，对公司发展的意义重大，合理的股利政策有利于平衡公司的长远发展与股东的现期收益，有利于平衡不同股东群体之间的利益。我国股市形成、发展和运作时间短，法制不健全，投资者不成熟，投机性过高，投资者忽视现金股利，而对股票股利寄予厚望。为净化股票市场，必须进一步规范公司股利政策。首先，增强执法力度，严厉查处违法分配的上市公司。其次，完善股利分配形式。

本案例体现了对剩余股利分配政策知识点的运用与理解，能够提高学生结合中国资本市场发展现状，分析和评价上市公司股利分配政策的能力。

第9章 公司并购管理

学习目标

通过本章案例的学习，掌握公司并购的概念与类型，理解公司并购的程序；掌握公司并购的理论，包括效率理论、代理理论和税收效应理论；掌握公司并购的价值评估方法，包括成本法、市场比较法和现金流量折现法；理解公司并购的主要支付方式的含义，了解各种支付方式的特点。

理论概要

一般来说，并购概念有广义和狭义之分。狭义的并购是指我国《公司法》所规定的公司合并，包括吸收合并和新设合并。狭义的并购使并购活动的双方或一方消失，实现资本的集中，并形成一个新的经济实体。

吸收合并也称兼并，是指由一家公司吸收另一家或多家公司加入本公司，吸收方存续，被吸收方解散并取消原法人资格的合并方式。

新设合并是指两家或多家公司合并成一家新的公司，原合并各方解散，取消原法人资格的合并方式。

收购是指一家公司为了对另一家公司进行控制或实施重大影响，用现金、非现金资产或股权购买另一家公司的股权或资产的并购活动。

接管是一个比较宽泛的概念，通常指一家公司的控制权的变更。

9.1 并购的类型

公司并购按照不同的标准可以划分为以下几种不同的类型。

1）公司并购按照并购双方所处行业性质不同，可以分为横向并购、纵向并购和混合并购 3 种类型。

2）公司并购按照出资方式不同，可以分为出资购买资产式并购、出资购买股票式并购、以股票换取资产式并购和以股票换取股票式并购 4 种类型。

3）公司并购按照并购程序不同，可以分为善意并购和非善意并购。

4）公司并购按照是否利用杠杆，可以分为杠杆并购和非杠杆并购。

9.2　公司并购的价值评估

公司并购的价值评估是指对目标公司的价值进行评估。

为了提高目标公司价值评估的准确性，必须遵循正确的价值评估步骤。一般来说，对目标公司进行价值评估的步骤主要包括以下两步：考察目标公司的基本状况；分析影响目标公司价值的主要因素。

确定价值评估的方法主要有成本法、市场比较法、现金流量折现法和换股并购估价法。

9.3　公司并购的支付方式

在公司并购活动中，并购公司必须考虑以何种支付方式完成并购交易。支付方式的选择是并购顺利完成的重要环节，不同的支付方式对并购公司和目标公司会产生不同的影响。在实践中，公司并购的支付方式主要有现金支付方式、股票支付方式和混合证券支付方式。

案例学习

案例 9.1　并购与整合案例——青岛啤酒并购与整合

案例目标

本案例通过介绍青岛啤酒的并购历程，阐述了青岛啤酒不同阶段的并购特点、并购策略的选择以及并购给企业带来的效益。同时，该案例还介绍了青岛啤酒的大规模并购给企业带来的问题及并购后的整合行为，使学生通过案例了解并购后的整合比并购行为本身更加重要。

案例陈述

青岛啤酒股份有限公司（股票代码 600600，以下简称青岛啤酒）是由区域性中型企业通过并购成长起来的特大型国有企业的代表。从 1997 年"一统鲁啤"开始，青岛啤酒开始实施大规模的扩张战略，扩张版图覆盖全国 17 个省市自治区，前后收购了一系列啤酒企业，在 17 个省区市拥有 46 个啤酒生产厂。随着大规模的扩张，公司的生产能力从 1998 年的 55 万吨达到了 2002 年的 380 万吨，形成了辐射全国最发达地区的生产和销售布局。主营收入以每年 30% 左右的速度高速增长，摆脱了过去"有品牌，无规模"的困境，完成了从区域性中型企业向现代化全国性大型企业转变的第一步。公司品牌价值跃升至

67 亿元人民币，位居国内啤酒行业榜首，扩张为公司未来的发展奠定了基础。

然而，大规模扩张在给青岛啤酒带来规模的同时，也为其带来了巨大的资金需求和并购后的整合难题。有关财务指标表明，青岛啤酒的赢利能力等指标并未像生产规模一样产生同等程度的提高，而是出现了一定的滑坡迹象。在这种情况下，青岛啤酒公司意识到快速扩张中存在问题的严重性。反思过后，从 2001 年下半年开始，青岛啤酒将"做大做强"的战略调整为"做强做大"，放慢扩张步伐，进行内部整合消化，设立投资公司对地方分公司进行管理，减少信息流通环节，提高市场反应速度。公司开始实行区域事业部管理机制，先后成立了 8 个事业部，统一产供销、统一市场管理、统一财务核算，成立青岛啤酒在区域市场的策划中心、市场营销中心和利润中心，并聘请了世界著名的思腾思特管理咨询公司，帮助其建立以 EVA（economic value added，经济附加值）为中心的先进的目标管理体系和激励约束机制。从目前的情况看，这些改革初见成效。

青岛啤酒的前身是青岛啤酒厂，是我国历史最悠久的啤酒生产企业。其生产的啤酒是国际市场上最具知名度的中国品牌之一。1993 年，由青岛啤酒厂独家发起，吸收合并了青岛啤酒第二有限公司、青岛啤酒第三有限公司、青岛啤酒四厂，组建成"青岛啤酒股份有限公司"。1993 年在香港发行 H 股股票上市，同年 8 月，A 股在上交所上市，成为国内首家在两地同时上市的股份有限公司，募集的雄厚资金为今后的飞速发展奠定了坚实的基础。

截至 2001 年，通过全面实施"大名牌"战略，青岛啤酒在全国已基本完成战略布局，抢占了全国市场的制高点，实现了地产地销的战略转变；对购并企业，推行青岛啤酒管理模式，用青岛啤酒企业文化来整合子公司管理思想和理念。

按照时间顺序并结合其并购战略的转换，可以将青岛啤酒的并购过程划分为 3 个阶段。

第一阶段：1994～1996 年为并购的探索期。

这一阶段，青岛啤酒的并购主线并不清晰，只是在 1994 年、1995 两年进行了并购的初步尝试。

1）1994 年的南下扬州。1994 年 10 月 28 日，青岛啤酒与扬州市政府和扬州啤酒厂签订合同，以承担扬州啤酒厂负债为条件，拥有扬州啤酒厂全部资产，并将其定名为青岛啤酒股份有限公司扬州啤酒厂，成功地实现了跨地区收购扬州啤酒厂，这一举措是公司实施既定战略目标迈出的重要一步。

2）1995 年的挥师西进。1995 年 12 月 18 日，青岛啤酒与西安汉斯啤酒饮料总厂签订合资成立青岛啤酒西安有限责任公司的合同，合资公司于 1995 年 12 月 27 日在西安市工商局注册登记成立。但截至 1995 年底，青岛啤酒只投入资金 870 万元，尚未进行任何重大资产投入。这两次收购并没有达到预期的效果，至 1996 年末，青岛啤酒在国内的市场份额只剩下 2%左右，有品牌、无规模的状况并没有得到改变。

第二阶段：1997～1999 年末为并购的发展期。

这一阶段的并购策略已经非常明晰，主要特点是低成本扩张。并购对象多为地方性的小企业或破产企业，并购活动较为集中，政府参与行为较多，并购方式以破产收购和承债式收购为主，并较多地享受了债务免息挂账等优惠条件，这些都降低了青岛啤酒的并购成本。

截至 1999 年末，青岛啤酒共收购了全国 10 个省市的 25 家啤酒生产企业，其中半数集中在山东，形成了以青岛为基地、以山东为大本营、面向全国发展的集团架构。通过这一阶段的大规模并购，青岛啤酒的产量迅速增加，但与此同时，利润却急速下滑。

第三阶段：2000～2002 年末为并购的成熟期。

这一时期青岛啤酒的并购策略进一步发生变化，由追求数量型扩张转向追求质量型扩张。一方面表现为并购数量的减少，并购对象由小企业转向大企业，而且多数是位于沿海发达城市的国内知名外资企业；另一方面表现为青岛啤酒在放慢并购步伐的同时开始强化内部整合。在全方位开拓国内市场的同时，青岛啤酒致力于内部的系统整合，通过管理、技术、企业文化等优势资源的注入，子公司产品市场竞争力和销售份额均有大幅提高，规模效益也逐步显现。但在一些区域性市场如东北、华东等地区，由于市场竞争的加剧，产品价格不断走低而企业的促销等费用却难以降低，使这些地区的部分子公司出现较大亏损，从而影响了公司整体业绩。

综合性管理整合——青岛啤酒的 EVA 革命。

青岛啤酒由于几年来的高速扩张，规模急剧膨胀。庞大的集团组织体系与利润趋薄的双重压力之下，整合现有资源、重组青啤管理模式迫在眉睫。在青岛啤酒的整合活动中，最重要的举措就是以 EVA 为中心进行的管理整合。

大规模并购过后，青岛啤酒的组织结构，即原有的总公司、事业部、分公司的金字塔式结构，已经无法适应企业的规模。2001 年 8 月 21 日思腾思特宣布了其专门针对青岛啤酒制定的一套管理重组方案。

1）建立以 EVA 为中心的目标管理体系。EVA 是经济学家称为"剩余收入"的一种概念，即公司税后经营利润扣除债务和股权成本后的利润余额。EVA 不仅是一种有效的公司业绩度量指标，还是一个全面财务管理架构，是经理人和员工薪酬的激励机制，是战略评估、资金运用、兼并或出售定价的基础。采用 EVA 方法将结束公司用于表达财务目标的方法多而混乱的局面。EVA 指标也为各个营运部门的员工提供了相互交流的统一标准，使所有管理决策变得更有效。

2）将 EVA 与年薪制挂钩。以 EVA 为中心设计的激励制度可以弥补青岛啤酒现有年薪制的漏洞，还可使经理层更加注重资本利用率，因为资本成本概念的引入使经营管理者能更理智地使用资本。管理者认识到，如果他们不能达到预期的经济增加值增长目标，吃亏的是自己。管理者不会对增长目标讨价还价，同时由于资本成本的问题，他们将更为精明审慎地利用资本，因为资本成本直接和其收入挂钩，而这对管理者每次决策都会产生影响。

3）组织结构改革。根据思腾思特的方案，青岛啤酒将撤销原直属青岛啤酒集团总部的生产部，成立青岛啤酒集团第九个事业部"青岛事业部"。这意味着青岛本地几个嫡系企业的直接经营权将从青岛啤酒总部职能体系中完全剥离，使青岛啤酒"总部—

事业部—子公司"3层管理架构显得更加清晰和条理化。

此外，青岛啤酒总部职能部将增设审计与人力资源管理两个总部。增设审计部门的意图十分明显，改变过去只进行离任审计的做法，加强对公司各级管理者的监督。而人力资源管理总部的成立被认为是青岛啤酒对原有人事管理模式的检讨。

[问题]

1）试分析，青岛啤酒的规模扩张是否成功？还存在什么问题？试论我国企业的规模扩张之路该如何走。

2）总体来看，青岛啤酒采用的是什么扩张战略？有什么优势？

3）青岛啤酒的并购对现有企业重组的启示。

■■■■ 案例分析

1）从总体上看，青岛啤酒的规模扩张还是成功的，但也存在很多问题。以下进行具体分析。

青岛啤酒集团在以市场手段整合中国的啤酒市场，而它所用的武器就是资本运营和品牌渗透。集团对小、散、乱的啤酒市场实施资源整合的第一步，就是充分利用它自身长期形成的品牌、资金、技术、政策、规模等优势，寻找适合长远发展战略需要的扩张对象，通过破产收购、政策兼并、控股联合等手段进行资本运营，从而壮大实力，扩大市场占有率。而针对长期以来形成的消费者偏爱本地啤酒的心理，集团使用了"品牌渗透"的策略，具体做法就是在当地收购一家企业后，只是将自己的管理机制、先进技术、产品配方、营销经验等输出到新组建的企业中，而对于原有企业的产品品牌并不加以更改，在产品销售中仍然使用受到消费者偏爱的品牌。青岛啤酒在省内采用强弱联合，省外则采用抢占市场制高点的策略，最终要在全国中心城市铺满纯正的青岛啤酒。2000年，青岛啤酒的兼并扩张行动取得了显著进展，青岛啤酒抢先占据了全国主要中心城市地带、啤酒高消费区域和水源地的战略竞争制高点，全年实现销售186万吨，产销量、销售收入分别同比增长六七成。

1999年，青岛啤酒集团整体产销量达到了107万吨，坐上了久违的全国啤酒业头把交椅。青岛啤酒由于生产和市场的分散，规模效益明显不占优势。据集团1999年的年报数据，青岛啤酒的资产负债率为56.5%，其长期负债为2.49亿元，流动负债高达23.94亿元，给人一种破釜沉舟的感觉，为抢占市场不惜大肆负债，致使公司承担了一定的财务风险。快速扩张带来一些问题。

① 资金方面。目前在我国500多家啤酒企业中，青岛啤酒的牌子无疑是叫得最响的一个，号称中国第一品牌，是一块世界级的牌子。1993年，青岛啤酒在国内啤酒行业中率先完成股份制改造，在沪市成功发行了A股，并且在香港地区作为中国内地第一家公司发行了H股。两地上市，青岛啤酒共募集资金16亿元。但这笔钱在1998年已基本用完，之后的几年时间，青岛啤酒因为业绩不达标，无法从资本市场募得一分钱，所以对青岛啤酒来说，资金就成了一个大问题，直到2001年拿到增发的资格，才让青岛啤酒缓过来一口气。

2000年以来，青岛啤酒收购8家啤酒企业共耗资约4亿元，而且收购之后企业仍需要大量的资金投入方能扩大生产规模、打开市场销路。青岛啤酒收购企业及后续投入的资金来源主要有 3 个：一是大约 3 亿元的自有资金；二是每年的折旧费用；三是银行贷款。在这 3 项资金来源中，青岛啤酒所能得到的数目最大的就是银行贷款，高达 23.94 亿元，每年的利息就是个天文数字。

② 管理方面。青岛啤酒目前已拥有近 40 个生产基地、30 多个品牌，遍布全国 10 多个省市。管理这些企业本身就是一件费力而又成本高昂的事。这也许就是青岛啤酒在获得收购企业的欢喜之后，不得不付出的巨额代价。而且只要青岛啤酒的扩张不停止，费用的增加在所难免。在总部与生产企业之间竟然设了如此多的事业部，由此而来的管理成本只能越来越大，这也就不难解释为什么青岛啤酒的成本一直高于国内同行了。

比管理和规模及品牌更为重要的问题是青岛啤酒集团如何将近 40 家企业的不同企业文化和价值观融合起来。价值观不同是导致世界上大多数企业并购失败的首要因素。尽管青岛啤酒有着百年以上的历史，拥有丰厚的文化底蕴，但它所收购的企业五花八门，有国企、外企、合资企业、集体企业，这些企业各有各的企业文化和价值观。虽然青岛啤酒可以用资本纽带将其整合在一起，但资本不是万能的，在人们的价值观面前，有时甚至是很脆弱的。

扩张之后也带来一些整合问题。整合，这个随着并购和扩张而衍生出来的行为，有时显得比扩张本身更加重要。针对以上提出的并购之后产生的在企业管理层面、文化层面和品牌延伸等方面产生的问题，青岛啤酒在并购行动的后期，也就是 2002 年以后，进行了大规模、全方位的整合。这些整合除了以 EVA 为主的管理方式综合整合之外，还包括企业品牌的整合、企业文化的整合和销售渠道的整合。通过这样一系列整合活动，终于使青岛啤酒摆脱了大规模扩张产生的后遗症，在各方面取得了预期的效益，并购的规模效应得以真正发挥。

2) 总体来看，青岛啤酒采用的是低成本扩张战略。

第一，青岛啤酒兼并了许多类似的酿酒厂，表面上看，它的目的是争取市场份额、挤掉竞争对手，但其最终目的是削减生产成本，从而达到规模经济第一，对被兼并的企业，它看中的首先是市场。由于啤酒生产的地域性特征，啤酒厂所在地潜在的市场发展很重要。对青岛啤酒来讲，技术、工艺、网络等已经是成熟的东西。大规模的兼并是青岛啤酒多年来一次量变的大爆发。青岛啤酒大量收购地方性啤酒企业是为了打造大船，抢占市场。

第二，从产品定位来看，中国的啤酒市场本身是一个金字塔形状，价格在 5 元以上的中高档啤酒占不到 10% 的市场份额，其余是大众消费市场。为适应这种市场格局，青岛啤酒必须以相应的高中低产品对应不同的市场结构。对于中高档市场，青岛啤酒以品种系列化的品牌为主；对于广大的大众市场，青岛啤酒必然通过收购各地的啤酒企业以其生产的地方品牌占领大众市场。

第三，低成本扩张的形式主要有 3 种：一是破产收购；二是承接全部债务的兼并，按国家、省、市给青岛啤酒的政策，对方享受银行贷款挂账停息 5～7 年的待遇，使企业可以得到休养生息的机会和条件；三是承担部分债务或用投资方式收购其51％的股份。采用这些方法，比建一个同样的厂不但在成本上低三到四成，而且也节约了时间。

低成本扩张对青岛啤酒来说有什么优势呢？

第一，用最少的投入实现迅速扩张的目标。青岛啤酒夸耀自己用最少的投入实现了迅速扩张的目标；第二，用自身的优质资产盘活了啤酒行业大量的国有不良资产，实现兼并双方双赢的局面；第三，跨地域扩张引发了啤酒产销方式的革命，即从传统的"产地销"向现在的"销地产"转变。啤酒是一种特殊的产品，对口味、新鲜、保质的要求非常严格，因而也就形成了过去中国啤酒企业就地生产、就地销售的模式，也是为何各地都有自己的啤酒厂家，各地消费者只喝本地啤酒的重要原因。青岛啤酒收购各地的中小啤酒企业，以其生产的青岛啤酒就地销售，保证了新鲜度，不但有利于消费者，还有利于扩大青岛啤酒的美誉度和市场占有率。

3）青岛啤酒的并购对现有企业重组的启示如下。

① 横向并购有助于突出主业，培养企业核心竞争力。同时，横向并购还会使并购企业获得更多的可支配资源，集中精力发展主业，增强企业的核心竞争力。青岛啤酒必须坚持专业化发展道路。从前面对青岛啤酒并购过程的描述可以看出，青岛啤酒的并购完全是一种横向并购，从未涉及与其专长无关的行业，并且在此基础上，通过实施新鲜度管理和研制不同口味的啤酒来增加企业核心竞争力。

② 整合是并购成功的关键保障。整合问题，尤其是企业文化整合问题被忽略或未取得成功是失败的主要原因。青岛啤酒大规模快速扩张只带来了规模的扩大，却并未带来效益的提高，主要症结也在于急速扩张产生。面对这种情况，青岛啤酒从企业管理理念、销售渠道、企业文化和品牌等方面进行了全方位的整合，终于改变了局面，使并购的规模效应得以真正发挥。

③ 要注意并购过程中的品牌管理。品牌是企业的重要无形资产，也是企业价值的重要组成部分。然而，企业在并购过程中往往过多地关注外延建设而忽略内涵建设，从而对原有品牌形象造成损害。青岛啤酒充分认识到了这一点，在并购后期的整合过程中，对品牌进行了有效保护，对并购来的企业禁止使用"青岛啤酒"的品牌，仍然沿用原来的品牌，只加注"青岛啤酒系列产品"的字样。这样既强化了并购品牌新鲜度的内涵，同时有效避免了"一条臭鱼搅得满锅腥"。

总体来看，青岛啤酒的扩张战略是成功的，然而其并购中反映的问题以及成功的经验，是值得广大企业在并购重组过程中借鉴的。

案例小结

并购到整合的较量无疑将啤酒行业引入了理性扩张的竞争道路。在并购、整合、再并购、再整合的过程中，企业才会实现由大到强，再由强到大的良性发展。只有运用并购才能扩大规模、运用整合提高管理能力。合理运用产品经营和资本经营的力量才能支持中国啤酒业拥有更远大、美好的前程。但是，规模扩张是一条非常有前途和希望的道路，又是一条充满风险和陷阱的坎坷之途，如果不遵循市场客观规律，盲目地进行扩张，不但不能使企业走上良性发展的快车道，反而会使企业因兼并走上不归之路。

本案例体现了青岛啤酒不同阶段的并购特点及并购策略的知识点，提高了学生对并购与整合问题的实际应用能力。

案例 9.2　收购整体上市案例——东方航空股份有限公司收购

■　案例目标

本案例通过介绍东方航空股份有限公司通过收购，完成公司整体上市的历程，使学生了解企业通过并购可以扩大企业规模和提高技术水平，有助于打造一个更加广阔的融资平台，从而在国际间的企业竞争中争取主动地位。

■　案例陈述

2005 年 5 月 18 日，中国东方航空股份有限公司（以下简称东方航空）发布公告称，已与其控股股东、中国东方航空集团公司签署了《转让协议》，拟向东航集团收购其全资下属子公司中国东方航空云南公司和中国东方航空西北公司拥有的全部航空主业及关联资产。此举标志着东航将完成集团航空主业的整体上市。

世界航空市场近几年竞争非常激烈，随着中国加入 WTO 之后逐步开放航空市场，中国国内的航空业面临巨大压力。为了积极应对中国民航业所面临的挑战、减少恶性竞争，在国务院的统一部署下，2002 年 10 月，三大航空集团——中国航空集团公司、中国东方航空集团公司和中国南方航空集团公司挂牌成立。依据主辅业分离的原则，各集团内部进行了整合。这些整合大到内部各方利益的分配和平衡，小到运力控制、航线布局、市场整合、品牌整合以及人力资源整合等各方面。随着整合的基本完成，三大航空巨头的市场优势已初步显现。

从整体层面看，中国经济在宏观调控和局部降温形势下，仍保持了稳定增长的趋势。伴随 WTO 进程的深入，中国将在更大范围、更深程度上参与国际经济技术的合作与竞争，与此同时也不断推动航空运输市场的需求与保持高速增长。当前中国正处于消费升级的阶段，由于中国幅员辽阔，拥有丰富的旅游资源，从而使得对航空旅行消费产品的需求大幅增加，航空运输发展潜力巨大。由于航空运输业的发展速度与国家宏观经济增长速度密切相关，受宏观经济增长及经济周期的影响非常显著。可以预计，随着中国经济的快速发展，中国航空运输业也将面临着新一轮的增长。

在中国民用航空行业全面整合组建三大集团的大背景下，2002 年 8 月，国务院批复由原东方航空集团公司为主体，兼并原中国西北航空公司，并联合原云南航空公司组建中国东方航空集团公司（即东航集团）。在 2002 年民航业重组中，云南航空和西北航空的资产被无偿划拨给东航集团。而在过去的一年中，云南航空的业绩稍好，上半年实现主营业务收入 15 亿元人民币，税后利润达到了 1.06 亿元；而西北航空背负的 30 多亿元债务并未得到消化。国务院同时批复，东航集团组建后，将对西北航空和云南航空进行主辅业分离，将其航空主业及关联资产规范进入旗下上市公司。

继南方航空集团在去年底完成重组事宜，实现主业整体上市之后，东方航空集团也给出了对云南航空和西北航空的重组时间表。此次重组完成之后，东航将实现集团主业整体上市，中国三大航空集团从 2002 年开始的重组工作将随之完成。

2005 年 5 月 12 日，中国东方航空股份有限公司与东航集团、西北航空和云南航空签署了《转让协议》，此举标志着东航将完成集团航空主业的整体上市。

此次收购是我国民航业改组中的一个环节，国家希望通过整合优势资源来优化我国民航的竞争力。继南航集团、中航集团改组完成后，东航集团也要把主业注入到自己的上市公司东方航空中来，以此解决控股股东和上市公司之间的同业竞争问题，提高资源利用的效率。在这个交易过程中，有 3 个问题值得注意：一是关联交易问题，涉及东航集团与其控制的上市公司东方航空之间的收购；二是同业竞争问题，涉及东航集团与东方航空业务的转移；三是资产收购的相关问题。

（1）并购中的关联交易问题

公司重组收购时难免会涉及关联交易的问题，特别是在母公司或控股公司整合下属企业时，这种问题更明显，双方之间可以通过协议转让各自的资源，达到各个公司之间资源的重新配置。很多涉及母公司或控股公司整合下属企业的重组过程都要借助关联交易来转移资产，在此之下，关联交易不可避免。在本案例中，东航集团把下属西北航空和云南航空协议转让给上市公司东方航空以及后续的一些转让协议规定都涉及了关联交易。

从现有的法律法规的规定来看，我国对关联交易采取了谨慎的态度，制定了相关的制度来约束公司进行关联交易，允许关联交易在不损害公司利益的情况下按照一定的程序来进行，以保障公司和中小股东的利益。

根据法律法规的有关规定，本次收购及持续性交易均构成公司的关联交易，有可能对公司少数股东的利益产生影响，所以东方航空采取了关联方回避的表决程序，同时公司的独立董事也按照要求发表了意见。公司向独立董事提交了本次收购及持续性关联交易的相关资料，独立董事经过仔细审阅，并就有关问题向公司管理层及董事会秘书等公司高级管理人员进行了询问，关联董事回避了表决，决策程序符合《公司法》和《公司章程》的有关规定；本次收购和物业租赁经过了具有证券从业资格的审计机构和资产评估机构的审计和评估，独立财务顾问出具了独立意见，交易价格与交易方式遵循了公平、公正、自愿、诚信的原则，交易方式符合市场规则，符合公司和全体股东的利益，不存在损害中小股东利益的情形；本次收购的完成将不仅解决公司与东航集团、西北航空、云南航空之间的同业竞争问题，而且有利于本公司扩大运营规模，整合业务资源，降低经营成本，从而增强本公司的核心竞争力，提高抗风险能力；本次收购符合公司的长远发展，符合公司和全体股东的整体利益。

同时，为了更好地维护少数股东权益，公司独立董事还专门聘请了南方证券担任公司少数股东境内独立财务顾问，并听取了其独立财务顾问报告。独立财务顾问认为本次重大关联交易、持续关联交易遵循了相关法律、法规和东航股份章程的规定，公平、合理、合法，维护了公司全体股东的利益，不存在损害东航股份及非关联股东利益的情形。

从以上情况看，此次东方航空收购母公司资产以及一些后续协议涉及了关联交易，所以东方航空按照法规规定的关联交易程序进行了此次交易，独立董事和独立财务顾问也都出示了认同的法律意见，可以作为一次合法关联交易收购的典范。

（2）并购中的同业竞争问题

如果控股股东与下属的上市公司之间存在同业竞争，则很难保证双方不会发生利益冲突，也很难防止控股股东掠夺下属的上市公司的交易机会。因此，减少控股股东与下属的上市公司之间的同业竞争应该是上市公司治理予以规范的事项。

在进行交易收购之前，西北航空、云南航空与东方航空同属于东航集团下面的子公司，三者在业务上存在同业竞争关系。此次收购完成后，东方航空收购东航集团下属的西北航空和云南航空的主业资产，本次收购不会产生新的同业竞争，并且能完全解决本公司与东航集团之间的同业竞争问题，从而更加符合上市公司治理规范。

同时，在此次收购过程中，东航集团、西北航空、云南航空还做出了不竞争承诺。东航集团、西北航空、云南航空在《转让协议》中共同向东方航空做出承诺，承诺在本次收购完成之后，东航集团、西北航空、云南航空自身不会、并将促使并保证其附属公司及其参股公司亦不会以任何形式直接或间接地投资、参与、经营或协助经营任何对东方航空公司从事的航空运输业务构成或可能构成直接或间接竞争的业务，或透过任何第三方在同等竞争业务中持有权益或利益。

（3）资产收购

此次收购的一大特点是收购方式上采取了资产收购模式，由东方航空与东航集团、西北航空和云南航空签署转让协议，收购西北航空和云南航空的航空主业及关联资产，以实现东航集团航空主业的整体上市。

公司并购按其模式主要有股权收购与资产收购两种。前者指收购方从目标企业股东处购买目标企业股权或认购目标企业新增注册资本。后者则指的是由收购方直接购买目标企业的全部或主要资产及业务。

本案例中收购采取了资产收购模式，但收购范围不仅包括航空主业有关的资产，还包括负债、航线、人员以及为经营航空运输业已经签订并正在履行的业务合同等，基本上把西北航空和云南航空中的航空主业合并了进来。

［问题］

1）结合案例，说明此次并购的意义。

2）结合案例，说明此次并购的启示。

■ **案例分析**

1）此次并购的意义如下。

本次收购是中国民用航空行业整合、组建三大民用航空集团的一部分。通过本次收购可以扩大东方航空的规模，增强东方航空的竞争能力，为其在迅速增长的中国民航市场中提供重大的发展契机，积极迎接进入 WTO 后所面临的挑战。

本次收购的目的是为了增强东方航空业务的规模，通过扩大东方航空的机队规模、拓展航空领域、完善服务及维修体系，整合业务资源，降低经营成本，从而增强东方航空的核心竞争力和抗风险能力，使东方航空成为国内外领先的航空公司。本次收购的估值具有吸引力，东方航空的每股盈余等财务指标通过收购得以增加。收购后，随着规模效应的发挥，东方航空的股东价值也将进一步提升。

同时，通过收购，公司可以扩大机队规模并加强东航的市场地位，使公司能够集中资源拓展核心业务，并解决与控股股东之间的同业竞争问题，本次收购完成后，东航集团将不再拥有航空运输业务，这将会完全解决东航集团与东方航空的同业竞争问题；本次收购完成后，可以消除现在本公司与西北航空和云南航空之间的竞争，减少关联交易，从而提高本公司的整体管理水平，公司的管理风险及成本也将会降低。

2）此次并购的启示如下。

此次重组收购有许多值得注意的地方，但其中最大的特点莫过于东方航空对其控股股东东航集团下属资产的收购，实现东方航空主业的整合，实现东方航空的整体上市。

整体上市是指一家公司将其主要资产和业务整体改制为股份公司进行上市的做法，整体上市是相对于分拆上市而言的。分拆上市是指一家公司将其部分资产、业务或某个子公司改制为股份公司进行上市的做法。整体上市的模式主要有两种：第一种是通过整体改制后首次公开发行上市的方式，如中国石化、中国石油整体改制后境外整体上市；第二种是借助其控股的上市公司，以吸收合并或资产重组的方式实现经营性资产的整体上市。本案例中上市公司东方航空对其控股股东东方航空集团下属资产的收购就属于第二种方式，由上市公司东方航空对其控股股东东方航空集团下属航空营业资产进行收购，实现东方航空航空业务的整体上市。

中国企业集团内的上市公司，基本上都是剥离集团的一部分甚至所有优良资产而组建的，这样母子公司之间势必存在着"藕断丝连"的关系。在这种关系下，母公司占用甚至掏空上市公司资金、母子公司关联交易等现象很难避免。集团整体上市则有助于理顺集团公司与子公司之间较为复杂的股权关系，完善集团整体治理结构，减少关联交易，降低信息披露成本。

尽管集团整体上市并不能解决所有的问题，甚至可能带来一些新问题，而且也不是所有公司都适合采用整体上市方式，但这毕竟是一条值得探索的出路。另外，中国缺少世界级的有竞争力的大企业，其中一个重要原因就是资金匮乏，而资金匮乏就难以扩大企业规模和提高技术水平。

■ 案例小结

集团整体上市，可以在一定程度上改变中国企业资金匮乏的状况，充分利用资本市场的扶优助强作用，发展壮大具有强大示范带动作用的"旗舰型"现代企业集团，有助于打造一个更加广阔的融资平台，从而在国际间的企业竞争中争取主动地位。

本案例体现了并购中涉及的关联交易问题、同业竞争问题、资产收购问题等知识点，提高了学生关于集团整体上市问题的综合决策能力。

案例 9.3　电器行业收购案例——海信集团收购科龙电器

▨　案例目标

本案例通过介绍海信集团收购科龙电器的艰难历程，说明了收购交易过程存在的问题和可能产生的变数，使学生了解进行收购时一定要注意对于那些不确定因素的控制和管理，否则很容易导致收购的失败，使学生能够对收购风险给予足够的认识和分析。

▨　案例陈述

广东科龙电器股份有限公司（以下简称科龙电器）曾是一家业绩优秀的家电类上市公司，但是2005年4月27日却公布了一份巨亏的预警公告，在科龙电器销售危机传出后，先后传出了有长虹、美的、TCL、伊莱克斯等多家知名企业欲收购科龙电器的消息。

截至公司被收购前，最大股东是广东格林柯尔有限公司，持有科龙电器股份262 212 194 股，占股权比例26.43%。

科龙电器是中国目前规模最大的制冷家电企业集团之一，在国内冰箱及空调市场均占有重要地位，特别是冰箱市场的占有率连续10年全国第一，在白色家电生产中名列前茅。

海信集团是以海信集团公司为投资母体组建的国内大型专业电子信息产业集团。海信集团作为家电业的巨头之一，电视机是其起家之本。虽然整体实力不弱，但在每一个单项上，始终没有在国内领先。海信集团收购科龙电器后，肯定会在物流、渠道谈判、传播等方面达成平台资源共享。更重要的是，海信集团将一改以往缺乏绝对拳头产品的缺陷，在冰箱产业上，一跃形成国内较大的领跑优势；在空调产业上，也将跻身第一集团行列，从而在制冷行业的控制力与议价能力方面形成较大优势。因此，对于收购科龙电器，海信集团是志在必得。

最终的收购方案取决于收购各方的努力和实力。在各方力量角逐中，海信集团是最容易被接受的折中方案，成功阻力也最小，重组方案也切实可行。使海信集团最终在众多角逐者中成功购得科龙电器。科龙电器9月14日发布股权转让事宜、停牌公告和股权转让提示性公告，称海信集团下属控股公司海信空调已于9月9日与科龙电器第一大股东——广东格林柯尔企业发展有限公司签订股权转让协议，格林柯尔拟将其持有的境内法人股2.62亿股（占科龙电器总股本的26.43%）转让给海信空调。

从公告不难看出，海信空调本次收购科龙虽然迅速，但在具体细则与付款方式上却相当谨慎。至此，科龙电器重组事件告一段落。

尽管海信集团收购科龙电器已成定局，相关管理团队也已经入驻科龙，但是由于科龙电器事件的复杂性，海信集团对于科龙电器的收购重组之路还远远没有结束。在前面叙述的基础上，分析整个收购过程中需要注意的两个问题。

（1）海信集团对科龙电器的后续整合问题

收购仅仅是一个开始，最终的结果还是要看海信集团如何对科龙电器进行整合，实现科龙电器的复兴和海信集团实力的增强。面对科龙电器纷繁复杂的财务状况和2004、2005年的亏损，海信集团必须加快重建脚步，对科龙电器整合的结果最终决定着收购的成功与否。

从初始的整合措施来看，海信集团应该是成功的，使处于停顿中的科龙电器逐步开始恢复元气，公司管理也开始正常化，但将要走的路来看还是很长的。复杂的财务问题以及将在未来审查时所将遇到的困难应该是很大的，许多人员的离职使得科龙电器财务不好查证，而且还有上百起涉及诉讼的案件需要等待处理，诉讼涉及的金额也不少；同时科龙电器和海信集团的企业管理文化分别属于不同的类型，科龙电器以前是集体企业，后来又成为民营公司，机制灵活，高管的报酬丰厚，而海信集团属于老国企，倾向于稳定经营，员工报酬不高，如何整合这些企业管理文化的确面临一定困难；同时，海信集团和科龙电器的品牌也需要进行重新定位，分工也需要重新审视，并且海信集团以前专注于做黑色家电，而对于白色家电没有优势，这样对于整合科龙电器这样的白色家电公司也更加困难。

（2）股份协议转让风险的问题

此次并购中，海信集团和广东格林柯尔之间的协议也是存在风险的。

海信集团也认识到了这个存在的风险，并采取措施努力降低这个转让协议的风险。

在2005年9月30日，海信集团与广东格林柯尔签订了《广东格林柯尔企业发展有限公司与青岛海信空调有限公司〈关于广东科龙电器股份有限公司股份转让之协议书〉的补充协议》。收购协议补充部分比较原协议，转让价款方面的修改主要有两点：一是增加首付款账户，在标的股份过户之前应由格林柯尔、海信空调双方与有权的政府部门或司法机关共管的要求，而且指明海信空调的款项一旦付至指定账户，海信空调即被视为已经履行了支付首付款的义务；二是将定金支付日期从协议签字之日起7个工作日调整为10个工作日。在审计和调整转让价款部分的修改主要是增加了余款中的2 000万元人民币将在过户日后6个月内支付的要求。支付价款和转让股份部分的修改主要有两点：一是原协议称在海信空调根据3.1条支付款项之日起3个工作日内，格林柯尔和海信空调双方同意办理标的股份的转让过户手续，由证券登记结算公司将格林柯尔标的股份过户给海信空调，补充部分改为格林柯尔完成股份转让过户手续；二是明确了转让股份的性质，即不带有任何形式的负担（包括质押、查封、冻结和其他任何对标的股份所享有权利的限制，但法律规定的限制除外）。

从这些修改可以看出，海信集团担心潜在的收购风险，所以通过修改协议，提出或明确共管账户、股份转让主体、转让股份性质等问题来控制风险。

[问题]

1）结合本案例，说明海信集团收购科龙电器的意义。

2）本案例给你带来哪些启示？

案例分析

1) 海信集团收购科龙电器的意义如下。

经过长时间的考察、谈判、沟通，也经过几轮竞争、筛选，海信集团终于在一定阶段完成了对科龙电器的收购。此次海信集团的收购，是一种战略层面上的股权交易，并不等同于海信集团单纯地收购科龙电器的生产设备和厂房，而是一种更为高明的市场操作手段。海信集团将科龙电器作为一个独立实体进行市场运作，从而通过赢利来获得收益，进一步扩容其市场影响力。这既有利于保证科龙电器原先积累的种种无形和有形资产得以继续发挥作用，也有利于海信集团现有业务的正常开展，很好地避免了同业竞争的尴尬，又巧妙地让双方在技术研发、原材料供应、内部操作机制等多方面进行优势互补。

同时，这次海信集团的出价相对于3年前顾雏军入主科龙时所付出的价格翻了两倍。这种价格对于顾雏军本人而言，投资实现了增值效益；对于身陷资金困境和信任危机中的科龙公司而言，短期内也开始了正常经营。

此次收购，如果能够再把后续整合做好，对于海信集团而言，将是一次合理布局国内家电产业，整合家电产业链的机会。一方面，可以扩充海信集团在现有的产品线上的竞争力，通过整合科龙电器现有资源，通过技术交流和共享的方式，有力拉动海信集团现有白电业务上的增长，让海信集团的冰箱、空调等业务获得一定发展；而另一方面，海信集团还可以考虑让科龙电器向黑电领域扩张，生产科龙品牌的平板电视，实现双方的优势互补，共同发展，这样不仅对科龙品牌的保存和进一步发展有重大意义，对海信集团地位的提升也有十分重要的意义。

2) 在此次海信集团收购科龙电器的过程中充满了复杂的变化和曲折，尽管收购在一定程度上已经完成，但是期间所暴露的一些问题仍值得深思，同时也给人们提供了一些启示。其中，一个重要的问题就是如何来防范收购风险。

在资本市场上存在着大量不确定因素，进行收购时一定要注意对于那些不确定因素的控制和管理，否则很容易导致收购的失败。本案例就给人们提供了一个分析收购风险的机会。一般收购风险按类型分为体制风险、法律风险、财务风险、融资风险、整合风险，在此案例中表现比较突出的是法律风险、财务风险和整合风险。

① 法律风险，此次海信集团收购科龙电器的法律问题可谓复杂多样。首先是由于广东格林柯尔股权被轮候冻结，海信与广东格林柯尔之间的股权转让协议存在一定风险的，这关系到收购的最终效力；其次，由于科龙电器危机的出现，涉及的诉讼也猛增起来，接近上百件的诉讼需要等待海信集团入主后处理，涉案金额也不小；还有就是证监会在对于科龙和顾雏军进行调查后，转让方广东格林柯尔控制人顾雏军被刑事拘留，使股份转让更加不确定。在分析到上述风险后，海信集团也加强了对此的控制。如前文所述，对原来的协议进行了一定的修改，明确了共管账户、余款尾款、股份转让主体、转让股份性质等问题来控制风险。

② 财务风险。科龙电器在审计基准日，如果存在未发现的诉讼事项或违规担保将是收购方面临的主要财务风险，上述风险在一定条件下将会导致经济利益的流出。对

此，收购方除应协调会计师严格控制审计质量外，还应完善股份转让协议书的合同要素，强化转让方在本次转让中的持续性责任；同时针对目前已经公开披露的 108 项诉讼事项，应合理预计可能产生的损失及诉讼成本。另外，科龙电器收购报告书摘要显示，本次股权转让将在青岛市国资委和国家商务部批准、并经中国证监会审核无异议后方可履行，有关部门的批准是完成本次股权转让的前提条件。因此，无论是收购方还是被收购方均应加强与有关部门的沟通与协调；需要特别关注的是，由于本次转让的标的物已经被深圳市中级人民法院予以司法冻结，股权转让协议执行上存在实质性法律障碍，收购方在力求法律和解途径的同时，应采取必要的措施监控转让首付款的安全性及合理控制其他收购成本。

③ 整合风险，这是关系到此次收购成败的关键。无论是在经营理念、企业文化上，还是在品牌选择、战略定位上，海信集团收购科龙电器之后都需要花大力气来进行整合，把两套不同的机制和资产优化组合，只有这样才可以实现 1＋1＞2 的效果；反之，则无论前面风险控制的怎么样，如果整合不好，一切都白费。从前面的叙述中可以看出，海信集团已经启动了几项措施来对科龙电器进行初步整合，如尽快派驻管理层掌握大权、尽快恢复生产、改革管理层薪酬体系等，已经显现出了一定效果，使科龙电器暂时度过危机。但是以后是否能够把科龙电器管理好，实现与海信集团的优势互补，仍需要海信集团进一步努力。

■ 案例小结

企业并购是现代企业制度创新的一个方面。我国企业并购起步较晚，由于各种原因，在并购过程中存在着大量风险，其中又以财务风险最为突出。财务风险贯穿于整个并购活动的始终，是决定并购是否成功的重要影响因素。

本案例体现了收购过程中需要注意的后续整合问题、股权协议转让风险问题的知识点，提高了学生关于如何防范收购风险的综合应用能力。

案例 9.4　券商收购案例——中信证券收购华夏证券

■ 案例目标

本案例通过介绍中信证券收购华夏证券的历程，使学生了解此次重组摆脱了以往单纯注资、再贷款、发行金融债的模式，把券商退出和兼并收购结合起来了，引进了市场的力量，而不只是由行政主导来实施券商重组，这实际上也开启了市场化重组券商的序幕。同时，该案例还表明，并购后的整合比并购行为本身更加重要。

■ 案例陈述

2005 年 8 月中旬，中信证券股份有限公司（以下简称中信证券）宣布，将与中国建银投资公司（以下简称建银投资）共同出资筹建中信建投证券公司、建投资产管理有限公司，以促进华夏证券重组。新筹建的中信建投证券注册资本 27 亿元，其中中信证券出资比例为 60%。中信建投证券公司设立后，将以受让华夏证券股份有限公司（以下简称华夏证券）全部证券业务及相关资产为基础，建立新的综合类证券公司，华夏证券将不复存在。

从收购青岛万通证券首战告捷，到市场化收购广发证券之挫折，再到重组华夏证券，近年来，中信证券战略扩张步伐未曾停歇。虽然华夏证券问题缠身，但其核心资产与业务依然拥有不菲的投资价值，收购这些资产及业务正是中信证券做大做强的捷径。而中信建投证券公司是在整合了中信证券和华夏证券基础之上成立的，与中信证券在投资银行、经纪、基金与资产管理等业务领域几乎完全雷同，同业竞争的市场预期将如何权衡，则是一个比较棘手的问题。

从 2001 年开始，中国股市步入漫漫熊途，相应的证券行业业绩开始下滑，证券公司的命运也开始转折，该年，证券公司尚有微利，而自 2002 年起，证券公司全行业亏损一年甚于一年，无论是经纪业务还是投行业务，或是委托理财业务都陷入了前所未有的困境。2003～2004 年，证券公司的重大违规事件不断涌现，先后有大批规模大小不一的证券公司受到了撤销、托管或关闭等不同形式的处理。随之，证券业带着伤痛步入 2005 年，而 2005 年注定是我国证券市场极其不平凡的一年，最引起市场广泛关注的事件主要有两个：一是股权分置改革在试点成功的基础上拉开全面股改序幕，宣布我国证券市场进入全面股改这一崭新的历史阶段；二是证券公司重组全面铺开，经过 4 年市场洗礼的券商行业面临巨大发展机遇。随着 2004 年一批证券公司的托管、清算和关闭，证券公司的重整大范围的展开，政府的有形之手着力引导着证券业的发展和整合，一些有实力的国内证券公司也趁此萧条之季开始谋划执行自己的收购计划，实现自己的低成本扩张，同时，外资金融机构也借中国证券业重组整合的机会实现自己进入中国市场的计划。

在这一过程中，汇金公司和建银投资成为主导力量。汇金公司注资申银万国、国泰君安，并出资参股银河金融控股公司，通过大手笔注资几家大型券商，证券业重组的进程明显提速；而国内有实力的证券公司也忙于低成本扩张。在证券业重组过程中，另一股不容忽视的力量就是外资军团，瑞银收购北京证券部分股权就是一个绝好的例证，瑞银以 20% 的持股比例成为首家直接入股中国证券公司的外资机构。

种种迹象表明，在证券行业处于低谷的情况下，证券业的重组整合却开始进入高潮，本案例所讨论的中信证券收购华夏证券这一案例就是其中之一。

中信证券的前身系中信证券有限责任公司，于 1995 年 10 月 25 日在北京成立。1999 年 10 月 27 日经中国证监会批准，同年 12 月 29 日经国家工商行政管理局变更注册，增资改制为中信证券股份有限公司，注册资本为 24.815 亿元人民币，注册地为深圳市。2002 年 12 月 13 日，经中国证监会核准，向社会公开发行 4 亿股普通 A 股股票，并于 2003 年 1 月 6 日在上海证券交易所挂牌上市交易，股票代码为 600030。现公司股份总数达到 24.815 亿股。中信证券是中国证监会核准的第一批综合类证券公司之一。2004 年末总资产 132 亿，净资产超过 50 亿元，拥有 58 家营业部。

经中国证监会批准，中信证券开展的业务包括：①证券的代理买卖；②代理还本付息和分红派息；③证券的代保管、鉴证；④代理登记开户；⑤证券的自营买卖；⑥证券的承销和上市推荐；⑦证券投资咨询和财务顾问业务；⑧资产管理；⑨发起设立证券投资基金和基金管理公司。

其中，公司第一大股东和实际控制人是中国中信集团公司，是具有较大规模的国际化大型跨国企业集团，目前拥有 44 家子公司，业务主要集中在金融、实业和其他服务业领域。中信集团公司直接持股比例为 32.35%，合计持股比例为 40.41%。

作为我国证券行业中的实力派券商，中信证券在收购华夏证券之前，在市场上已经有了多次的收购经历。2004 年 9 月 2 日，中信证券发布拟正式收购广发证券部分股权的公告，举牌要约收购。然而由于广发证券大股东及员工的联合抵制，以失败告终。同时，中信证券在华福证券和南方证券的并购中，也饱尝失败滋味。最近的案例是 2005 年 6 月，中信证券完成收购浙江金通证券控股权，大大加强了对浙江的布局。

建银投资成立于 2004 年 9 月 17 日，是建设银行进行股份制改革时分立而来，性质为国有独资有限责任公司，是经国务院批准的投资性公司和处置金融资产的公司，注册资本为 206.9 225 亿元。作为中央汇金公司的子公司，建银投资还持有建设银行 10.653% 的股份。作为国务院批准的投资性公司和处置金融资产的公司，建银投资在国家重组券商中发挥了重要作用。在 2005 年，建银投资通过竞拍购买原南方证券的相关证券类资产基础之上设立了中国建银投资证券公司，成功完成对南方证券的重组工作。这次市场化重组是对券商进行风险处置的成功尝试，开创了我国证券公司优化重组的一种新方式，而此次与中信证券共同重组华夏证券在一定程度上也是这种市场化重组的延续。

华夏证券成立于 1992 年 10 月，注册资本金 10 亿元，是我国较早成立的全国性证券公司之一。在"摸着石头过河"的探索精神指导下，当时根据国家有关政策要求，工、农、中、建、交五大银行共同发起设立了华夏、南方和国泰三大证券公司，分别设立在北京、深圳和上海。自此，一种由政府主导和安排、三足鼎立的竞争格局得以形成，这三大证券公司也因此成为证券市场的探索者和开拓者。1998 年随着银行与证券公司的脱钩，华夏证券的控股股东换成了北京市政府，北京市国有资产经营有限责任公司成为其第一大股东。公司业务主要包括：①发行和代理发行各种有价证券；②自营和代理买卖各种有价证券；③有价证券的代保管、鉴证和过户；④代理还本付息、分红、派息等权益分配；⑤基金和资产管理；⑥企业重组、收购与兼并；⑦投资咨询、财务顾问；⑧外币证券业务等。

在市场发展初期，华夏证券一直保持着市场领跑者的优势地位。尤其是在 1995 年，在市场处于调整和巩固的情况下，华夏证券的证券交易额、营业收入、利润总额均稳居市场首位。然而，10 年发展后的华夏证券已陷入困境，到 2002 年，华夏证券已经难掩危局。就在 2004 年 4 月前后，华夏证券曾向北京市上报了一份关于华夏证券真实情况的报告，详细阐述了华夏证券的资产情况及所面临的困境，称公司净资产已为负数。2004 年 6 月 25 日，北京市副市长翟鸿祥来到华夏证券，正式宣布"全力挽救华夏证券"。

（1）信达资产管理公司退出

自2004年6月，北京市宣布"全力挽救华夏"，同年7月，北京市审计组进驻华夏证券。在此之后，华夏证券的重组工作渐进展开。2004年9月，信达资产管理公司最早与华夏证券接触，希望重组华夏证券。两个月后，与此同时，中信集团向北京市政府表达了希望由中信证券重组华夏证券的意图，由于信达资产管理公司并无直接经营证券行业经验，作为资产管理公司，它的主要业务是处置建设银行定向剥离的不良资产，目前还没有更多地介入证券公司运营这个领域，对资本市场缺乏经验，而中信证券方面主动向北京市政府表达了重组意愿，并且有丰富的证券并购经验，至此，中信证券成为华夏证券重组方选择的第一个目标。

（2）中信证券的并购动机

虽然中信证券作为实施核准制后上市的中国第一家证券公司发展极为迅速，目前已跻身于国内十大券商之列，旗下已拥有多家证券公司，并在股票承销、债券承销、证券经纪业务等方面稳居国内券商前3名。但从资本实力、业务规模和业务范围以及经营网络上看，中信证券不仅与国际知名的投资银行相距甚远，就是与国内的老牌大券商也有差距。因此，进行规模和实力的扩张，是中信证券"做大"的必然选择，而收购华夏证券，正可以取长补短。据华夏证券方面介绍，其现有27家分支机构及90家营业部网点遍及全国，并且华夏证券研究所拥有众多优秀的分析师，华夏证券的经纪业务在行业中也不错。中信证券正是希望借这次低成本收购来扩充自己的实力。同时，目前证券行业正处于低迷之中，证券公司亏损严重，在此时进行收购不仅可以以低成本实现中信证券的扩张，而且也不会遇到外界强大阻力。这个时机对于中信证券来讲也是不容错过的。

（3）中信证券并购重组的初步方案

在与华夏证券接触的开始，中信证券方面给出的初步重组方案是，由中信集团和北京市有关方面共同出资60亿元。但仅过了一个月，中信证券调整了方案，承诺以现金20亿元注资华夏证券，但前提是北京市有关方面能够与中信集团合力争取到中央银行（以下简称央行）40亿元～60亿元的再贷款。而此时，央行与证监会改变了原来对券商的重组思路。此前，央行对券商的资金支持主要包括发行短期融资券、再贷款和注资3种。央行目前已批准招商证券、海通证券发行短期融资券。2005年6月12日，央行公布将给申银万国证券与华安证券提供再贷款。但到6月底，用再贷款救助券商的计划基本被否定。原因之一在于用再贷款救助券商很可能有去无回，且券商的公司治理结构不会因获得再贷款而发生变化。7月，央行行长助理刘士余公开表示，2005年第三季度将支持中央汇金投资有限公司和建银投资通过注资与市场化财务重组方式，解决部分重点券商的流动性与资本金不足问题。正是在这种背景下，建银投资进入了重组之中，而中信证券和建银投资也走到了一起。

（4）并购重组最终方案

由于华夏证券面临巨额亏损等一系列问题，重组方案也是几经调整，最后决定由中信证券和建银投资来共同重组华夏证券。

中信证券股份有限公司与中国建银投资有限责任公司共同出资筹建中信建投证券有限责任公司，中信建投证券有限责任公司注册资本金为人民币27亿元，其中，中信证券出资比例为60%，出资额16.2亿元，建银投资公司出资比例为40%，出资额10.8亿元，中信建投证券有限责任公司成立后，将以受让华夏证券股份有限公司现有的全部证券业务及相关资产为基础，按照综合类证券公司的标准进行经营。同时，中信证券股份有限公司与中国建银投资有限责任公司共同出资筹建中信资产管理公司，建投中信资产管理公司注册资本人民币19亿元，其中，中信证券出资5.7亿元，出资比例为30%，中国建银投资有限责任公司出资13.38亿元，占70%。鉴于中信证券无法直接投资资产管理公司，中信证券拟将上述5.7亿元资金委托一家信托公司履行对建投中信公司的出资义务。建投中信公司设立之后，将受让华夏证券现有的非证券类资产，以资产管理公司的标准进行经营。

尽管华夏证券重组方案已经确定，收购过程也已告一段落，但是其中仍有问题需要认真对待，对这些问题的分析和解决将最终决定着这次收购重组的成败。

1）中信证券与中信建投证券的整合问题。

中信证券重组华夏证券后，就拥有了两块综合类券商业务，两者如何协调？这是新公司必须面对的第一个问题。由于此次中信证券并非直接吸收合并华夏证券，而是新设中信建投证券公司收购华夏证券的证券类资产，那么收购完成后中信证券将会拥有两块综合类券商业务，中信建投与中信证券之间业务如何协调，这是收购完成后面临的最大问题。中信证券当然不会给自己树立一个对立面，制造竞争对手。中信证券和华夏证券都是大型券商，营业网点遍布全国，双方的整合不是简单的"1＋1"问题。同时，华夏证券财务问题十分严重，如果不能处理好华夏证券的财务负担，对于重组方也将产生很大的负面影响，也将加大中信证券本身业绩发展的不确定性。对此问题，最好的方法是在以后的经营管理制度上做一些安排，确保双方能够精确分工，各自发挥自己有优势的项目。此次重组中，重组方就对此做了相应准备，中信证券与中信建投证券将通过联席工作委员会等一系列制度安排，确保在中信的同一品牌下，双方在业务上分工协作，而非相互竞争。这种业务上的分工协作，可以从提交临时股东大会的《关于出资筹建中信建投证券有限责任公司的可行性研究报告》中看出：在投行业务方面，中信建投证券将通过与中信证券投行业务适当分工，在经纪业务方面，中信建投证券将根据交易量和赢利能力，将营业部划分为核心营业部、次级营业部和转型营业部等级别，分别制定业务发展方向和经营范围；在管理上，以核心营业部为中心，次级及转型营业部适当减少管理层次，合并业务部门，从而减少席位费、卫星通信、系统维护等各项费用，最大限度地压缩成本，提高营业部的整体赢利能力；在研发业务方面，中信证券将主要配合一级市场业务，而中信建投证券重点配合经纪业务和投资管理业务。中信证券、中信建投证券、中信万通证券在内的零售客户网络、机构客户网络，将会步调一致。如果能够按照上面制度所规定的来进行经营，则此次重组将会增强其竞争优势，大大提高中信证券在国内市场的地位，也会给未来此类型的并购重组提供宝贵经验。

新公司必须面对的第二个问题是如何实现证券公司管理文化的整合，并且这个问题更为棘手。证券公司是一个高度人性化的企业群体，文化整合、留住核心员工尤其重要。精英云集的地方也是最容易产生人事矛盾的地方。如果两个券商的文化大相径庭，这种并购就十分危险。而中信证券和广发证券在企业文化上的重大差别，也是双方难以合作的深层次原因。作为比中信证券成立时间更早的老牌券商，华夏证券早已形成了自己的企业文化，与中信证券的企业文化如何协调，是关系并购成败的又一重要因素。当初，中信证券在收购万通证券之后，将其山东管理总部的管理人员注入万通证券，从而将中信的文化与理念传导过去。应该说，这一模式后来证明是行之有效的。但是，这一模式可以移植到万通证券这样的小规模券商身上，因为中信证券可以派出足够的人员，但是肯定不适用于华夏证券，毕竟两者规模、员工数量相当。这对于中信证券的确是一项挑战。中信证券正处于转型阶段，如果转型成功，就继续发展；转型失败，就容易走向衰落。但是，并购后的整合能力不是天生的，而是逐步锻炼出来的，这也是中信证券在发展壮大过程中必不可少的一个过程，需要其在发展中不断学习。

从国外券商并购的经验看，有两点值得国内券商借鉴：其一，在并购之前，都会聘请专门的咨询机构参与制定公司的发展战略，对并购之后的业务整合进行规划；其二，制订详尽的人力资源计划。国外券商在并购的秘密磋商阶段，一般来说只谈两个问题，一是收购价格，二是人力资源，甚至会具体到保留哪些员工、中高级管理人员的薪酬水平等。

2）建银投资参加重组的问题。

建银投资在创建之初曾被视为建设银行"非银行类金融资产"管理者，作为国务院批准的投资性公司和处置金融资产的公司，建银投资成为继汇金公司之外建设银行股份公司的另一家股东，其名字本身就有所考究。它是"比照国有资产管理公司的模式设立"的，主要从事资产管理工作。具体而言，建银投资承接了过去建设银行委托给信达资产管理公司的债转股业务以及所有的非商业银行业务，其中包括原中国建设银行持有的中金公司 43.35％的股份。从成立建银投资的初衷看，建银投资应该是为剥离原建设银行的非银行类资产而设立的资产管理公司。但在设立后，随着市场格局的变化，建银投资的角色却开始悄悄发生了改变，在央行拯救券商的新思路中，突然被赋予了前所未有的责任，甚至成为未来中国券商格局重组的主导者。显然，这是与建银投资性质本身不相符的。同时，建银投资参加证券公司并购还面临着重大壁垒，对其并购重组不利，主要是以下 4 点。

第一，建银投资没有选择注资对象的权利，而是只能被动接受。按照目前申请注资的流程，首先要经过央行同意、国务院批复，注资名单才能到汇金或建银手中。这意味着存在本该关闭的券商通过高层公关加入到注资队伍的可能，加重了建银投资改革的困难。

第二，建银投资管理层大多数来自建设银行，他们没有证券从业和管理的经验。建银投资会不自觉地用审查贷款风险的眼光，去看待发生在证券公司的某些问题。虽然保证国家资本安全是首要的，但注资不等于贷款，更重要地是如何用注资行动换来整个行业的重振。

第三，面临地方政府的行政干预。国内证券公司治理机制中极具"中国特色"的一点是"政府特别是地方政府作为大部分证券公司控股股东"，这已成为完善我国证券公司治理结构的主要障碍。地方政府主要通过对证券公司高层人事的安排来实现自己的意志，一些地方政府以大股东身份直接任免证券公司的高管人员，使公司高管人员的约束激励机制扭曲。在这场注资行动中，同样存在这样的问题。地方性券商偏好把这笔钱看作国家的财政资金，而不是市场化运作。因此，建银投资要深度介入这些处于强势政府控制下的券商，进行治理和改革，存在难度。

第四，通过这场注资，使得本身股权高度集中在国有资本的证券公司股权更加国有化，股权更为集中。这并不利于公司的治理和发展。

如果建银投资不能克服上述四大壁垒，投入数百亿国家资本还很可能是被浪费掉，换不来行业的改革。因此，由于建银投资性质决定了它只是暂时性的作为整合问题券商的平台，而不可能永远持有某项证券资产，注资—整合—退出是其战略。而有了中信证券这样理想的合作者，未来很可能会由中信证券收购中信建银的股权，并将原华夏证券的优质资产合并到中信证券中来，以实现中信证券的扩张计划。

（3）"中信建银"模式是否可以推广

以往挽救亏损券商的方式多是采取注资、央行提供再贷款和允许券商发金融债等，而中信证券联手建银投资重组华夏证券是一个新的探索，被称为证券公司重组的"中信建银"模式。到2005年6月底，用再贷款救助券商的计划基本被否定，因为在券商的公司治理结构不发生变化的情况下，用再贷款救助券商很可能有去无回。然后监管当局提出，将支持中央汇金投资有限公司和建银投资通过注资与市场化财务重组方式，解决部分重点券商的流动性与资本金不足问题。此后，建银投资重组南方证券，这是我国通过市场化方式对券商进行风险处置的成功尝试，开创了我国证券公司优化重组的一种新方式。而中信证券联手建银投资重组华夏证券也是此种市场化重组的进一步创新。但是这种模式是否能够推广开来还是存在许多疑问的，业内很多人士认为，这种模式无法被复制，"中信建银"模式不应作为救助券商的主要模式。"中信建银"模式是特殊环境下的产物，不可能长久。其中问题的根源还是在于合并后的整合，中信证券和华夏证券同属拥有综合类券商牌照的证券公司，中信证券收购华夏证券无异于在培养自己的竞争对手，中信证券入主华夏证券，不可避免地会在新公司和母公司之间形成竞争关系。尽管双方在分工安排上有所约束，但是这也加大了制度运作的成本。

中信证券收购华夏证券意义不大，这与本土券商与外资投行成立合资证券公司并不相同。以湘财证券与法国里昂证券合资成立华欧证券为例，里昂证券通过合资获得在中国内地开展业务的牌照；湘财证券则希望引进战略合作伙伴以及先进的管理理念，因而双方一拍即合。同时，湘财证券把投行业务整体移植到华欧证券，使两者避免了不必要的内部竞争。

[问题]

结合本案例，说明此次并购的意义及启示。

案例分析

此次中信证券联合建银投资并购重组华夏证券，有两方面的目的：一方面是救助券商，作为国家对证券公司实施救助计划的一部分，其中的体现就是建银投资作为并购方之一施以援助，帮助中信证券来并购重组华夏证券；另一方面是实现券商资源整合。我国证券公司虽然经过几次大规模增资，资本实力有了一定的提高，但是仍然很难和发达国家公司相提并论。中信证券作为国内的实力券商虽然在行业中属于上游舰队，但它的规模和国内一流券商相比规模上仍然有差距，与发达国家券商规模差距更大。因此，中信证券希望通过并购来扩大自己的规模，扩展自己的营业网络，通过收购其他券商来弥补自身网点布局的"短板"，来推动自身核心竞争力的打造。此次对华夏证券的收购也是其扩张战略的延续。

因此，此次收购兼并有了两方面的意义：一方面，实现了华夏证券退出的目的，把其自身业务转让给了中信证券和建银投资组建的公司；另一方面，中信证券也完成了扩张的战略，为以后参与市场竞争打下了基础。由于此次并购具有这两方面的特征，并相互渗透，使得此案例在以下两方面都十分具有特色。

1）从救助券商角度来看，此次重组摆脱了以往单纯注资、再贷款、发行金融债的模式，对"拯救券商"的思路进行了重大调整，引进了中信证券参加并购重组，把券商退出和兼并收购结合起来了，引进了市场的力量，而不只是由行政主导来实施券商重组，这实际上也开启了市场化重组券商的序幕。其实，在很早就有人质疑用行政力量来救助券商的合法性和可行性，认为券商遗留的不良资产，相比商业银行要严峻得多，毕竟券商实物资产相当有限，大量资产处于一张废纸、无可回收的状态；并且由于国有资产的缺位和对公共资金使用的制约不力，很可能使得国家投入的救助资金被浪费，尽管能够暂时地度过困境也很难建立起符合市场经济要求的公司治理机制。而此次的重组虽然也是国家注资，但是毕竟开始与市场资源配置和收购兼并结合起来了，引进了中信证券作为重组收购方，使得这次重组开始引入市场化的力量，可以说是市场化重组并购的一次尝试。

2）从收购兼并的角度来看，此次收购也具有一般收购所没有的特点。这次收购其实是借助对券商的重组而为之，通过对华夏证券的重组，中信证券实现了自己规模扩张的计划。中信证券的收购其实在整体上是整个券商重组计划的一个步骤，是政府在救助券商思路改变后的一个产物，恰好是因为中信证券收购符合管理层重组券商的思路，所以才有中信证券的入主。因此，从本质上看，仍然是政府在主导着这次收购行为。但是，从政府重组思路的改变上也可以看出，市场化重组是将来券商重组退出的趋势。

案例小结

以往挽救亏损券商的方式多是采取注资、央行提供再贷款和允许券商发金融债等，而中信证券联手建银投资重组华夏证券是一个新的探索，被称为证券公司重组的"中信建银"模式，开创了我国证券公司优化重组的一种新方式，可以说是市场化重组并购的一次尝试。

本案例体现了挽救亏损券商的方式、券商并购动机、券商收购重组后的整合等知识点，提高了学生关于券商重组问题的综合应用能力。

案例9.5 跨国收购案例——上海贝尔公司与法国阿尔卡特公司

▇▇ **案例目标**

本案例通过介绍上海贝尔公司与法国阿尔卡特公司的并购历程，使学生了解企业并购的方式及其特点，深刻理解各种并购方式对企业的意义。

▇▇ **案例陈述**

2001年10月23日，上海贝尔公司与法国阿尔卡特公司达成协议，阿尔卡特将从中方股东收购上海贝尔10%加1股的股份，同时买断比利时拥有的上海贝尔8.35%的全部股份。两笔交易结束后，阿尔卡特拥有上海贝尔的股份从31.65%升至50%加1股，中方占50%减1股。作为世界上著名的电信跨国企业之一的阿尔卡特，此次通过3亿美元现金收购上海贝尔股份，成为中国电信领域首家成立股份制公司的国际企业。

〔问题〕

1）从并购类型上讲，阿尔卡特收购上海贝尔属于哪一种？并购动因主要有哪些？

2）从并购的实现方式上讲，阿尔卡特收购上海贝尔属于哪一种？这种并购方式的突出特点是什么？

▇▇ **案例分析**

1）从并购类型上讲，阿尔卡特收购上海贝尔属于横向并购，这样做，一方面可能为了减少竞争者的数量，另一方面可能为了力争在行业中取得主导地位。该公司的并购动因主要有协同效应、扩大市场份额和企业发展。

2）从并购的实现方式上讲，阿尔卡特收购上海贝尔属于控股式并购，这种并购方式的突出特点如下：①被并购企业法人主体地位仍存在；②并购企业作为被并购企业的新股东，对被并购企业的原有债务不负担连带责任，其风险责任仅以控股出资的股金为限；③被并购企业债务由其本身作为独立法人所有或所经营的财产为限清偿；④并购后，被并购企业成为并购企业的控股子公司。

▇▇ **案例小结**

把上海贝尔招至麾下，阿尔卡特在亚太区的制造能力得到了增强，市场份额得到扩大。而按照兼并时的承诺，上海贝尔也将得到梦寐以求的最新通信技术，突破了企业发展的瓶颈，开始了二次创业。此举也将带动上海大约10万个职位的相关产业，使上海通信行业收获颇丰。中国电信业的改革与拆分、外资入股本土电信市场是一个敏感的话题，像阿尔卡特与上海贝尔这样技术与市场、跨国企业与本土公司的双赢合作今后会频繁出现。

本案例体现了并购类型、并购动因、并购的实现方式等知识点，能够加深学生对并购方式对企业的重要意义的理解。

案例 9.6   敌意并购案例——宝延风波

▦   **案例目标**

本案例介绍了宝延事件中双方收购和反收购的过程，分析了宝延事件对中国资本市场并购发展的重要意义，使学生深刻理解敌意并购的含义及其方式。

▦   **案例陈述**

1993 年 9 月 30 日，人们被一个令人兴奋又不敢相信的消息惊呆了："宝安要收购延中了！"消息像草原上的大火迅速地蔓延，让每一个人都坐立不安，中国的证券市场翻开了新的一页，令许多国际企业、金融界人士为之兴奋的事情在中国股市出现了，这便是收购。

上海延中实业股份有限公司（以下简称延中），成立于 1985 年，是上海第二家股份制企业。公司成立时注册资本 50 万元，截至 1992 年 12 月 31 日，注册资本 2 000 万元。股票面值于 1992 年 12 月 10 日拆细为每股 1 元，计 2 000 万股，其中，法人股 180 万股，占总股份 9%，个人股 1 820 万股，占总股份的 91%。公司经营范围：主营文化办公机械、塑料制品，兼营电脑磁盘、录像机、磁带、家用电器、服装鞋帽、日用百货、针棉织品、装潢材料、合成材料等。

上海延中经营规模与股本都比较大，原因在于公司股票含金量较高，年末每股资产净值 3.94 元，2 000 万元的股本资产，资产净值 7 880.64 万元。1992 年主要财务分析指标如下。

1）流动比率：流动资产/流动负责＝1.36。

2）速动比率：速动资产/流动负责＝1.26。

3）应收账款周转率：主营业务收入/应收账款余额＝4.64。

4）股东权益比率：股东权益/资产总额＝72.19%。

5）股本净利率：税后利润/股本总额＝20.62%。

6）每股净资产：股东权益/普通股股数＝5.25（元）。

7）存货周转率：主营业务收入/存货平均余额＝5.80。

8）营业净利率：税后利润/营业收入＝22%。

9）资产报酬率：税后利润/资产总额＝2.83%。

10）股东权益报酬率：税后利润/股东权益平均余额＝3.92%。

11）总资产周转率：主营业务收入/总资产＝12.7。

从以上指标可以看出，延中的财务结构偏于保守，由于公司的周转性指标较差，影响了公司的赢利水平。总资产周转率、应收账款周转率和存货周转率全面偏低。公司利润总额中投资收益已超过 70%，这也是周转率低的一个原因。但是，无论利润来源于何处，从资产报酬率和股东权益报酬率的角度看，公司的赢利水平总是偏低的。

宝安企业集团股份有限公司（以下简称宝安）主要经营业务项目包括房地产业、工业区开发、工业制造和"三来一补"加工业、仓储运输工业、商业贸易和进出口贸易、酒店经营和服务、金融证券业等。1991年组建股份公司，对能源、交通、通信、建材等基础产业增加了投资，并拓展了电子技术、生物工程等高科技领域的业务，向区域化、多元化、多层次有跨国经营的企业集团迈进。

早在1992年末，宝安就已开始招募谋士，计划此次行动。其雄辩的分析与推理增强了宝安的信心。经过细致的分析挑选，终于，延中被选中了。

主观上，宝安有足够的经济实力、管理能力和股市运作经验；客观上，延中的"薄家底"和几年来不如人意的经营业绩，正给了宝安可乘之机。不仅如此，延中许多"历史问题"正合宝安胃口。延中的这种规模小、股份分散的状况是政策和历史造成的。首先，延中筹建时，政策规定老企业不能参股，所以它没有发起人股；其次，延中股本小，仅3 000多万元，依宝安实力，收购或控股不存在资金上的问题；最后，延中公司的章程里没有任何反收购条款。这3条历史原因，使宝安收购延中具备了操作上的可行性。而且延中在经营性质范围上与宝安同属综合性企业，控股之后对改善延中的管理，拓展宝安上海公司的业务有很大好处。

宝安开始行动了。宝安下属的3家企业，宝安上海公司、宝安华东保健用品公司和深圳龙岗宝灵电子灯饰公司受命，担任此次收购的主角。3家公司均小心谨慎，并严格控制消息，在此期间，宝安一直在慎重考虑，并进一步等待时机成熟。1993年9月3日，上海开放机构上市，又为计划的实施提供了政策上的可能性，于是公司当机立断，调集资金，准备9月中旬大规模收购延中股票。

9月14日，延中股价8.8元，这已和7月26日的8.10元构成了一条较长的上升趋势线。9月14日以后，股价每日向上走高，但每日价值上扬不高，一般仅在几分至两角之间。延中股票的一反常态，与大市凄迷的不协调并没有引起延中公司的注意。而此时宝安正大量吃进延中的股票，市场上的圈内人士开始流传宝安的秘密计划，当股价走势拉出第8根阳线时，股价突破颈线10.47元，此时，3家主力兵团中，宝安上海公司持有股票最多，但尚未突破5％的报告线。由于《股票发行与交易管理暂行条例》第47条对法人在股票市场上大量买卖上市公司股票达一定比例时必须做报告有明确的规定："任何法人直接或间接持有一个上市公司发行在外的普通股达5％时，应当自该事实发生之日起3个工作日内，向该公司、证券交易所和证监会做出书面报告并公告。法人在依照前述规定做出报告并公布之日起两个工作日内和做出报告前，不得再直接或者间接买卖该股票。"此项规定加大了收购的难度，会使收购成本大大提高，宝安试图跳过5％报告线，以期降低难度。

9月29日，宝安上海公司已持有延中股票的4.56％，宝安华东保健用品公司和深圳龙岗宝灵电子灯饰公司已分别持有延中股票达4.52％和1.657％，合计10.7％，早已超出5％，3家公司接受命令，将于9月30日下单扫盘，而此时延中公司还浸在一片平和之中，像被偷袭前的珍珠港，毫无防备。

9月30日，宝安公司计划下单扫盘，由于在此之前，宝安上海公司持有延中股票数为 4.56%，再吃进 15 万股即可超过 5%。宝安在集合竞价以及后来的短短几小时内便购进延中股票 342 万股，于是合计宝安持有延中股票数已达 479 万余股，至此，宝安公司已拥有延中股票的 15.98%。

9 月 30 日，延中被停牌，电脑屏幕上映出了宝安公司的公告，本公司于本日已拥有延中实业股份有限公司发行在外的普通股 5% 以上，现根据国务院《股票发行与交易管理暂行条例》第 4 章"上市公司收购"第 47 条之规定，特此通告。宝安在它一切都密谋已久准备就绪的情况下正式向延中宣战了。

此消息犹如晴天霹雳，在毫无准备的袭击前，延中稍有忙乱，酝酿反击的延中公司表示，他们不排除采取反收购行动的可能。同时，延中聘任在应付敌意收购很有经验的施罗德集团香港宝源投资有限公司作延中顾问。10 月 4 日，宝源公司中国企业代表张锐先生表示："我们希望在国内朋友的帮助下，本着股市公开、公正、公平原则为延中股东寻找一条获得最佳利益的途径，开辟出一条有中国特色的反收购路子。"

几天之内，收购与反购之战愈演愈烈，宝安、延中分别在各自智囊团的支持下，通过新闻媒介展开唇枪舌剑。宝安再三声明：我们是想成为延中第一大股东，通过控股来参与延中的管理甚至决策。延中则提出疑问：9 月 29 日，宝安上海公司已持有延中股票 4.56%，按照 5% 就要申报的规定，就只能再买 0.5%。然而，9 月 30 日集团竞价时，宝安一次就购进延中股票 342 万股，如此跳过 5% 公告后必须 2% 分批购进的规定，一下子达到 16%，这是否犯规？既然 9 月 30 日实际已购得 479 万余股，当日公告时为何只笼统讲 5% 以上，不具体讲明持股数？宝安注册资本只有 1 000 万元，这两天光买延中股就用了 6 000 多万。国家明确规定，信贷资金、拆借资金不得买卖股票，不知你的资金来自何处？

宝安说，《股票发行与交易管理暂行条例》作为规范证券市场的一项重要法规，发挥了巨大的积极作用，但其中第 47 条规定操作起来相对比较困难。按规定，直接或间接收购上市公司发行在外的普通股达到 5% 时应向该公司、证交所和证监会做书面报告，可是在没有得到全部交割资料之前如何知道究竟超过 5% 多少呢？这个公告又该如何发、何时发呢？万一成交没有公告中说的那么多，在市场上却造成大起大落，会不会反而有欺骗股民造谣惑众之嫌呢？我们是努力按现有的有关规定去做的。对整个持股超过 5% 以上的操作过程中的规范化问题，是你的理解不同。我上海公司注册资本 1 000 万元，经营多年为何不可多达 6 000 万元？如果来自集团总部呢？

延中表示，很遗憾宝安没有事先与延中沟通、协商，延中需要友善资金的加入，以扩大规模，增强企业竞争力，延中不反对企业的参股和组织兼并，只要符合广大股东利益和延中发展前途，但是，敌意收购会引起老股东的抵触情绪，打击管理人员积极性，在目前发生的事件中，由于对方意图表现出敌意，袭击又来得突然，严重影响了延中目前的正常经营，一些项目的签约与新产品的专利申请都已拖延。

宝安则表示，无意与延中公司发生对立，因为那样会给广大中小股东带来不必要的损失，并且正在考虑以某种形式使中小股东避免损失。股份公司的管理说到底是为全体股东服务的，在认识上和行动上绝不能脱离广大股东的利益。

宝安进一步逼近，若延中"反收购"，其在资金上势必负债，那么负债谁来偿？包袱必然压在全体股东身上：延中公司"反收购"，谁能保证别的公司在事件后不控股延中？而别的公司有比宝安更强的能力来提高延中的效益吗？

宝安集团总经理陈正立说，宝安从没想过要全面收购延中，目标只是想做延中的第一大股东，对延中实际控股，以直接介入公司的经营决策，提高公司经营水平，尽力以较大的利润回报广大投资者。其次，宝安对延中的现任领导者也是善意的。董事局早已决定，控股成功后，原则上对原有的中层干部不做较大的人事变动。陈正立还表示，在我们一些善意的举动得不到圆满结局的情况下，将依据有关规定采取相应措施。

在此期间，延中积极同各方人士接触，并提出了各种反击的备选方案。据延中内部人士透露，在各种备选方案中，曾筛选出一种较理想的"声东击西"法，即打算从各方面调动几千万资金，对市场上规模比延中更小的个股进行围攻。购进其他股，既可分散宝安的注意力，聚集在延中身上的市场焦点也可能转化。把水搅混就可处于进可攻退可守的境地。即使延中全部失守，对被攻击的股票来说，延中也处于有利位置。如果股价位仍低，延中就可进行实质性控股；如果价位迅速抬高，延中亦可抛出该股。手中持有获得资金，也为以后反收购积聚了经济实力。这对市场上延中股价还有一定的牵制作用。这种立足于经济手段的反击措施可能有效地将宝安托在延中20元以下的泥潭中。宝安占用大量资金的延中股票就会陷入延中"游击战"的汪洋大海里，处于既不能抛，也不能收的尴尬境地。

同时，延中还可以利用宝安在法律上的漏洞逼其就范。只需抓住一点，即宝安在中国证券报与上海证券报上的落款单位不一致，甚至送至本公司的公告落款与盖章都不吻合。连收购单位都不明确，何来收购之说？延中曾就此欲在上海某大报上发表声明，并预付了2.7万元的通栏广告费。但在当日傍晚，由于管理局干预而不得不撤销。

但是最终，在大鱼面前，延中不是掉过来吃小虾，而是"以硬对硬"，最终失去了变被动为主动的最好机会，连宝安智囊团内的人士也为延中痛失反击机会而扼腕。

周鑫荣董事长阐述了延中的观点，即宝安从4.56%一下子跳到15.98%显然有违规之处，以及宝安此次购股有联手操作的可能，之后，周鑫荣代表延中要求证券管理部门对宝安集团上海公司的购股过程进行调查并做出处理。同时他还指出宝安是恶意的，明确表示延中将不排除通过法律诉讼程序来维持自身利益的可能性。宝安公司大搞心理战与攻心战，甚至在深圳传媒上提出延中组阁名单和他们的出路，令人很气愤，可是又有些无可奈何。在资金上与对手相比，延中处于明显弱势。虽然有静安区内和几家区外兄弟企业愿意自发资助，但终究也只能是杯水车薪。在银根收紧的情况下，资金始终是个大问题，即使反收购成功又能怎么办？如果把投资者拖住而自己得利，投资者一旦明白真相，一定会谴责这种行为，延中也不想把赚钱建立在老百姓受愚弄的基础上，跟宝安对抗是轻量级选手与重量级选手的交锋，对于延中来说用法律保护自己，阻止其收购目的也许更为可行。毕竟宝安留有弱点。

10月9日，宝安董事长曾汉雄在深圳表示，为了顾全大局，为了中国股市蓬勃发展，也为了不损害广大投资者的利益，宝安希望能妥善解决"宝延风波"。曾汉雄还说，"我们持有延中18％的股份，出发点是为了推进转换经营机制，为了推动中国股市健康发展，从根本上说也是按中央有关加速转换企业经营机制合理配置资源的精神做的。这一点大方向应肯定，不要从技术上加以否定。"

延中则坚持，我们认为宝安18％的持股中，除5％以外的股份其余都是不合规范取得的，因此，在证券委未裁决前，我们不考虑召开临时股东大会。

[问题]

谈谈宝延风波给你的启示。

▓ 案例分析

股市收购是兼并最高级的形式，"收购"的出现，标志着我国企业兼并的成熟，为企业产权货币化、证券化，以及社会资源在合理流动中谋求高效组合提供了良好的条件，为中国经济走向市场化进程留下了意味深长的一笔。收购对股份制改革也产生了积极的影响，宝延风波虽然未发展到全面收购，但也足以使上市公司认识到，股市不仅是融资的渠道，也可能使企业的控制权在股票的交易和流通中转移，而那些业绩不良或业绩虽好但规模小、实力差的企业往往首当其冲。这就迫使企业决不能将股份制改造仅仅当作筹集资金的举措，而要花大力气进行经营机制的转换，学会在市场竞争中求得发展壮大。同样收购事件也对证券市场的立法工作提出了新的课题和更高要求。如何制定对公司控股收购问题的可供操作的细则，以及防止收购中欺诈行为和切实保护普通投资者利益等问题，都迫使我国加快证券立法，完善配套法规，以推动证券市场更健康地发展。收购事件也使股民的投资意识日臻成熟，在一定程度上开拓了股民的思路，使其更多地去研究每个股票的特点、股票上涨下跌的内在原因。

▓ 案例小结

有效的并购重组对提高上市公司经营业绩具有重大意义。通过收购，可以扩大企业经营规模，产生规模经济收益；企业生产资源的最佳组合可以提高劳动生产率；被收购公司可缩短学习时间，节约学习成本；可借助外力，增加企业市场占有份额、提高市场竞争力；可以构建合理的股权结构和公司法人治理结构等。

1993年9月发生的宝延风波是宝安经过周密策划，在中国证券市场上实施的第一例收购事件。这件事以及由此引发的讨论，对于推动我国证券市场的发展、促进企业经营机制的转换、通过市场调整股份公司的股权结构、加快和完善证券法规体系的建设都产生了积极的影响。

本案例体现了敌意并购的含义、方式、动机等知识点，提高了学生对解决敌意并购问题的实际应用能力。

案例9.7 电讯行业并购案例——盈动新信并购策略

■ **案例目标**

本案例通过介绍盈动新信对香港电讯的并购历程，使学生理解收购、兼并是企业发展的重要途径和趋势，资本市场能够为大规模收购兼并提供巨额的资金支持。

■ **案例陈述**

进入21世纪后，随着高科技产业的兴起和虚拟经济对实体经济的冲击，那些传统的业务稳健、资本雄厚的公司由于空间发展的局限性，成为积极进取的高科技产业的收购对象。这些公司能够成功收购的关键并不是资金雄厚，而在于其灵活的资本运作方式。

2000年2月29日，在新加坡电信公司和盈动新信公司（以下简称盈动）争购香港电讯公司的较量中，香港电讯的大股东英国大东电报公司最终决定将所持54%的股权转让给盈动。一家上市仅10个月的互联网公司史无前例地借收购进了上游产业的电信业中，成为亚洲仅次于软银的第二大网络公司，而且在香港上市公司中跃居市值第三位。

是什么魔力使盈动获得香港电讯的青睐，成功实现"蛇吞大象"的收购举措？

对于新加坡电信而言，由于它是一家国有资本绝对控股的电信公司，和香港电讯一样，面临着发展空间太小而受限的问题。如果并购香港电讯，新加坡电信将控制日本以外的整个亚洲地区约60%的电话市场，成为世界第六大电信公司，还拥有了有朝一日进军中国内地市场的机会。对盈动来讲，完成成功并购，可以使其介入香港电信，并将其"虚拟业务"落到实处，还可获取香港电讯的人才及其他方面的资源，如香港电讯的100万宽频固定客户和100万移动电话客户。完成收购后，盈动在瞬间变成香港市值第三的大上市公司，成为亚洲地区与日本NTTC（Nippon Telegraph and Telephone Corporation，电信电话株式会社）和中国电信齐头并进的三大电信企业，更成为香港高科技产业的龙头。而且盈动的卫星宽频媒体服务，还可利用香港电讯的固网和移动电话网络及其庞大现金资源实现进一步拓展的野心。

香港电讯创立于1925年，目前资产规模在2 600亿港元左右，因为拥有广阔的通信网络，资产实力胜人一筹，曾一度是香港股市市值最大的蓝筹股公司。但是，随着电信垄断专营权结束，自由开放的市场、资讯科技的发展使香港电讯最大股东英国大东电报公司对香港电讯不再有昔日的倚重。香港电讯赢利呈下降趋势，因而英国大东有意出售套现，其出售香港电讯的决定可谓老谋深算。如果由新加坡电信接手，等于领到一张以新加坡为大本营的开拓东南亚市场的通行证。与此同时必然会出现第三方争抢的局面，这样盘价必定会抬高，大东可坐收渔翁之利。

盈动成功收购的原因如下。

（1）善于资本市场运作

在本次收购中，最初盈动的收购建议是用两成现金、8成盈动股票换取大东所持的电讯股票，但遭到大东的断然拒绝，他们更乐意接受现钞。新加坡电信也认为盈动没有足够的现金与自己抗衡（其集团可动用的现金达 120 亿美元）。但盈动成功地进行了资本市场的运作，表现在两个方面：一方面，盈动在 5 分钟内就拉清了 10 亿美元的配股，而且如此大的额度一天之内获得了 40 倍的认购；另一方面，盈动 2000 年 2 月 22 日向银行提交贷款建议书，24 日得到了银团的贷款承诺，短短 48 小时就筹集到收购所需的资金。盈动轻易地拿到 130 亿美元这一亚洲市场上罕见的银团贷款规模，除了银行对收购前景看好的因素以外，还得益于盈动极具吸引力的协议形式的贷款建议；银行真正付出贷款的前提是收购成功——如果收购失败，银行不但不用付出贷款，还会获得一笔贷款承诺费，盈动用以作贷款抵押的是日后成功收购的电讯股票；如果收购成功，盈动和香港电讯手中的现金以及新公司未来稳定的收益就是还款的基础。

（2）恰当选择市场并购的卖点

无论是数码港项目，还是香港电讯的并购，或是间接投资自己兄弟李泽钜的 TOM. COM，都反映出盈动的市场切入点十分到位，为企业的腾飞奠定了坚实的基础。"小超人"李泽楷运作盈科集团的程序是设立盈科控股，控制在新加坡上市的盈科拓展，又以盈科拓展控制在港上市的盈科数码动力及盈科保险，再以盈动控制数码港。借壳上市，减少了申请新上市的复杂程序，节省了上市时间，搭上了网络概念扩张的快车，使盈动成立不足一年就有了并购香港电讯的可能。这是一个比赛的时代，不是大鱼吃小鱼，而是快鱼吃慢鱼。可以说，盈动的快速成长从一个侧面反映了网络时代速度的重要性。

（3）快速敏捷的反应

在整个收购活动中，盈动反应很快，一拨人在英国，一拨人在香港，随时了解收购过程的动态发展。如果出现问题半夜也会电话联络，这样盈动可以随时随地调整策略，始终保持主动。从 5 分钟内成功配售 10 亿美元到 48 小时内获得 130 亿美元贷款保证，从体察大东用意而设计最大限度套现方案到在最后一刻决定不再加价，都清楚地体现了盈动的反应和速度，表现了被集结在互联网公司的平台上，以互联网的速度进行决策的盈动的技术实力、融资能力、财技和判断力。事实证明：正是由于盈动实际的决策速度超过了新加坡电信公司，所以才有机会成功地独立收购。这是一种可怕的力量。新加坡电信不是败给了一个上市仅 10 个月的互联网公司，而是败给了有机地整合了互联网与传统商业智慧、技术能力和财技，融合了新、旧经济中最富于效率的巨人。

（4）拥有雄厚的人才和资源

在盈动公司，李泽楷处于决策人的地位。他的决策建立在广泛收集信息和充分调研的基础上，对整个市场把握很准，既果断又尊重科学，雷厉风行又不失稳妥。另外，盈动现时网罗了不少科技及财经界的人才。在如此次收购的几个关键人物中，集团副主席袁天凡是前香港联交所总裁，盈动董事总经理艾维朗是前香港电信管理局局长，PCC 总裁武清华是前"数码通"总裁。盈动最大的特点就是管理层的权力很大，使人才可以真正实现本身的价值。盈动吸引人才的最主要方法就是利用期权，在盈动的股权中有 5%～6%是管理人员的期权，盈动传奇使公司中的数人成为拥有价值上亿元期权的"打工皇帝"。这些人才是盈动的强大资本，是盈动赢得投资者追捧的魔力所在。

并购惊心动魄。2000 年 1 月 25 日，新加坡电信宣布正在协商香港电讯的并购事宜。消息在香港引起强烈反应，香港人并不情愿让外国国有企业控制香港的龙头电讯公司。在随后的几天内，新加坡电信、香港电讯、大东的股价及香港恒生指数均告下跌。

2 月，盈动宣布有意收购香港电讯，并且制定了收购香港电讯的方案，李泽楷决定参与收购。他随即数次飞往伦敦，又奔赴北京寻求支持，并在一批国际电信投资家中寻找合作伙伴。同时宣布聘请华宝德威及中银国际担任收购计划的财务顾问。2 月 11 日，大东决定推迟与新加坡电信洽谈的收购计划。这一天，"用脚投票"的资本市场表达了最积极的回应——香港电讯、大东、盈动的股价均发力上行，新加坡电信股价下跌。

2 月 11 日起盈动收购的准备工作迅速展开：在向大东进行公关活动的同时，2 月 15 日盈动透过 BNP 百富勤与中银国际配售 2.5 亿股旧股，每股 23.5 港元，盈动停牌前认购，最终配售额提高至 3.3 亿股，盈动因而集资 78.7 亿港元；在证券市场配股集资之余，2 月 22 日盈动成功地向中国银行、汇丰银行、巴黎国民银行及巴克莱银行组成的银团贷款 130 亿美元，至此，独立收购已不必再受财力所限。

盈动和新加坡电信都提交了收购香港电讯的建议书，大东董事局为此在 27 日开会讨论收购事宜。2 月 29 日大东正式接受盈动的收购建议并同意将所持股份转让给香港盈动集团。经过近 20 天的激烈交锋，盈动击败新加坡电信，以 381 亿美元的代价赢得这场收购战的胜利。

[问题]

请你对此案例进行点评。

案例分析

商场如战场，在没有硝烟的市场战争中，企业的竞争既是经济实力与赢利能力的较量，也是策略与时机把握的技术，更是时间与速度的争夺比赛。在日趋发达的市场经济中，竞争日益激烈，企业身处其中要时刻警醒，随时准备参与竞争，在竞争中求生存，在争夺中求发展。在竞购香港电讯的较量中，盈动决胜新加坡电信除了公司拥有大量人才、恰当选择并购卖点、善于资本运作外，最为重要而关键的就是其快速的反应，随时调整策略的主动出击。在飞速发展的现实社会中，在中国入世以来，市场经济趋于国际化的形势下，可预知中国企业未来面对的市场发展将更为快速而多变。如何应对、如何取胜，从盈动策略中可见一斑。

案例小结

收购、兼并是企业发展的重要途径和趋势；收购、兼并能推动产业发展；收购、兼并手段创新能够推动资本市场发展；资本市场为大规模收购兼并提供巨额的资金支持，盈动收购方案涉及现金超过 870 亿港元。可见一个刚刚借壳成功的公司没有资本市场的支持，盈动能否收购香港电讯不难想象。

本案例体现了盈动成功收购的原因等知识点，提高了学生关于收购兼并问题的综合决策能力。

第10章

公司重组、破产和清算

学习目标

通过本章案例的学习，掌握公司重组的概念，理解资产剥离、分立和股权出售的差别；掌握资产剥离和公司分立的主要原因，理解资产剥离的财务估价；理解财务危机的含义与财务危机的特征，了解财务危机形成的原因及过程；了解财务危机的征兆，掌握财务危机的预警模型与方法；理解破产的基本概念与企业重整的程序，掌握债务和解的方式与程序，理解破产清算的程序，掌握破产财产的分配。

理论概要

10.1 公司重组

1. 公司重组的概念

一般而言，公司重组是指公司为了实现其战略目标，对公司的资源进行重新组合和优化配置的活动。

2. 资产剥离

（1）资产剥离的概念

资产剥离是指公司将其拥有的某子公司、部门或固定资产等出售给其他的经济主体，以获得现金或有价证券的经济活动。

（2）资产剥离的财务估价

公司在进行资产剥离时，应对计划出售的子公司、部门或资产进行价值评估。

3. 公司分立

公司分立是公司收缩经营规模的一种重要方式。公司分立是指一个公司依法分成两个或两个以上公司的经济行为。公司分立有两种形式，即新设分立和派生分立。

4. 股权出售

股权出售是指公司将持有的子公司的股份出售给其他投资者。与资产剥离相比，资产剥离出售的是公司的资产或部门而非股份；而股权出售则是出售公司所持有的子公司的全部或部分股份。如果仅是出售部分股份，则公司将继续留在子公司所处的行业当中。

10.2　财务危机

1. 财务危机的含义

财务危机指的不是企业的经济失败，而是指企业的财务失败。财务危机也可称为财务困境或财务失败，是指企业由于现金流量不足，无力偿还到期债务，而被迫采取非常措施的一种状态。

2. 财务危机的征兆

（1）财务指标的征兆

企业在日常经营过程中，通过观察现金流量、存货、销售量、利润、应收账款、偿债能力等指标的变化，可以察觉到财务危机的苗头。

（2）会计报表的征兆

一般来说，会计报表能综合反映企业在特定时点的财务状况和一定时期内的经营成果和现金流量状况。因此，观察会计报表的相关数据和平衡关系，可以判断企业是否存在危机隐患，这主要是根据利润表和资产负债表来判断企业的财务状况。

（3）经营状况的征兆

经营状况有以下几个征兆：①盲目扩大企业规模；②企业信誉不断降低；③关联企业趋于倒闭；④产品市场竞争力不断减弱；⑤无法按时编制会计报表。

（4）其他方面的征兆

企业人员大幅度变动往往也是危机的征兆之一。企业信用等级降低、资本注销、企业主要领导人的反常行为、组织士气低落、注册会计师出具保留意见的审计报告等，也是企业财务危机发生的征兆。

3. 财务危机的预警

财务危机预警也称财务预警，是指根据企业经营状况和财务指标等因素的变化，对企业经营活动中存在的财务风险进行监测、诊断和报警的方法。

为了监测和预报财务危机，国内外学者运用不同的预测变量，采用各种数学工具和方法，建立了大量的财务预警方法和预警模型。主要的财务预警方法和模型有以下几种。

（1）定性分析法

定性分析法是指通过对企业的经济环境、经营状况和财务状况的判断与分析，预测企业发生财务危机的可能性。定性分析法主要从经济环境、经营状况和财务状况3个方面进行财务预警分析。

（2）单变量预警模型

单变量预警模型是指运用单一变数、个别财务比率来进行财务预警。

（3）多变量预警模型

为了克服单变量预警模型存在的缺陷，获得对财务危机更好的预测模型，发展了多变量财务危机预警模型。其中最广泛使用的是多元线性函数模型。

10.3 破 产 重 组

1. 企业破产的基本概念

（1）企业破产

企业破产是市场经济条件下的一种客观经济现象，是指企业在市场竞争中，由于各种原因不能清偿到期债务，通过重整、和解或者清算等法律程序，使债权债务关系依据重整计划或和解协议得以调整，或通过变卖债务人财产，使债权人公平受偿。

（2）破产界限

破产界限是指法院据以宣告债务人破产的法律标准，在国际上称为法律破产原因。破产界限应具备两个基本特征：第一，它必须是实际存在的事实状态；第二，它必须是符合法律规定的事实状态。

2. 破产程序

现代破产制度主要包括 3 个基本程序，即重整程序、和解程序与破产清算程序。

3. 企业重整

重整是一个完整的法律程序，根据《中华人民共和国企业破产法》（以下简称《破产法》）的规定，企业重整应当按如下程序进行：①重整申请；②重整计划的制订和批准；③重整计划的执行；④重整程序的终止。

4. 债务和解

债务和解也称债务重组，是指在债务人发生财务危机的情况下，债权人按照其与债务人达成的协议或法院的裁定做出让步，使债务人减轻债务负担，渡过难关，从而解决债务人债务问题的行为。

10.4 企 业 清 算

1. 企业清算的概念

企业清算是企业在终止过程中，为终结现存的各种经济关系，对企业的财产进行清查、估价和变现，清理债权和债务，分配剩余财产的行为。

2. 破产清算的程序

根据我国《破产法》的规定，企业破产清算的基本程序如下：①提出破产申请；②法院受理破产申请法；③指定破产管理人；④债券人申报债权；⑤召开债权人会议，选举债权人委员会；⑥法院宣告债务人破产；⑦处置破产财产；⑧分配破产财产；⑨终结破产程序。

3. 破产财产的界定

破产财产是指依法在破产宣告后，可依破产程序进行清算和分配的破产企业的全部财产。

4. 破产债权的界定与确认

破产债权可分为优先破产债权和普通破产债权。对破产人的特定财产享有担保权的权利人，对该特定财产享有优先受偿的权利，该部分债权为优先破产债权。

5. 破产费用和共益债务

破产费用是指在破产案件中，为破产债权人的共同利益而支出的费用。

共益债务是指在破产程序中为全体债权人共同利益所负担的各种债务的总称。

6. 破产财产的分配

根据《破产法》的规定，破产财产在优先清偿破产费用和共益债务后，依照下列顺序清偿：①破产人所欠职工的工资和医疗、伤残补助、抚恤费用，所欠的应当划入职工个人账户的基本养老保险、基本医疗保险费用，以及法律、行政法规规定应当支付给职工的补偿金；②破产人欠缴的除前项规定以外的社会保险费用和破产人所欠税款；③普通破产债权，在破产财产清偿时，前一顺序的债权得到全额偿还之前，后一顺序的债权不予清偿，破产财产不足以清偿同一顺序求偿权的，应当按照比例分配。

案 例 学 习

案例 10.1　资产与债务重组案例——郑百文重组分析

案例目标

本案例通过介绍郑百文重组历程，阐述了郑百文重组特点、重组策略的选择以及重组给企业带来的效益。同时，该案例还介绍了郑百文重组给企业带来的问题及重组后的整合行为。实践表明，重组后的整合比重组行为本身更加重要。

案例陈述

郑百文股份有限公司（以下简称郑百文）是以批发业为主营业务的商业类上市公司，其股权结构如表 10.1 所示。

表 10.1　郑百文股权结构表

类型	股数/万股	所占比例/%
国有股	2 887.786 9	14.62
法人股	160.505	31.18
流通股	16 709.92	54.20
股份总额	19 758.211 9	100.00

郑百文最大的股东是拥有占全部股本 14.62％的郑州市国资局，该国家股目前由郑州市国资局全资公司——郑州百文集团有限公司持有。其主营业务是以家电为主的文具百货批发业务，主要亏损是在家电批发业务。截至 2000 年 6 月 30 日，郑百文累计亏损 18.21 亿元，股东权益为－13.46 亿元，每股净资产－6.88 元，严重资不抵债。2000 年郑百文的经营基本处于停滞状态。

郑百文 1997 年、1998 年、1999 年和 2000 年 1～6 月的主要财务指标如表 10.2 所示。

表 10.2　郑百文主要财务指标　　　　　　　　　　　（单位：万元）

项目　　　　　年份	1997	1998	1999	2000.1～6 月
主营业务收入	767 784	335 501	130 776	32 914
主营业务成本	746 781	360 564	130 680	32 950
营业利润	5 088	－50 564	－96 460	－6 263
净利润	8 129	－50 241	－95 698	－6 068
资产总额	352 976	236 607	127 772	114 098
负债	312 146	23 053	254 819	247 534
所有者权益	39 265	4 375	－129 942	－1 360 471 987.06

1988 年 12 月，郑州市百货文化用品股份有限公司（作为股份制试点企业）向会公开发行股票 400 万元（20 000 股，每股 200 元）。1992 年 7 月更名为郑州百文股份有限公司（集团）。1993 年 2 月由国家体制改革委员会认定为"继续进行规范化的股份制试点企业"。1996 年 4 月在上海证券交易所公开上市（代号：600898，发行价格：2.50元）。1996 年 4 月经中国证监会批准上市时，郑百文公布的一些数字无不让人称奇。

1986～1996 年的 10 年间，其销售收入增长 45 倍，利润增长 36 倍；1996 年实现销售收入 41 亿元。按照郑百文公布的数字，1997 年其主营规模和资产收益率等指标在深沪上市的所有商业公司中均排序第一，成为国内上市企业 100 强之一。而且郑百文还是郑州市的第一家上市企业和河南省首家商业股票上市公司。这些数字和这些第一，使郑百文在当时的证券市场声名大噪，股价也从刚上市时的 6.50 元左右上涨至 1997年 5 月 12 日的 22.70 元。不仅如此，当时的郑百文还被塑造成为当地企业界耀眼的改革新星和率先建立现代企业制度的典型。

继 1997 年郑百文宣称每股赢利 0.448 元以后的第二年，郑百文在中国创下净亏 2.54 亿元的最高纪录。根据公司年报，1999 年郑百文一年亏损达 9.6 亿元，每股收益（摊薄）－4.843 5 元，再创深沪股市亏损之最，审计事务所出具的审计意见是"拒绝发表意见"。中国信达资产管理公司于 1999 年 12 月与中国建设银行签订债权转让协议，受让 193 558.4 万元的郑州百文债权。中国信达此次申请债权计人民币 213 021 万元。2000 年 2 月 23 日，郑百文临时股东大会通过决议，改聘天健会计师事务所为公司的审计机构。

2000 年 3 月，中国信达资产管理公司向郑州市中级人民法院申请郑百文破产还债，被法院驳回。

2000 年 6 月 7 日导 9 日，在公司出现如此重大的持续经营问题之后，郑百文在上交所的股票价格连续 3 天达到涨停，公司不得不于 2000 年 6 月 15 日发布示性公告，提醒投资者注意风险。但是股票继续涨停，鉴于以上原因，公司申请从 6 月 16 日至董事会关于资产重组的工作情况的报告公告之日（6 月 23 日之前），公司挂牌证券停牌。在这段时间，公司连续发布公告，提醒投资者公司已经严重亏损，并于 2000 年 8 月 21 日公布 2000 年中期报告，主要财务指标为每股收益（摊薄）－0.307 1 元，每股净资产－6.885 6 元，中报审计意见类型为拒绝表示意见。

郑百文是河南的一家上市公司，主要经营百货批发，在破产前，它做了一件轰轰烈烈的事，它跟建设银行、长虹集团搞了一个所谓的"铁三角"的交易，按照这个交易的安排，长虹向郑百文供货，然后建设银行付给长虹商业汇票。后来由于市场上电视机降价，长虹过去供给郑百文的那些电视机价格较高，卖不出去，导致郑百文大量的产品积压，它就不能正常地收回贷款，就没有现金流。没有现金流，建设银行就不能够兑现，兑现了汇票以后，它就拥有对郑百文的债权，就向郑百文讨债。郑百文无钱还，于是建设银行把这笔债权转给了信达，信达最后向郑州市中级人法院提出破产申请。在这种情况下，郑百文很可能会破产，破产后郑百文的价值是很低的，它没有房地产，只有一些库存产品，但郑百文有一块有价值的资产，就是它上市公司的壳，任何人都知道，上市公司这个壳资源是很有价值的。

2000 年 11 月 30 日公司公布董事会决议及召开临时股东大会的公告，公布公司资产、债务重组原则的议案如下。

1）信达向三联集团公司出售对公司的约 15 亿元的债权，三联集团公司支付 3 亿元人民币购买信达该约 15 亿元债权。

2）三联集团公司向信达购买上述债权后将全部豁免；但同时，公司全体股东，包括非流通股和流通股股东需将所持公司股份的约 50％过户给三联集团公司。

3）不同意将自己股份中的约 50％过户给三联的股东将由公司按公平价格回购，公平价格由下一次股东大会以《独立财务顾问报告》确定的价格为准。

另外，信达与公司签署协议，在本议案经公司股东大会通过之时，该公司将立即豁免对公司的债权 1.5 亿元。

该具体方案还包括郑州百文集团有限公司与公司进行一定的资产、债务承接，三联集团公司与公司进行一定的资产置换等事项。

到了 2001 年 02 月 22 日，郑百文召开股东大会，到会股东以压倒多数通过了 9 项议案。议案内容涉及《关于重组方案的议案》、《关于股东采取默示同意和明示反对的意思表达方式的议案》、《关于授权董事会办理股东股份变动手续的议案》等内容，同意重组的股东将把 50％股份过户给三联集团公司，不同意参加重组的股东将由公司按独立财务顾问所确定的公平价值流通股 1.84 元/股，法人股 0.18 元/股回购其股份。而在当时，上海证券中央登记结算公司对于类似本次重组的"非交易过户"目前没有明确规定。公司当时并没有得到上海证券中央登记结算公司同意进行股份变动的表示。

2001 年 1 月 21 日，《财部关于郑百文资产与债务重组中有关会计处理问题的复函》

中规定，中国信达资产管理公司豁免郑百文 1.5 亿元的债务不能以重组利润记入该公司 2000 年利润表，郑百文扭亏为盈，避免被 PT 的捷径已被堵死。

3 月 12 日，公司再次公布重组工作进展的公告，公告称，本次公司重组所涉及的股份回购注销和要约收购的豁免，公司和三联集团公司已经向中国证监会提出了申请，尚未得到批准。3 月 20 日起，董事会开始代股东办理股份变动手续。对明示反对重组方案、不接受公平价值的股东股份也做出相应处理。重组操作中可能出现下述情况：部分股东明示表示既不同意过户 50％股份，又不接受公平价值注销股份，这部分股东尽管可能同意重组，但由于其不同意重组方案，却又希望不公平享受重组带来的全部利益，而不承担任何风险和重组成本，从而损害绝大多数股东利益。故对于这部分股东按反对重组方案的情况处理，通知其接受公平价值，并且由董事会向上海证券中央登记结算公司申请注销这部分股东所持股份。

重组中，郑州百文集团有限公司将所持 50％公司股份过户给三联集团公司，已经得到了郑州市国有资产管理局的批准，现正在向河南省财厅办理报批手续。待河南省财厅批准之后，再向财部报批。

2001 年 3 月 20 日，该公司发布公告其股东就重组所涉及的股份变动进行选择的结果。除 39 名股东（代表股份 111 862 股）将被公司按公平价值回购其股份，并予注销之外，其余股东均被视为以默示同意的方式同意参加本次重组，并将自己所持的 50％股份过户给三联集团公司。

根据《郑州百文股份有限公司（集团）董事会关于重组所涉及的股份变动程序的公告》，3 月 19 日为公司接受《股东声明》的截止日。截至 3 月 19 日 24 时，公司收到股东就本次重组发来的信件、传真、电报 67 件，具体情况如下：32 名股东（代表股份 79 862 股）被视为同意回购的股东，公司将按公平价值回购其股份，并予注销；7 名股东（代表 32 000 股）提交了《股东声明》，但其意思表达方式不明确，被视为不参加公司本次重组，公司将按公平价值回购其股份，并予注销；公司收到的《股东声明》中有 15 份缺少证明股东身份的重要必备文件，被视为未曾提交，将被视为以默示的方式同意参加重组，将其所持 50％股份过户给三联集团公司。除上述股东外，其余股东均以默示的方式进行了意思表示。以上结果为公司董事会的统计结果，公司将请律师审查及公证机关予以公证。

2001 年 3 月 18 日公司公布 2000 年年报。根据年报，公司 2000 年年度主要财务指标如下：每股收益（摊薄）——0.238 1 元；每股净资产——6.755 7 元；审计意见类型为拒绝表示意见。2001 年 03 月 23 日上海证券交易所发布决定：郑百文已经出现连续 3 年的亏损状况，实行 PT，并根据 2 月 22 日中国证监会发布的《亏损上市公司暂停上市和中止上市实施办法》，决定从本月 26 日起暂停郑州百文股份有限公司股票上市。这是第一只按此法规暂停上市的股票。

重组方案各方的目的：就个案来说，郑百文的重组案例虽然在现行的法律法规下存在很多漏洞和问题，但其无疑是的一种趋利的市场行为，对于涉及的各方来说，必定有其各自的利益所在。

1）对信达而言，重组使它有望收回 6 亿元债权，其中包括从三联集团收回 3 亿元资金，从郑州市得到对 3 亿元债权的有效担保。

2）对三联集团来说，成功借壳上市，轻取大股东地位，并廉价取得其他大股东难以得到的约 5 000 万流通股，还频繁在各大媒体露脸，网上有人说"据某种算法"，广告效益达"上亿元人民币以上"。

3）对地方来说，可避免面对所辖企业破产、开中国上市公司破产之先之窘境；对股东来说，股票缩水一半总比企业破产而导致颗粒无收强得多，从这一层面上讲，重组绝对强于破产。

郑百文重组具有如下特点。

1）以债权人为主导、庭外协议式的资产与债务重组，其处置策略的特点如下：以债权人为主导，利益相关方按照交易原则谈判达成重组协议；而非以政府为主导，用行政手段进行的重组。按照平等交易的原则，利益相关方的利益得到平衡。银行不良资产的处置与企业重组结合进行，提高了银行不良资产的回收率，采用的是庭外协议式重组。

2）郑百文债权债务关系的特点：债权人集中，信达资产管理公司（以下简称信达公司）拥有的债权额共计 20.76 亿元（本金加利息）。交通、工商、广东发展等 3 家银行债权合计 5 164 万元，以及另有其他零星债权。信达资产管理公司占债权总额 90%。债权数量大，信达公司的债权达 20.76 亿元，而且是无担保信用贷款。严重资不抵债，2000 年 6 月，资不抵债 13.6 亿元。资产质量很差，2000 年 6 月，总资产 11.4 亿元，资产包括有房屋、土地等少量不动产、长期投资和几个规模不大的继续经营的分公司，以及家电批发业务的大量应收账款。据天健会计师事务所评估，郑百文若在 1999 年底进行清算，其资产全部用来抵债也只能偿还 3.99 亿元，这还不算不可预见费用。2000年以来，随着时间的拖延，郑百文的清算价值日益减少。

3）可供最大债权人信达公司选择的不良资产处置策略。按通常情况，资不抵债如此严重，主要经营业务已停止，无还款能力的企业只有破产清算。据测算，若郑百文破产清算，在安置郑百文职工，偿还有担保贷款等，信达公司 20 亿债权能够回收的资金只有数千万元。

引入战略投资人注资，对郑百文进行资产与债务重组，提高其偿债能力，这是曾经想采用的策略。但是，经过对郑百文的尽职调查和与境内外有意向投资商业批发业的投资人联系后，这一途径也不可能。由于郑百文资产质量太差，作为商业批发企业，既没有配送中心和配送网络，也缺乏仓库、运输工具等设施，而管理人员、业务人员素质极低，即使债权人给予债务减免等优惠条件，战略投资人也不愿接这个烂摊子。

郑百文最重要的资源只能是上市公司的壳资源了，但是市场上"壳"的价格不过数 2 000～3 000 万元，简单的卖壳也值不了多少钱。

4）信达公司的外包商——中和应泰管理顾问公司设计了"债权人出卖债权，股东和债权人和解，战略投资人买壳上市，郑百文资产与债务重组方案"。

剥离郑百文全部的资产 11 亿元和人员到母公司（郑百文集团有限公司），由母公司承担对信达的部分债务 5 亿多元和其他债权人的债务 1 亿多元，母公司负责偿还信达公司 3 亿和其他债权人的债务，信达公司豁免其余 2 亿多元债务。战略投资人（三联集团）以 3 亿元购买信达公司留在郑百文上市公司的 15 亿债权。三联集团成为郑百文上市公司的债权人。

5）重组方案是按照市场原则进行的，即重组中利益相关方的和解是符合公平交易原则的。

三联集团以 3 亿元购买信达公司 15 亿元债权，并向郑百文注入 2.5 亿元优质资产，此外，还要向百文集团支付 3 000 万元托管费。三联集团的收益是获得郑百文 50％的股权，其中，法人股 4 500 万股，流通股 5 350 万股。法人股按 1 元 1 股计算，流通股按 13.74 元/股计算（这个价格与 2000 年沪深两市 63 家商业流通股的平均市价 13.79元相近），两者合计与三联集团支付的 7.5 亿元接近。因此，三联集团是以公平的价格购买信达公司的 15 亿债权，而信达公司出售债权的价格也只能是这个水平，不能再高了。

剥离到郑百文母公司的信达公司的债权 5 亿元，剥离到母公司的上市公司的资产 11 亿元，而实际有效资产约 5 亿元，同时母公司还承担其他债权人的债务。因此，母公司偿还信达公司 3 亿债务，信达公司豁免其余的 2 亿债权（3 亿债权分 3 年偿还，并提供优质资产担保），双方都认为这是合理的和解方案。

上市公司郑百文的新债权人三联集团豁免其购得的 15 亿债权，并注资 2.5 亿，以此为对价，上市公司全体股东以 50％的股权过户给三联集团。因三联集团用约 7.8 亿元（3亿元支付给信达公司购买 15 亿债权；注入 2.5 亿优质资产，按其当年税后利润为 3 000万元计，2.5 亿优质资产的市价值 4.5 亿元；还支付给郑百文的母公司托管费 3 000 万元）的代价获得 50％股权，其价格相当法人股 1 元 1 股，流通股 13.74 元 1 股，这两种价格都是与市场价相当的。因此，三联集团与郑百文股东的和解也是公平的。

6）重组方案的效果。信达公司实现了债权的最大限度回收，即收回 6 个亿，而破产清算只能收回 3 000 万元。

信达公司在较短时间内收回 6 亿，6 个亿分 3 年回收，并且都有抵押物和质押物做保证，既不用派人参加重组企业的管理，也不承担重组后企业的风险。

对社会和证券市场发挥了积极作用，既避免股东因破产清算而颗粒无收，又使其都分摊了重组成本，从而增强了投资风险意识。

7）郑百文重组是在现行法律框架内进行的，不违法。为使郑百文重组能在现行的法律框架内可行，中和应泰公司邀请国内的法律专家进行反复探讨和多次设计，并经监管部门反复审核是否合法或不违法，为此，历时半年之久。涉及的法律问题主要是两方面。第一，股东大会能否对股东的股权处置做出决定？股东大会不能对股东的股权处置做决定，但可以对公司的重组做出决定。公司法允许股东大会就公司的分立、合并、增资、减资乃至公司本身的终止、消灭都可以做出决定。因此，公司的债务重组也应属股东大会的权限。增资、减资、分立、合并、重整等都会影响股东的利益。

正是在这种情况下，《公司法》第 111 条规定，股东大会侵犯了股东的利益，任何一个股东都可以上法院去告，请求法院撤销股东大会决议。在法院没有撤销股东大会决议前，股东大会的决议是合法的。第二，关于"默示原则"。股权属于私权，故股权的转让应征得股东的同意，为此，在股东大会通过重组决议后，决定采取意思表示的方式征求每个股东的意见，同意的股东用默示的意思表示。关于采用"默示原则"，法律专家认为，适合《合同法》的规定解释在公司重组问题上的"默示原则"不一定合适。但为了保障股东之权益，对股东大会做出后的实施措施，可以由股东采取默示的方法表示同意，并不为法律所禁止。在郑百文这一特例中，运用默示原则，对股东的权利的救济措施基本得当，即股东可以在股东大会表示自己的意见；可以对收购价格表示异议，或提交法院诉讼解决。如果拒绝接受股东大会决议，可根据"公司法"第 111 条规定，向人民法院提出诉讼等。

8）重组遇到法律障碍。我国的《公司法》、《破产法》均无有关重组或重整的法律条款，而现有的法律条款往往为重组设置障碍。《公司法》、《中华人民共和国证券法》规定了发行新股需要上市公司 3 年连续盈利。当郑百文重组采取债转股处置方式，监管部门认为债转股与发新股类同，而郑百文严重亏损，不符合发新股的条件，因而重组方案就不能运用债转股的处置策略。

我国缺乏重整法，所以郑百文的债权人与股东以及战略投资人等利益相关方达成的重组，在股东会获得通过后，仍然不能执行，还要通过意思表示的方式取得每个股东的意见，并且还要经过法院确认等。

［问题］

1）结合本案例，说明郑百文重组给你的启示。

2）结合本案例，试述推进企业并购与重组的意义。

案例分析

1）郑百文重组的几点启示。

① 破产与重整。一个严重资不抵债的企业是破产清算还是重整？当新华通讯社揭发郑百文高层管理人员作假募集资金、企业巨额亏损、濒临破产，激起了人们的愤怒，强烈要求郑百文破产，以示惩罚，并显示证券市场的警示作用。

监管部门对郑百文管理层的造假违法行为做出了进行查处的决定，根据查处的情况进行行政的和司法的处理，这是对责任人的惩罚。至于郑百文破产与否，这应该由利益相关方自主决定，利益相关方为了最大限度地减少损失，选择了和解重整，政府不能干预。

从国际经验看，资不抵债企业采取重整的途径受到各国的普遍重视，因为重整可以避免公司破产清算可能造成的社会动荡，并降低破产清算的社会成本。

② 损失共担与公平。"损失共担"是国际上陷入困境企业自救和债务重组通行的原则。郑百文重组遵循了市场原则，采取重组利益相关方共同承担重组成本的方式。

有人认为，郑百文造假上市与巨额亏损是控股股东及其委托人——上市公司管理层造成的，流通股股东没有责任，不应分摊重组成本。事实是，郑百文不同于 ST 猴王，并不存在大控股股东操纵和损害上市公司利益问题，郑百文管理层缺乏来自股东和董事会的监督，存在着内部人控制问题。高层管理人员中的主要负责人盲目追求扩大经营业务，而管理又极其混乱，导致了巨额亏损。作假募集资金和经营亏损的责任在管理层的主要负责人，而非大股东，大股东、中小股东和债权人都同样受其之害。在和解重整中，大股东和中小股东以及债权人共同承担债务重组成本是公平的。

③ 合理与合法。郑百文重组方案的合理性获得了普遍认同，有人说，重组方案做到了符合各利益相关方的根本利益，能使债权人、投资者的利益得到最大化，损失降到最低程度，避免了因公司破产给社会带来的不稳定因素。有人说，重组方案体现的"损失共担"原则，以及引入战略投资人并通过战略投资者的再注资重整企业，增强企业赢利和偿债能力，这些都是国际通行的债务重组原则。还有人说，郑百文市场化重组为濒临破产的上市公司走出困境提供样本。但是，一个合理的重组方案，其实施却面临巨大困难，主要困难是我国法律体系的不完善，我国的《公司法》、《破产法》缺乏有关《企业重整》的法律规定。

我国的《破产法》、《公司法》都缺乏有关重整制度的规定；在成立金融资产管理公司专门处置银行不良资产时，也未能为债务重组提供相关的法律依据。正是由于立法的滞后，使得郑百文重组方案，不能通过正当的法律程序获得法律效力。郑百文重组方案实施既没有可依据的法律，但又不能违背现有的法律框架，不经股东同意处置股东的股份（虽然它已经空壳化）。因此，不得不采取"明示反对"和"默示同意"的方式征求股东的意思表示，并请求法院对这一特殊案例中运用默示原则的有效性进行裁决。这种设计是借鉴国际经验，在企业重整中引入公权力介入的一种探索，同时也考虑到法院的介入可以防止滥用默示原则侵犯股东权益的现象出现。

一个合理的并符合国际上债务重组原则的重组方案，在我国实施，既缺乏可供依据的法律，并且还遇到重重法律障碍，这是郑百文重组引起热烈争论和广泛关注的重要因素。有人说，郑百文重组提出的法律问题，已大大超过郑百文重组成败本身，值得深入探讨；法律界人士呼吁：合情合理的重组应尽快为之提供法律支撑，趁《公司法》、《破产法》修改之际，确立可操作的重整制度已是刻不容缓。

此外，在证券市场规则、国有股转让的管理等方面也需要调整以支持上市公司的重组。

④ 支持探索，推进制度建设。郑百文重组企图运用市场经济的原则，引进市场经济中债务重组的规则和做法，但是，由于我国市场环境不完善，尤其是市场经济的法律体系不完善，使重组遇到了重重困难。

对于一个为探索我国按市场原则进行资产与债务重组的案例，其意义不只是在个案本身，而在于通过个案的探索和试点，将推动我国上市公司重整制度及其相关的法律、市场规则的有关制度和规则的建立和完善。据了解，财政部为促进以上问题的解决，已经立项组织研究，以推动企业的资产与债务重组工作。

2）推进企业并购与重组具有十分重要的意义。国有经济的战略性改组、调整经济结构，以及改善上市公司质量、夯实证券市场的微观基础等，企业并购与重组是实现以上目的重要手段和重要途径。

我国加入 WTO 后，以上各项任务更为迫切，我国的企业，包括民营企业，都需要通过结构调整，提高核心竞争力：或通过重组整合，扩大规模，提高规模效益；或通过引入战略投资人，引进技术，引进资金，加快技术结构和产品结构的调整，提高产品的竞争力；或引入外资和非国有资本，调整股权结构，实现产权主体多元化，为完善企业治理结构创造条件等。由此可见，企业并购与资产重组是摆在人们面前一项十分迫切的、意义深远的任务。

案例小结

企业并购和资产重组的迅速发展有其重要的历史背景，即经济结构的调整、国有经济的战略性重组，以及国有企业改革的深化。国有企业改革和经济结构调整推动着上市公司的并购和资产重组，反之，企业并购和资产重组是实现经济结构调整的重要手段和途径。这也是世界经济发展的普遍规律，国际上企业资产重组与兼并浪潮的出现，都与当时企业产品结构和产业结构的调整相联系。

本案例体现了债务重组的特点，重组战略选择的知识点，增强了学生关于债务重组问题的认知能力。

案例 10.2　传媒资本重组案例——华闻传媒重组全程再现

案例目标

本案例通过介绍华闻传媒重组全程，使学生了解华闻传媒资本运作的组特点、策略的选择以及给企业带来的效益。

案例陈述

公司通过在证券市场购买上市公司大股东所持股权，实现对该上市公司的控制，进而将自己名下的资产与上市公司的资产进行置换，从而达到上市的目的。这在中国股票市场上是常见的模式。中国华闻投资控股有限公司（以下简称华闻控股）对上市公司海口管道燃气股份有限公司（以下简称燃气股份）的控制及资产置换，就是采用这一模式的成功案例。

（1）相关公司介绍

华闻控股是 1986 年 4 月 17 日在国家工商局注册成立的有限责任公司，注册资本 398 000 000 元，法定代表人为朱新民，注册地址为北京市朝阳区，主营范围为实业投资、组织文化交流、信息咨询及服务等，主要股东为人民日报社（持有 94.97％股权）。

上海新华闻投资有限公司（以下简称新华闻）是 2001 年 1 月 17 日在上海市工商局注册成立的有限责任公司，注册资本 500 000 000 元，法定代表人为谷嘉旺，注册地址为上海市浦东新区，主营范围为实业投资、资产经营及管理、国内贸易等，股东为华闻控股（持有 50％股权）和广联（南宁）投资股份有限公司（以下简称广联投资，持有 50% 的股权）。

新华闻是华闻控股所属专业化的资产管理平台之一，目前主要的投资领域包括金融、媒体、基础设施建设、高科技和纸业领域。其中在媒体领域，该公司控股证券时报有限公司，该报社拥有跨媒体的运作平台，全套运营策略新颖独特，是中国报业的发展方向，在市场和社会上都有良好的声誉。该公司在金融、媒体和基础设施三大主导产业中建立起强大的专业化队伍，为公司的经营奠定了坚实的基础。2004 年末，该公司总资产达到 82.24 亿元。

华闻传媒投资股份有限公司（以下简称华闻传媒），其前身是燃气股份，主营液化气、煤气专用设备、仪器、仪表、燃气管道的设计、安装、施工。燃气股份的大股东海口市燃气管理总公司（以下简称燃管总），代表海口市政府对燃气股份控股。

（2）上市公司燃气股份情况

燃气股份原名为海南石化煤气股份有限公司，是经海南省股份制试点领导小组办公室琼股办字［1992］27 号文批准，在对原海南石化煤气公司进行整体改组的基础上，由海南省石油化工工业总公司、海南华银国际信手托投资公司、海口海甸房地产开发总公司、海南新远实业公司、海南立森实业有限公司 5 家作为发起人，另有部分法人股东和内部职工股东加入，以募集方式设立的股份制公司。股本总额为 36 674 257 元。其中发起人持股为海南省石油化工工业总公司 5 334 851 元、海南华银国际信托投资公司 7 468 792 元、海口海甸房地产开发总公司 8 002 277 元、海南新远实业公司 3 200 911 元、海南立森实业有限公司 2 667 426 元。

1993 年根据海南省股份试点领导小组办公室琼股办字［1993］35 号文批准，本公司进行增资扩股，同意新增股份 12 500 万股。其中海口市煤气管理总公司以土地使用权折 6 000 万元入股。公司注册资金增到 154 010 257 元。

1997 年 4 月 7 日，经公司第五次股东大会决议同意公司股本按同比例缩股，并特别授权董事会制定具体的缩股方案。1997 年 4 月 18 日董事会通过决议，并经海南省证券管理办公室琼证办［1997］86 号文批复同意，批准公司股本按 1∶0.5 同比例缩股，缩股后总股本变为 77 005 129 股。截至 1997 年 3 月 31 日，公司总资产为 359 651 570 元，净资产为 212 213 385 元。

1997 年 7 月 14 日，公司公开发行 5 000 万社会公众股，每股发行价 5.74 元，共募集资金 277 534 000 元（其中发行费用共 9 466 000 元）。发行后股本总额为 127 005 129 元。公司股票于 1997 年 7 月 29 日在深圳证券交易所上市流通，股票交易代码 000793，股票简称燃气股份。

公司从事城市能源供应和基础设施建设，在液化石油气化站建设及经营，城市燃气管理设计及施工等方面占有绝对优势，在承建气化混气站、城市燃气管道施工和管道燃气供应方面占据了海南省绝大部分市场。上市以来，公司一直保持着小盘绩优股的良好形象。

1997～1999 年的主要财务指标如表 10.3 所示。

表 10.3　1997～1999 年公司主要财务指标

项目 ＼ 年份	1997	1998	1999
货币资金/元	155 856 000	90 705 000	94 603 000
短期借款/元	44 000 000	48 000 000	67 600 000
长期借款/元	68 979 000	93 975 000	148 975 000
负债合计/元	127 277 000	183 555 000	386 681 000
股东权益/元	531 236 000	592 915 000	653 601 000
总资产/元	658 513 000	776 470 000	1 040 282 000
主营收入/元	105 760 000	246 940 000	173 306 000
主营成本/元	65 806 000	157 427 000	119 757 000
净利润/元	53 582 000	61 889 000	45 887 000
未分配利润/元	45 545 000	72 724 000	93 795 000
总股数	127 005 000	254 010 000	254 010 000
每股收益/元	0.42	0.24	0.18

公司收入额不高，但相对比较稳定，毛利率也保持在 30%～37% 的水平，每年有几千万元的净利润，能为股东带来稳定的收益，具有较好的安全边际。

但公司现金状况不是太好，1997 年现金净流出 6 000 多万元，主要是公司收入水平不高，造血功能比较欠缺。公司负债率水平很低，3 年分别为 19%、24%、37%。总体上看，公司是一个稳健的公益事业类上市公司，财务指标健康，没有不良担保，是一个很好的壳资源。

（3）华闻控股的进入过程

华闻控股进入燃气股份可分为以下几个阶段。

1）中国华闻事业发展总公司（华闻控股的前身）于 2000 年 4 月 8 日分别与燃气股份之法人股东南宁管道燃气有限责任公司、深圳市普众投资发展有限公司、上海万胜兴资产投资有限公司、海南赛格燃气有限公司、北京科信兴业商贸有限公司、海南兴地实业投资有限公司、深圳市北融投资发展有限公司等 7 家股东签署股权转让基础协议。华闻公司受让上述 7 家公司持有燃气股份的全部法人股。股权转让成功后，华闻公司将持有燃气股份之法人股 65 021 982 股，占燃气股份总股本 254 010 258 股的 25.60%，持股比例将高于现燃气股份最大股东海口市煤气管理总公司的持股比例，成为燃气股份的最大股东。

2）由于南宁管道燃气有限责任公司在本次股权转让以前，已与另一公司签订股权转让协议，致使其持有的 25 500 000 股存在不确定性。经华闻控股申请而被诉讼保全。

3）2001 年 6 月，华闻控股将所持 32 021 982 股公司股票转让给子公司新华闻。同月，公司另一法人股东广联投资将所持 24 650 000 股公司股票也转让给新华闻。转让完成后，新华闻共持有公司股票 56 671 982 股，从而成为公司第一大股东，实现对公司的控制。

4) 2004 年 12 月 14 日，公司法人股东将所持 4 242 万股公司股票转让给新华闻，使其持股数达到 17 246 万股，占公司股本总额的 25.36%。

5) 经过分红送股，2006 年底，新华闻共持有公司股票 552 357 140 股，占 40.61%。2007 年，新华闻及其关联方向首都机场集团公司转让所持有的公司股份共计 27 617.86 万股。至此，新华闻和首都机场集团公司各持有公司股票 23.62%，并列第一大股东。

（4）华闻的资本运作

从上面的股权转让过程可以看出，新华闻 2000 年开始过入燃气股份，2001 年取得控股地位。新华闻控股燃气股份后，保持了其原有的经营业务，只是增加了铝锭和橡胶贸易业务，从而增加了公司的销售收入。这主要是由于 2001 年开始，中国股票市场出现了连续的大幅下跌，在此阶段进行资本运作不利于股东利益，市场上的资本运作活动也降至历史低点。2005 年，随着中国股票市场上最大的股权分置问题的成功解决，股票市场重新恢复活跃，股价开始大幅上涨。

燃气股份于 2006 年 2 月成功实施了股权分置改革，从而实现了股份的全流通。经过几年的送配股，公司也从上市之初只有 1.2 亿总股本的小盘股成长到了拥有 13 亿总股本的中型上市公司，但公司主营业务还停留在海南的燃气和液化气，主营收入也没有大的增长，不利于股东权益的进一步增长。于是，公司开始了资产重组。

1) 2006 年 7 月 6 日，公司与华闻控股签订《股权转让协议》，公司购买华闻控股拥持的陕西华商传媒集团有限责任公司（以下简称华商传媒）30% 的股权，交易价格为 22 000 万元。华商传媒注册资金 8 000 万元，有独家代理《华商报》、《新文化报》等媒体的广告、发行、印刷业务的权利。此前，"华闻控股"拥有其 61.25% 的股权。华商传媒 2005 年净资产 38 482 万元，本资购买溢价 90.57%。此交易于 2006 年 8 月 29 日经公司第二次临时股东大会表决通过。

2) 2006 年 8 月 18 日，公司第四届董事会临时会议审议通过出售持有的中泰信托投资有限责任公司 9.99% 股权，交易价格 7 065 万元。此笔股权于 2001 年以 5 160 万元获得，此次交易使公司获 1 905 万元投资收益。

3) 2006 年 8 月 29 日，公司与第一大股东新华闻签订《股权转让协议》，出售公司持有的黄山长江微杭高速公路有限责任公司（以下简称微杭高速）60% 的股权，交易价格 68 029 万元。交易价格按其 2005 年度未经审计的净资产为依据。公司该笔投资于 2000 年以 64 800 万元获得，2000～2005 年共取得贴补收入 32 000 万元。此交易于 2006 年 9 月 20 日经公司第三次临时股东大会表决通过。

4) 2006 年 8 月 29 日，公司与第一大股东新华闻的下属公司深圳新华闻财经传媒有限公司签订《股权转让协议》，购买其持有的深圳证券时报传媒有限公司（以下简称时报传媒）84% 的股权，交易价格 8 400 万元，同时，公司向时报传媒提供 39 000 万元的专项资金，用于偿还其为了获得《证券时报》有关经营业务而支付履约保证金所形成的对新华闻财经的负债。此交易于 2006 年 9 月 20 日经公司第三次临时股东大会表决通过。

5）2006 年 10 日 25 日召开的 2006 年第四次临时股东大会审议通过了《关于变更公司名称的提案》，将公司名称变更为"华闻传媒投资股份有限公司"。公司证券简称由"燃气股份"变更为"华闻传媒"，公司证券代码 000793 不变。

至此，公司资产重组告一段落。

[问题]

运用你所学的知识，试分析华闻传媒资本运作。

███ 案例分析

华闻控股的媒体资产上市有一定的时代背景，中国证券市场股权分置改革完成后，整个市场资本运作空前活跃。媒体业也不例外，解放日报集团借华联超市实现上市，博瑞传播、赛迪传媒、电广传媒等媒体类上市公司也先后表示将进行资产注入。此时，华闻控股将其媒体资产注入上市公司，明显卖了个好价格，华商传媒溢价 90% 以上成交。从二级市场上看，华闻传媒股价从 2006 年 2 月股改后的 2.7 元上涨到 2006 年底的 9 元以上，一年内实现翻两番，大股东和流通股实现了多赢。

（1）新华闻选择买壳上市的原因分析

1）公司 IPO，有 3 年赢利的限制；要聘请律师事务所、会计师事务所、证券承销商等中介机构，费用较高；公司要进行股改，信息要公开；审批程序复杂。买壳上市限制条件较少，时间短，成本低。

2）原来的燃气股份属于小盘绩优股，有再融资资格，买壳上市后，能方便地实现再融资。

3）华闻控股和燃管总公司大股东都属于国有控股，上市公司股权的转让属于国有企业之间的流动，没有国有资产流失的担忧。

4）原有股东持股比较集中，能快捷地达成股权转让协议。

5）公司业务比较稳定，但也没有太大的发展前景，原有股东有转让的意愿。

（2）新华闻的资金流分析

1）2000 年受让 32 021 982 股，每股转让价 2.48 元；2001 年受让 24 650 000 股，每股转让价 3.54 元。两次共付款 1.67 亿元，2001 年度燃气股份每股净资产 3.85 元，总资产 19.95 亿元，股东权益总额 11.45 亿元，新华闻以较低的价格实现了对上市公司的控股。

2）2004 年再次受让其他法人股转让 4 242 万股，转让价格每股 2.69 元，付款 1.14 亿股。

3）资产重组过程资金流。受让微杭高速应支付受让款 68 029 万元。转让传媒资产应获得转让款 69 400 万元。

几笔股权转让，新华闻公司有资金的流出，实现了媒体类资产与上市公司的高速公路资产进行了置换，高速公司具有稳定的收益，而且公司媒体资产是以溢价转让的，而受让的高速公司是按资净产转让。

4）2003 年以每股 11.59 元进行一次再融资配股，共获配资金 5.65 亿元。

5）新华闻 2001 年获现金分红 567 万元，2003 年获现金分红 397 万元，2004 年获现金分红 467 万元。3 次共获现金红利 1 431 万元。2006 年底,"华闻传媒"总资产已达 34.05 亿元,股东权益 20.25 亿元,每股净资产 1.48 元,"新华闻"共持股 552 357 140 股,权益合计 8.17 亿元,与 2.81 亿元的股权受让款相比,实现了股权的大幅度增值。

（3）原大股东燃管总现金流分析

1999 年 3 月 31 日,燃气股份上市之初,公司总资产 3.60 亿元,股东权益 2.12 亿元,燃管总持股比例 36.56%,权益为 0.78 亿元。

1）1997 年以 5.74 元每股发行 5 000 万股,共募集资金 2.78 亿元。

2）1999 年每 10 股本 3 股,配股价每股 11 元,配股再融资 4.11 亿元。

3）2001 年公司获现金分红 273 万元、2003 年获现金分红 170 万元、2004 年获现金分红 146 万元。3 次共获现金红利 589 万元。

4）2001 年 9 月,燃管总将所持 3 000 万股燃气股份转让给北京华光泰公司,每股转让价 3.54 元,共获转让款 1.06 亿元。2006 年底,燃管总还持有华闻传媒股票 4 959 万股,股东权益 7 339 万元,基本与上市之初持平。但公司通过股权转让和现金分红已获得 1.12 亿元的收益。公司原持有燃气股份 2 815 万股,目前持有华闻传媒 4 959 万股,仍能够获得上市公司的股权投资收益,只是公司从台前转向了幕后。

（4）公众投资者

公司通过一系列的资本运作,使投资者看到了公司向传媒类上市公司转型的希望,增加了公司未来的不确定性,同时,更增加了投资者对其未来赢利能力的看好。二级市场上吸引的不只是散户投资者的注意,更吸引了机构投资者的目光,其股价从 2006 年初的 2.8 元,一路上涨到 2007 年的最高 16 元,流通股股东也从其资本运作中获得巨大收益。

■ 案例小结

华闻控股对华闻传媒的资本运作之路还没结束,2007 年,新华闻更是将其持股的一半转让给了首都机场集团公司,使其成为公司并列第一大股东,目的就是将首都机场集团下属的机场传媒类资产再引入上市公司华闻传媒。依托人民日报社和首都机场集团的强大背景,使华闻传媒成为传媒类股票的领先者。华闻控股对燃气股份的买壳、资产注入、业务重组流程,是我国资本市场上典型的案例。

本案例可以说实现了原大股东、新股东、流通股东、政府主管部门的多赢局面,是一个成功的案例。

案例 10.3　重组失败案例——浙江凤凰重组失败

■ 案例目标

1994 年浙江康恩贝集团受让浙江凤凰部分国家股,成为浙江凤凰的最大股东。1995 年和 1996 年,浙江凤凰分两次协议收购康恩贝集团控股子公司浙江康恩贝制药有限公司的全部股权。然而,时隔一年,康凤重组即宣告失败,其中原因耐人寻味。

案例陈述

（1）康恩贝-浙江凤凰重组过程

1994 年 6 月 4 日，浙江省兰溪市财政局将其持有的浙江凤凰部分国家股转让给康恩贝集团股份有限公司（以下简称康恩贝），康恩贝成为浙江凤凰的最大股东。

1995 年 12 月 26 日，浙江凤凰协议收购康恩贝控股子公司浙江康恩贝制药有限公司 95％的股权。

1996 年 5 月 31 日，浙江凤凰再行收购剩下的 5％的股权，使康恩贝制药有限公司成为其全资子公司。

1996 年 9 月 30 日，浙江凤凰股东大会通过了《浙江凤凰与康恩贝集团合并方案》及《合并协议》的决议，因该决议违反了中国证监会的有关规定，合并活动被责令停止。

1997 年 11 月 3 日，中国华源集团有限公司（以下简称华源）和浙江交联电缆有限公司（以下简称交电）共同受让康恩贝所持有的浙江凤凰化工股份有限公司社会法人股，华源占 29.09％，交电占 12％。至此，康恩贝-浙江凤凰资产重组宣告失败。

（2）康恩贝-浙江凤凰资产重组失败分析

1995 年重组后的浙江凤凰创下每股收益 0.31 元的佳绩。但由于注入的资产——康恩贝制药有限公司赢利能力下降，浙江凤凰原先的不良资产迅速发生作用，结果产生了巨大的亏损，1996 年每股收益为－0.61 元。

康凤重组事件失败的原因主要是对政策缺乏了解。在重组的 3 年中，虽然浙江凤凰业绩有所改善，但始终与新的配股要求"差一拍"，因而未能恢复配股资格。对日化、化工商品的市场风险认识不足，缺乏抵御跨行业经营的风险。康恩贝的实力不足。在资产重组中，控股公司与被控股的上市公司就有一个较大的资本对比关系，这样控股公司在进行重组时才能游刃有余。康恩贝在入主浙江凤凰前一年，即 1993 年，总股本为 8 100 万元，总资产为 2.1 亿元，而当年浙江凤凰总股本为 5 214.5 万元，总资产 2.06 亿元，两家公司的规模差不多，母公司对于上市公司的资产重组的支持也就相当有限了。由于浙江凤凰的资产质量很差，既有脂肪醇、凤凰城等不良投资项目造成资金沉淀，财务负担加重，又有财务上的潜亏因素如历年的存货、应收账款等在账面处理上问题较多。康恩贝接手后确实想过要剥离不良资产，但终究因实力不够而放弃。

[问题]

结合本案例，谈谈凤凰重组失败的启示。

案例分析

控股与被控股，收购与被收购，自宝延风波以来，已成为我国上市公司和非上市公司在资产重组中经常运用的手段，其中不乏成功的经典事例。然而，本例中的康恩贝-浙江凤凰重组却最终流产了。它启示我们：资产重组其实也是企业的一种制度创新，需要具有高瞻远瞩的战略眼光，如果出现重组中的决策失误，不仅不能将企业引入发展胜景，相反，却可能使企业陷入更大的经营困境；同时，重组双方应当谙熟国家政策、法律法规，既使重组在国家法律法规的框架下规范运作，又充分运用政策提供的机会。

■■■■　案例小结

财政部发布的新修订的《企业会计准则——债务重组》对目前上市公司热衷于搞资产重组中的债务重组，做出了与以往完全不同的规定。它明确了企业通过债务重组所获得的利益只能确定为资本公积金，而不能再计入收益。此举对市场中许多重组公司，尤其是债务负担沉重而把债务重组作为"扭亏"、"摘帽"灵丹妙药的公司产生了较大影响。这些政策的颁布不仅使上市公司资产重组的操作有章可循，而且也给予实质性重组行为充分的肯定和鼓励。这意味着今后假重组者将被拒之门外，重组成功率有望大大提高。

本案例体现了资产重组失败原因分析的知识点，培养了学生对债务重组风险的分析能力。

案例 10.4　公司破产案例——某公司破产分析

■■■■　案例目标

本案例通过某公司破产申请后合同的履行，使学生进一步了解破产的概念和程序，掌握企业倒闭清算的方法来公平清理债务的技能。

■■■■　案例陈述

2008 年 6 月 20 日，甲、乙公司签订 100 万元的买卖合同，7 月 1 日，人民法院受理了甲公司的破产申请，同时指定丙会计师事务所为破产管理人，该买卖合同甲乙公司均未履行。

［问题］

1）对于甲乙均未履行完毕的合同，管理人应当如何处理？

2）该买卖合同在什么情况下视为解除？

3）如果管理人决定解除合同，给乙公司造成 10 万元的经济损失，该损失应当如何处理？

4）如果管理人决定继续履行合同，乙公司按照合同约定发货后，100 万元的货款应当如何支付？

5）在第一次债权人会议召开之前，管理人是否可以自行决定继续履行该合同？并说明理由。

■■■■　案例分析

1）有权决定解除合同或者继续履行，并通知对方乙公司。

2）管理人自破产申请受理之日起两个月未通知乙公司或者收到乙公司催告之日起 30 日未答复的，视为解除合同。

3）赔偿乙公司损失。

4）支付 100 万元给乙公司。

5）可以。理由管理人可以在第一次债权人会议召开之前，决定继续或者停止债务人的营业。《破产管理法》25 条第一款第五项。

案例小结

破产程序是指对资不抵债的企业进行破产处理的司法程序。法院审理破产案件的程序。在西方和其他一些国家中，债务人既不能以其现有财产清偿全部债务，又不能达成和解结束债务关系时，由法院强制执行其全部财产，使所有债权人平均受偿，而免除其余无法清偿的债务，称为破产。破产案件归法院审理，审理破产案件的法院称为破产法院。大陆法系和英美法系的破产程序基本相同。

本案例体现了破产清算的概念程序的知识点，培养了学生关于破产清算问题的综合应用能力。

案例 10.5　公司清算案例——某投资有限公司破产清算

案例目标

本案例通过某投资公司的破产清算过程，使学生了解破产清算的概念、程序及其意义，了解未经清算就自行终止的行为是没有法律效力的，不受法律保护。

案例陈述

中华人民共和国人民法院（以下简称人民法院）于 2002 年 7 月立案受理了 5 家外籍外国债权人申请人民法院宣告某投资有限公司（以下简称投资公司）破产还债的案件。

2002 年 8 月 1 日，人民法院以民事裁定书裁定投资公司进入破产还债程序，于 2002 年 8 月 20 日予以公告，并指定某中介机构任组长，相关单位人员组成破产清算组，负责对投资公司进行破产清算。

在人民法院的指导、债权人的监督下，清算组与清算组委托的中介机构通过近一年半的工作，理清了投资公司全部破产债权和破产财产，并确定了财产分配方案。2003 年 12 月 22 日，投资有限公司第一次破产债权人会议召开，会议审议了破产清算报告，并表决通过了破产财产分配方案。

破产清算过程中，重点做好了以下几个方面的工作。

1）聘请专家、中介机构参与清算工作。投资公司业务专业性强、涉及面广，遍及全国近 12 个省市，为保证清算工作的合法、公正、公平，经过竞投标，清算组聘请了 3 家中介机构，具体负责全面的清算日常工作及债权债务的清理工作、审计和资产评估工作。同时还委托了某拍卖有限公司进行破产财产的拍卖。上述中介机构向清算组负责，清算组向法院负责。在清算组下设立若干工作小组，具体负责财产保管、职工安置和债权债务清理。

2）发挥清算组作用。重大事项由清算组讨论决定，并将讨论结果上报法院，听取法院意见。严谨认真的工作态度保证了对每一笔应收款的准确定性，公正、合法地保护了债权人的合法权益。

3）加强应收账款催讨回收工作。投资公司应收款涉及面广，且多在外地，清收困难大。为尽快回收欠款，清算组统筹安排，先后指派专人赶赴全国各地调查、清理回收欠款。经过大量、繁杂的应收款回收工作、实物财产变现工作，清算组共收回现金人民币7 800多万元，加上投资公司原有的货币资金，破产财产总额达到人民币9 800多万元，比预期有较大的升幅。

4）编制破产财产分配方案。审计查清资产负债情况及原因；摸清职工基本情况，涉及工资、社保欠交情况、职工安置补偿情况等，制定职工安置方案；清理债权债务，编制债权人清单，通知债权人申报债权；编制应收账款清单，清理回收各类应收账款；制定存货、固定资产等处置变价方案；确定清算费用、财产分配及清偿率等；债权人会议审核。经过各方努力，投资有限公司破产达9 800余万元，清算费用280万元，应交税金50万元，清偿率为23％。

5）破产终结。投资公司的分配方案经债权人会议讨论一致通过后，报法院裁定批准，破产财产扣除清算费用、上缴国家税金等费用后的余额最后按分配方案完成了债权人的分配。法院根据清算组的清算终结报告，裁定破产终结。清算组办理相关税务、工商注销等手续，宣布清算组解散。

［问题］

结合本案例，谈谈本公司清算的成果。

▨ 案例分析

此案例发生在2002年，新的《破产法》尚未出台，该案又是涉外企业，非计划破产项目。值得一提的是，在人民法院的主持下，运用中介机构的力量，紧紧依靠清算组，依法按程序办事，在应收账款复杂、跨区域催讨难度大的情况下，回收了大额的现金。

特别值得赞赏的是负责审计工作的事务所在该公司财务账册上发现，该公司破产前曾突击发放一笔近200万元的奖金，全公司20多名员工各分得数额不等的几万至几十万元。审计人员凭着自身的职业修养和财务监管职责，立即将此情况向清算组及法官汇报，法官经审核有关审计材料，查明该公司原领导私分资产的事实。经过艰苦的工作，有关人员不得不退还不当所得，从而增加可清偿财产，维护了债权人的利益。

▨ 案例小结

公司的股东在解散公司的同时应当及时进行全面合理的清算，避免因此而给自己或其他股东带来损失。公司清算的意义就在于公司清算制度是公司走向消亡十分重要的一环。其重要性在于不仅保护了股东的权益，而且保护了广大债权人的权益。

本案例体现了破产清算的程序、实践价值的知识点，培养了学生关于破产清算意义问题的实际应用能力。

第11章

财务分析

学习目标

通过本章案例的学习，了解财务分析的作用、内容及其分析方法，理解偿债能力、营运能力、赢利能力、发展能力指标的计算和分析，并掌握财务趋势分析和财务综合分析的具体方法。要求学生在掌握理论的同时，注重实际能力的提高，能够对企业实际的财务数据进行偿债能力分析、营运能力分析、赢利能力分析、发展能力分析、财务趋势分析和财务综合分析。

理 论 概 要

11.1 财务分析基础

财务分析是以企业的财务报告等会计资料为基础，对企业的财务状况、经营成果和现金流量进行分析和评价的一种方法。

1. 财务分析的内容

1）偿债能力分析。偿债能力是指企业偿还到期债务的能力。

2）营运能力分析。营运能力反映了企业对资产的利用和管理能力。

3）赢利能力分析。获取利润是企业的主要经营目标之一。投资者和债权人都十分关心企业的赢利能力，赢利能力强可以提高企业偿还债务的能力。

4）发展能力分析。无论是企业的管理者，还是投资者、债权人，都十分关注企业的发展能力。

5）财务趋势分析。财务趋势分析是指通过对企业连续若干期的会计信息和财务指标进行分析，判断企业未来发展趋势，了解企业的经营活动和财务活动存在的问题，为企业未来决策提供依据。

6）财务综合分析。财务综合分析是指全面分析和评价企业各方面的财务状况，对企业风险、收益、成本和现金流量等进行分析和诊断，为提高企业财务管理水平，改善经营业绩提供信息。

2. 财务分析的方法

1）比率分析法。比率分析法是将企业同一时期的财务报表中的相关项目进行对比，得出一系列财务比率，以此来揭示企业财务状况的分析方法。

2）比较分析法。比较分析法是将同一企业不同时期的财务状况或不同企业之间的财务状况进行比较，从而揭示企业财务状况存在的差异的分析方法。比较分析法可分为纵向比较分析法和横向比较分析法两种。

3. 财务分析的基础

财务分析是以企业的会计核算资料为基础，通过对会计所提供的核算资料进行加工整理，得出一系列科学的、系统的财务指标，以便进行比较、分析和评价。

1）资产负债表。资产负债表是反映企业在某一特定日期的财务状况的财务报表。

2）利润表。利润表也称损益表，是反映企业在一定期间生产经营成果的财务报表。

3）现金流量表。现金流量表是以现金及现金等价物为基础编制的财务状况变动表，是企业对外报送的一张重要财务报表。

11. 2　财务能力分析

1. 偿债能力分析

偿债能力是指企业偿还各种到期债务的能力。偿债能力分析主要分为短期偿债能力分析和长期偿债能力分析。

2. 营运能力分析

营运能力反映了企业资金周转状况，对此进行分析可以了解企业的营业状况及经营管理水平。评价企业的营运能力常用的财务比率有应收账款周转率、存货周转率、流动资产周转率、固定资产周转率、总资产周转率等。

3. 赢利能力分析

赢利能力是企业获取利润的能力。评价企业赢利能力的财务比率主要有资产报酬率、股东权益报酬率、销售毛利率、销售净利率、成本费用净利率等。对于股份有限公司，还应分析每股利润、每股现金流量、每股股利、股利支付率、每股净资产、市盈率和市净率等。

4. 发展能力分析

发展能力也称成长能力，是指企业在从事经营活动过程中所表现出的增长能力。反映企业发展能力的主要财务比率有销售增长率、资产增长率、股权资本增长率、利润增长率等。

11. 3　财务趋势分析

财务趋势分析是通过比较企业连续几期的财务报表或财务比率，分析企业财务状况变化的趋势，并以此预测企业未来的财务状况和发展前景。财务趋势分析的主要方法有比较财务报表、比较百分比财务报表、比较财务比率、图解法等。

11.4 财务综合分析

1. 财务比率综合评分法

财务比率综合评分法，也称沃尔评分法，是指通过对选定的几项财务比率进行评分，然后计算出综合得分，并据此评价企业的综合财务状况的方法。

2. 杜邦分析法

杜邦分析法是利用几种主要的财务比率之间的关系来综合分析企业的财务状况。

案例学习

案例 11.1 财务能力分析案例——海虹公司的基本财务能力分析

■ 案例目标

通过本案例的学习，学生可以更深入地理解和比较各种财务分析指标的含义，从而熟练掌握各种财务分析指标的应用方法，培养实际分析问题、解决问题的能力。

■ 案例陈述

海虹公司 2005 年的资产负债表和利润表如表 11.1 和表 11.2 所示。

表 11.1 海虹公司资产负债表 （单位：万元）

资产	年初数	年末数	负债及所有者权益	年初数	年末数
货币资金	110	116	短期借款	180	200
短期投资	80	100	应付账款	182	285
应收账款	350	472	应付工资	60	65
存货	304	332	应交税金	48	60
流动资产合计	844	1 020	流动负债合计	470	610
			长期借款	280	440
固定资产	470	640	应付债券	140	260
长期投资	82	180	长期应付款	44	50
无形资产	18	20	负债合计	934	1 360
			股本	300	300
			资本公积	50	70
			盈余公积	84	92
			未分配利润	46	38
			股东权益合计	480	500
资产合计	1 414	1 860	负债及股东权益总计	1 414	1 860

表 11.2　海虹公司利润表　　　　　　　　（单位：万元）

项　　目	本年累计数
主营业务收入	5 680
减：主营业务成本	3 480
主营业务税金及附加	454
主营业务利润	1 746
加：其他业务利润	120
减：销售费用	486
管理费用	586
财务费用	64
营业利润	730
加：投资收益	54
营业外收入	32
减：营业外支出	48
利润总额	768
减：所得税	254
净利润	514

其他资料如下。

1）该公司 2005 年末有一项未决诉讼，如果败诉预计要赔偿 50 万元。

2）2005 年是该公司享受税收优惠的最后一年，从 2006 年起不再享受税收优惠政策，预计主营业务税金的综合税率将从现在的 8% 上升到同行业的平均税率 12%。

3）该公司所处行业的财务比率平均值如表 11.3 所示。

表 11.3　海虹公司所处行业的财务比率平均值表

财务比率	行业均值
流动比率	2
速动比率	1.2
资产负债率	0.42
应收账款周转率	16
存货周转率	8.5
总资产周转率	2.65
资产报酬率	19.88%
销售净利率	7.5%
净资产收益率	34.21%

[问题]

1）计算该公司 2005 年年初与年末的流动比率、速动比率和资产负债率，并分析该公司的偿债能力。

　　2）计算该公司 2005 年应收账款周转率、存货周转率和总资产周转率，并分析该公司的营运能力。

　　3）计算该公司 2005 年的资产报酬率、销售净利率和股东权益报酬率，并分析该公司的获利能力。

　　4）通过以上的计算分析，评价该公司财务状况存在的主要问题，并提出改进意见。

案例分析

　　1）2005 年初流动比率＝1.796

　　　　2005 年末流动比率＝1.672

　　　　2005 年初速动比率＝1.149

　　　　2005 年末速动比率＝1.128

　　　　2005 年初资产负债率＝0.661

　　　　2005 年末资产负债率＝0.731

　　流动比率、速动比率的下降，说明企业的短期偿债能力的下降；资产负债率的上升，说明企业长期偿债能力的下降。

　　2005 年末企业存在或有负债 50 万元，会更加降低企业的偿债能力，企业面临更大的财务风险。

　　2）2005 年应收账款周转率＝13.82

　　　　2005 年存货周转率＝10.94

　　　　2005 年总资产周转率＝3.47

　　与公司所处行业的财务比率平均值比较，应收账款周转率较低，企业应加强应收账款的催收管理；存货周转率和总资产周转率较高，说明企业利用存货和总资产的效率较高，如果加快应收账款的周转，会提高企业的营运能力。

　　3）2005 年资产报酬率＝31.40％

　　　　2005 年销售净利率＝9.05％

　　　　2005 年股东权益报酬率＝104.90％

　　企业的资产报酬率、销售净利率和股东权益报酬率大大高于同行业平均值，说明公司的获利能力很强。

　　4）分析。通过计算可知，企业的偿债能力在不断下降，营运能力和获利能力很强。而且股东权益报酬率的提高可以通过两种途径：一是提高资产报酬率，二是通过增大权益乘数，提高资产报酬率。第一种途径不会增加企业的财务风险，第二种途径会导致企业的财务风险加大，而该企业采取的恰恰是第二种途径，这样，企业的财务风险过高，可能会导致企业的破产。企业应减少负债，降低资产负债率，以降低企业的财务风险。2006 年主营业务税率的提高，会使主营业务税金及附加由原来的 454 万元，增加到 681 万元，利润会由原来的 768 万元，下降到 541 万元，在一定程度上会影响企业的获利能力。企业应加强资产管理，尤其是应收账款的管理，挖掘潜力，提高资产利用效率，降低成本、费用，以提高企业的获利能力（其中，454/8％×12％＝681，681－454＝227，768－227＝541）。

■■■ 案例小结

通过本案例的学习，学生可以掌握财务能力分析的各项指标的计算及分析，能够为改善企业的生产经营活动提供相应的建议。

本案例体现了企业基本财务能力分指标计算与分析的知识点，提高了学生对财务分析问题的实际应用能力。

案例 11.2 财务状况分析案例——ABC 公司财务状况综合评价

■■■ 案例目标

通过本案例的学习，学生能够根据企业的主要财务数据和财务比率，分析企业资产、负债和所有者权益变化及其原因，企业运用资产获利能力的变化及其原因，企业应从哪些方面改善公司的财务状况和经营业绩。

■■■ 案例陈述

ABC 公司近 3 年的主要财务数据和财务比率表如表 11.4 所示。

表 11.4 ABC 公司近 3 年的主要财务数据和财务比率表

指标 ＼ 年份	2008	2009	2010
销售额/万元	4 000	4 300	3 800
总资产/万元	1 430	1 560	1 695
普通股/万元	100	100	100
留存收益/万元	500	550	550
所有者权益合计	600	650	650
流动比率	1.19	1.25	1.20
平均收现期/天	18	22	27
存货周转率	8.0	7.5	5.5
产权比率	1.38	1.40	1.61
长期债务/所有者权益	0.5	0.46	0.46
销售毛利率/%	20.0	16.3	13.2
销售净利率/%	7.5	4.7	2.6
总资产周转率	2.80	2.76	2.24
总资产净利率/%	21	13	6

假设该公司没有营业外支出和投资收益，所得税税率不变。

[问题]

1）分析说明该公司运用资产获利能力的变化及其原因。

2）分析说明该公司资产、负债和所有者权益的变化及其原因。

3）假设你是该公司的财务经理，在 2011 年应从哪些方面改善公司的财务状况和经营业绩？

案例分析

1）该公司总资产净利率在平稳下降，说明其运用资产获利的能力在降低，其原因是资产周转率和主营业务净利率都在下降；总资产周转率下降的原因是平均收现期延长和存货周转率下降；销售净利率下降的原因是销售毛利率在下降。

2）该公司总资产在增加，主要原因是存货和应收账款占用增加；负债是筹资的主要来源，其中主要是流动负债，所有者权益增加很少，大部分盈余都用于发放股利。

3）扩大销售，降低存货，降低应收账款，增加留存收益，降低进货成本。

案例小结

通过本案例的学习，学生可以掌握财务能力分析的各项指标的计算及分析和财务状况的综合评价方法，发现企业的营运活动或投资活动中存在的问题，同时提供相应的建议和措施。

本案例体现了资产、权益的变化及原因分析的知识点，提高了学生分析企业财务状况的能力。

案例 11.3　杜邦分析案例——上海家化联合股份有限公司的杜邦分析

案例目标

通过本案例的学习，学生可以更深入地理解杜邦分析体系的相关指标，从而熟练掌握杜邦分析体系的应用方法，培养学生实际分析问题、解决问题的能力。

案例陈述

上海家化联合股份有限公司是上海证券交易所的上市公司，在过去的几年中其净资产收益水平不断上升，为了进一步挖掘潜力、提高赢利能力，公司聘请财务顾问进行咨询，有关资料如表 11.5 所示。

表 11.5　上海家化联合股份有限公司杜邦分析相关指标

指标　　年份	2007	2008	2009
净资产收益率/%	14.345	17.188	18.006
销售净利率/%	5.863 9	7.420 9	8.649 5
总资产周转率/次	1.492 3	1.575	1.519 7
权益乘数	1/(1−0.39)	1/(1−0.32)	1/(1−0.27)

[问题]

根据表 11.5 中的资料，以财务顾问身份，分析净资产收益率提高的原因及其影响因素。

■ 案例分析

根据杜邦分析等式，净资产报酬率＝总资产收益率×权益乘数，总资产收益率＝销售净利率×总资产周转率，权益乘数从 2007 年以来逐年下降，说明负债比率逐年下降，企业的财务风险逐年下降，而总资产收益率：2007 年＝5.863 9×1.492 3＝8.750 7，2008 年＝7.420 9×1.575＝11.687 9，2009 年＝8.649 5×1.519 7＝13.144 6，在逐年提高。主要原因是销售净利率逐年提高，总资产周转率提高，即总资产的经营效率在提高，利用收入获得净利润的能力增强，最终实现了净资产收益率的提高，有利于企业理财目标的实现。

■ 案例小结

企业的理财目标是实现股东财富最大化，股东权益报酬率与企业的资本结构、销售规模、成本水平、资产管理等因素密切相关。只有协调好杜邦分析体系系统内部各个因素之间的关系，才能使股东权益报酬率得到提高，从而实现企业股东财富最大化的理财目标。通过本案例的学习，学生可以熟练掌握杜邦分析体系的相关指标及其之间的相互关系。

本案例体现了杜邦分析体系的相关指标计算及分析的知识点，提高了学生运用杜邦分析方法进行财务综合分析的能力。

案例 11.4　差异分析案例——大东股份有限公司财务指标的差异分析

■ 案例目标

通过本案例的学习，学生可以更深入地理解对财务指标的总差异进行因素分析，并确定各因素变动对总差异影响的程度，培养实际分析问题、解决问题的能力。

■ 案例陈述

大东股份有限公司是 A 市一家大型的硬塑生产基地。公司为了确保在未来市场逐渐扩展的同时，使经济效益稳步上升，拟运用杜邦财务分析方法对公司近两年的财务状况和经济效益情况进行全面分析。公司近 3 年的资产负债表和损益表资料如表 11.6 和表 11.7 所示。

表 11.6　大东股份有限公司 2004～2006 年资产负债表简表　　　　（单位：万元）

项目＼年份	2004	2005	2006
流动资产合计	199 20.00	76 460.00	87 265.00
长期投资	710.00	3 430.00	1 045.00
固定资产净值	15 660.00	16 615.00	23 670.00
在建工程	1 075.50	1 580.00	6 475.00

续表

项目 年份	2004	2005	2006
递延资产	—	5 000.00	345.00
无形资产	—	7 375.00	7 775.00
资产总计	37 365.50	110 460.00	126 575.00
流动负债合计	19 750.00	24 695.00	28 000.00
长期负债合计	1 570.00	4 310.00	6 415.00
负债总计	21 320.00	29 005.00	34 415.00
所有者权益合计	16 045.50	81 455.00	92 160.00
权益合计	37 365.50	110 460.00	126 575.00

表 11.7　大东股份有限公司 2004～2006 年利润表简表　　　（单位：万元）

项目 年份	2004	2005	2006
一、产品销售收入	44 050.00	47 440.00	49 485.00
减：产品销售成本	15 820.00	19 550.00	21 025.00
产品销售费用	495.00	2 635.00	2 175.00
产品销售税金	4 765.00	4 980.00	4 450.00
二、产品销售利润	22 970.00	20 275.00	21 835.00
加：其他业务利润	—	—	—
减：管理费用	8 245.00	5 350.00	4 860.00
财务费用	670.00	180.00	925.00
三、营业利润	14 055.00	14 745.00	16 050.00
加：投资收益	—	—	—
营业外收入	—	—	—
减：营业外支出	—	—	—
四、利润总额	14 055.0	14 745.00	16 050.0
减：所得税	4 216.50	4 423.50	4 815.0
五、净利润	9 838.50	10 321.50	11 235.0

[问题]

1）计算该公司 2005 年和 2006 年的净资产收益率，并确定 2006 年较 2005 年的总差异。

2）对净资产收益率的总差异进行总资产净收益率和权益乘数的两因素分析，并确定各因素变动对总差异影响的份额。

3）对总资产净收益率的总差异进行销售净利率和总资产周转率的两因素分析，确定各因素变动对总资产净收益率的总差异影响的份额。

4）对 2005 年和 2006 年销售净利率的变动总差异进行构成比率因素分析，找出各构成比率变动对总差异的影响份额。

　　5）运用上述分析的结果，归纳影响该公司净资产收益率变动的有利因素和不利因素，找出产生不利因素的主要问题和原因，并针对问题提出相应的改进意见，完善该公司的生产经营管理，提高竞争力。

案例分析

　　1）计算该公司 2005 年和 2006 年的净资产收益率并确定 2006 年较 2005 年的总差异。

　　　　2005 年净资产收益率＝10 321.5/ [（16 045.5＋81 455）/2] ＝21.17%

　　　　2006 年净资产收益率＝11 235/ [（81 455＋92 160）/2] ＝12.94%

　　　　净资产收益率 2006 年较 2005 年总差异＝12.94%－21.17%＝－8.23%

　　计算结果表明 2006 年较 2005 年净资产收益率下降了 8.23%。

　　2）对净资产收益率的总差异进行总资产净收益率和权益乘数的两因素分析，并确定各因素变动对总差异影响的份额。

　　　　2005 年净资产收益率＝2005 年总资产净利率×2005 年权益乘数

$$=\frac{10\ 321.5}{(37\ 365.5+1\ 104\ 600)\ /2}\times\frac{(37\ 365.5+110\ 460)\ /2}{(16\ 045.5+81\ 455)\ /2}$$

$$=13.96\%\times1.516\ 2=21.17\%$$

　　　　2006 年净资产收益率＝2006 年总资产净利率×2006 年权益乘数

$$=\frac{11\ 235}{(110\ 460+126\ 575)\ /2}\times\frac{(110\ 460+126\ 575)\ /2}{(81\ 455+92\ 160)\ /2}$$

$$=9.48\%\times1.365\ 3=12.94\%$$

　　总资产净收益率变动对净资产收益率的影响＝（9.48%－13.96%）×1.516 2＝－6.8%

　　权益乘数变动对净资产收益率的影响＝9.48%×（1.365 3－1.516 2）＝－1.43%

　　3）对总资产净收益率的总差异进行销售净利率和总资产周转率的两因素分析，确定各因素变动对总资产净收益率总差异的影响份额。

　　　　2005 年总资产净利率＝2005 年销售净利率×2005 年总资产周转率

$$=\frac{10\ 321.5}{47\ 440}\times\frac{47\ 440}{(37\ 365.5+110\ 460)\ /2}=13.96\%$$

　　　　2006 年总资产净利率＝2006 年销售净利率×2006 年总资产周转率

$$=\frac{11\ 235}{49\ 485}\times\frac{49\ 485}{(110\ 460+126\ 575)\ /2}=9.48\%$$

　　　　总资产净收益率 2006 年较 2005 年总差异＝9.48%－13.96%＝－4.48%

　　销售净利率变动对总差异的影响＝（22.703 8%－21.757 0%）×0.641 8＝0.608%

　　总资产周转率变动对总差异的影响＝22.703 8%×（0.417 5 - 0.641 8）＝－5.09%

　　4）对两年销售净利率的变动总差异进行构成比率分析，找出各构成比率变动对总差异的影响份额。

　　　　2006 年较 2005 年销售净利率总差异＝22.703 8%－21.757%＝0.947%

$$由于销售成本的变动影响=\left(\frac{19\ 550}{47\ 440}-\frac{21\ 025}{49\ 485}\right)\times100\%$$

$$=41.209\ 9\%-42.487\ 8\%=-1.277\ 7\%$$

$$由于销售费用率的变动影响=\left(\frac{2\ 635}{47\ 440}-\frac{2\ 175}{49\ 485}\right)\times100\%$$

$$=5.554\ 4\%-4.395\ 3\%=1.159\ 1\%$$

$$由于产品销售税金的变动影响=\left(\frac{4\ 980}{47\ 440}-\frac{4\ 450}{49\ 485}\right)\times100\%$$

$$=10.497\ 5\%-8.992\ 6\%=1.504\ 9\%$$

$$由于产品销售管理费用率的变动影响=\left(\frac{5\ 350}{47\ 440}-\frac{4\ 860}{49\ 485}\right)\times100\%$$

$$=11.277\ 45\%-9.821\ 2\%=1.456\ 2\%$$

$$由于产品销售财务费用率的变动影响=\left(\frac{180}{47\ 440}-\frac{925}{49\ 485}\right)\times100\%$$

$$=0.379\ 4\%-1.869\%=-1.489\ 9\%$$

$$由于产品销售所得税金的变动影响=\left(\frac{4\ 423.4}{47\ 440}-\frac{4\ 815}{49\ 485}\right)\times100\%$$

$$=9.324\ 4\%-9.730\ 2\%=-0.405\ 8\%$$

$$汇总差异=(-1.277\ 7\%)+1.159\ 1\%+1.504\ 9\%+1.456\ 2\%+\ (-1.489\ 9\%)$$
$$+\ (-0.405\ 8\%)\ =0.947\%$$

5）通过上述分析可知，该公司的净资产收益率 2006 年较 2005 年减少了 8.23%，影响此总差异的直接原因主要有总资产净收益率和权益乘数，计算结果表明，此两种因素从总体看均为不利因素，其中总资产净收益率下降影响份额为 6.8%，权益乘数下降影响份额为 1.43%。

对于权益乘数下降所引起的对净资产收益率影响，今后可考虑适当增加负债，利用财务杠杆来改善权益乘数，以提高净资产收益率。

引起总资产净收益率下降的主要原因是总资产周转率的延缓，对于这个不利因素，今后要通过强化公司管理，优化资源管理，缩短生产经营周期，以加强资金周转来解决。

在总资产净收益率下降这个不利因素中也有积极的一面，即销售净利率提高的积极影响被总资产周转率下降所产生的消极影响所掩盖。从销售净利率的上升总体来看，是积极因素，引起其上升的有利因素主要有 3 个：销售费用率下降、销售税金率下降和销售管理费用下降。

在销售上升的积极因素中，也包含了 3 个不利因素，即销售成本率、销售财务费用率和销售税金率的升高，只是这 3 个因素的升高对销售净利率的负影响被前 3 个有利因素的正影响所抵消。因为税金因素是客观因素，所以要提高销售净利率，主要应从其他方面挖掘潜力。

具体建议如下：继续巩固和扩展销售费用率和销售管理费用率的降低的成果，今后的工作重点应放在狠抓销售成本率的降低上；至于销售财务费用率的上升问题，应把它与利用财务杠杆引起的净资产收益率的提高加以对比才能做出正确的判断。

案例小结

通过本案例的学习，学生可以掌握对净资产收益率的总差异进行总资产净收益率和权益乘数的两因素分析，归纳影响该公司净资产收益率变动的有利因素和不利因素，找出产生不利因素的主要问题和原因，并针对问题提出相应的改进意见，从而改进公司的生产经营管理。

本案例体现了因素分析法的知识点，提高了学生对因素分析法的实际应用能力。

案例 11.5 利润表分析案例——东方钢铁股份有限公司利润表的结构分析

案例目标

通过本案例的学习，学生可以更深入地理解利润表的结构分析方法，从而熟练利润表的结构分析的应用，培养实际分析问题、解决问题的能力。

案例陈述

东方钢铁股份有限公司（以下简称东方股份）是中国最大、最现代化的钢铁联合公司。东方股份以其诚信、人才、创新、管理、技术诸方面综合优势，奠定了在国际钢铁市场上世界级钢铁联合公司的地位。《世界钢铁业指南》评定东方股份在世界钢铁行业的综合竞争力为前3名，是未来最具发展潜力的钢铁公司。2009年，公司为保持良好的现金流量，降低经营风险，开始谋划业务转型，贸易类业务占主营业务收入的比重自2009年开始由16.51%上升到2010年的19.11%。

[问题]

表11.8是东方股份2006~2010年度的利润表，请据此进行利润表的结构分析，在计算的基础上对东方股份2006~2010年的获利情况做一总结，并提出相关建议以供参考。

表 11.8 东方股份 2006~2010 年利润表 （单位：百万元）

指标＼年份	2006	2007	2008	2009	2010
主营业务收入	33 876.61	44 460.37	58 638.06	126 608.36	157 791.47
主营业务成本	24 455.58	30 825.43	41 436.44	99 981.66	129 228.90
主营业务税金及附加	269.44	362.29	418.91	695.24	669.49
主营业务利润	9 151.59	13 272.65	16 782.71	25 931.46	27 893.08
其他业务利润	20.16	63.84	100.98	117.76	24.42
营业费用	328.06	367.75	438.03	1 606.55	2 238.97
管理费用	1 939.97	2 157.94	2 473.02	5 095.36	5 388.15

续表

指标＼年份	2006	2007	2008	2009	2010
财务费用	790.49	761.53	435.22	1 043.61	1 306.37
营业利润	6 113.23	10 049.27	13 537.42	18 303.70	18 984.01
投资收益	1.46	39.63	10.66	181.36	325.37
补贴收入	0.00	0.15	1.54	25.08	44.74
营业外收入	4.84	4.05	143.79	65.75	50.05
营业外支出	177.76	164.50	106.94	265.12	396.42
营业外收支净额	−172.92	−160.45	36.85	−199.37	−346.37
利润总额	5 941.77	9 928.60	13 586.47	18 310.77	19 007.75
所得税	1 669.82	2 953.78	4 146.77	5 776.57	5 545.28
净利润	4 271.95	6 974.82	9 439.70	12 534.20	13 462.47

案例分析

东方股份 2006～2010 年利润表结构分析如表 11.9 所示。

表 11.9 东方股份 2006～2010 年利润表结构分析

指标＼年份	2006	2007	2008	2009	2010
主营业务收入/%	100.00	100.00	100.00	100.00	100.00
主营业务成本/%	72.19	69.33	70.66	78.97	81.90
主营业务税金及附加/%	0.80	0.81	0.71	0.55	0.42
主营业务利润/%	27.01	29.85	28.62	20.48	17.68
其他业务利润/%	0.06	0.14	0.17	0.09	0.02
营业费用/%	0.97	0.83	0.75	1.27	1.42
管理费用/%	5.73	4.85	4.22	4.02	3.41
财务费用/%	2.33	1.71	0.74	0.82	0.83
营业利润/%	18.05	22.60	23.09	14.46	12.03
投资收益/%	0.00	0.09	0.02	0.14	0.21
补贴收入/%	0.00	0.00	0.00	0.02	0.03
营业外收入/%	0.01	0.01	0.25	0.05	0.03
营业外支出/%	0.52	0.37	0.18	0.21	0.25
营业外收支净额/%	−0.51	−0.36	0.06	−0.16	−0.22
利润总额/%	17.54	22.33	23.17	14.46	12.05
所得税/%	4.93	6.64	7.07	4.56	3.51
净利润/%	12.61	15.69	16.10	9.90	8.53

分析结果表明：

1) 以主营业务收入作为基数，2006～2010 年度公司的主营业务成本呈现上升趋势，从 72.19% 上升到 81.90%，反映公司的销售毛利率在下降。

2) 公司的主营业务税金及附加呈现下降趋势，反映公司的税负水平降低。

3) 主营业务利润自 2009 年开始呈现下降趋势，并在 2010 年度降为 17.68%，这可能是由于公司调整增加贸易类业务的比重，在短期内带来毛利率的下降所致。公司在 2009 和 2010 年度主营业务成本上升的比重都超过主营业务收入。因此，公司下一步要做的是如何控制主营业务成本，适当提高毛利率。

4）从营业费用和管理费用看，公司由于业务转型带来短期内营业费用的比重上升，但公司的管理费用呈现下降的趋势，说明公司在管理费用的控制方面具有一定的成效。

5）公司所得税占主营业务收入的比重呈现下降趋势，也反映公司税负水平呈现下降趋势，可能与公司进行的税收筹划活动有关，也可能与公司获得的税收政策有关。

由于上述众多因素的影响，公司的营业利润、利润总额和净利润占主营业务收入比重在 2009～2010 年度呈现下降的趋势。该公司需要思考这种转型可能对公司业绩产生的影响，并采取适当的政策，实现业务转型的初衷。

▨ 案例小结

通过本案例的学习，学生可以更深入地理解利润表的结构分析方法，能够根据公司的实际损益表数据分析主营业务收入、主营业务成本等因素对利润总额和净利润的影响，为如何提高公司的获利能力提出建议和措施。

本案例体现了利润表的结构分析方法的知识点，提高了学生对利润表的结构分析方法的综合应用能力。

案例 11.6　净资产收益率分析案例——中华公司净资产收益率的分析

▨ 案例目标

通过本案例的学习，学生可以更深入地理解杜邦财务分析原理中的重要指标——净资产收益率指标的分解、定性分析及其变化的原因，培养实际分析问题、解决问题的能力。

▨ 案例陈述

中华公司 2010 年的销售额 62 500 万元，比上年提高 28%，有关的财务比率如表 11.10 所示。

表 11.10　中华公司有关的财务比率

财务比率	2009 年同业平均	2009 年本公司	2010 年本公司
应收账款回收期/天	35	36	36
存货周转率	2.5	2.59	2.11
销售毛利率/%	38	40	40
销售营业利润率（息税前）/%	10	9.6	10.63
销售利息率/%	3.73	2.4	3.82
销售净利率/%	6.27	7.2	6.81
总资产周转率	1.14	1.11	1.07

续表

财务比率	2009 年同业平均	2009 年本公司	2010 年本公司
固定资产周转率	1.4	2.02	1.82
资产负债率/%	58	50	61.3
已获利息倍数	2.68	4	2.78

注：该公司正处于免税期。

[问题]

1）运用杜邦财务分析原理，比较 2009 年公司与同业平均的净资产收益率，分析其差异的原因。

2）运用杜邦财务分析原理，比较 2010 年与 2009 年的净资产收益率，分析其变化的原因。

3）若你是该公司的财务经理，将采取哪些措施来改进企业的经营管理，实现企业价值最大化？

案例分析

1）2009 年与同行业平均比较：

本公司净资产收益率＝销售净利率×资产周转率×权益乘数＝7.2%×1.11×[1/(1−50%)]＝15.98%；

行业平均净资产收益率＝6.27%×1.14×[1/(1−58%)]＝17.01%。

净资产收益率变化的原因：销售净利率高于同行业水平 0.93%；资产周转率低于同业水平，主要是应收账款回收较慢；权益乘数低于同业水平，因其负债较少。

2）2009 年本公司净资产收益率＝7.2%×1.11×[1/(1−50%)]＝15.98%，

2010 年本公司净资产收益率＝6.81%×1.07×[1/(1−61.3%)]＝18.83%。

净资产收益率提高的原因：虽然销售净利率和总资产周转率下降了，但是负债比例的增加，使企业实现了财务杠杆利益，同时加大了财务风险。

3）在适当的财务风险前提下，从提高销售净利率和总资产周转率入手，改善企业的经营管理。

案例小结

通过本案例的学习，学生可以掌握运用杜邦财务分析原理，对某一公司的净资产收益率与同行业进行横向的比较或与自身进行纵向的比较，分析其产生差异的原因，然后提出将采取哪些措施来改进企业的经营管理。

本案例体现了净资产收益率的计算与分析的知识点，提高了学生运用净资产收益率对企业财务状况进行分析的能力。

案例 11.7 国际财务报表分析案例——华能国际报表分析

案例目标

通过本案例的学习，学生可以更深入地理解财务比率分析的方法，培养实际分析问题、解决问题的能力。

案例陈述

　　本案例选取了能源电力行业上市公司——华能国际（600011）作为研究对象，对这家上市公司公布的 2001~2003 年度连续 3 年的财务报表进行了简单分析，以期对公司财务状况及经营状况得出简要结论。

　　华能国际行业近两三年来非常受人瞩目，资产和利润均持续较长时间大幅增长。2003 年、2004 年市场表现均非常优秀，特别是 2003 年，大多数公司的主营业务收入出现了增长，同时经营性现金流量大幅提高，说明从整体上看，华能国际电力类上市公司的效益在 2003 年有较大程度的提升。2003 年华能国际电力类上市公司平均每股收益为 0.37 元，高出市场平均水平 95% 左右。2003 年华能国际电力行业无论在基本面还是市场表现方面都有良好的表现，且未来成长性预期非常良好。电力在我国属于基础能源，随着新一轮经济高成长阶段的到来，电力需求的缺口越来越大，尽管目前电力行业投资规模大幅增加，但是电力供给能力提升速度仍然落后于需求增长速度，电力供求矛盾将进一步加剧，尤其是经济发达地区的缺电形势将进一步恶化。由于煤炭的价格大幅上涨，这对那些火力发电的公司来说，势必影响其赢利能力，但因此电价上涨也将成为一种趋势。在这样的背景下，电力行业必将在相当长的一段时期内，表现出良好的成长性。

　　华能国际的母公司及控股股东华能国电是于 1985 年成立的中外合资企业，它与电厂所在地的多家政府投资公司于 1994 年 6 月共同发起在北京注册成立了股份有限公司。总股本 60 亿股，2001 年在国内发行 3.5 亿股 A 股，其中流通股 2.5 亿股，而后分别在香港、纽约上市。在过去的几年中，华能国际通过项目开发和资产收购不断扩大经营规模，保持赢利稳步增长。拥有的总发电装机容量从 2 900 兆瓦增加到目前的 15 936 兆瓦。华能国际现全资拥有 14 座电厂，控股 5 座电厂，参股 3 家电力公司，其发电厂设备先进，高效稳定，且广泛地分布于经济发达及用电需求增长强劲的地区。目前，华能国际已成为中国最大的独立发电公司之一。

　　华能国际公布的 2004 年第一季度财务报告，营业收入为 64.61 亿人民币，净利润为 14.04 亿人民币，比去年同期分别增长 24.97% 和 24.58%。由此可看出，无论是发电量还是营业收入及利润，华能国际都实现了健康的同步快速增长。当然，这一切都与今年初中国出现大面积电荒不无关系。在发展战略上，华能国际加紧了并购扩张步伐。中国经济的快速增长造成了电力等能源的严重短缺。随着中国政府对此越来越多的关注和重视，以及华能国际逐渐走上快速发展和不断扩张的道路，可以预见在不久的将来，华能国际必将在中国电力能源行业中进一步脱颖而出。此外，华能国际的董事长李小鹏先生为中国前总理李鹏之子，这也许为投资者提供了更多的遐想空间。

　　正因为这家企业规模较大，公司治理结构、经营管理正规，财务制度比较完善，华能是行业中的龙头企业，具备比较分析的条件，所以特选取这家企业作为分析对象。

　　华能国际财务报表分析如表 11.11~表 11.13 所示。

表 11.11　华能国际 2001～2003 资产负债简表　（单位：万元）

项目＼年度	2003.12.31	2002.12.31	2001.12.31
应收账款余额	235 683	188 908	125 494
存货余额	80 816	94 072	73 946
流动资产合计	830 287	770 282	1 078 438
固定资产合计	3 840 088	3 931 516	3 342 351
资产总计	5 218 727	4 711 371	4 674 344
应付账款	65 310	47 160	36 504
流动负债合计	824 657	875 944	1 004 212
长期负债合计	915 360	918 480	957 576
负债总计	1 740 017	1 794 424	1 961 788
股本	602 767	600 027	600 000
未分配利润	1 398 153	948 870	816 085
股东权益总计	3 478 710	2 916 947	2 712 556

表 11.12　华能国际 2001～2003 年利润分配简表　（单位：万元）

项目＼年度	2003.12.31	2002.12.31	2001.12.31
主营业务收入	2 347 964	1 872 534	1 581 665
主营业务成本	1 569 019	1 252 862	1 033 392
主营业务利润	774 411	615 860	545 743
其他业务利润	3 057	1 682	—52
管理费用	44 154	32 718	17 583
财务费用	55 963	56 271	84 277
营业利润	677 351	528 553	443 831
利润总额	677 408	521 207	442 251
净利润	545 714	408 235	363 606
未分配利润	1 398 153	948 870	816 085

表 11.13　华能国际 2001～2003 年现金流量简表　（单位：万元）

项目＼年度	2003.12.31	2002.12.31	2001.12.31
经营活动现金流入	2 727 752	2 165 385	1 874 132
经营活动现金流出	1 712 054	1 384 899	1 162 717
经营活动现金流量净额	1 015 698	780 486	711 415
投资活动现金流入	149 463	572 870	313 316
投资活动现金流出	670 038	462 981	808 990
投资活动现金流量净额	—520 575	109 889	—495 674
筹资活动现金流入	221 286	17 337	551 415

续表

项目 \ 年度	2003.12.31	2002.12.31	2001.12.31
筹资活动现金流出	603 866	824 765	748 680
筹资活动现金流量净额	−382 580	−807 428	−197 265
现金及等价物增加额	112 543	82 947	18 476

[问题]

1) 以时间距离最近的 2003 年度的报表数据为分析基础，试从资产、负债、所有者权益、收入和费用方面对华能国际进行分析。

2) 通过华能国际财务比率分析，试进行流动性比率分析、资产管理比率分析、负债比率分析、获利能力比率分析，进而对华能国际的全面财务进行分析。

案例分析

1) 具体分析如下。

① 资产分析。

首先公司资产总额达到 520 多亿，规模很大，比 2002 年增加了约 9%，2002 年比 2001 年约增加 0.8%，这与华能 2003 年的一系列收购活动有关，从中也可以看出企业加快了扩张的步伐，其中绝大部分的资产为固定资产，这与该行业的特征有关。

应收账款余额较大，却没有提取坏账准备，不符合谨慎性原则。

会计报表附注中说明公司对其他应收款的坏账准备的计提采用按照其他应收款余额的 3% 计提，账龄分析表明占其他应收款 42% 的部分是属于两年以上没有收回的账款，根据我国的税法规定，外商投资企业两年以上未收回的应收款项可以作为坏账损失处理，这部分应收款的可回收性值得怀疑，所以仍然按照 3% 的比例计提坏账不太符合公司的资产现状，两年以上的其他应收款共计 87 893 852 元，坏账准备计提过低。

无形资产为负，报表附注中显示主要是因为负商誉的缘故，华能国际从其母公司华能集团手中大规模的进行收购电厂的活动，将大量的优质资产纳入囊中，华能国际在这些收购活动中收获颇丰。华能国际 1994 年 10 月在纽约上市时只拥有大连电厂、上安电厂、南通电厂、福州电厂和汕头燃机电厂这 5 座电厂，经过 9 年的发展，华能国际已经通过收购华能集团的电厂，扩大了自己的规模。但由于收购当中的关联交易的影响，使得华能国际可以低于公允价值的价格收购华能集团的资产，产生了负商誉，这是由于关联方交易所产生的，因此，在进行财务报表分析时应该剔除这一因素的影响。

② 负债与权益分析。

华能国际在流动负债方面比 2002 年底有显著下降，主要是由于偿还了部分到期借款。华能国际的长期借款主要到期日集中在 2004 年和 2011 年以后，在这两年左右公司的还款压力较大，需要筹集大量的资金，需要保持较高的流动性，以应付到期债务，这就要求公司对于资金的筹措做好及时的安排。其中将于一年内到期的长期借款有

2 799 487 209 元，公司现有货币资金 195 797 0492 元，存在一定的还款压力。

华能国际为在三地上市的公司，在国内发行 A 股 3.5 亿股，其中向大股东定向配售 1 亿股法人股，这部分股票是以市价向华能国电配售的，虽然《意向书》有这样一句话："华能国际电力开发公司已书面承诺按照本次公开发行确定的价格全额认购，该部分股份在国家出台关于国有股和法人股流通的新规定以前，暂不上市流通。"但是考虑到该部分股票的特殊性质，流通的可能性仍然很大。华能国际的这种筹资模式，在 1998 年 3 月增发外资股的时候也曾经使用过，在这种模式下，一方面，华能国际向大股东买发电厂，而另一方面，大股东又从华能国际买股票，实际上双方都没有付出太大的成本，仅通过这个手法，华能国际就完成了资产重组的任务，同时还能保证大股东的控制地位没有动摇。

③ 收入与费用分析。

华能国际的主要收入来自于通过各个地方或省电力公司为最终用户生产和输送电力而收取的扣除增值税后的电费收入。根据每月月底按照实际上网电量或售电量的记录在向各电力公司控制与拥有的电网输电之时发出账单并确认收入。因此，电价的高低直接影响华能国际的收入情况。随着我国电力体制改革的全面铺开，电价由原来的计划价格逐步向"厂网分开，竞价上网"过渡，电力行业的垄断地位也将被打破，再想获得垄断利润就很难了。国内电力行业目前形成了电监会、五大发电集团和两大电网的新格局，五大发电集团将原来的国家电力公司的发电资产划分成了 5 份，在各个地区平均持有，现在全国每个地区五大集团所占有的市场份额均在 20％左右。华能国际作为五大发电集团之一的华能国电的旗舰，通过不断的收购母公司所属电厂，增大发电量抢占市场份额，从而形成规模优势。

由于华能国际属于外商投资企业，享受国家的优惠税收政策，因此而带来的税收收益约为 4 亿元。

2003 比 2002 年收入和成本有了大幅度的增加，这主要是由于上述收购几家电厂纳入了华能国际的合并范围所引起的。但是从纵向分析来看，虽然收入比去年增加了 25.38％，但主营业务成本也增加了 25.23％，管理费用增加了 35％，说明华能国际的成本仍然存在下降空间。

2）财务比率分析。财务比率分析如表 11.14 所示。

表 11.14　华能国际财务比率分析表

指标 ＼ 年度	2003.12.31	2002.12.31	2001.12.31
流动比率	1.01	0.88	1.07
速动比率	0.91	0.77	1
资产负债率	0.33	0.38	0.42
债务对权益比率	0.26	0.32	0.35
利息保障倍数	12.5	9.09	5.26
应收账款周转率	9.96	9.91	12.6

续表

指标　　　　年度	2003.12.31	2002.12.31	2001.12.31
存货周转率	19.41	13.32	13.97
总资产周转率	0.47	0.40	0.34
资产收益率/%	14.77	12.31	11.26
销售毛利率	33.18	49.46	34.66
销售净利率	23.24	32.58	22.99

流动性比率分析：

① 流动比率＝流动资产/流动负债；

② 速动比率＝速动资产/流动负债＝(流动资产－存货)/流动负债。

公司 2001～2003 年流动比率先降后升，但与绝对标准 2∶1 有很大差距，与行业平均水平约 1.35 也有差距，值得警惕，特别是 2004 年是华能还款的一个小高峰，到期的借款比较多，必须要预先做好准备。公司速动比率与流动比率发展趋势相似，并且 2003 年数值 0.91 接近于 1，与行业标准也差不多，表明存货较少，这与电力行业特征也有关系。

资产管理比率分析：

① 存货周转率＝销货成本/平均存货；

② A 应收账款周转率＝销售收入净额/平均应收账款；

B 应收账款周转天数（平均收账期）＝360/应收账款周转率。

③ 资产周转率＝销售收入净额/平均总资产。

公司资产管理比率数值 2002 年比 2001 年略有下降，2003 年度最高，其中，存货周转率 2003 年度超过行业平均水平，说明管理存货能力增强，物料流转加快，库存不多；应收账款周转率远高于行业平均水平，说明资金回收速度快，销售运行流畅。公司 2003 年资产总计增长较快，销售收入净额增长也很快，所以资产周转率呈快速上升趋势，在行业中处于领先水平，说明公司的资产使用效率很高，规模的扩张带来了更高的规模收益，呈现良性发展。

负债比率分析：

① 资产负债比率(负债比率)＝总负债/总资产；

② 已获利息倍数＝息税前利润/利息；

③ 长期债务对权益比率＝长期负债/所有者权益。

公司负债比率逐年降低主要是因为公司成立初期举借大量贷款和外债进行电厂建设，随着电厂相继投产获利，逐渐还本付息使公司负债比率降低，也与企业不断的增资扩股有关系，并且已获利息倍数指标发展趋势较好，公司有充分能力偿还利息及本金。长期偿债能力在行业中处于领先优势。

获利能力比率分析：

① 销售净利润率＝净利/销售收入净额；

② 销售毛利率＝毛利润/销售收入净额；

③ 资产收益率＝息税前利润/平均总资产。

公司获利能力指标数值基本上均高于行业平均水平，并处于领先地位，特别是资产收益率有相当大的领先优势。

案例小结

通过本案例的学习，学生可以掌握运用财务比率分析原理，对某一公司的资产、负债等情况与同行业进行横向的比较或与自身进行纵向的比较，分析其产生的原因，然后提出将采取哪些措施来改进企业的经营管理。

本案例体现了反映偿债能力、营运能力等财务指标的计算与分析的知识点，提高了学生的财务分析能力。

案例 11.8 财务报表综合分析案例——青岛海尔报表分析

案例目标

通过本案例的学习，学生可以更熟练地掌握财务分析方法，培养实际分析问题、解决问题的能力。

案例陈述

海尔公司主营业务涉及电器、电子产品、机械产品、通信设备制造及其相关配件制造。其中空调和冰箱是公司的主力产品，其销售收入是公司收入的主要来源，两者占到公司主业收入的 80% 以上。其产品的国内市场占有率一直稳居同行业之首，在国外也占有相当的市场份额。海尔冰箱在全球冰箱品牌市场占有率排序中跃居第一。

青岛海尔 2005～2008 年的财务指标如表 11.15～表 11.18 所示。

表 11.15 青岛海尔 2005～2008 年度赢利能力

财务指标 年份	资产收益率/%	净资产收益率/%	毛利率/%	净利润/万元
2005	3.53	4.27	11.76	23 912.66
2006	3.70	5.43	14.04	31 391.37
2007	5.75	10.20	19.01	64 363.20
2008	6.28	11.34	23.13	76 817.81

表 11.16 青岛海尔 2005～2008 年度偿债能力

财务指标 年份	流动比率	速动比率	资产负债率/%	有形净值债务率/%
2005	5.33	4.11	10.67	13.07
2006	2.65	2.01	25.33	37.66
2007	1.93	1.20	36.94	59.81
2008	1.77	1.35	37.03	59.87

表 11.17 青岛海尔 2005～2008 年度营运效率

年份 财务指标	总资产周转率	存货周转率/次	存货周转天数	应收账款周转率
2005	2.38	16.85	21.37	16.76
2006	2.57	15.15	23.76	16.47
2007	3.00	11.16	32.25	30.24
2008	2.60	9.78	36.82	44.28

表 11.18 青岛海尔 2005～2008 年度现金状况

年份 财务指标	现金流动负债比/%	现金债务总额比/%	销售现金比率/%	经营现金净流量/元
2005	64.84	64.72	2.83	46 795.35
2006	58.39	57.30	6.27	123 016.26
2007	31.63	30.94	4.34	127 885.75
2008	29.65	29.09	4.33	131 758.96

[问题]

1) 根据上述财务指标,分析青岛海尔的赢利能力、偿债能力、营运效率及现金状况。

2) 根据以上分析结果,进一步分析青岛海尔的资本结构政策和营运资本政策,并进行 EPS(enterprise project structure,企业项目结构)分析和增长力分析。

案例分析

1) 具体分析如下。

① 赢利能力分析。2005～2008 年青岛海尔的赢利能力持续上升,尤其是 2007 年上升较快。

② 偿债能力分析。总的来说,偿债能力很强,尤其是 2005 和 2006 年流动比率超过 2,速动比率超过了 1,但是这也是资金利用效率低的表现。尽管 2007 年和 2008 年的流动比率和速动比率都有所下降,但不影响偿债能力,并且资金利用率上升了。资产负债率不断上升,导致长期偿债能力有所降低,但是资产负债率没有超过 50%,长期偿债能力依然很强。

③ 营运效率分析。存货周转率有所下降,但与同行业的海信电器相比还是很高的,海信电器 2008 年的存货周转率是 6.8。应收账款周转率 2005 年和 2006 年比海信电器要低,海信电器这两年的应收账款周转率分别是 27.09 和 26.71,但是 2007 年和 2008 年青岛海尔的应收账款周转率大幅提高,现金流状况得到改善。总资产周转率比较稳定,而且略高于行业水平。

④ 现金状况分析。现金流动比率不断下降,一方面说明该企业短期偿债能力下降,另一方面说明企业的资金利用率下降。2005 年 64.84% 的现金流量比与同行业相比过高,资金利用率低下,所以现金流动比率不断下降对投资者是一个利好的信息,而且 2008 年 29.65% 的现金流动比率与同行业相比是比较高的,所以不会出现财务风险。

销售现金比率的上升说明现金回收率比较好，这与前面的应收账款周转率上升是相互呼应的。

2）具体分析如下。

① 资本结构政策分析。公司现在属低负债、低风险的资本结构。因为是低风险，所以回报水平也不高，在同行业中处于中等水平。这说明公司可以适当增加负债水平，以便筹集更多的资金，扩大企业规模，或者向一些高利润高风险的产业进行适当投资，以提高股东回报率。

② 营运资本政策分析。2005～2008年青岛海尔的存货周转率有下降趋势，但下降幅度不大，而且远高于同行业水平；应收账款周转率有上升趋势，也略高于同行业水平。营运资本需求有小幅上升，营运资金比较充足。短期债务数额与现金储备基本持平，公司不需从银行借贷即可维持运营，说明其偿债能力较强，财务弹性还可提高。

③ EPS分析。青岛海尔过去EPS增长率为44.62%，在所有上市公司排名（436/1 710），在其所在的家用电器行业排名为8/19，公司成长性合理。青岛海尔过去EPS稳定性在所有上市公司排名（590/1 710），在其所在的家用电器行业排名为4/19，公司经营稳定合理。

④ 增长力分析。青岛海尔过去3年平均销售增长率为24.07%，在所有上市公司排名（641/1 710），在其所在的家用电器行业排名为7/19，外延式增长合理。其过去3年平均赢利能力增长率为51.89%，在所有上市公司排名（488/1 710），在所在的家用电器行业排名为（9/19），赢利能力合理。

■■■ 案例小结

通过本案例的学习，学生可以掌握运用财务比率分析原理，对青岛海尔的赢利能力、偿债能力、营运效率及现金状况，以及青岛海尔的资本结构政策和营运资本政策进行深入分析，熟练运用EPS分析和增长力分析方法。

本案例体现了赢利能力分析、偿债能力分析、营运效率分析、资本结构政策和营运资本政策分析的知识点，提高了学生的财务综合分析能力。

参 考 文 献

陈东玲. 2009. 上市公司股份回购目的分析及政策建议 [J]. 商业经济，(14)：70～74

陈华亭，王新平. 2010. 财务管理 [M]. 北京：中国财政经济出版社

陈守红. 2005. 可转换债券投融资——理论与实务 [M]. 上海：上海财经大学出版社

陈信元，陈东华，王霞. 2003. 转型经济中的会计与财务问题——基于中国上市公司的案例 [M]. 北京：清华大
学出版社

段续源. 2004. 我国资本市场的股份回购研究 [J]. 开放导报，(3)：97～100

高燕，冯福来. 2009. 我国上市公司股份回购方式的实证研究 [J]. 商场现代化，(25)：356～357

胡奕明. 2006. 财务分析案例 [M]. 北京：清华大学出版社

黄烨. 2011-11-10. 融资租赁杀入汽车销售领域 [N]. 国际金融报，07 版

贾楠，谷秀娟，门彦顺. 2009. 我国上市公司股份回购制度变迁及完善建议 [J]. 河南师范大学学报（哲学社会
科学版），(01)：148～151

荆新，王化成. 2006. 财务管理学 [M]. 北京：中国人民大学出版社

荆新，王化成，刘俊彦. 2006. 财务管理学 [M]. 北京：中国人民大学出版社

荆新，王化成，刘俊彦. 2010.《财务管理学》学习指导书 [M]. 北京：中国人民大学出版社

李秉成，吴杰. 2008. 财务管理案例教程 [M]. 北京：中国财政经济出版社

梁定邦. 2001. 中国资本市场前瞻性 [M]. 北京：北京大学出版社

梁国萍，徐新华. 2008. 财务管理——实务与案例 [M]. 上海：海财经大学出版社

刘菲. 2003. 发行可转换债券的原因及其定价方法 [M]. 经济理论与经济管理，(9)：28～30

刘力. 2007. 公司财务 [M]. 北京：北京大学出版社

刘淑茹，赵明晓. 2008. 财务管理案例精选精析 [M]. 北京：中国社会科学出版社

[美] 弗雷德·威斯通，苏姗·E. 侯格，[韩] S. 郑光. 1998. 兼并、重组与公司控制 [M]. 北京：经济科学出
版社

秦志敏. 2007. 财务管理习题与案例 [M]. 大连：东北财经大学出版社

深圳证券营业部. 2000. 2000 股市投资手册 [M]. 深圳：深圳证券营业部

宋献中，吴思明. 2008. 中级财务管理 [M]. 大连：东北财经大学出版社

汤谷良. 1999. 汤博士点评中国财务案例 [M]. 北京：中华工商联合出版社

王红珠，王希旗. 2008. 财务管理实训与案例 [M]. 北京：科学出版社

王化成. 2001. 财务管理教学案例 [M]. 北京：中国人民大学出版社

王化成. 2000. 财务管理教学案例 [M]. 北京：中国人民大学出版社

王建华. 2005. MBA 现代财务管理精华读本 [M]. 合肥：安徽人民出版社

王建，熊筱燕. 2007. 会计管理与案例评析 [M]. 上海：立信会计出版社

王遐昌，沈济业. 2004. 财务管理学——案例与训练 [M]. 上海：立信会计出版社

王辛平. 2007. 财务管理学 [M]. 北京：清华大学出版社

王铮，张文. 2004. 论股票回购的市场影响 [J]. 现代管理科学，(3)：44～46

吴安平，等. 2001. 财务管理学教学案例 [M]. 北京：中国审计出版社

吴大军，牛彦秀. 2010. 管理会计 [M]. 大连：东北财经大学出版社

谢狄宝，韩晖. 2003. 试论股份回购的财务效应及对相关问题的政策建议 [J]. 财会通讯，(10)：65～66

徐凤菊. 2004. 上市公司典型理财案例 [M]. 武汉：武汉理工大学出版社

徐国栋，迟铭奎. 2003. 股票回购与公司价值——理论与实证分析 [J]. 管理科学，(4)：60～64

许小青，梁国萍，徐新华. 2003. 公司理财学 [M]. 南昌：江西人民出版社

颜琪忠. 2011. 中国可转债市场发展问题分析与展望 [J]. 中国金融，(3)：30～31

杨欣. 2005. 财务管理实训与练习 [M]. 北京：中国财政经济出版社

杨雄胜. 2004. 高级财务管理 [M]. 大连：东北财经大学出版社

张萍萍. 2011. 我国融资租赁业发展现状浅析 [J]. 商业经济，(4)：82～83

中国人民人行. 1996. 贷款通则 [S]. 北京：中国人民银行

中华人民共和国国务院股票发行与交易管理暂行条例 [S]. 1993. 北京：中华人民共和国国务院

朱传华. 2007. 财务管理案例分析 [M]. 北京：清华大学出版社

朱清贞，彦晓燕. 2006. 财务管理案例教程 [M]. 北京：清华大学出版社

http：//59. 67. 97. 252/

http：//binggoufa. net 2 asp. com. cn

http：//business. sohu. com

http：//classroom. dufe. edu. cn

http：//course. shufe. edu. cn//course/kuaiji/financial/index. htm

http：//economy. jschina. com. cn/6042/200912/t264514. shtml

http：//202. 203. 192. 204/eol/jpk/course/Cayout/defauct/index. jsp

http：//finance. cn. yahoo. com.

http：//finance. sina. com. cn

http：//finance. sina. com. cn/y/57171. html

http：//jpkc. tjufe. edu. cn/index. htm

http：//mall. cnki. net/magazine/Article/CXKJ200205019. htm

http：//www. cninfo. com. cn

http：//www. cnki. net

http：//www. cnstock. com/paper _ new/html/2010－10/13/content _ 52666. htm

http：//www. e521. com

http：//www. meney. 163. com

http：//www. yanjing. com. cn